Karl-Dieter Opp

Methodologie der Sozialwissenschaften

Karl-Dieter Opp

Methodologie der Sozialwissenschaften

Einführung in Probleme
ihrer Theorienbildung und
praktischen Anwendung

6. Auflage

VS Verlag für Sozialwissenschaften
Entstanden mit Beginn des Jahres 2004 aus den beiden Häusern
Leske+Budrich und Westdeutscher Verlag.
Die breite Basis für sozialwissenschaftliches Publizieren

Bibliografische Information Der Deutschen Bibliothek
Die Deutsche Bibliothek verzeichnet diese Publikation in der Deutschen Nationalbibliografie;
detaillierte bibliografische Daten sind im Internet über <http://dnb.ddb.de> abrufbar.

1.-2. Auflage erschienen im Rowohlt Verlag
3. Auflage 1995
4. Auflage 1999
5. Auflage Juni 2002
6. Auflage Januar 2005

Alle Rechte vorbehalten
© VS Verlag für Sozialwissenschaften/GWV Fachverlage GmbH, Wiesbaden 2005

Lektorat: Frank Engelhardt

Der VS Verlag für Sozialwissenschaften ist ein Unternehmen von Springer Science+Business Media.
www.vs-verlag.de

Das Werk einschließlich aller seiner Teile ist urheberrechtlich geschützt. Jede Verwertung außerhalb der engen Grenzen des Urheberrechtsgesetzes ist ohne Zustimmung des Verlags unzulässig und strafbar. Das gilt insbesondere für Vervielfältigungen, Übersetzungen, Mikroverfilmungen und die Einspeicherung und Verarbeitung in elektronischen Systemen.

Die Wiedergabe von Gebrauchsnamen, Handelsnamen, Warenbezeichnungen usw. in diesem Werk berechtigt auch ohne besondere Kennzeichnung nicht zu der Annahme, dass solche Namen im Sinne der Warenzeichen- und Markenschutz-Gesetzgebung als frei zu betrachten wären und daher von jedermann benutzt werden dürften.

Umschlaggestaltung: KünkelLopka Medienentwicklung, Heidelberg
Druck und buchbinderische Verarbeitung: MercedesDruck, Berlin
Gedruckt auf säurefreiem und chlorfrei gebleichtem Papier
Printed in Germany

ISBN 3-531-52759-2

Inhaltsverzeichnis

Vorwort	10
I. Wozu sollte man sich mit Methodologie befassen?	15
II. Die Struktur sozialwissenschaftlicher Aussagen	19
1. Die „Bestandteile" von Sätzen: Gegenstände und Merkmale	19
2. Arten sozialwissenschaftlicher Merkmale und Objekte	21
20. Einstellige und mehrstellige Merkmale	21
21. Arten sozialwissenschaftlicher Objekte	24
22. Arten relationaler Merkmale in den Sozialwissenschaften	24
23. Zur „Konstruktion" von Kollektiven und deren Merkmalen	27
3. Was versteht man unter einem „Gesetz" und unter einer „Theorie"?	32
30. Singuläre und nichtsinguläre Sätze	32
31. Wenn-dann- und Je-desto-Sätze	32
32. Sozialwissenschaftliche Gesetze und Theorien	36
33. Deterministische und nicht-deterministische Gesetze	39
4. Zur Struktur komplexer Theorien	40
40. Staatliche Repression und politisches Handeln: Ein Beispiel für eine komplexe sozialwissenschaftliche Theorie	41
41. Wozu sind Kausaldiagramme gut?	43
42. Ist die Kausalanalyse nur in bestimmten sozialwissenschaftlichen Schulen anwendbar?	44
III. Erklärung, Voraussage und Verstehen	46
1. Das deduktive Erklärungsmodell	46
2. Erklärungen mit nicht-deterministischen Gesetzen	52
20. Das induktive Erklärungsmodell	52
21. Erklärungen mit anderen nicht-deterministischen Sätzen	57
3. Probleme bei der Erklärung singulärer Ereignisse in den Sozialwissenschaften	59
30. Die Erklärung singulärer Ereignisse bei alternativen Gesetzesaussagen	59
31. Ad-hoc-Erklärungen: Zur Vorgehensweise bei der „Interpretation" sozialwissenschaftlicher Daten	61
32. Erklärungen mit impliziten Gesetzen	63
33. Partielle Erklärungen	64
34. Weitere Formen unvollkommener Erklärungen	65
4. Erklären und Verstehen	66
40. Wie geht man bei der Methode des Verstehens vor?	67
41. Probleme der Methode des Verstehens	69
42. Erklärung versus Verstehen	71
43. Andere Rekonstruktionen der Methode des Verstehens	73
44. Resümee: Ist die Methode des Verstehens eine brauchbare Alternative zur Methode der Erklärung?	75

5. Zur Prognose sozialer Ereignisse ... 76
50. Die Struktur einer Prognose ... 76
51. Einige Bedingungen für erfolgreiche Prognosen ... 78
52. Probleme der Prognose im sozialen Bereich ... 81
520. Das theoretische Potential der Sozialwissenschaften ... 81
521. Die Eigendynamik von Prognosen ... 83
522. Zur „Offenheit" sozialer Situationen ... 85
523. Das „Erhebungspotential" des Sozialwissenschaftlers ... 87
524. Bewußt falsche Prognosen: Birgit Breuel und die Weltausstellung in Hannover ... 88
53. Zur Kritik einiger Praktiken bei der Prognose im sozialen Bereich ... 88
6. Modellbildung ... 90
60. Ein Beispiel: Warum lösen sich Versammlungen bei Regen auf? ... 90
61. Zur Logik der Modellbildung ... 92
610. Wie erfolgt die Verbindung von Mikro- und Makroebene? ... 92
611. Die Erklärungskraft von Modellen ... 95
612. Modellbildung und die Tiefe von Erklärungen ... 97
613. Sind die empirischen Brückenannahmen Gesetzesaussagen? ... 99
614. Müssen Annahmen „realistisch" sein? ... 99
615. Wie „komplex" dürfen Modelle sein? ... 100
616. Sollen die Annahmen der Modelle oder nur deren Konklusionen empirisch überprüft werden? ... 101
617. Arten von Modellen ... 101
618. Ist die Modellbildung mit einem hermeneutisch-qualitativen Forschungsansatz vereinbar? ... 102
62. Das strukturell-individualistische Forschungsprogramm ... 103

IV. Probleme der Begriffsbildung in den Sozialwissenschaften ... 106
1. Zeichen und Bezeichnetes ... 106
2. Möglichkeiten für die Definition sozialwissenschaftlicher Begriffe ... 108
20. Nominaldefinitionen ... 108
21. Zur Kritik einiger sozialwissenschaftlicher Praktiken bei der Definition von Begriffen ... 111
22. Bedeutungsanalysen ... 112
23. Realdefinitionen: Das „Wesen" der Dinge ... 113
24. Dispositionsbegriffe ... 114
25. Komplexe Definitionen ... 119
26. Operationale Definitionen ... 122
27. Das Verhältnis von nominalen und operationalen Definitionen ... 127
3. Kriterien für die Brauchbarkeit sozialwissenschaftlicher Begriffe ... 131
30. Die Präzision und Eindeutigkeit von Begriffen ... 131
301. Die Präzision von Begriffen ... 131
302. Die Eindeutigkeit von Begriffen ... 133
303. Grade der Präzision und Eindeutigkeit ... 133
304. Wozu sollen Begriffe präzise und eindeutig sein? ... 134
31. Die theoretische Fruchtbarkeit von Begriffen ... 135

V. Das Verfahren der Explikation in den Sozialwissenschaften ... 138
1. Interpretation und Explikation ... 138
2. Einige methodologische Regeln für die Anwendung des Verfahrens der Explikation ... 141
3. Die Explikation als eine Strategie für die Weiterentwicklung der Sozialwissenschaften ... 141

VI. Der Informationsgehalt sozialwissenschaftlicher Aussagen ... 144
1. Der Informationsgehalt als ein Kriterium für die Brauchbarkeit sozialwissenschaftlicher Theorien ... 144
    10. Der Begriff des Informationsgehalts am Beispiel analytischer und kontradiktorischer Sätze ... 144
    11. Der Informationsgehalt der Wenn- und der Dann-Komponente eines Satzes und der Informationsgehalt des gesamten Satzes ... 147
    12. Der Informationsgehalt von allgemeinen und speziellen Aussagen ... 148
    13. Wie verbessert man den Informationsgehalt von Aussagen? ... 149
    14. Der Informationsgehalt von deterministischen und nicht-deterministischen Aussagen ... 152
    15. Der Informationsgehalt von Je-desto-Aussagen ... 153
    16. Die Präzision einer Aussage und ihr Informationsgehalt ... 156
2. Eine Kritik sozialwissenschaftlicher Praktiken der Theorienbildung ... 157
    20. Die Jagd nach abhängigen Variablen ... 157
    21. Der Informationsgehalt überprüfter Aussagen in sozial-psychologischen Experimenten ... 159
    22. Die raum-zeitliche Relativierung von Aussagen ... 162
    23. Zur Explikation und Kritik von Orientierungshypothesen ... 162
    24. Analytisch wahre Sätze: Zwei Strategien der Verschleierung ... 165
3. Induktive Verfahren und die Erhöhung des Informationsgehalts von Sätzen ... 168

VII. Zur Logik sozialwissenschaftlicher Theorienbildung ... 170
1. Logik, Mathematik und empirische Wissenschaft ... 170
    10. Sprache A: Ein Spiel mit Zeichen ... 170
    11. Einige Merkmale von Sprache A ... 174
    12. Sprache B: Zeichen und Bedeutungen ... 175
    13. Die Zuordnung von Sprache A und B ... 176
    14. Resümee ... 177
2. Einige sozialwissenschaftlich relevante Ergebnisse der Logik ... 177
    20. Was ist ein logischer Schluß? ... 177
    21. Kann die Realität widersprüchlich sein? ... 181
    22. Wann sind Tautologien wünschenswert? ... 182
    23. Analytisch wahre und analytisch falsche Sätze ... 182
    24. Die Verschleierung logischer Beziehungen durch das verwendete Vokabular ... 184
3. Wozu soll man sozialwissenschaftliche Theorien formalisieren? ... 185

VIII. Zur empirischen Prüfung sozialwissenschaftlicher Theorien 189
1. Wie kann man die Wahrheit sozialwissenschaftlicher Aussagen erkennen? 189
2. Möglichkeiten der Kritik sozialwissenschaftlicher Theorien 191
   - 20. Die Prüfung einer Theorie durch die Konfrontierung mit alternativen Theorien 191
   - 21. Die Prüfung einer Theorie durch die Suche nach internen Widersprüchen 195
   - 22. Die Prüfung einer Theorie durch die Konfrontierung mit Fakten 195
3. Strategien und Probleme der empirischen Prüfung sozialwissenschaftlicher Theorien 199
   - 30. Der empirische Charakter einer Theorie des Erkenntnisfortschritts 199
   - 31. Die Suche nach plausiblen Falsifikatoren 200
   - 32. Die Prüfung einer Theorie in möglichst vielen verschiedenen Situationen 201
   - 33. Der Test von Hintergrundtheorien 201
   - 34. Die systematische Auswahl von Testsituationen 202
   - 35. Entscheidungsuntersuchungen 202
   - 36. Scheintests: Eine Kritik sozialwissenschaftlicher Praktiken bei der Prüfung von Theorien 203
     - 360. Verknüpfungshypothesen 203
     - 361. Die Sisyphos-Strategie 206
     - 362. Der ökologische Fehlschluß 208
   - 37. Wie sicher können wir uns auf Forschungsergebnisse verlassen? 208
4. Entscheidungen nach der Prüfung von Theorien: Bewahrung, Modifizierung oder Eliminierung der geprüften Theorie 212

IX. Wie kritisiert man eine sozialwissenschaftliche Theorie? 216
1. Die Klarheit von Theorien 216
   - 10. Die Klarheit der Struktur von Theorien 216
   - 11. Die Klarheit und Eindeutigkeit von Begriffen 217
2. Der Informationsgehalt von Theorien 217
   - 20. Die Menge und die Detailliertheit der erklärten Sachverhalte 218
   - 21. Der Anwendungsbereich einer Theorie 218
   - 22. Die Art der Beziehungen zwischen Wenn- und Dann-Komponente: Die Angabe von Funktionen und die Vermeidung von Tautologien und Kontradiktionen 219
   - 23. Der praktische Informationsgehalt von Theorien 219
3. Der Bewährungsgrad von Theorien 219
4. Zusammenfassung 220

X. Werte in der Wissenschaft: Das Wertfreiheitspostulat 222
1. Wie lautet das Wertfreiheitspostulat? 222
2. Argumente für das Wertfreiheitspostulat 225
3. Argumente gegen das Wertfreiheitspostulat 227
4. Resümee 231

XI. Sozialwissenschaften und soziale Praxis — 232
1. Maßnahmeprobleme und Wertprobleme — 232
2. Die Lösung von Maßnahmeproblemen — 233
   20. Die Struktur von Maßnahmeproblemen — 233
   21. Die Vorgehensweise bei der Lösung von Maßnahmeproblemen — 233
   22. Das Kriterium des praktischen Informationsgehalts — 235
   23. Verfügen die Sozialwissenschaften über praktisch brauchbare Theorien? — 235
   24. Probleme bei der Lösung von Maßnahmeproblemen: Institutionelle Beschränkungen, die Klarheit der Ziele und Zielkonflikte — 236
      240. Institutionelle Beschränkungen bei der Lösung praktischer Probleme — 236
      241. Unklare Ziele — 236
      242. Zielkonflikte — 237
   25. Die Rolle des Sozialwissenschaftlers bei der Lösung von Maßnahmeproblemen: Technokrat oder moralische Instanz? — 238
   26. Die Evaluation von Maßnahmen — 239
3. Die Lösung von Wertproblemen: Wie diskutiert man Werte? — 239
   30. Die Vorgehensweise bei der Diskussion von Werten — 240
   31. Scheinargumente — 243
   32. Einige Regeln zur Lösung von Wertproblemen — 245
4. Vorgeordnete Probleme — 247
5. Inwieweit sind die Sozialwissenschaften für die Lösung praktischer Probleme überhaupt geeignet? — 247
6. Die „interpretative" Alternative — 248
7. Aufklärung oder Sozialtechnologie? — 249

Literaturverzeichnis — 251

Über den Autor — 263

Index — 264

Vorwort

Der Gegenstand dieses Buches sind die Sozialwissenschaften. Damit meinen wir insbesondere - in alphabetischer Reihenfolge - Erziehungswissenschaft, Ethnologie, Geschichtswissenschaft, Kriminologie, Kulturanthropologie, Politikwissenschaft, Psychologie, Soziologie, Völkerkunde und Wirtschaftswissenschaft. Das Ziel des Buches besteht jedoch nicht in einer Einführung in diese Wissenschaften oder in einer Darstellung von Ergebnissen oder Methoden dieser Wissenschaften. Es geht vielmehr darum, wie diese Wissenschaften arbeiten und arbeiten sollten. Dies ist die Fragestellung der Methodologie bzw. Wissenschaftstheorie - beide Ausdrücke werden im folgenden synonym verwendet. Man versteht diese Fragestellung am besten, wenn man sie mit den Fragestellungen der empirischen Wissenschaften wie z.B. der Soziologie vergleicht. Diese Wissenschaften beobachten die Realität: Es werden z.B. Theorien formuliert und es wird versucht festzustellen, inwieweit diese Theorien mit der Realität übereinstimmen. Die Methodologen haben ein anderes Ziel: Sie nehmen sozusagen die Vogelperspektive ein. D.h. sie beobachten das, was Sozialwissenschaftler tun, und unterziehen deren Tun einer kritischen Analyse. Die Methodologie versucht also nicht direkt, die Sozialwissenschaften weiterzuentwickeln, indem sie z.B. neue Theorien vorschlägt oder versucht, neue Methoden zu entwickeln. Sie befaßt sich vielmehr damit, was Sozialwissenschaftler tun.

Dies bedeutet jedoch nicht, daß die Methodologie für die Weiterentwicklung der Sozialwissenschaften bedeutungslos ist. Das Gegenteil ist der Fall, wie wir im folgenden Kapitel sehen werden: Ein Sozialwissenschaftler, der sich mit der Methodologie beschäftigt hat, wird viele Fehler, die zu fragwürdigen theoretischen Aussagen und Entscheidungen führen, vermeiden. Ein anderer Grund, sich mit der Methodologie zu befassen, besteht darin, daß es ganz einfach interessant ist zu sehen, wie Sozialwissenschaftler bei der Lösung ihrer Probleme vorgehen, und zu prüfen, inwieweit diese Vorgehensweisen kritikwürdig sind.

Ein Sozialwissenschaftler, der sich mit methodologischen Fragen befassen möchte, steht mehreren Schwierigkeiten gegenüber. Erstens ist der überwiegende Teil der methodologischen Literatur an den Problemen der Naturwissenschaften orientiert. Dies hat die Konsequenz, daß es für den Sozialwissenschaftler sehr schwierig ist, die Ergebnisse methodologischer Diskussionen in seiner Disziplin anzuwenden. Zweitens sind wichtige methodologische Beiträge, die sich speziell mit der konkreten Arbeit des Sozialwissenschaftlers befassen, nur dann verständlich, wenn man über Grundkenntnisse der Logik und Mathematik verfügt. Aufgrund seiner Ausbildung besitzt der Sozialwissenschaftler diese Kenntnisse jedoch meistens nicht. Drittens sind viele Beiträge der sozialwissenschaftlichen Methodologie so unklar abgefaßt, daß deren Bedeutung für die Probleme, die ein Sozialwissenschaftler zu lösen versucht, im Dunkeln bleibt. Schließlich fehlen methodologische Analysen, die sich mit denjenigen konkreten sozialwissenschaftlichen Praktiken befassen, die bei der Arbeit des Sozialwissenschaftlers eine besonders wichtige Rolle spielen. Diese vier Tatbestände wirken sich nach unserer Erfahrung bei sehr vielen Sozialwissenschaftlern so aus, daß sie von einer Beschäftigung mit methodologischen Problemen weitgehend absehen, selbst wenn sie glauben, daß eine solche Beschäftigung für die Lösung ihrer Sachprobleme wichtig ist.

Das vorliegende Buch knüpft an diese Probleme an. Es bietet eine elementare, kritische Diskussion von Problemen, mit denen Sozialwissenschaftler bei der Formulierung, Prüfung und praktischen Anwendung theoretischer Aussagen konfrontiert sind. Somit mag dieses Buch dem Sozialwissenschaftler als Grundlage für eine Reflexion seiner eigenen Tätigkeit dienen.

Dem Nicht-Sozialwissenschaftler soll ein Einblick in die konkrete Arbeitsweise und die Probleme einer modernen empirisch-theoretischen Sozialwissenschaft gegeben werden.

Beschreiben wir kurz den Inhalt dieses Buches. In *Kapitel I* diskutieren wir einige Argumente, die gegen die Beschäftigung mit methodologischen Fragen vorgebracht werden. Wir versuchen zu zeigen, daß die Anwendung von Ergebnissen der Methodologie für die Lösung sozialwissenschaftlicher Probleme und für die praktische Gesellschaftsgestaltung äußerst wichtige Konsequenzen hat.

Die Arbeit des Sozialwissenschaftlers besteht in der Formulierung, Kritik und Anwendung von Sätzen: Er formuliert z.B. Theorien und überprüft sie. Wenn Sätze gewissermaßen das Arbeitsmaterial des Sozialwissenschaftlers sind, dann ist es sinnvoll, zunächst einmal im einzelnen zu untersuchen, wie Sätze zusammengesetzt sind und welche Arten von Sätzen formuliert werden können. Dies ist der Gegenstand von *Kapitel II*.

Wenn die Zielsetzung der Sozialwissenschaften beschrieben wird, dann wird häufig gesagt, sie sollen konkrete Tatbestände erklären und voraussagen. Wie geht man sinnvollerweise bei einer Erklärung und Prognose vor, und welche Probleme entstehen dabei? Ist die Methode des Verstehens eine Alternative zur Methode der Erklärung? Von Soziologen und auch von Ökonomen wird eine besondere Art der Erklärung angewendet: die Modellbildung. Was ist darunter zu verstehen? Diese Fragen behandelt *Kapitel III*.

Sozialwissenschaftliche Sätze bestehen aus Begriffen. In *Kapitel IV* fragen wir, in welcher Weise Begriffe gebildet werden können und welchen Kriterien sie genügen müssen. In *Kapitel V* diskutieren wir ein Verfahren, das zur Präzisierung unklarer Ausdrücke angewendet werden kann und sollte: die Explikation.

Sozialwissenschaftliche Sätze sollen möglichst genau über die Realität informieren, d.h. ihr Informationsgehalt soll möglichst hoch sein. Wir befassen uns in *Kapitel VI* mit Möglichkeiten, den Informationsgehalt von Sätzen zu ermitteln, und wir kritisieren sozialwissenschaftliche Praktiken, die nicht zur Formulierung informativer Sätze beitragen.

Über die Rolle von Logik und Mathematik in den Sozialwissenschaften bestehen bei vielen Sozialwissenschaftlern Unklarheiten. In *Kapitel VII* versuchen wir insbesondere zu zeigen, wie Logik und Mathematik in den Sozialwissenschaften angewendet werden können und welche Vor- und Nachteile eine „Formalisierung" sozialwissenschaftlicher Sätze hat. Sozialwissenschaftliche Sätze sollen nicht nur möglichst informativ, sie sollen auch wahr sein. Wie geht man bei der Überprüfung von sozialwissenschaftlichen Sätzen vor, und wie ist zu verfahren, wenn diese widerlegt werden? Diese und andere Fragen behandelt *Kapitel VIII*.

Eine Lektüre der vorangegangenen Kapitel vermittelt u.a. Kenntnisse darüber, wie eine Theorie kritisiert werden kann. Diese Kriterien werden in *Kapitel IX* zusammenfassend dargestellt. Dies erscheint sinnvoll angesichts der Schwierigkeiten, die man sowohl bei Studierenden als auch bei Kollegen findet, Theorien einer kritischen Analyse zu unterziehen.

Eines der am intensivsten diskutierten Probleme der Sozialwissenschaften ist das Wertfreiheitspostulat. Was genau versteht man darunter? Können die Sozialwissenschaften überhaupt wertfrei sein und ggf. sollen sie es? Diese Fragen stehen im Mittelpunkt von *Kapitel X*.

Bisher scheint es so, daß die Sozialwissenschaften zwar zur Erkenntnis sozialer Sachverhalte beitragen, für die praktische Gesellschaftsgestaltung jedoch wenig interessant sind. Inwieweit können welche Ergebnisse der Sozialwissenschaften für welche gesellschaftlichen Probleme angewendet werden? Welchen Beitrag können die Sozialwissenschaften zur Diskussion von Werten leisten? Diese Fragen stehen im Mittelpunkt von *Kapitel XI*.

Diese kurze Inhaltsangabe mag bei manchen Lesern den Eindruck erweckt haben, daß dieses Buch lediglich für eine bestimmte sozialwissenschaftliche „Schule" von Bedeutung ist. Wir möchten dies entschieden bestreiten. Welche inhaltlich verschiedenen Sätze z.B. ein marxistisch orientierter Sozialwissenschaftler, ein dem symbolischen Interaktionismus oder dem „Rational Choice"-Ansatz nahestehender Sozialwissenschaftler auch vertreten mag: Es werden Theorien formuliert, wenn dies vielen Sozialwissenschaftlern auch nicht bewußt sein dürfte. Alle Sozialwissenschaftler versuchen, soziale Ereignisse zu erklären und vorauszusagen; sie definieren Begriffe; sie versuchen, uninformative Sätze zu vermeiden; sie wenden zumindest implizit Ergebnisse der Logik an und befassen sich mit der Frage, inwieweit die Sätze, die sie formulieren, mit der Realität übereinstimmen. Die hier behandelten Fragen sind also für alle sozialwissenschaftlichen Schulen von Bedeutung.

Die *Antworten* auf die genannten Fragen, die in diesem Buch behandelt werden, basieren auf Forschungsergebnissen von Wissenschaftlern, die meist dem Kritischen Rationalismus zuzurechnen sind. Ein Grund hierfür ist, daß gegenwärtig keine andere Methodologie für die Sozialwissenschaften auch nur annähernd so präzise und überzeugende Antworten gibt. Dies schließt nicht aus, daß die im Rahmen der Philosophie des Kritischen Rationalismus beschriebenen Lösungsvorschläge kontrovers sind, was ohne Zweifel der Fall ist - aber welche Ergebnisse der Sozialwissenschaften und der Philosophie sind nicht kontrovers? Man wird aber kontroverse Lösungen erst dann aufgeben, wenn sie entweder völlig unbrauchbar sind oder wenn es bessere Alternativen gibt. Beides ist für die hier behandelten Lösungen nicht der Fall.

Trotzdem läßt sich bei manchen Sozialwissenschaftlern eine starke emotionale Ablehnung gegen diese Lösungen beobachten - vermutlich deshalb, weil die Anwendung der Methodologie dazu führt, dass nicht nur die Schwächen *anderer* „Richtungen", sondern auch die Mängel der *eigenen* „Schule" geradezu evident werden. Eine solche radikale kritische Einstellung - vor allem gegen die eigenen Vorstellungen - scheint vielen Sozialwissenschaftlern unerträglich zu sein. Dies ist auch allzu verständlich, wenn man sich die Tätigkeit mancher Sozialwissenschaftler vor Augen führt: Alltags-„Weisheiten" werden mit neuem, unverständlichem und bedeutsam klingendem Vokabular - man könnte auch von „Imponierprosa" sprechen - ausgedrückt, oder es wird versucht, den Lehren vermeintlich unfehlbarer Geister Anerkennung zu verschaffen (anstatt diese einer strengen kritischen Prüfung zu unterziehen).

Wir haben in diesem Buch versucht, die Probleme und Ergebnisse der sozialwissenschaftlichen Methodologie so darzustellen, daß sie auch für Nicht-Sozialwissenschaftler und für Leser ohne Vorkenntnisse logischer oder methodologischer Art verständlich sind. Die einfachen logischen Tatbestände, die angewendet werden, haben wir ausführlich erläutert.

Es versteht sich von selbst, daß in einer Arbeit dieser Art nicht alle methodologischen Probleme diskutiert werden können. Wir haben solche Fragen ausgewählt, von denen wir glauben, daß sie für die Probleme der sozialwissenschaftlichen Theorienbildung und für die Anwendung sozialwissenschaftlicher Theorien besonders wichtig sind.

Auf eine Schwierigkeit bei der Behandlung allgemeiner methodologischer Tatbestände sei noch hingewiesen. Bei einer Reihe von Themen gibt es kontroverse Standpunkte. Es war selbstverständlich in diesem Rahmen nicht möglich, alle diese Standpunkte im einzelnen zu diskutieren. Wir sind in solchen Fällen so vorgegangen, daß wir die Lösungsvorschläge, die uns akzeptabel erschienen, dargestellt haben und kontroverse Standpunkte diskutierten, wenn sie uns wichtig erschienen.

Dieses Buch erschien zuerst im Jahre 1970 in Rowohlts Deutscher Enzyklopädie. Eine zweite, erheblich erweiterte und modifizierte Auflage wurde 1976 veröffentlicht. Die siebziger

Jahre waren eine Zeit, in der wissenschaftstheoretische Fragen im Zentrum der Aufmerksamkeit von Sozialwissenschaftlern standen. Die Zeiten haben sich geändert. Meines Wissens werden gegenwärtig wissenschaftstheoretische Veranstaltungen in Universitäten weitaus seltener angeboten als in den siebziger Jahren. Studierende scheinen auch weniger bereit zu sein als damals, sich mit methodologischen Fragen zu befassen. Trotzdem besteht immer noch ein großes Interesse an methodologischen Fragen der Sozialwissenschaften, und es gilt nach wie vor, daß die Beschäftigung mit zentralen Fragen der Wissenschaftstheorie insbesondere für Sozialwissenschaftler unerläßlich ist. Dies war die Motivation für die dritte Auflage im Jahre 1995. Darin wurden grundlegende Teile der Auflage von 1976 übernommen - in erheblich gekürzter und vereinfachter Form. Darüber hinaus wurden viele Abschnitte neu formuliert, einige Ungenauigkeiten korrigiert und viele neue Überlegungen hinzugefügt. Viele weggelassene Kapitel oder Abschnitte der Ausgabe von 1976 sind für eine intensivere Beschäftigung mit der Methodologie wichtig. In dem vorliegenden Buch wurde deshalb an einigen Stellen auf die zweite Auflage von 1976 verwiesen. Darüber hinaus wurden in dem vorliegenden Buch neue Themen behandelt, die für Studierende besonders interessant sein dürften. Zu diesen Themen gehören die Methode des Verstehens, die Vorgehensweise bei der Modellbildung, die Vorgehensweise bei der Kritik von Theorien, das Wertfreiheitspostulat und die praktische Anwendung sozialwissenschaftlicher Theorien.

Mit der Arbeit an der dritten Auflage (1995) habe ich begonnen, als ich im Herbst 1993 einen Ruf an die Universität Leipzig annahm und die Universität Hamburg verließ. Seitdem biete ich in Leipzig regelmäßig einführende Lehrveranstaltungen und Seminare für Fortgeschrittene über die Methodologie der Sozialwissenschaften an. Für die Studierenden der Soziologie in Leipzig gehört die Beschäftigung mit der Methodologie zur Grundausbildung.

Ich freue mich sehr, daß das vorliegende Buch - nach einer nur leicht modifizierten vierten Auflage - nun die fünfte Auflage erfährt. Ich habe der Versuchung widerstanden, neue Kapitel oder umfangreiche neue Überlegungen hinzuzufügen. Ich meine, daß das Buch in dem vorliegenden Umfang und auch hinsichtlich der Art der behandelten Themen die genannten Ziele am besten erreicht. Vielmehr habe ich Fehler korrigiert, vieles verständlicher oder genauer formuliert, einige Abschnitte hinzugefügt und neue Literatur eingearbeitet. Allerdings hält sich die Anzahl der nach 1995 erschienenen Schriften, die für die grundlegenden Ausführungen in diesem Buch Neues bringen, sehr in Grenzen.

Mein besonderer Dank gilt den verantwortlichen Politikern in Sachsen, aber auch den Verantwortlichen der Universität Leipzig. Durch die gute Ausstattung des Instituts für Soziologie wird in Leipzig in einem Ausmaß wissenschaftliches Arbeiten und effiziente Lehre ermöglicht, von dem man an der Universität Hamburg und an vielen anderen deutschen Universitäten nur träumen kann. Dieses Bild wird allerdings in den letzten Jahren durch rigide Sparmaßnahmen der Sächsischen Landesregierung erheblich getrübt.

Weiter habe ich den Leipziger Soziologiestudenten zu danken, die meine Seminare zur sozialwissenschaftlichen Methodologie besucht haben. Sie haben durch ihr Interesse und ihre Fragen dazu beigetragen, daß ich die einzelnen Kapitel mehrfach überarbeitet und immer wieder versucht habe, sie möglichst leicht verständlich zu formulieren. Für die Durchsicht des gesamten Manuskripts der Auflage von 1995 bedanke ich mich herzlich bei Alexandra Frosch, Solvejg Jobst und Christian Werner. Ebenso herzlich möchte ich mich bei Elisabeth Birkner bedanken, die das Manuskript der vierten Auflage intensiv durchgearbeitet und mich auf eine Reihe von Fehlern und Problemen aufmerksam gemacht hat. Mein besonderer Dank gilt meiner Sekretärin, Frau Marion Apelt, für ihre kompetente Unterstützung bei der redaktionellen Überarbeitung aller Versionen des Manuskripts.

I. Wozu sollte man sich mit Methodologie befassen?

Um diese Frage zu beantworten, ist es zunächst sinnvoll, sich mit den Zielen einer sozialwissenschaftlichen Methodologie zu befassen.[1] Auf eine kurze Formel gebracht kann man sagen, daß eine sozialwissenschaftliche Methodologie - wir sprechen im folgenden der Kürze halber nur von Methodologie - versucht, *die Arbeit des Sozialwissenschaftlers zu beschreiben, einer Kritik zu unterziehen und Vorschläge für eine verbesserte sozialwissenschaftliche Praxis zu machen.* Mängel sozialwissenschaftlicher Praxis liegen dann vor, wenn Tätigkeiten des Sozialwissenschaftlers ein möglichst großes Anwachsen unseres Wissens über bestimmte Ausschnitte der Wirklichkeit, die den Sozialwissenschaftler interessieren, behindert. So diskutieren Methodologen, ob es den Erkenntnisfortschritt fördert oder nicht, wenn Werturteile und Sachaussagen vermischt werden.

Wenn man sozialwissenschaftliche Praktiken einer kritischen Analyse unterziehen will, dann ist es zunächst erforderlich, diese Praktiken zu kennen. Stellt man z.B. die Frage, ob die in der empirischen Sozialforschung verwendeten Regeln bei der Durchführung empirischer Untersuchungen zweckmäßig sind, muß man zunächst wissen, welche Regeln überhaupt verwendet werden. Der Methodologe wird also in einem ersten Schritt einer kritischen Analyse sozialwissenschaftlicher Praktiken *beschreiben*, was Sozialwissenschaftler tun.

Häufig sind die Vorgehensweisen von Sozialwissenschaftlern jedoch nicht klar. So behaupten Sozialwissenschaftler oft, idealtypische Begriffe definiert zu haben. Wie sie jedoch bei einer solchen Definition genau vorgehen, ist normalerweise unklar. In dieser Situation haben Methodologen Vorschläge gemacht, wie man die idealtypische Begriffsbildung sinnvollerweise *rekonstruieren* könnte, so daß die Vorgehensweise klar wird (vgl. Hempel 1965). Der erste Schritt einer methodologischen Analyse sozialwissenschaftlicher Praktiken ist also eine *Beschreibung* oder *Rekonstruktion* dessen, was Sozialwissenschaftler tun. Erst auf der Basis solchen „Ausgangsmaterials" kann der Methodologe sein Ziel erreichen: Sozialwissenschaftliche Praktiken danach zu kritisieren, inwieweit sie den Erkenntnisfortschritt fördern, und Vorschläge für ihre Verbesserung zu machen.

Von der Zielsetzung der Methodologie her sollte man erwarten, daß ihre Ergebnisse für die Lösung sozialwissenschaftlicher Sachprobleme von höchster Bedeutung sind. Der Sozialwissenschaftler erfährt ja, was er genau tut, welche Mängel seinen wissenschaftlichen Aktivitäten anhaften und wie er seine Arbeitsweise verbessern kann. Trotzdem stehen viele Sozialwissenschaftler den Ergebnissen der Methodologie skeptisch gegenüber. Diskutieren wir einige Einwände, die häufig gegen die Fruchtbarkeit methodologischer Erkenntnisse für die Lösung sozialwissenschaftlicher Probleme vorgebracht werden.

Das *Tausendfüßler-Argument* lautet folgendermaßen: Der Tausendfüßler kann sich weiterbewegen, ohne daß er sich dessen bewußt ist, was er genau tut. Die genaue Kenntnis seiner Bewegungen würde dazu führen, daß er unfähig wird, sich so fortzubewegen wie vorher. Entsprechend wird auch der Sozialwissenschaftler - so lautet das Argument - effektiver arbeiten, wenn er seine Aktivitäten nicht reflektiert, als wenn er sich mit methodologischen Analysen befaßt, die ja - wie wir sahen - zunächst die Praktiken des Sozialwissenschaftlers beschreiben.

---

[1] Zu den Zielen und Aufgaben der Wissenschaftstheorie generell vgl. die ausführlichen Erörterungen bei Stegmüller 1973, S. 1-64.

Es lassen sich jedoch eine Reihe von Beispielen anführen, die zeigen, daß Aktivitäten zumindest langfristig wirkungsvoller werden, wenn den Handelnden bewußt ist, was sie genau tun. Wenn etwa eine Person eine Sprache allein durch Kontakte mit den Bewohnern eines bestimmten Landes gelernt hat, dann dürfte die Zahl der sprachlichen Fehler langfristig abnehmen, wenn die Person sich z.B. mit der Grammatik der Sprache befaßt, d.h. wenn sie ihre sprachlichen Aktivitäten reflektiert. Außerdem dürfte die Unsicherheit bei sprachlichen Äußerungen sinken, da man auf abrufbares Wissen über die Regeln der Sprache zurückgreifen kann. So ist auch zu vermuten, daß die Qualität wissenschaftlicher Arbeit steigt, wenn man sich kritisch mit ihren Regeln befaßt: Man wird mangelhafte Praktiken vermeiden und damit Hindernisse für einen Erkenntnisfortschritt beseitigen.

Zuweilen wird darauf hingewiesen, daß *Naturwissenschaftler sich kaum mit methodologischen Problemen befassen und trotzdem einen hohen Entwicklungsstand ihrer Wissenschaft erreicht haben*. Zunächst ist zu fragen, ob nicht Probleme der Naturwissenschaften adäquater gelöst worden wären, wenn Naturwissenschaftler methodologischen Diskussionen aufgeschlossener gegenüberstünden (vgl. z.B. Feyerabend 1964). Weiterhin scheint es, daß die Begründer der modernen Naturwissenschaften von vornherein in weit höherem Grade als die Sozialwissenschaftler in ihren Arbeiten bestimmte methodologische Kriterien angewendet haben. Wir denken z.B. daran, daß offenbar von vornherein die Prüfbarkeit von Aussagen an den tatsächlichen Gegebenheiten ein Kriterium für eine fruchtbare naturwissenschaftliche Theorie war. Viele Sozialwissenschaftler akzeptieren dieses Kriterium nicht.

Eines der am weitesten verbreiteten Argumente gegen die Fruchtbarkeit methodologischer Erkenntnisse für die Lösung sozialwissenschaftlicher Probleme ist wohl *die Behauptung, daß man die strengen Kriterien der modernen Methodologie sowieso nicht realisieren könne*. Allein deshalb lohne es sich schon nicht, sie überhaupt zur Kenntnis zu nehmen.

Dieses Argument beruht auf Mißverständnissen. Methodologen haben eine Reihe von Kriterien formuliert, denen sozialwissenschaftliche Aussagen genügen müssen. So sollen diese z.B. einen hohen Informationsgehalt haben, präzise sein und strengen Prüfungen unterworfen werden. Niemand verlangt jedoch oder erwartet es auch nur, daß diese Kriterien von vornherein in vollem Maße realisiert werden. Es handelt sich hier gewissermaßen um Leitlinien für die sozialwissenschaftliche Forschung, die langfristig realisiert werden sollen, d.h. an denen sich die Sozialwissenschaftler bei ihrer Arbeit orientieren sollen. Man soll also z.B. versuchen, möglichst informative Theorien zu konstruieren, möglichst strenge empirische Tests durchzuführen usw. Niemand wird jedoch z.B. etwas gegen eine Arbeit einwenden, in der diese Kriterien nicht voll erfüllt sind, *solange man sich des Anspruchs einer solchen Arbeit bewußt ist*. Wir können also sagen, daß die Kriterien der Methodologie insofern *Orientierungen* für die wissenschaftliche Arbeit darstellen, als diese auf die Realisierung dieser Kriterien hin organisiert sein sollte. Es ist nichts dagegen einzuwenden - und es ist auch gar nicht anders möglich -, daß man versucht, diese Kriterien schrittweise zu realisieren.

Zuweilen wird darauf hingewiesen, daß die *Beschäftigung mit der Methodologie bestimmte Wirkungen auf Attitüden des Wissenschaftlers* hat, daß er nämlich bezüglich der Möglichkeiten sozialwissenschaftlicher Forschung und Theorienbildung resigniert und sich z.B. auf die Behandlung formaler Fragen zurückzieht. Ob diese Wirkung tatsächlich eintritt und gegebenenfalls wie häufig, ist eine empirische Frage. Selbst wenn die Beschäftigung mit der Methodologie zuweilen solche resignativen Konsequenzen haben sollte, so ist dies kein Einwand gegen die Fruchtbarkeit dieser Disziplin, da das genannte Verhalten überhaupt nicht im Programm der Methodologie enthalten ist. Wie gesagt, das Programm der Methodologie ist die schrittweise Realisierung der genannten Kriterien. Wenn dies zuweilen mißverstanden wird, dann spricht dies nicht gegen das Programm.

Die Rezeption methodologischer Erkenntnisse durch den Sozialwissenschaftler dürfte jedoch meistens solche Konsequenzen für seine wissenschaftlichen Attitüden und Aktivitäten haben, die dem Programm der Methodologie entsprechen. Der Sozialwissenschaftler wird seine Forschungsprobleme auf die Zielsetzung der Sozialwissenschaften hin formulieren und genau wissen, welchen Beitrag eine gegebene Arbeit für die Lösung eines Problems leistet und welche Mängel sie hat. Weiterhin wird er sich klar darüber sein, welche Probleme in welchem Grade gelöst sind. Genau dieses Verhalten dürfte den Fortschritt der Sozialwissenschaften in höchstem Grade fördern: Klare Vorstellungen über die Zielsetzung der eigenen Disziplin, über die Mängel vorliegender Arbeiten und über die Erfordernisse künftiger Forschung und weiterhin die Orientierung der eigenen Arbeit an den anstehenden offenen Fragen.

Wenn sich auch Sozialwissenschaftler häufig nicht explizit mit methodologischen Fragen befassen, so befolgen sie doch *implizit* bestimmte methodologische Regeln (vgl. z.B. Agassi 1959 und Whitrow 1956). So dürfte es heute sicherlich noch Sozialwissenschaftler geben, die glauben, eine wissenschaftliche Theorie könne als wahr erwiesen werden oder Beobachtungen, die ein Forscher anstellt, könnten nicht falsch sein. Diese beiden Beispiele zeigen bereits, daß solche impliziten Methodologien für die konkrete Forschung erhebliche Konsequenzen haben: Der Erkenntnisfortschritt wird je nach der Art der verwendeten Methodologie beschleunigt oder gehemmt. Aus diesem Grunde erscheint es sinnvoll, daß die in einer Wissenschaft verwendete Methodologie offengelegt wird, damit sie auf ihre Fruchtbarkeit hin analysiert werden kann. Geschieht dies nicht, ist es möglich, daß sehr fragwürdige Methodologien, die implizit von Forschern akzeptiert werden, den Erkenntnisfortschritt hemmen. Wir können also sagen, daß *eine Beschäftigung mit der Methodologie auch deshalb sinnvoll ist, weil sie die Mängel fragwürdiger, implizit akzeptierter Methodologien offenlegt und damit zu einer verbesserten sozialwissenschaftlichen Praxis beiträgt.*

Die Fruchtbarkeit methodologischer Analysen für die tägliche Arbeit des Sozialwissenschaftlers zeigt sich wohl am deutlichsten, wenn man sozialwissenschaftliche Publikationen daraufhin analysiert, ob die behandelten Probleme adäquater hätten diskutiert werden können, wenn die Verfasser vorliegende methodologische Erkenntnisse angewendet hätten. Häufig sind in sozialwissenschaftlichen Publikationen die Begriffe unklar definiert. Man weiß nicht, wie die Hypothesen genau lauten, die vorgeschlagen oder empirisch geprüft werden, und es werden Begriffe und Aussagen miteinander verwechselt. Man stelle sich vor, wie z.B. die Diskussion der funktionalistischen Schichtungstheorie verlaufen wäre, wenn die Autoren der verschiedenen Beiträge mit der Methodologie vertraut gewesen wären. Man mag auch darüber spekulieren, wie die Systemtheorie aussehen würde, wenn deren Hauptvertreter Ergebnisse der Methodologie angewendet hätten oder anwenden würden.

Wir haben bisher von den Kriterien der Methodologie gesprochen, als ob sie unumstößliche Wahrheiten sind. Dies ist jedoch keineswegs der Fall. Es handelt sich hier vielmehr um Spielregeln und Hilfsmittel für die Forschung, die im Hinblick auf bestimmte Ziele sinnvoll erscheinen. Selbstverständlich können auch diese Spielregeln, Hilfsmittel und Ziele einer Kritik unterzogen und modifiziert werden. Man kann z.B. fragen, ob man das Ziel einer Wissenschaft - etwa die Konstruktion informativer und wahrer Theorien - ändern sollte und welche Argumente für und gegen eine solche Änderung sprechen.

Weiterhin wäre es möglich zu untersuchen, ob tatsächlich bestimmte Spielregeln zur Realisierung bestimmter Ziele beitragen. Derartige kritische Analysen findet man jedoch bei Sozialwissenschaftlern äußerst selten. Üblicherweise wird die Relevanz methodologischer Erkenntnisse mit Schlagworten wie „Perfektionismus-Wahn" und „fortschrittshemmend" abgetan. Solche „Argumente" haben die Konsequenz, die Diskussion ganzer Problemkomplexe auszuschalten und verhindern damit die Rezeption einer Disziplin, die zur Lösung einzelwissenschaftlicher Probleme einen Beitrag leisten könnte.

Die Kenntnis methodologischer Ergebnisse ist jedoch nicht nur für den internen Gebrauch des Sozialwissenschaftlers von Bedeutung, sondern vor allem auch für eine bessere *gesellschaftliche Praxis* - siehe hierzu im einzelnen Kapitel XI dieses Buches. Bei der praktischen Gesellschaftsgestaltung besteht ein Problem darin, wirksame *Maßnahmen* für (mindestens) ein Ziel zu finden, das man realisieren will. Ein methodologisch geschulter Praktiker wird in präziser Weise die zu realisierenden Ziele formulieren und explizit herausarbeiten, welche Maßnahmen vermutlich die wirksamsten sind. Dabei weiß er, wie er die Auswahl von Maßnahmen begründen kann: indem er nämlich die normalerweise stillschweigend angewendeten Theorien ausdrücklich formuliert und ermittelt, welche Forschungsergebnisse für und gegen die Theorien sprechen - oder welche Forschungen noch durchgeführt werden müssen. Schließlich wird der Praktiker Ergebnisse der Methodologie anwenden, wenn er entscheiden muß, welche *Werte* realisiert werden sollen. Er wird klar herausarbeiten können, welche Argumente für und gegen bestimmte Werte angeführt werden und wie diese Argumente diskutiert werden können. Es zeigt sich also, daß methodologische Kenntnisse bei der Lösung von *Maßnahme-* und *Wertproblemen* einen Beitrag leisten können.

Methodologische Ergebnisse sind schließlich anwendbar zur *Kritik von Äußerungen Dritter*. Wenn z.B. Politiker Erklärungen oder Prognosen vorbringen, wenn sie für das Ergreifen bestimmter Maßnahmen oder für die Realisierung bestimmter Werte eintreten, dann ist ein methodologisch geschulter Bürger in erheblich höherem Maße in der Lage, Fehler in den Argumentationen zu finden als der methodologisch ungeschulte Bürger. Es ist nicht übertrieben zu behaupten, daß die meisten Politiker, Vertreter der höchsten Gerichte, der Exekutive oder der Kirchen der Lächerlichkeit preisgegeben würden, wenn die Kenntnis methodologischer Ergebnisse weit verbreitet wäre - aber dann gäbe es auch keine Politiker usw. mehr, die diese Ergebnisse nicht kennen und anwenden würden. Man kann dies auch so ausdrücken: Eine gute Kenntnis der Methodologie trägt zur *Aufklärung* und damit zu einer wirksameren Lösung einer Vielzahl von Problemen bei.

II. Die Struktur sozialwissenschaftlicher Aussagen

Das, was wir „Sozialwissenschaften" nennen, ist eine äußerst umfangreiche Ansammlung von Sätzen. Welcher Art sind diese sprachlichen Gebilde? Mit dieser Frage wollen wir uns im folgenden befassen. Eine detaillierte Beschäftigung mit Sätzen ist für einen Sozialwissenschaftler nicht nur sinnvoll, um zu erfahren, was er eigentlich genau tut. Wenn man genau weiß, wie Sätze aufgebaut sind oder sein könnten, wird dies auch dazu führen, Fehler bei der Formulierung von Sätzen zu vermeiden. Schließlich hat die Beschäftigung mit dem Aufbau von Sätzen eine heuristische Funktion: Es steht ein Arsenal von möglichen Sätzen zur Verfügung, aus denen man auswählen kann, wenn man z.B. neue Theorien oder Hypothesen sucht.

Wenn wir von *Sätzen* oder *Aussagen* sprechen - beide Ausdrücke werden hier synonym verwendet -, dann meinen wir sprachliche Ausdrücke, die wahr oder falsch sind.[2] Somit befassen wir uns z.B. nicht mit *normativen Aussagen* (z.B.: „ein Zustand X soll der Fall sein")[3] oder mit *Fragen* („Soll man dieses Kapitel tatsächlich lesen?").

1. Die „Bestandteile" von Sätzen: Gegenstände und Merkmale

Wir wollen in diesem Abschnitt zeigen, daß alle Sätze in ganz bestimmter Weise aufgebaut sind. Erstens wird in jedem Satz etwas ausgesagt über mindestens einen Gegenstand oder - was dasselbe heißen soll - über mindestens ein *Objekt*. Die Begriffe „Gegenstand" und „Objekt" werden hier in einem sehr weiten Sinne verstanden: Wir meinen damit sowohl Menschen und andere Lebewesen als auch Sachen und Mengen von Menschen, anderen Lebewesen und Sachen. Betrachten wir z.B. den einfachen Satz

(1) Herr Müller ist katholisch.

Das „Objekt", über das etwas ausgesagt wird, ist „Herr Müller". Ein komplizierterer Satz könnte folgendermaßen lauten:

(2) Wenn der Grad der Entfremdung in einer Gesellschaft hoch ist und wenn in dieser Gesellschaft Privateigentum herrscht, dann ist auch die Anzahl der Konflikte hoch.

Auch hier kann kein Zweifel bestehen, daß dieser Satz etwas über Objekte aussagt: Es wird etwas über Kollektive, und zwar über Gesellschaften behauptet.

Das, was in den Beispielsätzen behauptet wird, läßt sich genauer so charakterisieren: In jedem der erwähnten Sätze wird mindestens einem Gegenstand mindestens ein *Merkmal* oder eine *Eigenschaft* (die Begriffe „Merkmal" und „Eigenschaft" werden synonym verwendet) zugeschrieben. In Satz (1) wird genau einem Gegenstand (einer Person) genau ein Merkmal zugeschrieben, nämlich katholisch zu sein. In Satz (2) wird eine Behauptung über den Objektbereich „Gesellschaften" aufgestellt. Diesen werden drei Merkmale zugeschrieben: Entfremdung, Privateigentum und Konflikte.

Das Ergebnis unserer Überlegungen wäre dasselbe gewesen, wenn wir beliebige andere Beispielsätze gewählt hätten. Objekte hätten z.B. Städte, Kleingruppen, Rechts- bzw. Linksradikale, Identitäten, Handlungen oder Meinungen sein können. Weiterhin hätte von Merkma-

---

[2] Zu der Möglichkeit, die Begriffe „Satz" und „Aussage" unterschiedlich zu definieren, vgl. Stegmüller 1968, S. 17-19.

[3] Vgl. zu derartigen Sätzen etwa Kutschera 1973.

len wie „Präferenz für eine Partei", „hohe Solidarität", „Intelligenzquotient von 120" oder auch „Kapitalist" die Rede sein können. Halten wir fest: In jedem Satz wird mindestens einem Objekt mindestens ein Merkmal zugeschrieben.

Welche Merkmale welchen Objekten in einem bestimmten Satz zugeschrieben werden, läßt sich sehr übersichtlich durch eine Symbolik darstellen, wie sie im Rahmen der modernen Logik weitgehend verwendet wird.[4] Diese Symbolik soll im folgenden kurz dargestellt werden. Zunächst führen wir einen neuen Begriff ein. Wir bezeichnen den sprachlichen Ausdruck, der ein *Merkmal* bezeichnet, als *Prädikat*. Wir unterscheiden also zwischen sprachlichen Zeichen und dem, was die Zeichen bedeuten bzw. worauf sich die Zeichen beziehen.

Prädikate wollen wir durch *große lateinische Buchstaben* abkürzen. Welche Buchstaben wir wählen, ist willkürlich. So könnten wir das Prädikat „politisch aktiv sein" durch „P" abkürzen oder auch durch irgendeinen anderen Buchstaben. Auch für die sprachlichen Ausdrücke, die *konkrete Objekte* bezeichnen, führen wir Abkürzungen ein, nämlich *kleine lateinische Buchstaben*, und zwar solche vom Anfang des Alphabets. Welchen Buchstaben wir verwenden, ist wiederum willkürlich. Wenn wir z.B. den Namen „Fritz Müller" abkürzen wollen, können wir den Buchstaben „a" wählen, aber auch z.B. „f" oder „h".

Wir schreiben die Abkürzungen für Prädikate und für Namen von Objekten in einer bestimmten Reihenfolge: Die Abkürzung für das Prädikat wird zuerst geschrieben und als nächstes die Abkürzung für den sprachlichen Ausdruck, der das Objekt bezeichnet. Wenn in Satz (1) der Name „Herr Müller" durch „a" abgekürzt wird und das Prädikat „katholisch sein" durch „K", dann läßt sich dieser Satz so symbolisieren: Ka.

Verdeutlichen wir die dargestellte Symbolisierung an zwei weiteren Beispielen, die in der folgenden Tabelle dargestellt sind:

Namen für Objekte	Prädikate	Symbolisierung	Bedeutung der Symbolisierung
Der Angestellte (b)	Verheiratet sein	Vb	b hat die Eigenschaft V
Bundesrepublik (c)	Hohe Entfremdung (E)	Ec	c hat die Eigenschaft E

Die Abkürzungen für die Prädikate bezeichnet man auch als *Prädikatzeichen*. Wenn keine Mißverständnisse auftreten können, werden wir jedoch sowohl die sprachlichen Ausdrücke, die die Merkmale bezeichnen, als auch deren Abkürzungen als „Prädikate" bezeichnen. Die Abkürzungen für die sprachlichen Ausdrücke, die Objekte bezeichnen, heißen *Individuenkonstanten*. Stehen Individuenkonstanten hinter Prädikatzeichen, nennt man die Individuenkonstanten auch *Argumentausdrücke*. In der vorangegangenen Tabelle sind also „b" und „c" in der Spalte „Symbolisierung" Argumentausdrücke. „Individuenkonstante" ist also der weitere Begriff. Wir bezeichnen damit *jeglichen* Namen eines Objektes, unabhängig davon, ob diese Abkürzung hinter einem Prädikatzeichen steht oder nicht. Individuenkonstanten, die hinter einem Prädikatzeichen stehen (Argumentausdrücke), sind also eine Teilmenge von Individuenkonstanten.

Abschließend sollen die in diesem Abschnitt eingeführten Begriffe in dem folgenden Schema noch einmal zusammengefaßt werden.

---

[4] Es gibt eine Vielzahl von Einführungen in die moderne Logik. Vgl. z.B. Kutschera und Breitkopf 1971; Schick 1974; von Savigny 1976.

Bezeichnetes	Sprachlicher Ausdruck	Abkürzung
Merkmal	Prädikat	Prädikatzeichen (z B.: F, G, H)
Objekt	Name	Individuenkonstanten (z.B.: a, b) Argumentausdruck (z.B.: a, b in Fa, Gb)

2. Arten sozialwissenschaftlicher Merkmale und Objekte

Mit der bisher behandelten Symbolik ist es lediglich möglich, sehr einfache Sätze auszudrükken. Wir werden im folgenden diese Symbolik erweitern. Wichtiger als die Symbolik ist jedoch, daß es diese Symbolik ermöglicht, die Struktur komplizierterer sprachlicher Ausdrücke deutlich zu machen. In diesem Abschnitt wollen wir uns im einzelnen mit verschiedenen Arten von Merkmalen und Objekten befassen, die für Sozialwissenschaftler von Bedeutung sind.

20. Einstellige und mehrstellige Merkmale

In den Beispielsätzen des vorangegangenen Abschnitts kamen nur Merkmale vor, die jeweils einzelnen Objekten zugeschrieben werden können. Dies zeigt sich in den Symbolisierungen der Beispielsätze: Hinter den Prädikatzeichen stand lediglich ein einziger Argumentausdruck. Eine Vielzahl von Merkmalen wird jedoch nicht nur *einzelnen* Objekten zugeschrieben, sondern *mehreren* Objekten gleichzeitig. Angenommen, folgender Satz wird behauptet:

(3) Herr Schmitz ist ein Freund von Herrn Müller.

Die Namen der Personen kürzen wir wiederum durch kleine lateinische Buchstaben ab, das Prädikat durch einen großen lateinischen Buchstaben, also z.B.:

Herr Schmitz = a; Herr Müller = b; Freund sein von = F.

Wenn wir nun den Satz in der früher beschriebenen Weise symbolisieren wollen, d.h. durch ein Prädikatzeichen und einen zugehörigen Argumentausdruck, geraten wir in Schwierigkeiten. Das Prädikat „Freund sein von" wird nicht nur einer einzigen Person zugeschrieben, sondern zwei Personen gleichzeitig. Es ist nicht sinnvoll zu sagen, a habe das Merkmal, ein Freund von b zu sein; es ist auch nicht sinnvoll zu sagen, b habe das Merkmal, ein Freund von a zu sein. Vielmehr sagt Satz (3), daß das Merkmal Freundschaft a und b gemeinsam zukommt. Wenn wir nun ein Merkmal, das *einem* Objekt zukommt, durch ein Prädikatzeichen und *einen* Argumentausdruck symbolisieren, dann ist es sinnvoll, ein Merkmal, das *zwei* Objekten zukommt, durch ein Prädikatzeichen und *zwei* Argumentausdrücke zu symbolisieren, also:

Fab = a ist der Freund von b.

Betrachten wir ein weiteres Beispiel: Person a ist mächtiger als Person b. Wenn wir sagen, daß eine Person größere Macht hat als eine andere Person, dann behaupten wir etwas über zwei Personen gleichzeitig, so daß wir den genannten Satz ebenfalls durch ein Prädikatzeichen und zwei Argumentausdrücke symbolisieren können: Mab, wobei „M" bedeutet „hat größere Macht als".

Betrachten wir nun noch einmal die Symbolisierung der Sätze in der Tabelle von Abschnitt 1. Diese Symbolisierungen bestehen lediglich aus einem Prädikat mit *einem* Argumentausdruck, während die zuletzt genannten Sätze aus Prädikaten mit *zwei* Argumentausdrücken bestehen. Wir können dies auch so ausdrücken: In der Tabelle steht lediglich an der *ersten Stelle* nach dem Prädikat ein Argumentausdruck, während bei den zuletzt genannten Sätzen *sowohl an der ersten als auch an der zweiten Stelle* ein Argumentausdruck steht.

Wir führen nun ein Prädikatzeichen ein - nämlich „P", das *beliebige Prädikate* bezeichnen soll. P ist also gewissermaßen eine Leerstelle oder ein Platzhalter, die durch beliebige konkrete Prädikatzeichen ausgefüllt werden können, z.B. durch die Prädikatzeichen in der vorangegangenen Tabelle. Wir setzen also für „P" Prädikate genauso ein wie wir in die Gleichung „y = 2x" für „x" und „y" Zahlen einsetzen. Entsprechend schreiben wir hinter „P" Argumentausdrücke, und zwar „x" und „y", die wiederum beliebige konkrete Argumentausdrücke bezeichnen sollen. Genauer: „x" und „y" sind wiederum Leerstellen, in die konkrete Argumentausdrücke eingesetzt werden können. Die beiden Typen von Prädikaten, die wir kennengelernt haben, können allgemein also so beschrieben werden:

P x
P x y

Unsere bisherigen Symbolisierungen „Ec", „Mab" usw. sind *Sätze*, d.h. sprachliche Ausdrücke, die wahr oder falsch sein können. Es ist ja möglich, z.B. festzustellen, ob a mächtiger als b ist. Bei den Ausdrücken „Px" und „Pxy" handelt es sich jedoch nicht um Sätze; denn ob „Px" oder „Pxy" wahr sind, können wir erst dann entscheiden, wenn für „P", „x" und „y" konkrete Prädikatzeichen und Individuenkonstanten eingesetzt wurden. „Px" und „Pxy" beschreiben nur die *Struktur* bzw. *Form* von Sätzen. Sie werden erst dann zu Sätzen, wenn wir in die Leerstellen „P", „x" und „y" konkrete Prädikatzeichen und Individuenkonstanten einsetzen. Es handelt sich also um leere Formen, die zu Sätzen werden können. Aus diesem Grunde bezeichnet man „Px" und „Pxy" auch als *Satzformeln* oder als *Aussageformen*. (Genauer gesagt: Wenn mindestens einer der Ausdrücke P, x und y eine Leerstelle ist, spricht man von einer Satzformel oder Aussageform.) Die Leerstellen „x", „y", etc. heißen *Individuenvariablen*. Weiterhin sprechen wir der Einfachheit halber auch dann von *Argumentausdrücken*, wenn Individuenvariablen (also nicht nur Individuenkonstanten) hinter einem Prädikatzeichen stehen.

Kehren wir wieder zu den verschiedenen Arten von Prädikaten zurück. Wir bezeichnen solche Prädikate, die in die Satzformel „Px" eingesetzt werden können, als *einstellige Prädikate*. Prädikate dagegen, die in die Satzformel „Pxy" eingesetzt werden können, heißen *zweistellige Prädikate*. Einfacher ausgedrückt: Prädikate, die durch ein Prädikatzeichen und *einen* Argumentausdruck symbolisiert werden können, heißen einstellige Prädikate; Prädikate dagegen, die durch ein Prädikatzeichen und *zwei* Argumentausdrücke symbolisiert werden können, heißen zweistellige Prädikate. Entsprechend bezeichnen wir auch die *Merkmale*, die durch einstellige Prädikate symbolisiert werden können, als *einstellige Merkmale*; Merkmale dagegen, die durch zweistellige Prädikate symbolisiert werden können, heißen *zweistellige Merkmale*.

Es gibt auch Prädikate, die mehr als zwei Objekten zugeschrieben werden. Entsprechend nennt man diese *Prädikate dreistellig, vierstellig* usw. Ebenso heißen die *Merkmale dreistellig, vierstellig* usw. Das Prädikat „mit jemandem über etwas sprechen" ist z.B. dreistellig (Person a spricht mit Person b über Gegenstand g).

Arten sozialwissenschaftlicher Merkmale und Objekte 23

Wenn Objekten ein mehrstelliges Merkmal zukommt, dann wird zwischen diesen Objekten eine Beziehung (Relation) hergestellt; so bezeichnet das zweistellige Merkmal „befreundet sein mit" eine bestimmte Beziehung zwischen zwei Personen, ebenso die Merkmale „größere Macht haben als" und „interagieren mit".[5] Um deutlich zu machen, ob eine Relation ein zweistelliges oder ein dreistelliges usw. Merkmal ist, spricht man auch von *zweistelligen, dreistelligen usw. Relationen*. Das folgende Schema faßt die getroffenen Unterscheidungen zusammen.

Prädikate: (= sprachliche Ausdrücke)	*Einstellig* (= ein Argumentausdruck)	*Zweistellig* (= zwei Argumentausdrücke)	*n-stellig* (= n Argumentausdrücke)
Symbolisierung: (= Satzformeln)	Px	Pxy	Pxyzu...
Merkmale:	*Einstellig*	*Zweistellig* (= zweistellige Relation)	*n-stellig* (= n-stellige Relation)
		Relationen oder relationale Merkmale	

Wenn man Merkmale daraufhin überprüft, ob sie einstellig, zweistellig usw. sind, treten häufig Schwierigkeiten auf. Dies liegt daran, daß die Umgangssprache und auch die Sprache der Sozialwissenschaften oft unklar ist: Die Prädikate sind nicht so formuliert, daß klar wird, wie vielen Objekten ein Merkmal zukommt. So bestehen häufig mehrere Möglichkeiten der Symbolisierung. Wir haben z.B. den Satz „a ist verheiratet" symbolisiert als „Va". „V" ist also ein einstelliges Prädikat. Wir hätten V jedoch auch als zweistelliges Prädikat symbolisieren können, wie der folgende Satz deutlich macht: „a ist verheiratet mit b". Das Merkmal „jemanden sanktionieren" könnte man als zweistelliges Merkmal symbolisieren (a sanktioniert b), aber auch als dreistelliges Merkmal: a sanktioniert b durch Sanktion c.

Da sich oft nicht entscheiden läßt, welche von verschiedenen möglichen Symbolisierungen richtig ist, wird man eine Symbolisierung aufgrund von Zweckmäßigkeitserwägungen anderen Symbolisierungen vorziehen. Eine dieser Erwägungen, die für Sozialwissenschaftler wichtig sein dürfte, ist folgende. Angenommen, ein Forscher wolle den folgenden Satz empirisch überprüfen: „Wenn eine Person ein Verhalten einer anderen Person bestraft, dann tritt das Verhalten dieser Person seltener auf." Der Sozialwissenschaftler überlege nun, ob er das Merkmal „jemanden bestrafen" als zweistelliges Prädikat (a bestraft b) oder als dreistelliges Prädikat (a bestraft b mit Sanktion c) verwenden soll. Prinzipiell stehen ihm beide Möglichkeiten offen, denn man kann sicherlich nicht sagen, daß eine der beiden Symbolisierungen falsch ist. Der Sozialwissenschaftler wird sich für die Symbolisierung als dreistelliges Prädikat

---

[5] Der Begriff der Relation wird in der Logik noch in einer anderen Bedeutung verwendet: Man bezeichnet als Relation nicht bestimmte *Merkmale*, sondern die *Gegenstände*, denen ein relationales Merkmal zukommt. Genauer: Paare, Tripel, Quadrupel usw. D.h. Mengen aus zwei, drei, vier usw. Objekten werden als „Relationen" bezeichnet. So heißt nicht das Merkmal „interagiert mit" eine Relation, sondern die Menge der (geordneten) Paare von Personen, die miteinander interagieren. Wir werden im folgenden unter einer „Relation" jedoch nur Merkmale verstehen.

entscheiden, wenn er meint, daß die Art der verwendeten Sanktion eine Bedingung dafür ist, daß das bestrafte Verhalten seltener auftritt. Wenn er die genannte Aussage prüft, muß er dann bei der zuletzt genannten Symbolisierung die Art der Sanktion ermitteln. Das Zweckmäßigkeitskriterium, das bei der Symbolisierung angewendet wurde, lautet also: Das Merkmal wurde als dreistelliges Prädikat symbolisiert, um *Bedingungen zu ermitteln, unter denen eine theoretische Aussage zutrifft.* Solche Bedingungen werden ermittelt, wie unser Beispiel nahelegt, wenn eine Symbolisierung möglichst viele Stellen hat. Wenn man also vor der Wahl steht, ein Prädikat als n-stelliges oder als n+m-stelliges (wobei n und m irgendwelche natürlichen Zahlen bedeuten) zu symbolisieren, wird man meistens die letzte Symbolisierung vorziehen.

Versucht man festzustellen, ob ein Prädikat einstellig, zweistellig usw. ist, geht man zweckmäßigerweise folgendermaßen vor: Man stellt sich eine Satzformel mit einer Vielzahl von Leerstellen für Argumentausdrücke vor, also:

P x y z u ...

Man versuche dann, diese Satzformel auszufüllen, d.h. man setze an die Stelle von „P" das zu untersuchende Prädikat ein und überlege, wie vielen der Leerstellen „x", „y", „z", „u" ... Argumentausdrücke zugeordnet werden können.

21. Arten sozialwissenschaftlicher Objekte

In diesem Abschnitt sollen die Arten von Objekten beschrieben werden, die für Sozialwissenschaftler besonders interessant sind. Eine Vielzahl sozialwissenschaftlicher Aussagen handelt über *Personen oder bestimmte Arten von Personen,* etwa Personen mit einem bestimmten Beruf oder mit einer bestimmten Schulbildung. Sozialwissenschaftler befassen sich weiterhin mit *sozialen Kollektiven* oder bestimmten Arten von Kollektiven, z.B. Gesellschaften, Familien, Gemeinden, Wirtschaftsbetrieben oder informellen Gruppen.

Auch *Sachen* sind Bestandteile sozialwissenschaftlicher Aussagen, etwa der Besitz oder das Eigentum von Personen oder bestimmte materielle Belohnungen, die verteilt werden. Schließlich kommen als Objekte sozialwissenschaftlicher Aussagen *Handlungen und kognitive Elemente* vor. In lerntheoretischen Aussagen werden z.B. Bedingungen für das Auftreten von Handlungen formuliert. Eine derartige Aussage lautet - stark vereinfacht -: Wenn eine Person x eine Handlung y der Person z belohnt, dann steigt die Häufigkeit von y („x" und „y" sind wiederum Leerstellen für Individuenkonstanten). Die kognitiven Gleichgewichtstheorien befassen sich mit der Änderung kognitiver Elemente. Zu diesen gehören Meinungen, Attitüden, Informationen usw. Auch Zeitpunkte können Objekte in sozialwissenschaftlichen Aussagen sein, z.B.: Person a war zum Zeitpunkt t_1 Buchhalter (Bat_1) und wurde zum Zeitpunkt t_2 zum Oberbuchhalter befördert (Oat_2).

22. Arten relationaler Merkmale in den Sozialwissenschaften

Will man das Verhalten einer Person erklären, dann sind hierfür nicht nur bestimmte psychische Eigenschaften (Motive, Informationen, Attitüden usw.), sondern auch die Beziehungen zu anderen Personen, die Beziehungen zu Kollektiven und auch die Beziehungen zu Sachen von Bedeutung. In diesem Abschnitt wollen wir uns mit einigen Möglichkeiten befassen, wie man relationale Merkmale mit den im vorigen Abschnitt erwähnten Objekten bilden kann.

Beginnen wir mit zweistelligen Merkmalen. Wenn wir die Möglichkeiten, zweistellige Merkmale mit den erwähnten Objekten zu bilden, untersuchen wollen, gehen wir am zweckmäßigsten von der folgenden *Matrix* aus, in der die Objekte sowohl in den Spalten als auch in den Zeilen stehen. Die einzelnen Felder der Matrix, die fortlaufend von links nach rechts numeriert sind, stellen gewissermaßen die Schnittpunkte zweier verschiedener oder identischer Objektarten dar. Mit jedem solcher Objektpaare könnte ein relationales Merkmal gebildet werden. Wir erhalten somit 15 Arten von Merkmalen. Die Merkmale in den Feldern, in denen keine Zahlen stehen (also die untere Dreiecks-Matrix) sind von geringerem Interesse, da hier nur die Reihenfolge der Argumentausdrücke verändert wurde. Illustrieren wir einige dieser Beziehungen an Beispielen.

a) Beziehungen zwischen Personen. Besonders oft sind Beziehungen zwischen zwei Personen von Interesse, z.B. in der Soziometrie oder Netzwerkanalyse. So werden z.B. häufig Sympathiebeziehungen zwischen Mitgliedern einer Gruppe ermittelt. Darüber hinaus hat man sich z. B. mit Kommunikationsbeziehungen und Machtbeziehungen zwischen Personen befaßt. Andere relationale Merkmale, die in den Sozialwissenschaften häufig vorkommen, sind Erwartungen (a äußert eine Erwartung an b), Sanktionen (a sanktioniert b), Interaktionen (a interagiert mit b), Konflikte (a steht in Konflikt mit b), Herrschaft (a übt Herrschaft aus über b), Vorurteilshaftigkeit (a hat Vorurteile gegenüber b) usw., wobei „a" und „b" Abkürzungen für Namen von Personen sind.

	Personen	Kollektive	Sachen	Handlungen	Kognitive Elemente
Personen	1	2	3	4	5
Kollektive		6	7	8	9
Sachen			10	11	12
Handlungen				13	14
Kognitive Elemente					15

b) Beziehungen zwischen Personen und Kollektiven. Bei einer Erklärung des Verhaltens von Personen sind auch Merkmale von Kollektiven, in denen die Personen Mitglieder sind, von Bedeutung. *Erstens* können Personen dadurch charakterisiert werden, daß sie Mitglieder von Kollektiven sind, z.B.: „Person a ist Mitglied von Kollektiv b" (Mab). Es ist jedoch oft nicht nur von Interesse, den Namen eines Kollektivs zu kennen, in dem eine Person Mitglied ist, sondern häufig will man das Kollektiv selbst wiederum durch Merkmale beschreiben, z.B. durch seine Größe (Anzahl der Mitglieder) oder sein Prestige. Man schreibt also Individuen Merkmale von Kollektiven zu, z.B.: Person a ist Mitglied von Kollektiv b (z.B. einer Partei), und Kollektiv b hat das Merkmal R (wobei „R" heißen könnte „rechtsgerichtet"), in Symbolen: Mab und Rb.

Man kann eine solche Aussage vereinfachen, indem man das Merkmal des Kollektivs in das Prädikat „Mitgliedschaft" aufnimmt. So könnte man das Prädikat „Mitglied eines Kollektivs mit einem bestimmten Merkmal sein" bilden. Der vorangegangene Satz lautet dann: Person a ist Mitglied einer rechtsgerichteten Partei b ($M_r$ab). Das Subskript weist auf die Eigenschaft des Kollektivs hin, in dem die betreffende Person Mitglied ist. Derartige Relationen zwischen Individuen und Kollektiven werden als *Kontextmerkmale* bezeichnet.[6]

In der Literatur wird immer wieder gesagt, daß ein Kontextmerkmal eine Person charakterisiert durch ihre Mitgliedschaft in einem Kollektiv oder durch ein Merkmal eines Kollektivs, in dem die Person Mitglied ist. Unsere vorangegangenen Ausführungen haben gezeigt, daß ein Kontextmerkmal keineswegs eine Eigenschaft eines Individuums ist, sondern eine Eigenschaft eines Individuums *und eines Kollektivs*, denn es handelt sich bei den zur Diskussion stehenden Merkmalen ja nicht um einstellige, sondern um zweistellige Merkmale, d.h. die Argumentausdrücke der entsprechenden Prädikate sind Abkürzungen für Namen von Personen *und* Kollektiven.[7]

c) Personen, Sachen, Handlungen und kognitive Elemente. In einigen sozialwissenschaftlichen Theorien wird behauptet, daß die Ausführung eines Verhaltens u.a. dadurch bedingt ist, daß Personen über Mittel bzw. Ressourcen verfügen. Damit sind insbesondere Sachen (Werkzeuge, Geld) oder bestimmte Informationen (juristische Kenntnisse, Informationen über Möglichkeiten der Steuerhinterziehung) gemeint. Es sind also Relationen der folgenden Art von Bedeutung: „Person a verfügt über Sache b" oder „Person a hat Informationen der Art b".

In den kognitiven Gleichgewichtstheorien wird u.a. behauptet, daß sich bei bestimmten Relationen zwischen kognitiven Elementen (Meinungen, Informationen, Motive, Gefühle) diese Relationen ändern. Wenn z.B. jemand meint „Person a ist ein guter Mensch" und plötzlich erfährt, „a ist zehnmal vorbestraft", dann würden die durch diese Sätze beschriebenen Bewußtseinsinhalte nicht „zusammenpassen" - man würde sagen: es liegt eine Dissonanz (oder ein Ungleichgewicht) zwischen diesen Elementen vor. „Dissonanz" ist also eine Relation *zwischen kognitiven Elementen* - allerdings nicht *nur* zwischen kognitiven Elementen. Der Grund ist, daß man das Verhalten von *Personen* erklären will und daß es somit sinnvoll ist, eine dreistellige Relation zu formulieren, nämlich: Person a nimmt eine kognitive Dissonanz zwischen den kognitiven Elementen b und c wahr (Kabc).

d) Kollektive als sozialwissenschaftliche Objekte. Will man erklären, warum sich Kollektive ändern oder stabil bleiben, sind auch Beziehungen eines Kollektivs zu anderen Kollektiven von Bedeutung, z.B.: „Land a führt Krieg mit Land b", „Gruppe a ist mächtiger als Gruppe b", „Land a ist Nachbar von Land b", „a ist demokratischer als b".

In unserer Tabelle ist die Möglichkeit enthalten, Relationen zu bilden, in denen Kollektive mit Sachen, Handlungen und kognitiven Elementen in Beziehung gesetzt werden. Beispiele für Relationen zwischen Kollektiven und Sachen sind etwa Besitz oder Verfügungsmacht (Kollektiv a ist Eigentümer von Sache b). Können Kollektive auch Handlungen ausführen, oder kann man von kognitiven Elementen sprechen, die Kollektiven zukommen? Man pflegt bestimmte Arten von Handlungen, die in einem Kollektiv auftreten, zu zählen, z.B. die Anzahl von Delikten, die die Mitglieder des Kollektivs begehen - man spricht von der Kriminalitätsrate eines Landes. In derselben Weise kann man auch die Verbreitung von Meinungen, Einstellungen, kognitiven Elementen etc. in Kollektiven beschreiben (in Kollektiv a ist die Meinung b bei m

---

[6] Vgl. Lazarsfeld 1959, S. 69. Hier werden lediglich solche Relationen als Kontextmerkmale bezeichnet, in denen ein Individuum klassifiziert wird „by the collective(s) to which he belongs". In dem folgenden Aufsatz dagegen wird dann von einem Kontextmerkmal gesprochen, wenn ein Mitglied „by a property of his collective" charakterisiert wird. Vgl. Lazarsfeld und Menzel 1961, S. 433. Es erscheint sinnvoll, in *beiden* Fällen von Kontextmerkmalen zu sprechen, wie wir es hier vorgeschlagen haben.

[7] Vgl. zur weiteren Explikation von Kontextmerkmalen Opp 1976, S. 39-40.

Personen verbreitet, kurz: das Kollektiv a hat das Ziel…). Damit ist angedeutet, daß Merkmale von Kollektiven oft „konstruiert" werden aus Merkmalen individueller Akteure. Hierauf werden wir im nächsten Abschnitt genauer eingehen.

23. Zur „Konstruktion" von Kollektiven und deren Merkmalen

Wir haben uns bisher nicht mit der Frage befaßt, was genau mit Begriffen gemeint ist, die Kollektive (z.B. Gruppen, soziale Systeme, Gesellschaften) und Merkmale von diesen (z.B. Kohäsion, Kriminalitätsrate) bezeichnen. Diese Frage wollen wir im folgenden behandeln.

Gehen wir aus von drei Personen a, b und c, die sich zweimal wöchentlich treffen, sei es, daß sie Gaststätten besuchen, zu Hause diskutieren oder Skat spielen. Diese Personen wollen wir als eine (menschliche) Gruppe bezeichnen. Aufgrund welcher Merkmale dieser Personen kann man hier von einer „Gruppe" sprechen? In dieser Frage ist bereits die Antwort teilweise enthalten. Es wurde gefragt, aufgrund welcher Merkmale *dieser Personen* von einer Gruppe gesprochen werden kann. Eine notwendige Bedingung ist, daß eine Menge von Personen existiert. Dies ist jedoch kein hinreichendes Merkmal. So würde man drei Personen e, f und g, die sich nicht kennen und die auch nichts voneinander wissen, sicherlich nicht eine „Gruppe" nennen. Damit ist ein weiteres Merkmal angedeutet, das es rechtfertigt, bei unseren drei Personen a, b und c von einer Gruppe zu sprechen: Sie treffen sich und sprechen miteinander, technischer ausgedrückt: sie *interagieren* miteinander, und zwar relativ häufig - d.h. die Interaktion zwischen den drei Personen findet häufiger statt als die Interaktion dieser Personen mit anderen Personen. Es handelt sich also bei unserer Gruppe um eine Menge von Personen, die relativ häufig miteinander interagieren.[8]

Betrachten wir diese Definition etwas genauer. Das Merkmal „Interaktion" ist eine zweistellige Relation, die wir durch „I" abkürzen. Sie komme jedem der drei Individuen zu, genauer: Folgende Sätze sind wahr:

$Iab, Iba, Iac, Ica, Ibc, Icb$.

Jedes der erwähnten Paare ab, ba usw. gehört zu der Menge der Paare, die die durch das Prädikat „Interaktion" bezeichnete Eigenschaft haben. Generell bezeichnet man die Menge der Objekte, die die durch ein Prädikat bezeichnete Eigenschaft besitzen, als die *Extension* dieses Prädikates (man spricht auch von dem Begriffsumfang oder dem Umfang des Prädikates). So bestünde der Begriffsumfang des einstelligen Prädikates „autoritär" aus der Menge der Personen, die autoritär sind (d.h. aus der Menge der Personen, die die durch das Prädikat „autoritär" bezeichnete Eigenschaft haben). Der Begriffsumfang des zweistelligen Prädikates „verheiratet sein mit" besteht aus der Menge der Paare von Personen, die miteinander verheiratet sind. Die Beispiele illustrieren, daß die Extension einstelliger Prädikate Mengen von Objekten sind und daß die Extension zweistelliger Prädikate Mengen von *Paaren* von Objekten sind. Die Extension von dreistelligen Prädikaten sind entsprechend Mengen von Dreier-„Mengen" (man spricht genauer von Mengen von Tripeln) usw.

Wir können nun sagen, daß der Begriff „Gruppe" aus zwei Bestandteilen zusammengesetzt ist: eine Menge M von Personen und eine weitere Menge R von Paaren von Personen, die aus der genannten Menge M gebildet wurden. Diese Paare sind die Extension des Prädika-

---

[8] Es handelt sich hier um eine der Standarddefinitionen des Begriffs „menschliche Gruppe". Vgl. etwa Homans 1960, S. 100-104.

tes „Interaktion". Vereinfacht formuliert: *Der Begriff „Gruppe" bedeutet eine Menge von Personen, die eine bestimmte relationale Eigenschaft haben.*

Oft wird der Begriff der Gruppe enger definiert. Von Bedeutung dafür, daß eine Personenmenge als „Gruppe" bezeichnet wird, ist auch, daß die Personen a, b und c gemeinsame Wertvorstellungen haben, daß sie dieselbe Sprache sprechen und daß sie gemeinsam bestimmte Aktivitäten ausführen. Würde dies behauptet, dann bedeutete dies, daß weitere zwei- (oder mehr-) stellige Prädikate angegeben werden, zu deren Extension die drei Personen gehören müssen, um von einer Gruppe sprechen zu können, z.B.: gemeinsame Wertvorstellungen haben (a hat dieselben Wertvorstellungen wie b, a hat dieselben Wertvorstellungen wie c usw.). Ob es sinnvoll ist, den Begriff der Gruppe zusätzlich mittels dieser Relationen zu charakterisieren, soll hier nicht diskutiert werden. In jedem Falle wird mit dem Begriff der Gruppe *eine Menge von Personen mit mindestens einer relationalen Eigenschaft* bezeichnet.

Läßt sich die Bedeutung anderer Begriffe, die Kollektive bezeichnen, in derselben Weise rekonstruieren? Bedeutet z.B. „Gesellschaft" ebenfalls eine Menge von Personen mit relationalen Eigenschaften dieser Personen und vielleicht mit weiteren einstelligen und mehrstelligen Merkmalen, die u.a. diesen Personen zukommen? Bei der Beantwortung dieser Frage ist in folgender Weise vorzugehen. Eine Vielzahl von Begriffen, die Kollektive bezeichnen, müßten auf ihre Bedeutung hin untersucht werden. Eine solche Untersuchung würde über den Rahmen dieses Buches hinausgehen. Es sei hier lediglich auf zwei Tatbestände verwiesen, die eher dafür als dagegen sprechen, daß Begriffe, die Kollektive bezeichnen, sich auf eine Menge von Individuen mit relationalen Eigenschaften dieser Personen und evtl. auf weitere einstellige und mehrstellige Merkmale, die u.a. diesen Personen zukommen, beziehen. *Erstens* hat eine Analyse einer Reihe von Begriffen, die Kollektive bezeichnen, diese These bestätigt (vgl. Hummell und Opp 1971, Kap. IV und V). *Zweitens* sprechen Plausibilitätsüberlegungen für die genannte These. Man könnte zunächst Gegnern der genannten These folgende Frage stellen: Falls Kollektive etwas anderes bezeichnen als Mengen von Personen und Eigenschaften u.a. dieser Personen, was genau ist dieses Andere? Stellt man diese Frage Personen, die die genannte These bestreiten, erhält man in der Regel äußerst unpräzise Antworten. Versucht man, diese Antworten zu präzisieren, dann zeigt sich, daß einstellige und mehrstellige Merkmale angegeben werden, die u.a. Personen zukommen. Der Leser mag selbst die Plausibilität der genannten These prüfen, indem er Begriffe, die Kollektive bezeichnen, auf ihre Bedeutung hin untersucht.

Fragen wir nun, was mit Begriffen gemeint ist, die *Merkmale von Kollektiven* bezeichnen. Wenn Kollektive Mengen von Personen mit bestimmten Merkmalen bezeichnen, dann müßten sich *Merkmale* von Kollektiven wiederum auf bestimmte zusätzliche Merkmale dieser Personen beziehen. Demonstrieren wir dies an unserer Gruppe, die aus den Personen a, b und c besteht. Der Tatbestand, daß die entsprechenden Personenpaare zur Extension des durch das Prädikat „Interaktion" bezeichneten Merkmals gehören, sei hinreichend dafür, diese Personenmenge als „Gruppe" zu bezeichnen. Was bedeutet es nun, wenn wir sagen, diese Gruppe sei konform, wobei „konform" ein einstelliges Merkmal eines Kollektivs sei (Kollektiv d ist konform)? Mit „Konformität" der Gruppe könnte gemeint sein, daß die drei Personen a, b und c in einem bestimmten Zeitraum keine gesellschaftlichen Normen gebrochen haben. Wir sehen, daß zunächst aufgrund bestimmter Merkmale Personen als Kollektiv bezeichnet werden. Schreibt man nun dem Kollektiv ein Merkmal zu, dann wird dieses Merkmal aufgrund anderer Merkmale der Personen gebildet.

In den Sozialwissenschaften hat man sich besonders mit relationalen Merkmalen befaßt, deren Extensionen *Paare* von Personen sind. Solche Relationsgefüge, man spricht auch von „Strukturen" - wir werden auf diesen Begriff später noch eingehen -, kann man in zweierlei Weise darstellen. Um dies zu zeigen, wollen wir fragen, was mit „herrschaftsfrei" gemeint sein könnte. Wir gehen davon aus, daß „herrschaftsfrei" einer Gruppe von Personen zugeschrieben wird. Wenn in einer Gruppe kein Mitglied über ein anderes Mitglied Herrschaft ausübt, dann würde man sicherlich eine solche Gruppe als „herrschaftsfrei" bezeichnen. Genauer gesagt: „Herrschaft" ist ein zweistelliges Prädikat, dessen Extension Paare von Personen sind (a übt Herrschaft über b aus). Wenn nun kein Personenpaar zu dieser Extension gehört, würde man eine Gruppe als „herrschaftsfrei" bezeichnen. Ähnliches könnte gemeint sein, wenn man sagt, in einer Gruppe würde in hohem Maße Herrschaft ausgeübt. Dies könnte bedeuten, daß relativ wenige Mitglieder über relativ viele andere Mitglieder Herrschaft ausüben.

Demnach wäre es auch möglich, verschiedene *Typen von Herrschaftsstrukturen* zu beschreiben. Man könnte von einer „monarchischen" Herrschaftsstruktur sprechen, wenn eine einzige Person Herrschaft ausübt. Eine „oligarchische" Herrschaftsstruktur läge vor, wenn nur wenige Personen Herrschaft ausüben. Bei einer „demokratischen" Herrschaftsstruktur würde jeder über jeden Herrschaft ausüben.

Wir wollen nun diese verschiedenen Herrschaftsstrukturen graphisch veranschaulichen. Ein Individuum symbolisieren wir durch einen Buchstaben, eine Relation zwischen einem Individuum a und einem anderen Individuum b - also eine Herrschaftsbeziehung - durch einen Pfeil, der von a nach b verläuft. Der Argumentausdruck, der an erster Stelle des Prädikates steht, ist also der Ausgangspunkt des Pfeils; der Argumentausdruck, der an zweiter Stelle steht, ist der Endpunkt des Pfeils. Der Satz „a übt Herrschaft aus über b" - symbolisch: Hab - wäre also graphisch so darzustellen, daß von a ein Pfeil zu b verläuft. Diese Konventionen sind dann nützlich, wenn man zweistellige Relationen, die zwischen mehreren Objekten bestehen, veranschaulichen will. Wir stellen im folgenden Beispiele für die erwähnten Typen von Herrschaftsstrukturen einer Gruppe graphisch dar, die aus vier Personen a, b, c und d bestehen soll. Jede der Figuren in Abbildung 1 ist bedeutungsgleich mit einer Reihe von

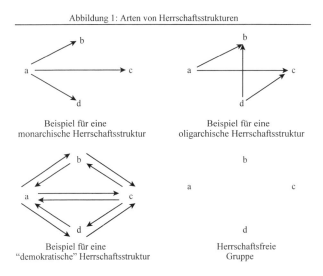

Abbildung 1: Arten von Herrschaftsstrukturen

Beispiel für eine monarchische Herrschaftsstruktur

Beispiel für eine oligarchische Herrschaftsstruktur

Beispiel für eine "demokratische" Herrschaftsstruktur

Herrschaftsfreie Gruppe

Sätzen. Die dargestellte monarchische Herrschaftsstruktur bedeutet: Hab, Hac, Had; es ist nicht der Fall: Hba, es ist nicht der Fall: Hbc, es ist nicht der Fall: Hcb usw.

Bei den Pfeilfiguren handelt es sich um die graphische Darstellung einer *bestimmten Teilmenge* der *Extension von zweistelligen Prädikaten*, d.h. diejenigen Paare von Objekten, denen ein relationales Merkmal zukommt, werden durch einen Pfeil miteinander verbunden. Diese Darstellungsweise wird unzweckmäßig, wenn die betrachtete Teilmenge der Extension relativ umfangreich wird - z.B. 1000 Personen. In diesem Falle ist eine Darstellung der Extension zweistelliger Prädikate durch *Matrizen* zweckmäßiger. Die Objekte, bei denen festgestellt werden soll, ob sie zu der Extension eines zweistelligen Prädikates gehören, werden in einer Matrix in folgender Weise eingetragen: Jedes Objekt wird in die i-te Zeile und j-te Spalte geschrieben (wobei i = j ist). So könnte man Objekt a in die erste Zeile und in die erste Spalte schreiben, Objekt b in die zweite Zeile und in die zweite Spalte usw. (vgl. die folgende Matrix). Gehört ein Paar zu der Extension des Prädikates, wird an die Stelle, in der sich Spalte und Zeile der Objekte des Paares schneiden, eine 1 eingetragen, ansonsten eine 0 (oder der entsprechende Platz wird freigelassen). Wenn also a über b Herrschaft ausübt, d.h. wenn Hab gilt, dann muß in den Schnittpunkt der Zeile, in der a steht, und der Spalte, in der b steht, eine 1 geschrieben werden. In der folgenden Matrix ist die obige Pfeilfigur dargestellt, die eine „demokratische" Herrschaftsstruktur beschreibt.[9] Die Darstellung in Form von Matrizen hat vor allem zwei Vorteile: Erstens können die Beziehungen von weitaus mehr Objekten übersichtlicher dargestellt werden als in einer Pfeilfigur. Zweitens kann mit Matrizen mathematisch gearbeitet werden, da die sog. Matrixalgebra eine ausgebaute mathematische Theorie ist.

	a	b	c	d
a	0	1	1	1
b	1	0	1	0
c	1	1	0	1
d	1	0	1	0

Herrschaftsstrukturen sind eine bestimmte Art *sozialer Strukturen*. Dieser in den Sozialwissenschaften sehr häufig und meist unklar verwendete Begriff dürfte normalerweise folgendes bedeuten: Man spricht von der Struktur eines Kollektivs, wenn zwischen den Mitgliedern Beziehungen bestehen, die zeitlich relativ stabil sind, genauer: wenn die Mitglieder-Paare zur Extension von mindestens einem zweistelligen Prädikat gehören und wenn sich die Beziehungen relativ lange Zeit nicht ändern. Dabei ist zu präzisieren, was eine „relativ" lange Zeit bedeutet.[10]

Diese Ausführungen bestätigen die These, daß sich Begriffe, die Kollektive bezeichnen, auf Mengen von Personen beziehen, denen mindestens ein zweistelliges Merkmal zukommt. Auf ein Argument von Gegnern dieser These sei hier noch kurz eingegangen: sie laufe auf eine „Reduzierung" von Gruppen, Gesellschaften usw. auf isolierte Individuen hinaus, und es

---

[9] Vgl. zur Darstellung sozialer Beziehungen in Form von Matrizen insbes. Hummell 1972, S. 27-54. Vgl. auch Kemeny, Snell und Thompson 1966, S. 384-406; Doreian 1970, insbes. Kapitel 4; Scott 1991; Pappi 1987. Vgl. auch die Literatur über soziale Netzwerke, z.B. Jansen 1999; Weyer 2000.

[10] Vgl. zu diesem Begriff genauer Doreian 1970, Kapitel 4; Hummell und Opp 1971, S. 40-41.

sei evident, daß Kollektive mehr sind als die Individuen, aus denen sie bestehen. Es gelte eben nicht, daß das Ganze (hier: Kollektive) dasselbe sei wie die Summe seiner Teile (hier: eine Menge von Personen). Wenn mit diesem äußerst vagen Einwand[11] gemeint sein sollte, daß Kollektive mehr bezeichnen als Mengen von Individuen, dann behauptet genau dies die genannte These: Danach bezeichnen Kollektive Mengen von Individuen *und* relationale Merkmale. Das „mehr" sind also Relationen, die u.a. den Personen zukommen.

Die genannte These wird, wie wir bereits andeuteten, häufig bestritten - allerdings ohne daß dabei im Detail eine Analyse der hier skizzierten Art durchgeführt wird. Häufig beschränkt man sich auf die bloße Behauptung, die These sei unhaltbar. Manche Autoren gehen dabei so weit zu behaupten, daß Begriffe, die Kollektive oder deren Merkmale bezeichnen, zwar eine andere Bedeutung haben als eine Menge von Personen und bestimmte einstellige und mehrstellige Merkmale, daß jedoch diese andere Bedeutung nicht präzise beschrieben werden könne. Dabei wird auch nicht andeutungsweise gezeigt, aus welchen Gründen diese andere Bedeutung nicht beschrieben werden kann. In dieser Weise „argumentieren" z.B. Habermas und viele marxistisch orientierte Sozialwissenschaftler. Es wird etwa behauptet, daß der Begriff der Totalität etwas anderes bedeute als ein soziales System. Dabei gesteht man zu, daß der Begriff des sozialen Systems als Menge von Individuen und bestimmten ein- und mehrstelligen Merkmalen beschrieben werden könne. Jedoch: „Der Unterschied zwischen System und Totalität im genannten Sinne läßt sich nicht direkt bezeichnen; denn in der Sprache der formalen Logik würde er aufgelöst, in der Sprache der Dialektik aufgehoben werden müssen" (Habermas 1969, S. 156). Was mit „aufgelöst" und „aufgehoben" gemeint ist, wird nicht erläutert. Gerade beim Begriff der Totalität hätte es nahegelegen, seine Bedeutung im Detail zu analysieren, da es sich hier um einen als „zentral" betrachteten Begriff handelt.[12]

Mancher Leser mag vielleicht den Eindruck gewonnen haben, daß die Diskussion in diesem Abschnitt für die konkrete Arbeit des Sozialwissenschaftlers keine Bedeutung hat. Ein solcher Eindruck wäre jedoch aus folgendem Grunde falsch. Wenn sich zeigt, daß Begriffe, die Kollektive oder deren Merkmale beschreiben, sich auf individuelle Akteure (und deren Merkmale) beziehen, dann könnte man versuchen, sozialwissenschaftliche Theorien, die das Verhalten individueller Akteure erklären, auch zur Erklärung des „Verhaltens" von Kollektiven anzuwenden. „Revolutionen" bestehen z.B. aus Folgen von Handlungen verschiedener Gruppen von Akteuren (Bürger, Führungselite, Armee). Das Handeln dieser Gruppen von Individuen „macht eine Revolution aus". Entsprechend könnte man eine Revolution erklären, wenn man das Verhalten der Individuen erklären kann, d.h. wenn man über eine allgemeine Theorie über das Verhalten von Individuen verfügt.[13] Diese Vorgehensweise wird von einem bestimmten Forschungsansatz verfolgt, der in einer Reihe von sozialwissenschaftlichen Disziplinen angewendet wird, dem sog. „Rational Choice"-Ansatz.[14]

---

[11] Vgl. hierzu genauer Schlick 1965 und Nagel 1965.

[12] Vgl. zu der „Argumentation" von Habermas die zutreffenden Bemerkungen von Albert 1969, S. 197-199.

[13] Ein Beispiel für eine solche Erklärung ist der Versuch, die Revolution in der DDR im Jahre 1989 zu erklären, indem eine Theorie über das Verhalten individueller Akteure angewendet wird. Vgl. im einzelnen vor allem Opp, Voß und Gern 1993.

[14] Die Literatur hierzu ist sehr umfangreich. Vgl. einführend Bohnen 2000; vgl. weiter Coleman 1990; Esser 1993; Frey 1990/1991, Kirchgässner 1991; Kunz 1997; McKenzie und Tullock 1978; Ramb und Tietzel 1993; Weede 1992.

3. Was versteht man unter einem „Gesetz" und unter einer „Theorie"?

Eine zentrale Aufgabe der Sozialwissenschaften besteht in der Erklärung sozialer Sachverhalte. Mit der Vorgehensweise bei einer Erklärung werden wir uns im nächsten Kapitel befassen. Wir werden sehen, daß bei einer Erklärung „singuläre" Sätze, „Gesetze" und „Theorien" eine wichtige Rolle spielen. Im folgenden werden wir diese Begriffe erläutern.

30. Singuläre und nichtsinguläre Sätze

Singuläre Sätze heißen Sätze, die behaupten, daß etwas an einem bestimmten Ort und zu einem bestimmten Zeitpunkt (oder in einem bestimmten Zeitraum) der Fall ist, kurz gesagt: Sätze, die sich auf ein bestimmtes Raum-Zeit-Gebiet beziehen. Man spricht auch von *deskriptiven Sätzen* oder *raum-zeitlich begrenzten Existenzsätzen*. Der letzte Ausdruck besagt, daß singuläre Aussagen als Es-gibt-Sätze formuliert werden können. Den Satz „Die Universität Leipzig hatte 1993 18.000 Studierende" kann man umformulieren als „In Leipzig gab es zum Zeitpunkt t 18.000 Studierende". Alle übrigen Sätze werden *nichtsingulär* genannt.

Wir haben bereits eine Vielzahl singulärer Sätze kennengelernt. Alle Sätze mit Individuenkonstanten sind singulärer Art. Der folgende Satz ist dagegen ein nichtsingulärer Satz: Wenn zwei soziale Systeme miteinander in Konflikt stehen, dann ist die Kohäsion der Systeme relativ hoch. In diesem Satz wird kein Bezug genommen auf einen Ort oder Zeitpunkt oder Zeitraum. Die Darstellung von Untersuchungsergebnissen besteht aus singulären Sätzen, denn Untersuchungsergebnisse sind Sätze über ganz konkrete Ereignisse. Wenn z.B. ein Anthropologe die Heiratssitten „seines" Stammes beschreibt, dann bezieht er sich auf Sachverhalte eines bestimmten Raum-Zeit-Gebietes.

Zu den nicht-singulären Sätzen gehören insbesondere die Naturgesetze, aber auch eine Vielzahl sozialwissenschaftlicher Aussagen, etwa Sätze der Lerntheorie, der Wert-Erwartungstheorie, der Frustrations-Aggressionstheorie und das „Gesetz" von Angebot und Nachfrage in der Nationalökonomie.

31. Wenn-dann- und Je-desto-Sätze

In den Sozialwissenschaften - wie auch in anderen empirischen Wissenschaften - spielen Wenn-dann- und Je-desto-Sätze eine zentrale Rolle. Der Grund ist, daß sozialwissenschaftliche Theorien in dieser Form formuliert sind, wie wir noch im einzelnen sehen werden. Es ist deshalb sinnvoll, wenn wir uns zunächst mit der Bedeutung von Wenn-dann- und Je-desto-Sätzen befassen. Wenden wir uns zunächst *Wenn-dann-Sätzen* zu. Gehen wir aus von zwei einfachen Sätzen: „a interagiert mit b" (symbolisiert als „Iab") und „die Meinungen von a und b gleichen sich an" (symbolisiert als „Gab"). Diese beiden Sätze kann man u.a. mit „wenn..., dann..." verknüpfen:

Wenn Iab, dann Gab.

Jeder dieser „Teile" des Wenn-dann-Satzes könnte auch komplizierter sein. So könnte der erste Teil - die *Wenn-Komponente* - aus zwei einfachen Sätzen bestehen, die durch „und" verknüpft sind, z.B.: „Wenn a mit b interagiert und wenn a genau so mächtig ist wie b, dann ...". Auch der zweite Teilsatz - die *Dann-Komponente* - könnte komplizierter sein, z.B.: „..., dann gleichen sich die Meinungen zwischen a und b an und es entwickelt sich Zuneigung zwischen a und b". Wir werden später noch im einzelnen zeigen, in welcher Weise „komplexe" Wenn-dann-Sätze formuliert werden können.

Befassen wir uns nun mit der Bedeutung von *Je-desto-Sätzen*. Betrachten wir das folgende Beispiel:

Je marktwirtschaftlicher eine Gesellschaft organisiert ist, desto höher ist ihr Sozialprodukt.

Das Ausmaß marktwirtschaftlicher Organisation könnte man z.B. als das Ausmaß der Staatstätigkeit in einer Gesellschaft definieren. Den ersten Teil solcher Sätze bezeichnet man als *Je-Komponente*, den zweiten Teil als *Desto-Komponente*. Wenn wir diesen Satz mit dem vorher erwähnten Wenn-dann-Satz vergleichen, dann zeigt sich folgender Unterschied. In dem Wenn-dann-Satz können die Prädikate (z.B. „interagiert mit") nur zwei Werte haben, nämlich „ja" oder „nein". In dem zuletzt genannten Je-desto-Satz sind die Prädikate jedoch quantitativ. Der Begriff „marktwirtschaftlich" wird z.B. so verwendet, daß zwischen verschiedenen *Graden* von Marktwirtschaft unterschieden werden kann.[15]

Was bedeuten Je-desto-Sätze? Wir sahen, daß die Prädikate (Ausmaß der marktwirtschaftlichen Organisation und Ausmaß des Sozialproduktes) mehrere Werte aufweisen können. Wenn nun unser Beispielsatz einen Zusammenhang herstellt zwischen „Marktwirtschaft" und „Sozialprodukt", dann bedeutet dies, daß Gesellschaften, die ein relativ hohes Ausmaß an Marktwirtschaft aufweisen, auch ein relativ hohes Sozialprodukt haben. D.h. eine Gesellschaft x, die marktwirtschaftlicher ist als eine andere Gesellschaft y, hat auch ein höheres Sozialprodukt als die andere Gesellschaft y, anders ausgedrückt:

Wenn irgendeine Gesellschaft x *marktwirtschaftlicher* ist als eine andere Gesellschaft y, dann ist das Sozialprodukt von x größer als das von y.

Was behauptet unsere Je-desto-Aussage über Gesellschaften, die *in demselben Maße* marktwirtschaftlich organisiert sind? Diese müßten auch dasselbe Sozialprodukt aufweisen, d.h.:

Wenn irgendeine Gesellschaft x *genau so* marktwirtschaftlich ist wie eine Gesellschaft y, dann hat x dasselbe Sozialprodukt wie y.

Nehmen wir an, wir betrachten eine gegebene Gesellschaft, z.B. die USA, im Zeitablauf. Es werde nun festgestellt, daß die USA im Zeitablauf marktwirtschaftlicher geworden ist. Würde aus der genannten Je-desto-Aussage etwas für das Sozialprodukt der USA folgen? Wenn es heißt „je marktwirtschaftlicher eine Gesellschaft ist...", dann dürfte sich dieser Satz auch auf eine bestimmte Gesellschaft zu zwei verschiedenen Zeitpunkten beziehen. D.h. die genannte Je-desto-Aussage bedeutet auch:

Wenn irgendeine Gesellschaft *zu einem bestimmten Zeitpunkt* marktwirtschaftlicher als zu einem anderen Zeitpunkt ist, dann ist das Sozialprodukt zu dem zuerst genannten Zeitpunkt größer als zu dem zuletzt genannten Zeitpunkt.

Weiter lassen sich für eine gegebene Gesellschaft auch Folgerungen ziehen, wenn diese Gesellschaft zu einem bestimmten Zeitpunkt *genau so* oder *weniger* marktwirtschaftlich ist wie zu einem anderen Zeitpunkt.[16]

---

[15] Technisch ausgedrückt: Im ersten Fall werden klassifikatorische, im letzten Fall (mindestens) ordinale Variablen verwendet.

[16] Zur Symbolisierung von Je-desto-Sätzen sei hier nur angemerkt, daß das Merkmal „marktwirtschaftlicher sein als" ein zweistelliges Merkmal ist. Da die Struktur von Je-desto-Sätzen ausführlich

Betrachten wir noch einmal den Unterschied zwischen Wenn-dann- und Je-desto-Sätzen. Gehen wir aus von dem bereits genannten Wenn-dann-Satz: Wenn a mit b interagiert, dann gleichen sich die Meinungen von a und b an. Jedes Prädikat kann zwei Werte aufweisen, nämlich „ja" und „nein". Wir ermitteln nun bei 100 Personen, wer mit wem interagiert und ob die Meinungen zwischen den betreffenden Personen gleich sind. Es gibt vier Möglichkeiten (siehe die folgende Tabelle): So können Befragte miteinander interagieren und gleiche Meinungen haben (oberes linkes Feld) oder ungleiche Meinungen haben (oberes rechtes Feld). Angenommen, der genannte Wenn-dann-Satz trifft zu. Wie müßten sich die 100 Befragten auf die Felder der Tabelle verteilen? Gehen wir zunächst davon aus, Befragte würden miteinander interagieren und *nicht* gleiche Meinungen haben (linkes unteres Feld). Dies würde der These widersprechen. Wenn Befragte in das linke obere oder in das rechte untere Feld fallen, widerspricht dies nicht der genannten Aussage. Dies gilt auch für Befragte im rechten oberen Feld: Die Aussage „Wenn..., dann..." bedeutet, daß nicht nur Interaktionen, sondern auch andere Sachverhalte dazu führen können, daß Personen gleiche Meinungen haben. D.h. wenn a nicht mit b interagiert, dann ist nicht ausgeschlossen, daß a und b trotzdem die gleiche Meinung haben. Wenn wir einen Satz formulieren wollen, in dem behauptet wird, daß dann, wenn keine Interaktion stattfindet, auch keine gleichen Meinungen vorliegen, dann ist folgende Formulierung angemessen: *„Wenn, und nur wenn* Personen miteinander interagieren, dann...". Halten wir fest: Wenn-dann-Sätze behaupten, daß nur bestimmte Kombinationen der Merkmale von Personen (siehe die folgende Tabelle) vorliegen. Wir werden hierauf noch genauer in Kapitel VII eingehen.

Wann ist der Satz „Interaktion führt zu gleichen Meinungen" falsch?		
a hat die gleiche Meinung wie b	a interagiert mit b	
	Ja	Nein
Ja		
Nein	Falsch	

Wir sagten, daß Je-desto-Sätze sich von Wenn-dann-Sätzen dadurch unterscheiden, daß die Prädikate „quantitativ" sind, d.h. daß die Objekte oder Einheiten, auf die sich die Aussage bezieht, geordnet werden können. Entsprechend könnten wir eine Tabelle konstruieren, die der vorangegangenen Tabelle ähnlich ist, jedoch nicht nur vier Zellen, sondern so viele Zellen hat wie die Einheiten der Analyse Werte aufweisen. Wenn wir z.B. 100 Gesellschaften untersuchen, dann müßte die Tabelle jeweils das Ausmaß der marktwirtschaftlichen Organisation und der Höhe des Sozialprodukts als Merkmale enthalten. Da Gesellschaften sehr unterschiedliche Werte aufweisen können, ist es zweckmäßig, anstatt einer Tabelle ein Koordinatensystem zu wählen - siehe Abbildung 2.

Die 100 Gesellschaften könnte man als Punkte innerhalb des Koordinatensystems darstellen. Wie müßten die Punkte verteilt sein? Betrachten wir die von unten links nach oben rechts verlaufende Linie A. Nehmen wir an, alle Gesellschaften lägen irgendwo auf dieser

---

erörtert wurde, wollen wir auf die Symbolisierung verzichten.

Linie. Dies ist mit der genannten Je-desto-Aussage vereinbar. Gesellschaften mit gleichem bzw. höherem bzw. niedrigerem Ausmaß an marktwirtschaftlicher Organisation würden ja auch ein gleiches oder höheres oder niedrigeres Sozialprodukt aufweisen. Nicht nur eine Linie, sondern jede Kurve, die ansteigt, d.h. jede monoton ansteigende Kurve, ist mit der Je-desto-Aussage vereinbar - siehe die in Abbildung 2 eingezeichneten Kurven. Eine Je-desto-Aussage informiert uns also relativ ungenau über den Verlauf von Kurven. Wir werden uns in Kapitel VI genauer mit dem Informationsgehalt von Je-desto-Sätzen befassen.

Wir sahen, daß einfache Wenn-dann-Sätze in verschiedener Weise komplexer gestaltet werden können. Dies gilt auch für Je-desto-Sätze, wie das folgende Beispiel zeigt:

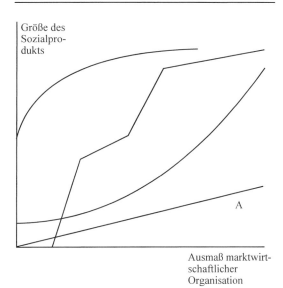

Abbildung 2: Die Beziehung zwischen marktwirtschaftlicher Organisation und Größe des Sozialprodukts

Je marktwirtschaftlicher eine Gesellschaft ist und je länger der durchschnittliche Schulbesuch der Bevölkerung ist, desto höher ist das Sozialprodukt.

Wir sagten, daß Gesetze und Theorien Wenn-dann- oder Je-desto-Sätze sind. Ist dies der Fall, dann müßten auch mathematische Gleichungen, mit denen in fortgeschrittenen Wissenschaften Theorien ausgedrückt werden, Wenn-dann- bzw. Je-desto-Sätze sein. Genau dies ist der Fall, wie an einem einfachen Beispiel gezeigt werden soll. Der vorangegangene Beispielsatz soll so verändert werden:

Das Sozialprodukt (y) ist eine Funktion der marktwirtschaftlichen Ordnung einer Gesellschaft (x) und der Ausbildung der Bevölkerung (z).

Diese Funktion könnte z.B. linear sein und so lauten:

$y = 2x + 4z.$

D.h. *wenn* die marktwirtschaftliche Organisation einer Gesellschaft einen bestimmten Wert hat und wenn die Ausbildung der Bevölkerung einen bestimmten Wert hat, *dann* ergibt sich das Sozialprodukt aus einer Summe, die in folgender Weise gebildet wird: Das Ausmaß marktwirtschaftlicher Organisation wird mit 2 multipliziert und der Ausbildungsgrad mit 4. Die genannte Gleichung läßt sich auch als Je-desto-Satz formulieren: Je höher der Wert von x und z ist, desto höher ist der Wert von y; hinzugefügt werden müßte, daß sich bei der Änderung von x und z der Wert y in einem bestimmten Ausmaß ändert - dies wird durch die Koeffizienten 2 und 4 ausgedrückt.

Es handelt sich bei Gleichungen, die Theorien ausdrücken, also um Wenn-dann- bzw. Je-desto-Sätze einer bestimmten Art, in denen präzise angegeben wird, bei welchem Wert der Variablen der Je-Komponente welcher Wert der Variablen der Desto-Komponente auftritt.[17]

32. Sozialwissenschaftliche Gesetze und Theorien

Wir wollen uns in diesem Abschnitt mit zwei Begriffen befassen, deren Präzisierung erhebliche Schwierigkeiten bereitet, nämlich mit den Begriffen „Gesetz" und „Theorie". Bevor man Begriffe präzisiert, erscheint es sinnvoll zu fragen, ob sich die Mühe einer solchen Präzisierung überhaupt lohnt. Bezüglich der Begriffe „Gesetz" und „Theorie" läßt allein schon der folgende Tatbestand den Versuch einer Präzisierung sinnvoll erscheinen: In den Sozialwissenschaften und auch in anderen Wissenschaften wird die Formulierung von Gesetzen und Theorien als ein zentrales Ziel betrachtet. Wenn nun die Begriffe „Gesetz" und „Theorie" unklar sind, dann weiß man nicht, wie genau das Ziel lautet. Eine möglichst präzise Formulierung der Begriffe „Gesetz" und „Theorie" ist also allein schon deshalb anzustreben, damit Wissenschaftler wissen, welche Ziele sie erreichen sollen oder wollen, und damit sie beurteilen können, ob sie ein erwünschtes Ziel auch erreicht haben.[18]

Wie geht man nun sinnvollerweise vor, wenn man die Begriffe „Gesetz" und „Theorie" präzisieren will? Autoren, die dies versuchen, gehen davon aus, daß *bestimmte einzelwissenschaftliche Aussagen* (z.B. das Gesetz des freien Falls oder bestimmte Aussagen der Lerntheorien) oder auch *bestimmte Arten von Sätzen* (z.B. Sätze, die behaupten, daß eine Aussage für alle Einheiten einer bestimmten Art - z.B. für Personen - gilt) als Gesetze bzw. Theorien bezeichnet werden sollen oder auch *nicht* bezeichnet werden sollen. So fragt Carl G. Hempel (1965b, S. 266), ob eine Aussage als Gesetz bezeichnet werden soll, wenn sie *eine universale Form* hat, d.h. wenn sie so formuliert ist, daß sie für alle Gegenstände einer bestimmte Art gilt. Hempel weist dann darauf hin, daß gemäß diesem Merkmal der Satz „Alle Äpfel in Korb b zum Zeitpunkt t sind rot" als Gesetz zu klassifizieren sei. Diese Aussage wolle man jedoch nicht als „Gesetz" bezeichnen, so daß das Kriterium „allgemeine Form einer Aussage" nicht in der Lage ist, Gesetze von andersartigen Aussagen sinnvoll abzugrenzen. Allgemein gesagt: Es werden Definitionen der Begriffe „Gesetz" und „Theorie" vorgeschlagen, und es wird geprüft, welche dieser Definitionsvorschläge tatsächlich diejenigen Aussagen als Gesetze oder Theorien bezeichnen, die man als Gesetz oder Theorien bezeichnen möchte.

Warum geht man nun davon aus, daß bestimmte Aussagen als „Gesetze" oder „Theorien" bezeichnet werden sollen und andere Aussagen nicht? Gemäß dem *wissenschaftlichen Sprachgebrauch* werden bestimmte Sätze als „Gesetze" bzw. „Theorien" bezeichnet und andere nicht. Es scheint, daß man das Ziel hat, die Begriffe „Gesetz" und „Theorie" so zu definieren, daß unter die betreffenden Definitionen die Gesetze und Theorien fallen, die auch von Wissenschaftlern so bezeichnet werden. Man wird also eine Präzisierung der Begriffe „Gesetz" und „Theorie" dann als *adäquat* bezeichnen, wenn genau diejenigen Aussagen als „Gesetze" oder „Theorien" bezeichnet werden, die Wissenschaftler so bezeichnen.

---

[17] Die Struktur von Je-desto-Sätzen wird genauer dargestellt in Opp 1976, S. 286-294.

[18] Es gibt noch andere Gründe, die für einen Präzisierungsversuch der erwähnten Begriffe sprechen, auf die wir jedoch nicht eingehen wollen. Vgl. hierzu Stegmüller 1969, S. 273-300.

Es ist bisher nicht gelungen, den Gesetzesbegriff in befriedigender Weise zu definieren.[19] In einer solchen Situation erscheint es sinnvoll, in folgender Weise vorzugehen. Erstens wird man nicht *den* Gesetzesbegriff, sondern einen Gesetzesbegriff zu definieren versuchen, der solche Aussagen als Gesetze definiert, die *in den Sozialwissenschaften* als Gesetze bezeichnet werden. Dies ist deshalb sinnvoll, weil die Sozialwissenschaften Gegenstand dieses Buches sind. Zweitens wird man, falls keine adäquate Definition gelingt, eine *relativ* adäquate Definition akzeptieren, d.h. eine Definition, die den größten Teil der Aussagen, die man als Gesetze klassifizieren will, auch tatsächlich als Gesetze klassifiziert. Wir wollen folgende Definition des Gesetzesbegriffs vorschlagen, der die beiden zuletzt genannten Kriterien erfüllen dürfte:

Mit einem *Gesetz* bezeichnet man eine empirische Aussage, die 1. ohne raum-zeitlichen Bezug ist, in der 2. allen Elementen (mindestens) einer unendlichen Menge von Objekten (mindestens) ein Merkmal zugeschrieben wird, die 3. als Wenn-dann- oder Je-desto-Aussage formuliert werden kann und die 4. sich empirisch relativ gut bewährt hat.

Anstatt von einem „Gesetz" spricht man auch von einer *nomologischen Aussage* oder von einer *nomologischen Hypothese*. Wir wollen nun diese Definition erläutern und uns mit Konsequenzen befassen, die aus ihr folgen.

Mit einem Gesetz bezeichnet man eine empirische Aussage. Daraus folgt, daß Aussagen nicht als „Gesetze" bezeichnet werden, die aus rein logischen Gründen wahr oder falsch sind, d.h. deren Wahrheit oder Falschheit allein durch eine Analyse der in ihnen vorkommenden Ausdrücke ermittelt werden kann. Es handelt sich hier um die sog. *analytisch wahren bzw. analytisch falschen Aussagen* (vgl. genauer Kapitel VI). Ein Beispiel für einen analytisch wahren Satz ist die Behauptung: „Wenn jemand einen Gegenstand kauft, dann bekommt er diesen Gegenstand nicht geschenkt." Dieser Satz ist deshalb wahr, weil mit dem Ausdruck „einen Gegenstand kaufen" u.a. gemeint ist „einen Gegenstand nicht geschenkt bekommen". Die Wahrheit dieses Satzes läßt sich also allein aufgrund der Bedeutung der in ihm vorkommenden Ausdrücke ermitteln.

Dadurch, daß wir ein Gesetz als eine *Aussage* bezeichnen, werden prinzipiell unprüfbare Sätze mit empirischem Bezug ausgeschlossen, da wir eine Aussage definiert haben als einen Ausdruck, der wahr oder falsch ist. Sätze wie „Das Seiende ist ubiquitär" oder „Menschen sind wesenhaft sozial" können somit nicht als Gesetze klassifiziert werden, da sie so unklar sind, daß sie nicht wahr oder falsch sein können.

Ein Gesetz heißt eine Aussage ohne raum-zeitlichen Bezug. Ein Gesetz ist also keine Behauptung, die lediglich für bestimmte Orte bzw. Zeitpunkte oder Zeiträume gilt.[20] Der Satz „Wenn eine Person eine Norm bricht, dann erfolgt meist eine Sanktion" wäre raum-zeitlich

---

[19] Zu den verschiedenen Vorschlägen und Problemen einer Definition des Gesetzesbegriffs vgl. vor allem Achinstein 1971; Hempel 1965b, S. 264-278 und S. 338-343; Nagel 1961, S. 47-78; Goodman 1973; Popper 1971, Kapitel III; Stegmüller 1969, Kapitel V. Eine zusammenfassende Darstellung der Argumentation Goodmans findet man bei Stegmüller 1966, S. 481-486. Zu der *strukturalistischen Theorienkonzeption* (dem sog. *non-statement view* von Theorien), das wir hier nicht behandeln wollen, vgl. einführend Stegmüller 1975, S. 510-523. Vgl. auch Groeben und Westmeyer 1975, S. 71-75; Manhart 1994. Vgl. weiter die ausführliche Darstellung bei Stegmüller 1973b. Kritisch siehe Gadenne 1984.

[20] Hans Albert (1965) schlägt für Gesetze, die das „klassische Kriterium der raumzeitlich unbeschränkten Gültigkeit" nicht erfüllen, den Begriff „Quasigesetze" vor.

unbeschränkt, nicht dagegen der Satz „In Industriegesellschaften des 20. Jahrhunderts ist der Lebensstandard höher als in Agrargesellschaften."

Ein Gesetz heißt eine Aussage, in der allen Elementen (mindestens) einer unendlichen Menge von Objekten (mindestens) ein Merkmal zugeschrieben wird. Mit diesem Definitionsmerkmal wird dem Tatbestand Rechnung getragen, daß Gesetze häufig auch als Allsätze bezeichnet werden, genauer: als Sätze, die etwas über (mindestens) eine unendliche Menge von Objekten behaupten, deren Objektbereich also unendlich ist.

Es ist für die Klassifikation einer Aussage als Gesetz unerheblich, ob die Objekte, über die etwas behauptet wird, *faktisch* endlich sind oder nicht. Nehmen wir z.B. an, eine Aussage sei formuliert für Gesellschaften ohne Inzesttabu und es sei bisher nur eine endliche Zahl - etwa zehn - Gesellschaften ohne Inzesttabu bekannt. Die Aussage kommt trotzdem als Gesetz in Betracht, weil auf eine unendliche Menge von Objekten Bezug genommen wird.

Ein Gesetz heißt eine Aussage, die als Wenn-dann- oder Je-desto-Aussage formuliert werden kann. Dieses dritte Definitionsmerkmal dürfte in den Sozialwissenschaften automatisch erfüllt sein, wenn das zweite Definitionsmerkmal gegeben ist. Sozialwissenschaftliche Aussagen befassen sich mit Teilmengen von Objekten, also nicht mit der Menge aller Objekte. Wenn sich nun eine Aussage auf die Universalmenge aller Objekte bezieht, dann muß in der Wenn-Komponente zunächst spezifiziert werden, über welche Teilmenge etwas ausgesagt wird. Dies sei an einem Beispiel demonstriert. Ein Satz laute „Alle Gesellschaften haben ein Inzesttabu". Die genannte Aussage behauptet etwas über eine Teilmenge aller Objekte, nämlich über diejenigen Objekte, die die Eigenschaft haben, eine Gesellschaft zu sein. Der Satz behauptet also etwas über alle Objekte, *wenn* diese die Eigenschaft haben, Gesellschaften zu sein. Dieses Merkmal muß also als Wenn-Komponente aufgenommen werden, so daß der obige Satz auch so formuliert werden kann:

Für alle Objekte gilt: Wenn ein Objekt eine Gesellschaft ist, dann hat dieses Objekt auch ein Inzesttabu.

Diese Aussage klingt zwar eigenartig und man würde sie vermutlich auch nicht so in einer Publikation formulieren. Die obige Formulierung macht jedoch deutlich, daß generelle sozialwissenschaftliche Aussagen faktisch Wenn-dann- oder Je-desto-Aussagen sind.

Ein Gesetz heißt eine Aussage, die sich empirisch relativ gut bewährt hat. Dieses Definitionsmerkmal fordert nicht, daß eine Aussage wahr sein muß, damit sie als Gesetz bezeichnet werden kann. Würde dies gefordert, könnte kein Satz jemals als Gesetz bezeichnet werden, da wir niemals wissen, ob eine Aussage wahr ist oder nicht. Der Grund ist, daß Gesetze sich definitionsgemäß auf mindestens eine *unendliche* Menge von Objekten beziehen und daß immer nur *endliche* Mengen von Objekten untersucht werden können. Es ist also immer möglich, daß ein Gesetz widerlegt wird.[21]

Unter welchen Bedingungen eine Aussage als „relativ gut bewährt" zu bezeichnen ist, muß im Rahmen der Regeln einer Wissenschaft entschieden werden. Ist dies in konkreten Fällen nicht möglich, dann muß zunächst offenbleiben, ob eine Aussage als Gesetz zu klassifizieren ist oder nicht.

Eine Aussage, die lediglich die Definitionsmerkmale 1 bis 3 erfüllt, heiße *gesetzesartige Aussage.* Wenn sie geprüft wird und sich dabei relativ gut bewährt, wird sie ein Gesetz.

---

[21] Dies gilt auch für Gesetze, bei denen man annimmt, daß die Anzahl der Objekte *faktisch* endlich ist. Es könnten ja in Zukunft Objekte gefunden werden, für die die Aussage nicht zutrifft.

Befassen wir uns nun mit dem Begriff *Theorie*. Es handelt sich hier zunächst um eine *Menge von Gesetzen*. So würde man die folgenden Aussagen als eine Theorie bezeichnen:

Je isolierter Personen sind, desto häufiger brechen sie Normen.
Je häufiger Personen Normen brechen, desto eher wählen sie rechts- oder linksextreme Parteien.

Dieses Definitionsmerkmal reicht jedoch nicht aus. Man bezeichnet eine Menge von Gesetzen nur dann als Theorie, wenn diese durch *logische Ableitbarkeitsbeziehungen* miteinander verbunden sind. D.h. wenn aus einer Menge von Gesetzen andere Gesetze abgeleitet wurden, dann bezeichnet man die Gesamtheit dieser beiden Mengen von Gesetzen als „Theorie".[22] So würde man bei den beiden genannten Aussagen noch nicht von einer Theorie sprechen, sondern erst dann, wenn daraus mindestens ein anderes Gesetz abgeleitet wurde, z.B.:

Je isolierter Personen sind, desto eher wählen sie rechts- oder linksextreme Parteien.

Fassen wir zusammen: Wir bezeichnen eine *Theorie* als eine Menge von Gesetzen, aus denen mindestens ein anderes Gesetz abgeleitet wurde.[23]

Diese Definition dürfte jedoch nicht dem sozialwissenschaftlichen Sprachgebrauch entsprechen. Hier werden auch einzelne Gesetze, die relativ kompliziert sind, d.h. deren Wenn- oder Dann-Komponente aus mehreren Variablen besteht, als Theorien bezeichnet. Weiterhin bezeichnet man auch mehrere Gesetze als eine Theorie, wenn aus diesen noch keine anderen Gesetze abgeleitet wurden und wenn diese Gesetze logisch unabhängig voneinander sind. Zuweilen werden auch die Begriffe „Gesetz" und „Theorie" synonym verwendet. Schließlich wird in den Sozialwissenschaften häufig der Begriff *Hypothese* verwendet. Es handelt sich hier um einen Oberbegriff für alle Arten empirischer Aussagen. Eine Hypothese bezeichnet also z.B. ein Gesetz, eine gesetzesartige Aussage, eine Theorie und eine singuläre Aussage.

Wenn also „Theorie" als irgendeine Kombination von Gesetzen bezeichnet wird und wenn man als Ziel der Sozialwissenschaften die Formulierung von Gesetzen - und natürlich deren Anwendung zur Erklärung sozialer Sachverhalte, wie wir noch sehen werden - betrachtet, dann reicht es aus, nur den Gesetzesbegriff zu präzisieren.

33. Deterministische und nicht-deterministische Gesetze

Wir wollen uns nun mit einer wichtigen Unterscheidung befassen, nämlich mit dem Unterschied zwischen *deterministischen* und *nicht-deterministischen* Gesetzen. Illustrieren wir diese Unterscheidung an folgender Aussage:

Für alle Personen x gilt: wenn eine Person x eine Norm bricht (N), dann wird x sanktioniert (S), d.h.: Wenn Nx, dann Sx.

---

[22] Vgl. z.B. Albert 1964, S. 27; Bergmann 1957, S. 31; Brodbeck 1959, S. 378; Zetterberg 1965, S. 28.

[23] Wenn man unter einer „Menge" auch eine Einer-Menge, d.h. eine Menge mit einem Element, versteht, dann folgt, daß zwei Gesetze G1 und G2, von denen eines aus dem anderen abgeleitet wurde, ebenfalls als Theorie bezeichnet werden müssen. Darauf weist auch Hans Albert (1964, S. 27) hin. Mit der obigen Definition ist aber gemeint, daß aus einer Menge von *mehreren* Sätzen *andere* Sätze abgeleitet wurden.

Es wird also behauptet, daß bei einem Normbruch immer, also ohne jede Ausnahme, eine Sanktion auftritt. Allgemein gesagt: Eine Hypothese heißt *deterministisch*, wenn bei Vorliegen der Wenn-Komponente behauptet wird, daß immer die Dann-Komponente auftritt.

Eine *nicht-deterministische Aussage* liegt dann vor, wenn bei Vorliegen der Wenn-Komponente behauptet wird, daß *nicht immer* die Dann-Komponente auftritt. Jede der folgenden Formulierungen der genannten Aussage wäre somit eine nicht-deterministische Hypothese:

Für alle Personen (x) gilt:
(a) (Wenn Nx, dann meistens Sx);
(b) (Wenn Nx, dann Sx mit einer Wahrscheinlichkeit von 0,7);
(c) (Wenn Nx, dann Sx mit einer Wahrscheinlichkeit von 0,6 bis 0,8);
(d) (Wenn Nx, dann Sx mit einer Wahrscheinlichkeit von mehr als 0,5).

Die Hypothesen (a) und (d) bedeuten dasselbe. Die Frage, was genau mit dem Begriff der Wahrscheinlichkeit hier gemeint ist, werden wir in Kapitel III diskutieren.

In den Sozialwissenschaften werden Wahrscheinlichkeitsaussagen relativ selten formuliert. Häufiger findet man nicht-deterministische Aussagen der folgenden Art. Angenommen, ein Politikwissenschaftler behaupte, daß das Ausmaß politischer Gewalt in Gesellschaften (G) abhänge von dem Ausmaß der Ungleichheit (U) und dem Ausmaß, in dem der Staat Gewalt in der Vergangenheit bekämpft hat (R für „Repression"). Der Wissenschaftler behaupte, daß mit steigendem Wert einer der Variablen U und R - jeweils bei gegebenem Wert der anderen Variablen - das Ausmaß der Gewalt ansteigt. Dabei wird der Wissenschaftler davon ausgehen, daß bei gegebenen Werten der beiden Variablen U und R das Ausmaß der Gewalt nicht exakt vorausgesagt werden kann, sondern im Rahmen einer gewissen Streuung um die geschätzte Kurve bzw. Linie. Diese Streuung kommt u.a. dadurch zustande, daß nicht alle Faktoren, die G beeinflussen, ermittelt wurden. Dies sei durch den Ausdruck „e" symbolisiert, der für „error term" steht. Die Gleichung könnte entsprechend lauten:

$$G = a + bU + cR + e.$$

Die Buchstaben b und *c* bezeichnen Gewichte der Faktoren U und R, a bedeutet eine Konstante. Die Werte der Koeffizienten a, b und c und auch e werden aufgrund empirischer Daten mittels statistischer Verfahren (wie der multiplen Regressionsanalyse) geschätzt. Insbesondere Sozialwissenschaftler, die bei der Formulierung ihrer Aussagen deren empirische Überprüfung beabsichtigen, werden ihre Aussagen in dieser Weise verstanden wissen wollen.

4. Zur Struktur komplexer Theorien

Wir haben unsere vorangegangenen Ausführungen meist mit sehr leicht verständlichen Beispielen illustriert. Selbstverständlich sind sozialwissenschaftliche Theorien, die in fachwissenschaftlichen Zeitschriften oder Büchern präsentiert, geprüft oder diskutiert werden, komplizierter als unsere Beispiele. Die Verwendung einfacher Beispiele ist jedoch aus zwei Gründen sinnvoll: Erstens gelten unsere Ausführungen auch für kompliziertere sozialwissenschaftliche Aussagen. Zweitens ist die Darstellung komplizierter Beispiele unnütz, da sich der Leser auf wissenschaftstheoretische Sachverhalte und nicht auf inhaltliche Beispiele konzentrieren soll.

Im folgenden soll dem Leser jedoch ein Eindruck von der Struktur „realer" sozialwissenschaftlicher Theorien gegeben werden. Dabei wollen wir auch zeigen, wie man komplizierte Variablenzusammenhänge übersichtlich darstellen kann. Schließlich werden wir fragen, ob nicht nur in einer bestimmten sozialwissenschaftlichen „Schule" komplizierte Variablenzusammenhänge formuliert werden: Betreiben z.B. qualitativ orientierte Sozialforscher eine gänzlich andere Art von Sozialwissenschaft, die sich überhaupt nicht mit Variablenzusammenhängen befaßt?

40. Staatliche Repression und politisches Handeln: Ein Beispiel für eine komplexe sozialwissenschaftliche Theorie

Die osteuropäischen Revolutionen im Jahre 1989 waren vor allem aus folgendem Grunde unerwartet: Sie entstanden trotz eines ausgeklügelten Systems staatlicher Repression. Dieses bestand in der Unterdrückung jeglicher abweichender politischer Meinungen durch ein fein abgestuftes System von Bestrafungen. Die frühere DDR ist hierfür ein Beispiel. Warum hat die staatliche Repression nicht gewirkt, d.h. warum haben sich die Bürger trotz staatlicher Repression politisch engagiert? Mit dieser Frage wollen wir uns im folgenden befassen. Dabei werden wir eine Theorie vorstellen, die erklärt, unter welchen Bedingungen staatliche Repression welche Wirkungen hat. Die Theorie wird hier so dargestellt, daß sie dem Leser intuitiv verständlich wird. Zu Einzelheiten sei auf die Literatur verwiesen.[24]

Zur Beantwortung der genannten Frage nach den Wirkungen staatlicher Repression auf politisches Engagement gehen wir in mehreren Schritten vor. Wir erklären zunächst, unter welchen Bedingungen sich Personen politisch engagieren. Hierzu greifen wir auf theoretische Überlegungen zurück, die sich durch empirische Untersuchungen bestätigt haben. Drei Faktoren bedingen das Ausmaß politischen Protests: (1) Die Intensität von *Kollektivgut-Anreizen*. Damit ist zunächst das Ausmaß gemeint, in dem man möchte, daß bestimmte Kollektivgüter hergestellt werden. „Kollektivgüter" sind Güter, die, wenn sie einmal hergestellt sind, von jedem Mitglied einer Gruppe genutzt werden können. Beispiele sind politische Freiheiten oder eine saubere Umwelt. Es handelt sich hier zum einen um Güter in dem Sinne, daß Nutzen gestiftet wird. Es sind zum anderen *Kollektiv*güter, da sie allen Mitgliedern einer Gruppe zugute kommen. Die Unzufriedenheit mit Kollektivgütern wird nur dann dazu führen, daß man sich politisch engagiert, wenn man glaubt, durch Protest die Bereitstellung der Kollektivgüter beeinflussen zu können. Je größer also die Unzufriedenheit mit Kollektivgütern und je stärker der wahrgenommene politische Einfluß ist, desto eher wird man an Protestaktionen teilnehmen. Zweitens gilt: In je stärkerem Maße *moralische Anreize* da sind, d.h. je stärker man sich zu Engagement verpflichtet fühlt, desto eher wird man sich engagieren. Schließlich tritt politischer Protest um so eher auf, je stärker *soziale Anreize* sind. Damit ist das Ausmaß gemeint, in dem man von Freunden oder Bekannten darin bestärkt wird, sich zu engagieren. Schließlich vermindert *Repression* politisches Engagement.

Betrachten wir nun Abbildung 3. Wir haben dort Beziehungen zwischen Variablen so dargestellt, daß wir die Namen der Variablen durch Pfeile miteinander verbanden. Ein Pfeil von einer Variablen zu einer anderen Variablen bedeutet, daß die erste Variable eine Wirkung auf die zweite Variable hat. Die Pluszeichen symbolisieren eine Beziehung der Art: Je *höher* der Wert einer Variablen ist, desto *höher* ist der Wert einer anderen Variablen (oder auch: Je *geringer* der Wert einer Variablen ist, desto *geringer* ist der Wert einer anderen Variablen). Man kann hier von einer gleichsinnigen Beziehung (je größer…, desto größer, oder: je geringer…, desto geringer…) sprechen. Ein Pfeil mit einem Minuszeichen bedeutet eine gegensinnige Beziehung: Je größer…, desto geringer…; oder auch: je geringer…, desto größer… .

---

[24] Vgl. zum folgenden im einzelnen Opp 1994; Opp, Voß und Gern 1993, insbes. Kap. X.

Abbildung 3: Repression und politisches Handeln

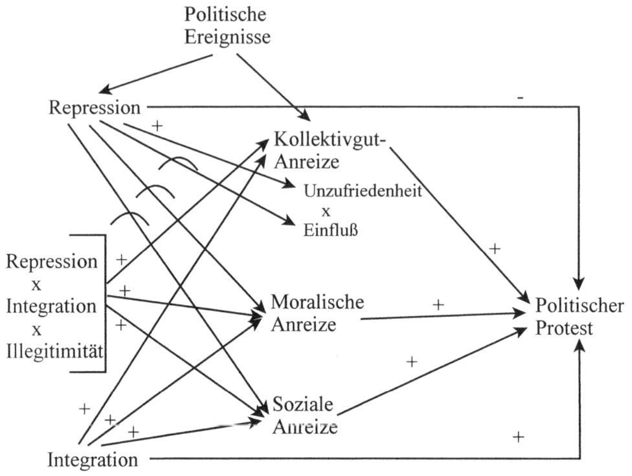

[Diagramm: Politische Ereignisse → Repression; Repression → Kollektivgut-Anreize (Unzufriedenheit x Einfluß), Moralische Anreize, Soziale Anreize (mit +); Repression x Integration x Illegitimität → Kollektivgut-Anreize, Moralische Anreize, Soziale Anreize (mit +); Integration → Moralische Anreize, Soziale Anreize (mit +); Kollektivgut-Anreize, Moralische Anreize, Soziale Anreize → Politischer Protest (mit +); Repression → Politischer Protest (mit −); umgekehrte u's auf drei Pfeilen.]

ANMERKUNG: + bedeutet eine lineare Beziehung, das umgekehrte u symbolisiert eine umgekehrte u-Kurve.

Wie könnte man erklären, warum die staatliche Repression die Proteste nicht verhindert hat? Die grundlegende Idee ist, daß Repression unter bestimmten Bedingungen die genannten protestfördernden Anreize erhöht. Je nachdem, wie stark diese Bedingungen sind, wirkt steigende Repression nicht abschreckend, sondern radikalisierend, d.h. Repression erhöht Protest. Welches sind diese Bedingungen?

Die Wirkungen der Repression auf protestfördernde Anreize hängen von zwei Bedingungen ab: Repression wird dann protestfördernde Anreize erhöhen, wenn die Repression als illegitim bzw. ungerechtfertigt angesehen wird. Dies war z.B. in der DDR der Fall. Zweitens wird Repression um so eher die protestfördernden Anreize erhöhen, je mehr Familienangehörige, Freunde oder Bekannte die Teilnahme an Protesten ermutigen. Dies ist in Abbildung 3 mit „Integration" gemeint. Die Wirkung der Repression hängt also ab von dem Ausmaß der Integration in protestfördernde Netzwerke und der Illegitimität der Repression. Dies wird durch das Multiplikationszeichen ausgedrückt. Wenn man z.B. regimekritische Freunde hat und staatliche Repression als ungerechtfertigt ansieht, wird man in hohem Maße politisch unzufrieden sein, man wird es als eine Verpflichtung ansehen, sich zu engagieren, und man wird sich gegenseitig ermutigen, sich an politischen Aktionen zu beteiligen.

Es wird weiter angenommen, daß Repression nicht nur zusammen mit Integration und Illegitimität, sondern auch allein eine Wirkung auf die Anreize hat. Dies gilt auch für Integration. Die getrennte Wirkung der Repression entspricht in drei Fällen einer umgekehrten u-Kurve - siehe die drei kleinen umgekehrten u's auf drei Pfeilen. Abbildung 4 illustriert eine solche umgekehrte u-Kurve. Wenn die Repression gering ist und ansteigt, steigen die positiven Anreize für Protest und entsprechend auch Protest. Ab einer bestimmten Stärke der Repression gehen allerdings die positiven Anreize zurück. Wenn man z.B. bei einer Demonstration damit rechnet, erschossen zu werden, wird man sich nicht verpflichtet fühlen teilzunehmen. D.h. die moralischen Anreize werden gering sein.

Wir haben dieses theoretische Modell, das hier nur sehr grob dargestellt wurde, mittels einer empirischen Untersuchung überprüft. Das Modell hat sich dabei bestätigt. Weiter wird aufgrund empirischen Materials gezeigt, daß im Jahre 1989 die Bedingungen für eine „radikalisierende" Wirkung der Repression gegeben waren. Diese Bedingungen wurden insbesondere durch politische Ereignisse wie die Liberalisierung in Osteuropa geschaffen.

Damit wollen wir die Darstellung unseres Beispiels beenden. Wir wollen abschließend auf

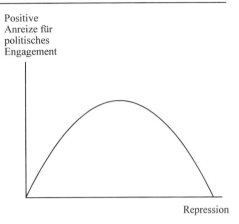

Abbildung 4: Die Beziehung zwischen Repression und positiven Anreizen für politisches Engagement

der Grundlage dieses Beispiels auf einige allgemeine Sachverhalte zur sozialwissenschaftlichen Theorienbildung hinweisen. Erstens ist wichtig, daß unsere Erklärung der Wirkung der Repression auf einer allgemeinen sozialwissenschaftlichen Handlungstheorie beruhte, der Theorie rationalen Handelns bzw. der „Rational-Choice" Theorie. Zweitens ist von Bedeutung, daß zur Überprüfung unserer Erklärung Daten mittels der Methoden der empirischen Sozialforschung gesammelt wurden. Statistische Verfahren wurden angewendet, um zu prüfen, ob die behaupteten Beziehungen zutreffen. Wir wollen hierauf jedoch nicht im einzelnen eingehen, da es in diesem Kapitel nur um die Struktur von Theorien geht.[25]

41. Wozu sind Kausaldiagramme gut?

Unser theoretisches Modell haben wir mittels eines Kausaldiagramms dargestellt. Diese Art der Darstellung hat im Vergleich zu einer verbalen Darstellung eine Reihe von Vorzügen. *Erstens* wird durch ein Kausaldiagramm klarer, welche Variablen mit welchen anderen Variablen in welcher Weise in Beziehung stehen. Dadurch lassen sich *zweitens* besonders leicht verschiedene mögliche Modifizierungen eines theoretischen Modells durchspielen. Zunächst kann man prüfen, ob die in einem Kausalmodell *behaupteten Beziehungen zwischen den Variablen plausibel erscheinen*. Man kann z.B. von einer Variablen ausgehen und überlegen, ob nicht ein Pfeil zu anderen Variablen, die noch nicht miteinander verbunden sind, gezeichnet werden könnte. Es können also besonders leicht Überlegungen darüber angestellt werden, welche zusätzlichen Hypothesen plausibel erscheinen.

Drittens kann man bei einem Kausaldiagramm besonders leicht „offene Stellen" identifizieren, d.h. es werden Überlegungen darüber erleichtert, *an welchen Stellen neue Variablen eingeführt werden könnten*. So läßt sich ein Kausalmodell immer in der Weise erweitern, daß

---

[25] In Opp 1976 findet sich als weitere Illustration für ein Kausalmodell eine Explikation der Mobilitätstheorie von S.M. Lipset und H.L. Zetterberg.

man *vorgeschaltete Variablen* einführt, d.h. Variablen, die auf andere Variablen einen Einfluß ausüben. Dabei wäre dann zu überlegen, in welcher Beziehung die bereits in dem Modell enthaltenen Variablen mit der neuen Variablen stehen.

Weiterhin lassen sich immer *nachgeschaltete Variablen* einfügen, d.h. Variablen, auf die andere Variablen wirken. Schließlich lassen sich *zwischengeschaltete Variablen* einführen - man nennt diese normalerweise *intervenierende* Variablen. Angenommen, eine Variable X wirkt auf eine andere Variable Y. Es ließe sich (mindestens) eine intervenierende Variable Z in der Weise einführen, daß X auf Z und Z wiederum auf Y wirkt.

Diese Überlegungen zeigen, daß die graphische Darstellung von Wenn-dann-Aussagen (bzw. Je-desto-Aussagen) und somit auch von Gesetzen oder Theorien in Kausaldiagrammen eine *heuristische Funktion* hat, d.h. *sie erleichtert die Kritik und Modifikation dieser Aussagen*. Weiter ist der Versuch, komplexe Wenn-dann-Aussagen als Kausaldiagramme darzustellen, ein *Zwang zur präzisen Formulierung dieser Sätze*. Ein Leser, der versucht, seine eigenen Hypothesen mittels Kausaldiagrammen darzustellen oder auch Hypothesen aus der Literatur in Form von Kausaldiagrammen zu rekonstruieren, wird die genannten Vorteile bestätigt finden.

42. Ist die Kausalanalyse nur in bestimmten sozialwissenschaftlichen Schulen anwendbar?

Diese Frage wird von vielen Sozialwissenschaftlern bejaht. Dies sind Sozialwissenschaftler, die eher eine interpretativ (oder phänomenologisch oder hermeneutisch oder qualitativ) ausgerichtete Sozialwissenschaft vertreten. Diese behaupten normalerweise, daß kausale Aussagen vor allem von Sozialwissenschaftlern formuliert werden, die empirische Untersuchungen quantitativer Art durchführen, die also Hypothesen mit quantitativen Begriffen prüfen, statistische Verfahren zur Analyse von Massendaten anwenden und ihre Hypothesen explizit formulieren, bevor sie eine Untersuchung durchführen. Viele „qualitative" Sozialforscher lehnen dagegen die ausdrückliche Formulierung von Hypothesen - etwa in Form von Kausalmodellen - strikt ab. Dies dürfte im übrigen auch für marxistisch orientierte Sozialwissenschaftler gelten.

Wenn diese Behauptung von der beschränkten Anwendbarkeit der Kausalanalyse so gemeint sein sollte, daß nur in einer bestimmten sozialwissenschaftlichen Schule Kausalmodelle vorwiegend *explizit* formuliert werden, dann trifft sie zu. Sollte jedoch gemeint sein, daß nur eine bestimmte sozialwissenschaftliche Schule *Behauptungen über komplizierte Zusammenhänge von Variablen aufstellt*, dann ist eine solche These falsch. *Vielmehr wird auch von phänomenologisch oder marxistisch orientierten Sozialwissenschaftlern stillschweigend (und selten ausdrücklich) eine Vielzahl von Behauptungen über komplizierte Variablenzusammenhänge aufgestellt*. Dies ist normalerweise weder den Autoren noch den Lesern bewußt, da weder diese Sozialwissenschaftler noch deren Leser es gewohnt sind, „in Variablen zu denken".

Im folgenden soll die These, daß in allen sozialwissenschaftlichen Schulen komplexe Bedingungszusammenhänge behauptet werden, an einigen Beispielen plausibel gemacht werden. Sicherlich formulieren *marxistisch orientierte Sozialwissenschaftler* normalerweise nicht explizit Variablen und deren Beziehungen zueinander und gehen auch nicht in der beschriebenen Weise vor (explizite Formulierung von Kausalmodellen, Prüfung der Aussagen, Reformulierung etc.). Daß jedoch komplexe Variablenzusammenhänge behauptet werden, zeigen Versuche, Äußerungen von marxistischen Sozialwissenschaftlern zu präzisieren. So versuchten Andrzej Malewski und Richard Münch, einige bei Marx und Engels relativ vage angedeutete

Hypothesen explizit zu formulieren, d.h. die Variablen und die Art ihrer Beziehungen präziser herauszuarbeiten, als dies bei Marx und Engels geschah.[26] Mittlerweile befaßt sich eine ganze „Schule" damit, marxistische Hypothesen in eine prüfbare Form zu bringen: der sog. analytische Marxismus.[27] Man könnte sogar so weit gehen und behaupten, daß das Programm von Marx und Engels u.a. darin bestand, komplexe theoretische Aussagen, d.h. komplizierte Variablenzusammenhänge, zu formulieren. Wenn etwa der Zusammenhang zwischen „Überbau" und „materieller Basis" untersucht wird, dann heißt dies, daß „Überbau-Variablen" und Variablen, die ökonomische Tatbestände bezeichnen, miteinander in Beziehung gesetzt werden, wobei diese Beziehungen äußerst komplizierter Art sind.[28]

Vertreter einer *interpretativ orientierten Soziologie* könnten zunächst der Behauptung widersprechen, daß sie faktisch Kausalmodelle behaupten. Ein erster Versuch von John W. Kinch (1972), explizit auf der Grundlage theoretischer Ausführungen von „Interaktionisten" ein Kausalmodell zu formulieren, zeigt jedoch, daß eine derartige These falsch ist. So wird behauptet, daß das Selbstbild eines Individuums bedingt wird durch die Art, wie das Individuum die Reaktionen Dritter wahrnimmt. Diese Wahrnehmungen wiederum werden u.a. durch das Verhalten Dritter bedingt. Das Selbstbild eines Individuums ist eine Variable, die dessen Handeln beeinflußt. Diese Hinweise zeigen, daß ein Kausalmodell der Art formuliert werden kann, daß Verhalten Dritter (und andere Variablen) die Wahrnehmung eines Individuums beeinflussen; diese wiederum beeinflußt u.a. die Variable Selbstbild; diese Variable hat eine bestimmte Wirkung auf das Verhalten eines Individuums.[29] Hartmut Esser (1991) hat gezeigt, daß Ideen von Alfred Schütz, einem Klassiker der interpretativen Soziologie, als Kausalhypothesen rekonstruiert werden können - wenn auch unterschiedliche Meinungen darüber bestehen, was denn genau die Struktur dieser Aussagen ist.

Derartige Beispiele ließen sich beliebig vermehren. Sie zeigen, daß die These falsch ist, daß nur eine bestimmte sozialwissenschaftliche Schule komplexe Bedingungszusammenhänge formuliert und daß somit die Kausalanalyse nur beschränkt anwendbar ist. Der Unterschied zwischen den Schulen besteht lediglich darin, daß bestimmte Schulen Kausalhypothesen nicht *ausdrücklich* formulieren, sondern im Dunkeln lassen, was sie genau meinen. Die Konsequenz ist, daß damit die Kritik dieser Aussagensysteme erheblich erschwert wird.

---

[26] Vgl. Malewski 1959, S. 281-305; Münch 1973, Kapitel III. Vgl. auch Stinchcombe 1968, Kapitel II: Hier werden einige funktionalistische Hypothesen von Marx präzisiert. In dem Aufsatz von Jackman und Jackman (1973) werden einige marxistische Hypothesen mittels Regressionsanalyse empirisch geprüft.

[27] Vgl. hierzu insbesondere die Werke von J. Roemer, z.B. 1981 und als Überblick Mayer 1994.

[28] Es handelt sich hier um Wechselwirkungen, d.h. wenn der Wert einer Variablen steigt, dann steigt (oder sinkt) auch der Wert einer anderen Variablen; dies führt wiederum zum Ansteigen des Wertes der zuerst erwähnten Variablen usw. Vgl. etwa die Briefe von F. Engels an J. Bloch und C. Schmidt, z.B. abgedruckt in Karl Marx, Friedrich Engels, Studienausgabe Bd. 1, Philosophie, hrsg. von Iring Fetscher, Frankfurt 1969, S. 226 und 228.

[29] Eine bestimmte Strömung der Soziologie des abweichenden Verhaltens ist stark von der Phänomenologie beeinflußt. Manche Autoren, die dieser Strömung zugehören, scheinen zu meinen, daß sie sich von anderen Strömungen der Soziologie des abweichenden Verhaltens dadurch unterscheiden, daß sie keine Variablenzusammenhänge formulieren. Dies ist unzutreffend. Vgl. Opp 1974, Kap. VII, Abschnitt 1.

III. Erklärung, Voraussage und Verstehen

In der sozialwissenschaftlichen Literatur findet man immer wieder Versuche, Fragen der folgenden Art zu beantworten: Warum kam Hitler an die Macht? Warum ist die Selbstmordrate in Hamburg höher als in Leipzig? Wird die CDU die nächste Bundestagswahl gewinnen? Wird die Kriminalität in der Bundesrepublik im nächsten Jahr steigen? In den Warum-Fragen wird nach „Ursachen" oder Bedingungen für das Auftreten von Ereignissen gefragt, die an einem bestimmten Ort und zu einem bestimmten Zeitpunkt (oder in einem bestimmten Zeitraum) stattfinden.[30] Es wird also versucht, bestimmte, ganz konkrete Ereignisse zu *erklären*.[31] In den übrigen oben angeführten Fragen soll ein bestimmtes Ereignis *vorausgesagt* werden, d.h. es ist gefragt, ob ein bestimmtes Ereignis in der Zukunft auftreten wird.

Wir wollen in diesem Kapitel zunächst beschreiben, wie Sozialwissenschaftler bei der Erklärung und Voraussage konkreter Ereignisse vorgehen. Weiterhin werden wir uns mit der Frage beschäftigen, ob die beschriebene Vorgehensweise sinnvoll ist oder ob die Methode des Verstehens vorzuziehen ist. Schließlich befassen wir uns mit der Vorgehensweise der Modellbildung. Es handelt sich hier um komplexe sozialwissenschaftliche Erklärungen, bei denen u.a. Hypothesen über das Verhalten individueller Akteure angewendet werden. Solche Erklärungen findet man vor allem in der Wirtschaftswissenschaft, in dem „Public Choice" Ansatz der politischen Wissenschaft und bei Vertretern des „Rational Choice"-Ansatzes in der Soziologie.[32]

1. Das deduktive Erklärungsmodell

Analysieren wir zunächst den Inhalt von Fragen der Art: „Warum ist Ereignis x der Fall?" Stellt man diese Frage, dann setzt man voraus, daß der folgende Satz wahr ist: „Ereignis x ist der Fall." Dieser Satz ist eine *singuläre Aussage*. Während in Warum-Fragen angenommen wird, daß bestimmte singuläre Sätze zu einem bestimmten Zeitpunkt und an einem bestimmten Ort wahr waren, wird bei den übrigen oben erwähnten Fragen eine Antwort darauf gesucht, ob bestimmte singuläre Aussagen in Zukunft wahr sein werden. So kann man die Frage „Wird

---

[30] Es gibt auch Warum-Fragen mit anderer Bedeutung, z.B.: „Warum sollte dies wahr sein?" Hier wird nach Argumenten für oder gegen eine Behauptung gesucht. Vgl. Hempel 1965b, S. 334-335; Nagel 1961, S. 15-20.

[31] Das Wort „erklären" kann verschiedene Bedeutungen haben. Vgl. Stegmüller 1969, S. 72-75.

[32] Es gibt wohl kaum ein wissenschaftstheoretisches Problem, das so kontrovers diskutiert wurde und wird wie die sinnvolle Vorgehensweise bei einer Erklärung. Es ist in diesem Rahmen nicht möglich und auch nicht beabsichtigt, diese Literatur darzustellen oder zu diskutieren. Wir werden uns auf das sog. Hempel-Oppenheim Schema konzentrieren. Der Grund ist, daß diese Vorgehensweise von den meisten empirisch-theoretisch arbeitenden Wissenschaftlern angewendet werden dürfte. Weiterhin meine ich, daß es keine deutlich bessere Alternative zu diesem Modell gibt.

Das Hempel-Oppenheim Schema wurde schon sehr früh beschrieben, etwa von John Stuart Mill. Zur Geschichte dieses Modells vgl. Hempel 1965b, S. 251, Fußnote 7, und S. 337, Fußnote 2. Die erste systematische Analyse der Logik der Erklärung findet man bei Hempel und Oppenheim 1948, wieder abgedruckt in Hempel 1965b (deutsch 1977 - dieses Buch enthält nicht alle Kapitel des Buches von 1965b). Eine kurze Darstellung dieses Schemas findet man u.a. bei Stegmüller 1966, S. 449-461. Besonders zu empfehlen ist die ausführliche Abhandlung in Hempel 1965b, S. 331-496, und in Stegmüller 1969. Vgl. auch Knowles 1990, in dem eine Reihe interessanter Aufsätze abgedruckt sind. Weiter sind zu empfehlen Schurz 1990 und Little 1991.

die CDU die nächste Bundestagswahl gewinnen?" formulieren als „Wird der Satz 'Die CDU gewinnt die nächste Bundestagswahl' wahr sein?". Bei beiden Arten von Fragen ist also der Gegenstand, auf den sich die Frage bezieht, eine singuläre Aussage.

Fragen wir nun, wie man bei einer Erklärung singulärer Tatbestände vorgeht. Nehmen wir an, ein singulärer Satz laute: „Die Selbstmordrate in Hamburg ist höher als in Leipzig." Bezeichnen wir diesen Satz als den Explanandum-Satz oder einfach als das *Explanandum E_1*. Entsprechend müßten wir die Tatbestände - genauer: die Objekte und Merkmale -, die der Satz bezeichnet, Explanandum-Tatbestände nennen. Um aber unsere Ausführungen nicht unnötig zu komplizieren, wollen wir auch hier von dem Explanandum sprechen. Wir bezeichnen also sowohl Sätze als auch das, was die Sätze bezeichnen, als Explananda. Dies ist hier deshalb zulässig, weil keine Mißverständnisse auftreten können.

Wie würde man vorgehen, wenn man das Explanandum E_1 - den Tatbestand, daß in Hamburg die Selbstmordrate höher als in Leipzig ist - erklären will? Man könnte folgendermaßen argumentieren: In Hamburg sind prozentual mehr Personen sozial isoliert als in Leipzig. Dies sei die Ursache für die relativ hohe Selbstmordrate. Ein kritischer Leser könnte fragen: Woher weiß man, daß die soziale Isolierung für die Selbstmordrate von Bedeutung ist? Warum werden nicht andere Sachverhalte genannt, z.B. die Religionszugehörigkeit? Eine Antwort könnte der Hinweis auf eine Gesetzesaussage sein, nach der *allgemein* in Gruppen (d.h. auch in Städten), in denen ein hoher Prozentsatz von Personen sozial isoliert ist, die Selbstmordrate höher ist als in Gruppen, in denen ein geringer Prozentsatz von Personen sozial isoliert ist.[33] Die genannte Ursache für die höhere Selbstmordrate in Hamburg können wir ebenfalls als singulären Satz beschreiben: „In Hamburg sind mehr Personen sozial isoliert als in Leipzig." Dieser Satz bezeichnet konkrete Bedingungen, die vorliegen, wenn Selbstmord auftritt. Derartige Bedingungen heißen deshalb auch *Anfangsbedingungen* - man spricht auch von Randbedingungen oder Antezedensbedingungen. Symbolisieren wir den Satz, der die Anfangsbedingungen in unserem Beispiel beschreibt, mit A_1.

Die genannte Argumentation enthielt weiterhin ein sozialwissenschaftliches *Gesetz G_1*, das lauten könnte: „Wenn in einer Gruppe A die soziale Isolierung stärker ist als in einer Gruppe B, dann ist auch die Selbstmordrate in Gruppe A höher als in Gruppe B." Die Erklärung enthält also drei Aussagen: das Gesetz G_1, den singulären Satz A_1 und den singulären Satz E_1. Offenbar folgt E_1 aus G_1 und A_1 logisch, d.h., E_1 ist deshalb wahr, „weil" G_1 und A_1 wahr sind. Die Vorgehensweise bei der Erklärung des Explanandums E_1 wird in dem folgenden Schema besonders deutlich:

G_1: Wenn in einer Gruppe A die soziale Isolierung stärker ist als in Gruppe B, dann ist auch die Selbstmordrate in Gruppe A höher als in Gruppe B.
A_1: In Hamburg ist die soziale Isolierung stärker als in Leipzig.

E_1: In Hamburg ist die Selbstmordrate höher als in Leipzig.

Die Sätze G_1 und A_1 bezeichnet man auch als *Explanans*. In dem folgenden Schema sind noch einmal die Bezeichnungen für die einzelnen Sätze zusammengefaßt:

---

[33] Vgl. hierzu Émile Durkheims Werk über den Selbstmord: Le suicide, Paris 1897 (liegt auch in deutscher Übersetzung vor).

G_1: Gesetzesaussage
A_1: Anfangsbedingungen (genauer: singuläre Aussage,
   die die Anfangsbedingungen beschreibt)

E_1: Explanandum

Ein singulärer Satz, der den zu erklärenden Tatbestand bezeichnet, wird also aus mindestens einer Gesetzesaussage und gegebenen Anfangsbedingungen, d.h. aus dem Explanans, abgeleitet. Die Linien zwischen Explanans und Explanandum symbolisieren, daß das Explanandum aus dem Explanans logisch folgt.

Analysieren wir nun die logische Struktur einer Erklärung etwas eingehender. Die Gesetzesaussagen, die in einer Erklärung verwendet werden, sind, wie wir sahen, Wenn-dann- oder Je-desto-Sätze - sprechen wir der Kürze halber von *konditionalen Sätzen*. Oft findet man Sätze, die zwar nicht explizit als konditionale Sätze formuliert sind, die jedoch gleichbedeutend mit konditionalen Sätzen sind und entsprechend umformuliert werden können. Dies gilt etwa für Aussagen der Art „Alle a sind B" bzw. „Alle a haben das Merkmal B", z.B.: „Alle Gesellschaften haben ein Inzesttabu." Man könnte diesen Satz als konditionale Aussage reformulieren - siehe unsere Ausführungen im vorigen Kapitel: „Für alle Gegenstände x gilt: Wenn x eine Gesellschaft ist, dann hat x ein Inzesttabu." Dabei bedeutet „x" jedes beliebige Objekt. Unsere Beispiele zeigen, daß es generell zum Zwecke der Erklärung singulärer Ereignisse sinnvoll ist, Gesetzesaussagen als Wenn-dann- oder Je-desto-Sätze zu formulieren.

Analysiert man in unseren beiden Beispielen den Zusammenhang zwischen Explanandum und Anfangsbedingungen einerseits und den Gesetzesaussagen andererseits, dann zeigt sich folgendes: Die Anfangsbedingungen fallen unter die Wenn-Komponente der Gesetzesaussage, während das Explanandum durch die Dann-Komponente der Gesetzesaussage bezeichnet wird. Dies läßt sich im folgenden Schema zeigen, in dem wir das zuletzt genannte Beispiel verwenden:

G_2: (Für alle Gegenstände x gilt:) (wenn Gx, dann Ix)
A_2:   Ga

E_2:   Ia

Mit G_2 und A_2 können wir also erklären, warum z.B. England ein Inzesttabu hat (Ia), weil nämlich gemäß G_2 alle Gesellschaften ein Inzesttabu haben und weil England eine konkrete Gesellschaft ist (Ga). Wir sehen, daß sich die Wenn-Komponente von G_2 und A_2 einerseits und die Dann-Komponente von G_2 und E_2 andererseits in diesem speziellen Fall allein durch den Argumentausdruck unterscheiden. Betrachten wir diese Beziehungen etwas genauer.

Die *Anfangsbedingungen* sind eine raum-zeitlich lokalisierte Menge derjenigen Objekte, die die Wenn-Komponente bezeichnet. In unserem Beispiel bezeichnet die Wenn-Komponente die Menge der Objekte, die eine Gesellschaft sind. Die Anfangsbedingung ist ein Element dieser Menge. In unserem ersten Beispiel bezeichnet die Wenn-Komponente eine Menge von Gruppen, die in einer bestimmten Relation zueinander stehen, also bestimmte Paare von Gruppen, wobei die eine Gruppe eine stärkere Isolierung aufweist als die andere. A_1 ist wiederum ein Element dieser Menge, also ein Paar der in der Wenn-Komponente bezeichneten Menge von Paaren.

Das deduktive Erklärungsmodell

Für das Verhältnis zwischen Dann-Komponente und Explanandum gilt folgendes: *Entweder müssen die Prädikate der Dann-Komponente und des Explanandums identisch sein, oder das Prädikat der Dann-Komponente des Gesetzes muß in dem Prädikat des Explanandums enthalten sein.* Illustrieren wir diesen Satz mit folgender Gesetzesaussage:

Wenn die Kohäsion einer Gruppe niedrig ist, dann ist die Rate kriminellen Verhaltens hoch.

Angenommen, Diebstahl sei eine bestimmte Art kriminellen Verhaltens. Weiter sei in einer bestimmten Gruppe die Kohäsion niedrig. Logisch folgt nun keineswegs, daß in dieser Gruppe auch die Diebstahlsrate hoch sein muß. Es könnte sein, daß in dieser Gruppe andere kriminelle Verhaltensweisen sehr viel häufiger vorkommen. Die Gesetzesaussage besagt ja nur, daß *irgendwelche* Arten kriminellen Verhaltens bei niedriger Kohäsion häufig sind, sie informiert dagegen nicht darüber, welche Art kriminellen Verhaltens in einer Gruppe bei niedriger Kohäsion relativ häufig vorkommt. Das Explanandum darf also nicht ein Prädikat bezeichnen, das „enger" ist als das Prädikat der Dann-Komponente. Für die Wenn-Komponente dürfen jedoch, wie wir sahen, die Prädikate der Anfangsbedingungen unter die Prädikate der Wenn-Komponente fallen.

Das Prädikat der Dann-Komponente kann jedoch enger sein als das Explanandum. Es gelte wiederum das im vorigen Absatz genannte Gesetz. Bei einer gegebenen Gruppe sei nun die Kohäsion niedrig. Daraus folgt nun nicht nur, daß diese Gruppe eine hohe *Kriminalität* hat, sondern auch, daß diese Gruppe häufig *abweichendes Verhalten* zeigt. Dieser Schluß gilt nur dann, wenn das Prädikat „abweichendes Verhalten" umfassender ist als das Prädikat „kriminelles Verhalten". D.h., eine kriminelle Gruppe ist in jedem Falle auch eine abweichende Gruppe, jedoch nicht umgekehrt. Das Prädikat der Dann-Komponente des Gesetzes (Kriminalität) ist also in dem Prädikat des Explanandums (abweichendes Verhalten) enthalten.

Unter welchen Bedingungen sind Erklärungen *adäquat*, d.h. akzeptabel? Mit dieser Frage wollen wir uns nun befassen. Wir formulieren also *Adäquatheitsbedingungen für die Erklärung singulärer Ereignisse*.[34] *Erstens* muß das Explanandum aus dem Explanans korrekt gefolgert worden sein. Wenn also in unseren Beispielen der Schluß vom Explanans auf das Explanandum falsch ist, wird man eine Erklärung nicht als adäquat bezeichnen. Intuitiv gesprochen: Wenn der genannte logische Schluß falsch ist, dann gilt ja nicht mehr, daß das Explanandum auftritt, „weil" das Explanans wahr ist.

Zweitens muß das Explanans mindestens ein Gesetz enthalten, das für die Ableitung des Explanandums erforderlich ist, und es muß singuläre Sätze enthalten, die die Anfangsbedingungen beschreiben. Fehlt ein Gesetz, dann fehlt sozusagen ein Argument dafür, daß genau die behaupteten Anfangsbedingungen für das Auftreten des Explanandums von Bedeutung sind. Die Wenn-Komponente des Gesetzes beschreibt ja in genereller Weise die Bedingungen für das Auftreten des Explanandums. Fehlen die Anfangsbedingungen, dann weiß man nicht, welche konkreten Sachverhalte denn nun zum Auftreten des Explanandums geführt haben.[35]

---

[34] Adäquatheitsbedingungen für Erklärungen wurden zum ersten Mal formuliert von Hempel und Oppenheim 1948. Die folgenden Ausführungen beziehen sich auf diesen Aufsatz.

[35] Hempel und Oppenheim nennen nicht als Bedingung, daß das Explanans singuläre Sätze enthalten muß, weil sie Adäquatheitsbedingungen für Erklärungen *generell* beschreiben, also auch für Erklärungen von Gesetzen. Man kann nämlich auch ein *Gesetz* erklären, d.h. aus anderen Gesetzen ableiten. Wir befassen uns jedoch mit Adäquatheitsbedingungen für die Erklärung singulärer *Ereignisse*. Hierzu müssen im Explanans singuläre Sätze vorkommen, die die Anfangsbedingungen be-

Die zentrale Bedeutung eines Gesetzes als Bestandteil einer Erklärung kann nicht stark genug betont werden. Fehlt ein Gesetz, dann entsteht ein *Unvollständigkeitsproblem*. Es bleibt nämlich offen, warum bestimmte und nicht andere singuläre Sachverhalte als Ursachen oder Bedingungen für ein zu erklärendes Phänomen in Betracht kommen. Wie sollte man ohne ein Gesetz (oder eine gesetzesähnliche Aussage) Informationen darüber erhalten, welche Ausschnitte aus der Realität Bedingungen für ein zu erklärendes Phänomen sind? Meist wird bei der Beantwortung dieser Frage auf die Intuition, das (einfühlende) Verstehen, die Lebenserfahrung oder auf Evidenzgefühle verwiesen. Dies ist aber unzureichend, wie im einzelnen in Abschnitt 32 und in Abschnitt 4 dieses Kapitels gezeigt wird. Um einen Sachverhalt zutreffend erklären zu können, benötigt man zuverlässigere Informationen als Evidenzgefühle. Dies wird auch - allerdings meist nur implizit - von denen zugestanden, die einer Erklärung mit Gesetzen skeptisch gegenüberstehen. Wenn man diese nämlich fragt, warum sie glauben, daß bestimmte Sachverhalte und nicht vielleicht andere Sachverhalte Bedingungen für ein zu erklärendes Phänomen sind, dann wird meist auf irgendwelche allgemeinen Wissensbestände (oder auch auf Forschungsergebnisse) verwiesen. Dies bedeutet nichts anderes, als daß Gesetze oder gesetzesartige Aussagen angeführt werden.

Wegen der Wichtigkeit dieses Arguments soll die Bedeutung von Gesetzen in einer Erklärung noch an einem Beispiel demonstriert werden. Wie kann die Revolution in der DDR im Jahre 1989 erklärt werden? Dieses war das einzige Jahr, in dem Boris Becker und Steffi Graf gleichzeitig das Tennisturnier in Wimbledon gewonnen haben. Es werde nun behauptet, daß dieses sportliche Ereignis die Ursache für die Revolution in der DDR war. Jeder, der diese Erklärung liest, wird sie für einen Witz halten. Warum? Man wird vielleicht zunächst antworten, das sei nicht „nachvollziehbar" oder nicht „einleuchtend". Dies ist allerdings nur ein Gefühl und nicht ausreichend für eine korrekte Erklärung. Es mag Personen geben, die diese Erklärung sehr einleuchtend oder evident finden. Wie verfährt man in einem solchen Falle? Man wird auf generelles Wissen zurückgreifen: Man weiß, daß ein Sportereignis keine Revolution hervorruft. Dieses Argument besagt, daß auf ein Gesetz oder eine gesetzesartige Aussage verwiesen wird. Diese wird zwar nur angedeutet, aber in diesem Zusammenhang ist wichtig, *daß* als Argument dafür, daß bestimmte Sachverhalte nicht als Ursachen in Betracht kommen, auf eine generelle, gesetzesartige Aussage verwiesen wird. Diese wird deshalb angeführt, weil sich aus ihr ergibt, daß das genannte sportliche Ereignis *nicht* ursächlich für die Revolution in der DDR war. Diesen impliziten Verweis auf Gesetzesaussagen findet man auch meist bei Vertretern der Methode des Verstehens, wie in Abschnitt 4 dieses Kapitels gezeigt wird.

Offensichtlich sind nicht alle Gesetze als Bestandteile von Erklärungen geeignet. Angenommen, ein Gesetz lautet: Wenn der Barometerstand niedrig ist, dann wird das Wetter schlecht. Das Explanandum „Zum Zeitpunkt t am Ort o war das Wetter schlecht" könnte gemäß diesem Gesetz dadurch erklärt werden, daß vorher das Barometer gefallen war. Dieses Argument wird man jedoch kaum als eine Antwort auf die Frage „Warum war das Wetter zum Zeitpunkt t am Ort o schlecht?" akzeptieren. Es wäre also sinnvoll, die Art der Gesetze, die in Erklärungen vorkommen dürfen, näher zu charakterisieren. Dies ist jedoch bisher nicht in befriedigender Weise gelungen.

Die erwähnte Schwierigkeit könnte in folgender Weise gelöst werden. Es wäre möglich, den Begriff der Erklärung auch auf solche Fälle anzuwenden, die man intuitiv nicht als Erklärungen bezeichnen würde, die jedoch die erwähnten Adäquatheitsbedingungen erfüllen. Wa-

---

schreiben.

rum sollte man etwa das zuletzt erwähnte Argument nicht als eine Erklärung bezeichnen? Schließlich wird das schlechte Wetter ja erklärt, und zwar in dem Sinne, daß Bedingungen dafür angegeben werden, unter denen mit schlechtem Wetter zu rechnen war. Solange es nicht gelungen ist zu präzisieren, welche Arten von Gesetzen man intuitiv als sinnvolle Bestandteile von Erklärungen ansehen will, erscheint es zweckmäßig, den Begriff der Erklärung so weit zu fassen, daß man darunter jedes Argument versteht, das den genannten Adäquatheitsbedingungen genügt.[36]

Drittens muß das Explanans empirischen Gehalt haben, d.h. es muß über die Realität informieren. Einen Satz wie z.B. „Sind die Menschen willensschwach, dann stören sie die Ordnung" wird man nicht als Gesetzesaussage in Betracht ziehen, da völlig unklar ist, was „willensschwach" und „Störung der Ordnung" bedeutet.

Hempel und Oppenheim formulieren noch eine *vierte Adäquatheitsbedingung*. Sie fordern, daß die Sätze des Explanans wahr sein müssen. Diese Forderung erscheint auf den ersten Blick plausibel, denn wenn ein Gesetz falsch ist, informiert es ja nicht zutreffend über die Bedingungen, die zum Auftreten des Explanandums führen. Würde man fordern, daß die Gesetze in Erklärungen wahr sein müssen, dann hätte dies allerdings die Konsequenz, daß eine Erklärung niemals als adäquat bezeichnet werden kann. Wir können ja prinzipiell nie feststellen, ob eine Gesetzesaussage wahr ist. Gesetzesaussagen sagen etwas über (mindestens) eine unendliche Menge von Gegenständen aus und wir können nicht unendlich viele Gegenstände untersuchen. Aber selbst wenn dies möglich wäre, könnten wir uns auch bei empirischen Untersuchungen irren. Auch Sätze, die Anfangsbedingungen beschreiben, können wir prinzipiell nicht als wahr bezeichnen. Der Grund ist auch hier, daß wir uns bei der Beobachtung konkreter Tatbestände irren können.

Hempel und Oppenheim schwächen selbst die Forderung, daß das Explanans wahr sein soll, ab. Sie fordern, es solle sich sehr gut bewährt haben. Dies hat jedoch, wie Hempel und Oppenheim ausführen, eine nicht wünschenswerte Konsequenz: Es wäre möglich, daß sich ein Gesetz in einer Erklärung zu einem bestimmten Zeitpunkt sehr gut bewährt hat, so daß wir

---

[36] Es erscheint weiterhin fraglich, ob in einer Erklärung tatsächlich Gesetze erforderlich sind oder ob nicht andersartige, gesetzesähnliche Aussagen ausreichen. Dies mag das folgende Beispiel illustrieren. Angenommen, es gelte folgender Satz: „Wenn jemand zwischen 1945 und 1975 fünf Jahre in der Bundesrepublik gewohnt hat, dann spricht er die deutsche Sprache." Es handelt sich hier nicht um ein Gesetz, da diese Aussage etwas über Ereignisse behauptet, die in einem bestimmten Zeitraum und an einem bestimmten Ort stattgefunden haben. Wenn wir nun fragen, warum Herr Müller deutsch spricht, dann wird man es sicherlich als eine befriedigende Antwort ansehen, wenn man sagt: Weil er fünf Jahre lang in der BRD gelebt hat.

Wenn keine Gesetzesaussagen, sondern (außer den Anfangsbedingungen) andere Aussagen in einer Erklärung erforderlich sind, welcher Art sind diese Aussagen? Auf diese Frage gibt es unseres Wissens bisher ebenfalls keine befriedigende Antwort. Es erschiene plausibel zu fordern: Neben den Anfangsbedingungen sind solche Aussagen im Explanans erforderlich, die Bedingungen angeben, unter denen das Explanandum auftritt. Diese Regel müßte allerdings noch präzisiert und modifiziert werden, denn ihre Befolgung führt zu negativen Konsequenzen. So wäre in dem vorangegangenen Beispiel gemäß der zuletzt genannten Forderung anstelle des Gesetzes folgende Aussage zulässig: „Wenn Herr a in der BRD fünf Jahre gewohnt hat, dann spricht er die deutsche Sprache." Solange keine präzisen Regeln über die Art der im Explanans erforderlichen Sätze (außer den Sätzen, die die Anfangsbedingungen beschreiben) existieren, erscheint es sinnvoll zu fordern, daß Gesetze Bestandteile von Erklärungen sein müssen; denn sonst müßten wir, wie das vorangegangene Beispiel zeigt, Argumente als Erklärungen zulassen, die man nicht als sinnvoll betrachten wird.

von einer adäquaten Erklärung sprechen würden; zeigt sich später, daß das angewendete Gesetz widerlegt wird, müßte man folgendes sagen: Eine Erklärung war zu einem bestimmten Zeitpunkt adäquat, zu einem späteren Zeitpunkt jedoch inadäquat. Dies - so Hempel und Oppenheim - stimme nicht mit dem Sprachgebrauch überein: Wir müßten nämlich immer nur von Erklärungen sprechen, die zu *einem bestimmten Zeitpunkt* adäquat sind. Diese Konsequenz scheint uns jedoch nicht so negativ zu sein wie die vorher erwähnte Konsequenz, daß Erklärungen überhaupt nicht als adäquat bezeichnet werden können. Ein bestimmter Sprachgebrauch ist nicht naturgegeben, sondern kann verändert werden, wenn er nicht sinnvoll erscheint.

Wir sagten bereits, daß man bei einer Erklärung voraussetzt, daß das Explanandum aufgetreten ist. Würden wir fordern, daß der Explanandum-Satz wahr ist, dann hieße dies wiederum, wie wir sahen, daß es keine adäquaten Erklärungen geben kann, da wir uns auch bei der Ermittlung singulärer Ereignisse irren können. Wir werden vielmehr eine *fünfte Adäquatheitsbedingung* realisiert wissen wollen, die lautet: Es muß mehr dafür als dagegen sprechen, daß das Explanandum-Ereignis aufgetreten ist.

Die hier formulierten Adäquatheitsbedingungen sind nicht vollständig, d.h. sie schließen nicht aus, daß Erklärungen aufgestellt werden, die man als mangelhaft bezeichnen wird (vgl. hierzu etwa Stegmüller 1969, S. 89-90). Wir wollen auf weitere Adäquatheitsbedingungen jedoch nicht weiter eingehen, sondern nur festhalten, daß es sich bei den genannten Bedingungen um wichtige Forderungen - sozusagen um *minimale Adäquatheitsbedingungen* - handelt, die an alle Erklärungen singulärer Ereignisse zu stellen sind. Dies gilt auch dann, wenn Wissenschaftler nicht in der hier beschriebenen Weise vorgehen. Wir werden später in diesem Kapitel einige Abweichungen von dem beschriebenen Erklärungsmodell diskutieren. Es wird sich zeigen, daß die Erfüllung der skizzierten Adäquatheitsbedingungen tatsächlich sinnvoll ist, daß es sich also nicht um ungerechtfertigte Forderungen einiger Wissenschaftstheoretiker handelt, die einer fruchtbaren sozialwissenschaftlichen Praxis widersprechen.

2. Erklärungen mit nicht-deterministischen Gesetzen

Wir haben im vorigen Abschnitt implizit angenommen, daß die verwendeten Gesetzesaussagen von ganz bestimmter Art sind: Daß es sich nämlich um *deterministische Aussagen* handelt. Damit ist, wie wir bereits früher sahen, gemeint, daß jedesmal, wenn die Anfangsbedingungen vorliegen, auch das Explanandum auftritt. So folgt aus G_1, daß es kein einziges Paar von Gruppen gibt, für das gilt: Gruppe A ist stärker isoliert als Gruppe B, und Gruppe A hat eine *niedrigere* Selbstmordrate als Gruppe B.

In den Sozialwissenschaften kommen jedoch solche Aussagen extrem selten vor. Meist findet man Gesetze, die nicht deterministisch sind. Wir wollen im folgenden zunächst Erklärungen mit Gesetzen behandeln, die als Wahrscheinlichkeitsaussagen formuliert sind. Sodann werden wir uns Erklärungen mit anderen nicht-deterministischen Gesetzen zuwenden.

20. Das induktive Erklärungsmodell

Oft findet man nicht-deterministische Aussagen der folgenden Art:

1. Die meisten Personen mit einer hohen Leistungsmotivation haben beruflichen Erfolg.
2. Etwa 95% der straffällig gewordenen Personen werden rückfällig.

In den genannten Beispielen wird nicht behauptet, daß bei dem Vorliegen von Anfangsbedingungen das Explanandum immer, sondern nur, daß das Explanandum mit einer bestimmten *statistischen Wahrscheinlichkeit*, d.h. bei einem bestimmten Prozentsatz von Fällen, wenn die Anfangsbedingungen vorliegen, auftritt. Solche Sätze nennt man *probabilistische* oder *statistische* Aussagen. Würden wir Beispiel 2 als deterministische Aussage formulieren, dann erhielten wir den Satz „Wenn eine Person straffällig geworden ist, dann wird sie rückfällig." Es gibt also keine einzige Person, die straffällig ist und nicht rückfällig wird. In Beispiel 2 dagegen wird nur gesagt, daß Straffälligkeit mit einer gewissen Wahrscheinlichkeit zu Rückfälligkeit führt, also nicht in allen Fällen. So werden wir auch in Beispiel 1 darüber informiert, daß die meisten Personen mit einer hohen Leistungsmotivation auch beruflichen Erfolg haben. D.h. es kommt vor, daß eine Person A eine höhere Leistungsmotivation als eine andere Person B hat und trotzdem einen *geringeren* beruflichen Erfolg.

Analysieren wir nun anhand von Beispiel 2 etwas eingehender, was statistische Gesetze genau behaupten. Es könnte gemeint sein: Wenn wir immer wieder straffällig gewordene Personen auswählen und ermitteln, ob diese wieder rückfällig werden oder nicht, dann können wir gemäß Hypothese 2 erwarten, daß insgesamt etwa 95% der Strafgefangenen rückfällig werden, d.h. daß eine Wahrscheinlichkeit von 0,95 für die Rückfälligkeit besteht. „Wahrscheinlichkeit" heißt also nichts anderes als *relative Häufigkeit*, hier bezogen auf eine unendliche Zahl von Fällen. Damit wir uns im folgenden nicht mit der - in diesem Zusammenhang irrelevanten - Frage befassen müssen, wie man relative Häufigkeiten einer unendlichen Menge feststellen kann, sei folgendes angenommen: Unendliche Mengen seien „sehr große" Mengen, in unserem Beispiel etwa einige hunderttausend Einheiten der jeweiligen Individuen des Objektbereichs. Das Wahrscheinlichkeitsmaß ist also eine Proportion, die gleich oder größer als null und gleich oder kleiner als 1 sein kann. Ist die Proportion null oder 1, dann handelt es sich um deterministische Aussagen, denn es wird gesagt, daß dann, wenn z.B. Personen vorbestraft sind, *keine* oder *alle* Personen rückfällig werden. Wir befassen uns also im folgenden nur mit solchen Sätzen, in denen die Proportion größer als null oder kleiner als 1 ist.

Wenn wir den Begriff der Wahrscheinlichkeit in dieser Weise verstehen, dann ist er für wissenschaftliche Zwecke unbrauchbar. Der Grund ist, daß Aussagen mit dem genannten Wahrscheinlichkeitsbegriff keinerlei Erklärungskraft haben, d.h. sie sagen uns nichts über die Realität aus. Erläutern wir dies an einem Beispiel. Nehmen wir an, wir wählen aus sechs Städten jeweils 100 Vorbestrafte aus (siehe die folgende Tabelle, Spalte 2). Es zeige sich, daß der Prozentsatz der Rückfälligen unter den ausgewählten Vorbestraften in den einzelnen Städten zwischen 0 und 100% schwankt (siehe Spalte 3 der folgenden Tabelle). Ist eine solche Schwankung nun aufgrund der Aussage, daß 95% aller Vorbestraften rückfällig werden, zu erwarten? Die Antwort lautet: ja. Die Aussage besagt nämlich, daß von einer unendlichen Anzahl von Vorbestraften die Proportion der Rückfälligen 0,95 (oder 95%) beträgt. Daraus folgt, daß bei jeder endlichen Zahl von ausgewählten Vorbestraften die Proportion der Rückfälligen beliebig variieren kann. Es wäre ja denkbar, daß bei zukünftigen Fällen die Schwankungen wieder ausgeglichen würden, so daß „auf lange Sicht" tatsächlich 95% der Vorbestraften rückfällig sind. Es zeigt sich also, daß Aussagen, in denen der Wahrscheinlichkeitsbegriff in der beschriebenen Weise definiert ist, keinerlei Information darüber geben, was denn nun in einer konkreten Situation, in der die Anfangsbedingungen vorliegen, der Fall ist (vgl. hierzu im einzelnen Popper 1971, Kapitel VIII).

Der beschriebene Wahrscheinlichkeitsbegriff ist für die empirischen Wissenschaften, zu denen die Sozialwissenschaften gehören, nicht nur unbrauchbar, er wird auch nicht verwendet. Obwohl in den Sozialwissenschaften oft probabilistische Aussagen formuliert werden, wird kaum jemals explizit gesagt, was der Begriff der Wahrscheinlichkeit in diesen Aussagen genau bedeutet. Wenn wir also fragen, was probabilistische Gesetze genau behaupten, bleibt uns nichts anderes übrig, als den Begriff der Wahrscheinlichkeit zu explizieren. Das „Adäquatheitskriterium" ist also in diesem Zusammenhang, ob die Explikation der Praxis der meisten Sozialwissenschaftler entspricht.

Ausgewählte Vorbestrafte aus der Stadt	Zahl der Vorbestraften	% der Rückfälligen	% der Rückfälligen	% der Rückfälligen	% der Rückfälligen
1	2	3	4	5	6
1. Nürnberg	100	10	90	70	95
2. Aachen	100	100	100	94	95
3. New York	100	20	97	96	95
4. Köln	100	1	94	95	95
5. Amsterdam	100	50	95	60	95
6. London	100	0	90	97	95
Insgesamt	100	30	94	85	95

Gehen wir wiederum von unserem Beispiel aus. Nehmen wir an, ein Sozialwissenschaftler überprüfe die Aussage „95% aller Vorbestraften werden rückfällig" an 100 ausgewählten Vorbestraften in sechs Städten. Wenn er die in der vorangegangenen Tabelle in Spalte 3 dargestellten Ergebnisse erhält, wird er ganz sicher seine Hypothese als widerlegt betrachten. Erhält er die in Spalte 6 angeführten Ergebnisse, wird er seine Gesetzesaussage als bestätigt ansehen. Damit zeigt sich bereits, daß in den Sozialwissenschaften auf keinen Fall der vorher beschriebene Wahrscheinlichkeitsbegriff verwendet wird; denn offenbar soll mit probabilistischen Hypothesen bei vorliegenden Anfangsbedingungen das Auftreten bestimmter Arten von Ereignissen ausgeschlossen werden, etwa die in Spalte 3 unserer Tabelle beschriebenen Ereignisse.

Wenn die Ergebnisse in Spalte 6 unserer Tabelle die genannte Gesetzesaussage bestätigen, liegt es nahe, folgende Präzisierung (d.h. Explikation) vorzuschlagen: *Die Aussage „Wenn Objekte das Merkmal A haben, dann haben sie mit einer Wahrscheinlichkeit p das Merkmal B" bedeutet: Von jeder beliebigen Menge N der Objekte mit dem Merkmal A haben (p x N) Objekte das Merkmal B.* Wenn also die Aussage lautet „Wenn Personen das Merkmal haben, vorbestraft zu sein, dann werden sie mit einer Wahrscheinlichkeit von 0,95 rückfällig", dann bedeutet diese Aussage: Von jeder beliebigen Menge von Vorbestraften müssen 0,95 x N, also 95% rückfällig werden. Wenn also N = 100 ist, müssen nach der genannten Aussage 0,95 x 100 = 95 Personen rückfällig werden. Diese Definition bezieht sich auf *relative Häufigkeiten*, jedoch von beliebigen *endlichen* Mengen.

Es erscheint sinnvoll, weiter festzulegen, daß die Menge N so gewählt werden muß, daß (p x N) empirisch vorkommen kann. Wenn etwa eine Menge von 50 Vorbestraften ausgewählt wird, müßten 0,95 x 50 = 47,5 Personen rückfällig werden. Der Ausdruck (p x N) kann also bei diesem Beispiel empirisch nicht wahr werden, da es 47,5 Personen nicht gibt.

Es dürfte auch zweckmäßig sein, die Größe der Menge einzuschränken, und zwar aufgrund folgender Überlegung: Nehmen wir an, die Wahrscheinlichkeit, daß ein Vorbestrafter rückfällig wird, sei 0,5. Wenn wir nun zwei Vorbestrafte auswählen, müßte aufgrund unserer bisherigen Ausführungen folgen, daß eine dieser Personen rückfällig wird, die andere nicht. Bei einem solchen kleinen N ist es nun sehr leicht möglich, daß Meßfehler auftreten oder daß wir zufällig diejenigen beiden Personen gewählt haben, die zu denjenigen Vorbestraften gehören, die *nicht* rückfällig werden. Somit ist die vorherrschende Praktik positiv zu beurteilen, nach der versucht wird, eine Aussage erst dann als widerlegt zu betrachten, wenn sie für ein relativ großes N nicht zutrifft, z.B. für ein N von mindestens zehn. Wenn wir also in Zukunft von „beliebigen Mengen" sprechen, dann meinen wir empirisch mögliche Mengen von einer „angemessenen" Größe. Stammt die Menge aus einer klar definierten Grundgesamtheit (z.B. aus den Bewohnern einer Stadt), sind statistische Signifikanztests sinnvoll, die prüfen, ob ein Ergebnis zufällig sein könnte.

Fragen wir, ob die genannte Explikation des Wahrscheinlichkeitsbegriffs mit dem von Sozialwissenschaftlern tatsächlich verwendeten Wahrscheinlichkeitsbegriff übereinstimmt. Nehmen wir an, in einer Untersuchung ergäben sich die in Spalte 5 unserer Tabelle angeführten Zahlen. Ein Sozialwissenschaftler würde den Zusammenhang zwischen diesen Zahlen und der genannten Gesetzesaussage in folgender Weise beschreiben: Die Ergebnisse kommen dem, was die Aussage behauptet, recht nahe, sie stimmen jedoch nicht völlig mit ihr überein. Ähnliches wird ein Sozialwissenschaftler ausführen, wenn er die Ergebnisse der Spalte 4 unserer Tabelle mit dem vergleicht, was die genannte Aussage behauptet. Genau in dieser Weise wird man auch nach unserer Explikation des Wahrscheinlichkeitsbegriffs die „Daten" in der vorangegangenen Tabelle im Hinblick auf die genannte Aussage beurteilen.

Es scheint, daß man häufig bestimmte „Toleranzen" akzeptiert. Wenn etwa 97% der Vorbestraften rückfällig wurden, dann wird man dies noch als eine gute Bestätigung der genannten Aussage ansehen. Widerspricht diese Praktik unserer Explikation des Wahrscheinlichkeitsbegriffs? Die Antwort auf diese Frage hängt davon ab, wie diese Toleranzen begründet werden. Erstens könnte man sagen, daß eine Toleranz z.B. von 2% über oder unterhalb der behaupteten Wahrscheinlichkeit aufgrund von Meßfehlern zu erwarten sei. Falls jedoch die Ergebnisse stärker von der in der Gesetzesaussage genannten Wahrscheinlichkeit abwichen, sähe man die Gesetzesaussage als nicht bestätigt an. Dieses Argument zeigt, daß der Wahrscheinlichkeitsbegriff genau in der von uns explizierten Weise verwendet wird.

Zweitens könnte die Akzeptierung bestimmter Toleranzen bedeuten, daß bis zu einem bestimmten Grad der Abweichung von der in der Hypothese genannten Wahrscheinlichkeit die Aussage als *mehr oder weniger gut bestätigt* angesehen und beibehalten wird. Ab einem bestimmten Grad der Abweichung wird man die geprüfte Aussage eliminieren oder modifizieren. Auch dies widerspricht keineswegs unserer Explikation des Wahrscheinlichkeitsbegriffs. Es wird vielmehr auch hier die in der Gesetzesaussage genannte Wahrscheinlichkeit gewissermaßen als Richtschnur für die Beurteilung realer Ereignisse verwendet, und zwar genau in der von uns beschriebenen Weise. Es scheint also, daß unsere Explikation des Wahrscheinlichkeitsbegriffs dem entspricht, was in den Sozialwissenschaften tatsächlich unter Wahrscheinlichkeit verstanden wird.

Wie kann man probabilistische Gesetze *zur Erklärung einzelner singulärer Ereignisse* anwenden?[37] Nehmen wir an, wir wollten erklären, warum die Selbstmordrate von Stadt a niedriger ist als von Stadt b. Das Explanandum lautet also: Stadt a hat eine niedrigere Selbstmordrate als Stadt b. Fragen wir, ob wir zur Erklärung des Explanandums die Gesetzesaussage anwenden können, wonach die Höhe der Selbstmordrate von Kollektiven (also auch von Städten) um so niedriger ist, je größer der Anteil von Katholiken in dem Kollektiv ist. Nehmen wir an, wir finden heraus, daß in Stadt a mehr Katholiken und weniger Protestanten wohnen als in Stadt b. Dies sei die Anfangsbedingung. Das Erklärungsmodell würde folgendermaßen aussehen:

G_1: Wenn in einem Kollektiv x mehr Katholiken und weniger Protestanten wohnen als in einem anderen Kollektiv y, dann ist die Selbstmordrate in x meistens geringer als in y.

A_1: In Stadt a (einem Kollektiv) wohnen mehr Katholiken und weniger Protestanten als in Stadt b.

....

E_1: Stadt a hat eine niedrigere Selbstmordrate als Stadt b.

Offenbar ist E_1 nicht aus G_1 und A_1 ableitbar, was durch die gepunktete Linie zum Ausdruck kommen soll. Der Grund ist, daß nicht *immer* Kollektive mit vielen Katholiken eine niedrige Selbstmordrate haben, sondern nur - gemäß G_1 - *in den meisten Fällen*. Es könnte also der Fall sein, daß unser Explanandum gerade zu den „Ausnahmen" gehört. Wir können also festhalten: Aus *einer probabilistischen Gesetzesaussage und den Anfangsbedingungen ist das Explanandum nicht logisch ableitbar*. Wenn wir auch das Explanandum nicht aus einem probabilistischen Gesetz und den Anfangsbedingungen logisch ableiten können, so würden wir doch sagen, daß es sehr „wahrscheinlich" oder „sicher" ist, daß E_1 auftritt. D.h. das Explanandum folgt zwar logisch nicht aus dem Explanans, trotzdem wird man bei dem obigen Beispiel sagen, daß es sich um eine sinnvolle oder adäquate Erklärung handelt.

Dies läßt sich besonders deutlich zeigen, wenn wir einmal annehmen, daß wir nicht wissen, ob E_1 vorliegt. Wir würden dann folgendermaßen argumentieren. G_1 gilt in den meisten Fällen. Wenn nun die beschriebene Anfangsbedingung vorliegt, dann ist es relativ sicher - da, wie gesagt, G_1 in der meisten Fällen gilt -, daß in Stadt a die Selbstmordrate niedriger als in Stadt b ist. Diese Argumentation ist nun keineswegs eine logische Ableitung. Sie besagt lediglich, daß *aufgrund der Gesetzesaussage und der Anfangsbedingung* das Auftreten des Explanandums mehr oder weniger zu erwarten ist, anders gesagt: daß der Explanandum-Satz durch G und A mehr oder weniger gut *bestätigt* wird. Wir sagen also nicht „Aus G und A folgt logisch E", sondern „G und A bestätigen E". Zwischen den Explanans-Sätzen und dem Explanandum-Satz besteht also keine deduktive bzw. Ableitbarkeitsbeziehung, sondern eine *Bestätigungsrelation* oder, wie man auch sagt: von G und A kann man auf E nicht deduktiv,

---

[37] Vgl. zum folgenden im einzelnen Hempel 1965b, S.376-412. Vgl. auch Stegmüller 1969, Kapitel IX. Es ist in diesem Zusammenhang nicht möglich, im einzelnen auf den Unterschied zwischen induktiven und deduktiven Schlüssen, auf die Probleme beim Aufbau einer induktiven Logik und auf das Induktionsproblem einzugehen. Eine leicht verständliche Abhandlung über die Ziele, die Probleme und den Aufbau der induktiven Logik findet man bei Carnap und Stegmüller 1958. Vgl. weiterhin z.B.: Ackermann 1966; Essler 1970, 1973; Kutschera 1972, Kapitel 2; Lakatos 1968; Levy 1967; Stegmüller 1973; Vetter 1967. Zum *Induktionsproblem* vgl. z.B. Popper 1971, Kapitel l; Popper 1973, Kapitel l; Stegmüller 1971.

sondern nur *induktiv* schließen. Wir können das Gesagte auch so ausdrücken: Für E besteht nur eine relativ hohe induktive Wahrscheinlichkeit. Mit dem Begriff der *induktiven Wahrscheinlichkeit* ist der Grad gemeint, mit dem bestimmte Sätze (hier: das Explanandum) durch andere Sätze (hier: das Explanans) bestätigt werden. Es handelt sich also um eine Relation zwischen Sätzen der Art „Satz a bestätigt Satz b" oder „Satz a bestätigt Satz b in hohem Grade". Dieser Begriff ist nicht zu verwechseln mit dem der statistischen Wahrscheinlichkeit, den wir bereits erläuterten. Dieser bezeichnet bestimmte relative Häufigkeiten von Ereignissen. Für unsere vorangegangenen Beispiele können wir den Unterschied zwischen statistischer und induktiver Wahrscheinlichkeit so charakterisieren: Die *induktive* Wahrscheinlichkeit ist die (Bestätigungs-) Relation zwischen Explanans und Explanandum; die *statistische* Wahrscheinlichkeit beschreibt die relative Häufigkeit, mit der Ereignisse auftreten. Da also bei der Verwendung von statistischen Gesetzen im Explanans das Explanandum nicht deduktiv, sondern induktiv gefolgert wird, spricht man hier auch von einer *induktiven* oder *induktiv-statistischen Erklärung*.

Ist es nun möglich, den *Grad* anzugeben, in dem bei einer induktiven Erklärung das Explanandum bestätigt wird? Nehmen wir an, G_1 würde folgendermaßen präzisiert: Die Wahrscheinlichkeit, daß Kollektive mit vielen Katholiken eine niedrige Selbstmordrate haben, beträgt 0,6. Hier treten relativ häufig „Ausnahmen" auf. Wenn die Wahrscheinlichkeit nicht 0,6, sondern 0,9 betrüge, dann können wir E_1 in 90% der Fälle erwarten. D.h. im zweiten Falle ist es seltener möglich, daß „Ausnahmen" auftreten, als im ersten Falle. Aufgrund dieser Überlegungen erscheint es sinnvoll festzulegen, daß der Grad der statistischen Wahrscheinlichkeit (in den Gesetzesaussagen) dem Grad der Bestätigung (d.h. der induktiven Wahrscheinlichkeit) entspricht (vgl. hierzu Hempel 1965b, S. 389). Die induktive Wahrscheinlichkeit, daß E_1 auftritt, wäre demnach aufgrund von G_1 0,6.[38]

21. Erklärungen mit anderen nicht-deterministischen Sätzen

Oft werden generelle sozialwissenschaftliche Aussagen nicht als Wahrscheinlichkeitsaussagen formuliert, sondern in Form von Gleichungen, in denen eine Irrtumsvariable enthalten ist. Greifen wir zurück auf unser Beispiel in Kapitel II, Abschnitt 33. Danach ist das Ausmaß politischer Gewalt in Gesellschaften (G) um so größer, je stärker das Ausmaß der Ungleichheit (U) und das Ausmaß, in dem der Staat Gewalt in der Vergangenheit bekämpft hat (R für „Repression"), ist. Es wird davon ausgegangen, daß bei gegebenen Werten der beiden Variablen U und R das Ausmaß der Gewalt nicht exakt vorausgesagt werden kann, sondern daß bei der Berechnung von G Fehler auftreten. Diese Fehler werden durch „e" (für „error") symbolisiert. Die Gleichung könnte entsprechend lauten:

$$G = a + bU + cR + e.$$

Wie kann man diese Aussage für Erklärungen anwenden? Die Antwort hängt davon ab, inwieweit Informationen über die Größe der Koeffizienten a, b und c und über die Irrtumsvariablen vorliegen. Gehen wir von folgender Situation aus, die für die Sozialwissenschaften charakteristisch sein dürfte. Das genannte Gesetz sei durch mehrere Untersuchungen überprüft und im großen und ganzen bestätigt worden, so daß das Gesetz für Erklärungen angewendet

---

[38] Bei induktiven Erklärungen singulärer Ereignisse entsteht - im Gegensatz zu deduktiven Erklärungen - häufig ein Problem, das Hempel als die *Mehrdeutigkeit induktiver Erklärungen* bezeichnet. Vgl. hierzu Opp 1976, S. 142 ff.

werden kann. Wenn auch in diesen Untersuchungen die Koeffizienten geschätzt wurden, so unterscheiden sie sich doch hinsichtlich ihrer Werte. Lediglich die Vorzeichen der Koeffizienten seien gleich. So könnten a, b und c positiv sein - Repression hat also einen Radikalisierungseffekt. Weiter verfügen wir über statistische Maßzahlen, die uns Informationen über e geben (z.B. die erklärte Varianz bei einer Regressionsanalyse). Lassen wir aber die Irrtumsvariable zunächst außer Betracht. Was können wir in einer solchen Situation mit unserem Gesetz erklären?

Bevor wir diese Frage beantworten, sei auf zwei Sachverhalte hingewiesen. Erstens handelt es sich bei dem Gesetz um eine Je-desto-Aussage. Sie besagt z.B.: Je größer U - bei gegebenem R - ist, desto größer ist G; je größer R - bei gegebenen Werten von U - ist, desto größer ist G. Wir sahen in Kapitel II (Abschnitt 33), daß eine Je-desto-Aussage mit einem Faktor - z.B. nur mit U - etwas über mindestens zwei verschiedene Einheiten (d.h. in diesem Falle über zwei Gesellschaften) oder etwas über eine Einheit zu mindestens zwei Zeitpunkten aussagt. Enthält die Aussage weitere Faktoren - z.B. R -, dann ist davon auszugehen, daß diese weiteren Faktoren sich bei den Einheiten nicht verändern dürfen oder sich so verändern müssen, daß deren Wirkung in Richtung der Veränderung des betreffenden Faktors - z.B. U - geht. In unserem Beispiel würde etwa eine Erhöhung von U zu einem Anstieg von G führen, wenn R sich nicht verändert oder wenn R sich ebenfalls erhöht. Sinkt R bei steigendem U, kann die Wirkung von U auf G nicht mehr vorausgesagt werden, wenn die genauen Werte der Koeffizienten von b und c unbekannt sind.

Bei der Anwendung der obigen Aussage für eine Erklärung muß man sich zweitens vergegenwärtigen, daß die Anfangsbedingungen konkrete Werte von U und R sind, also das Ausmaß von Ungleichheit und Repression in konkreten Gesellschaften.

Kehren wir zurück zu der Frage, wie die obige Aussage für Erklärungen angewendet werden kann. Wenn wir die Werte der Koeffizienten nicht kennen, können wir das unterschiedliche Ausmaß von Gewalt bei mindestens zwei Gesellschaften oder bei einer Gesellschaft zu mindestens zwei Zeitpunkten erklären. Dabei muß allerdings ein Faktor bei den Einheiten in gleicher Weise wie der andere Faktor wirken. Ein Beispiel für eine Erklärung könnte sein:

Gesetz: $G = a + bU + cR + e$.
Anfangsbedingung: Peru hat ein höheres Ausmaß an U und R als Schweden.
....
Explanandum: In Peru ist das Ausmaß von G größer als in Schweden.

Würde z.B. R in Peru geringer als in Schweden sein, kann das unterschiedliche Ausmaß von Gewalt mit dem genannten Gesetz nicht erklärt werden. Wäre dagegen z.B. R in Peru und Schweden gleich, ist das unterschiedliche Ausmaß von Gewalt mit dem Gesetz durch das unterschiedliche U erklärbar.

Wir waren davon ausgegangen, daß die Werte von a, b und c nicht bekannt sind. Ist dies jedoch der Fall, sind Erklärungen auch für ein einzelnes Land möglich: Die Anfangsbedingungen sind dann die Werte von U und R. G läßt sich mittels der Gleichung berechnen.

Wenden wir uns nun der Irrtumsvariablen e zu. Sie bedeutet, daß man bei bestimmten Werten von U und R nicht erwarten kann, daß das berechnete G der Realität immer genau entspricht. Je nach der Größe von e (z.B. je nach der Größe der betreffenden statistischen Maßzahlen wie der erklärten Varianz) wird auch der Fehler mehr oder weniger groß sein. D.h. es wird z.B. mehr oder weniger viele Paare von Ländern geben, in denen zwar bei einem Land

U größer als bei dem anderen ist, nicht aber G. Wenn sich jedoch das Gesetz insgesamt empirisch gut bestätigt hat, dann wird man im allgemeinen damit rechnen, daß das berechnete G zutrifft oder daß Länder, die sich in bezug auf U (oder R) unterscheiden, auch im Hinblick auf G die erwarteten Unterschiede aufweisen.[39] Es ist jedoch immer möglich und auch damit zu rechnen, daß bei einer konkreten Erklärung Fehler auftreten. D.h. man kann das Explanandum nicht logisch aus dem Explanans ableiten, das Explanandum kann nur mehr oder weniger gut *bestätigt* werden - dies soll durch die gepunktete Linie zum Ausdruck gebracht werden. Es handelt sich also hier ebenfalls um eine induktive Erklärung. Dabei kann allerdings das Ausmaß der Bestätigung des Explanandums nicht durch die statistische Wahrscheinlichkeit bei der Gesetzesaussage quantifiziert werden. Wir müssen uns vielmehr eher mit qualitativen Äußerungen wie „Das Explanandum wird relativ gut bestätigt" begnügen.

Wir sehen also, daß Gesetzesaussagen, die die Form von Gleichungen haben und die Irrtumsvariablen enthalten, zur Erklärung singulärer Sachverhalte angewendet werden können. Es handelt sich dabei um induktive Erklärungen. Was genau erklärt werden kann, hängt davon ab, inwieweit Informationen über die Werte der Koeffizienten vorliegen und wie groß der Fehler bei einer Erklärung ist.

3. Probleme bei der Erklärung singulärer Ereignisse in den Sozialwissenschaften

Wenn man davon ausgeht, daß die beschriebene Vorgehensweise bei einer Erklärung sinnvoll ist, dann kann man zwei Fragen stellen. (1) Inwieweit entsprechen Praktiken von Sozialwissenschaftlern bei der Erklärung singulärer Ereignisse dem dargestellten Erklärungsmodell? Stellt man fest, daß Sozialwissenschaftler bei Erklärungen anders vorgehen, wäre zu prüfen, ob sich hierfür nicht neue Argumente ergeben könnten. (2) Wirft die Anwendung des Erklärungsmodells in den Sozialwissenschaften besondere Probleme auf - z.B. Probleme aufgrund des gegenwärtigen Entwicklungsstandes dieser Disziplinen - und wie könnten diese Probleme ggf. gelöst werden? Beide Fragen sollen im folgenden behandelt werden.

30. Die Erklärung singulärer Ereignisse bei alternativen Gesetzesaussagen

In den Sozialwissenschaften gibt es für ein gegebenes Explanandum häufig mehrere Gesetzesaussagen, die von ihrer Formulierung her für die Erklärung dieses Explanandums in Betracht kommen. Will man z.B. erklären, warum in einer Stadt A eine höhere Selbstmordrate als in einer Stadt B in einem bestimmten Jahr auftrat, dann steht eine große Zahl von Theorien des Selbstmords zur Verfügung, d.h. Aussagen allgemeiner Art, deren Dann-Komponente das Prädikat „Selbstmord" enthält.[40] So wird behauptet, daß Katholiken seltener Selbstmord begehen als Protestanten. Eine andere Aussage behauptet, daß anomische Personen häufiger als nicht-anomische Personen Selbstmord begehen.

In einer solchen Situation, in der mehrere Gesetzesaussagen (oder gesetzesartige Aussagen) vorliegen, die dieselben singulären Ereignisse erklären können, entsteht die Frage,

---

[39] Der statistisch versierte Leser mag sich dies anhand eines Streudiagramms einer abhängigen (Y) und einer unabhängigen Variablen (X) verdeutlichen. Durch die Punkte (die z.B. Länder symbolisieren könnten) sei eine Regressionslinie gezeichnet. Je stärker die Punkte um die Linie streuen, desto fehlerhafter werden die „Voraussagen" von Y (z.B. G) bei gegebenen Werten von X (z.B. R) sein. Ein Fehler ist dabei gleich der Differenz zwischen dem tatsächlichen Y-Wert und dem aufgrund der Regressionslinie vorausgesagten Y-Wert.

[40] Über eine Vielzahl vorliegender Selbstmordtheorien berichtet z.B. Lindner-Braun 1990.

welche dieser Aussagen für eine Erklärung sinnvollerweise angewendet werden sollte. Diese Frage läßt sich in folgender Weise beantworten. Die Bedingungen für eine adäquate Erklärung besagen u.a., daß die verwendeten Gesetzesaussagen möglichst wahr sein müssen bzw., wie wir sagten, sich empirisch möglichst gut bewährt haben müssen. Wenn also alternative Gesetzesaussagen zur Verfügung stehen, die prinzipiell - d.h. von ihrer Formulierung her - für die Ableitung eines Explanandums in Betracht kommen und die empirisch geprüft wurden, dann sind diejenigen Aussagen anzuwenden, die sich am besten bewährt haben. Sollten sich mehrere Gesetzesaussagen gleich gut bewährt haben, kann jede dieser Aussagen willkürlich angewendet werden.

Wie stellt man fest, ob sich verschiedene Gesetzesaussagen mehr oder weniger gut bewährt haben? Es bleibt nichts anderes übrig, als im einzelnen die bisher durchgeführten empirischen Untersuchungen kritisch durchzuarbeiten und dann eine Entscheidung zu treffen, inwieweit sich welche Theorie bewährt hat. Zweitens sollte man prüfen, ob sich aus vorliegenden, empirisch bestätigten relativ generellen Theorien Hinweise darauf ergeben, ob bestimmte Behauptungen von anzuwendenden Theorien zutreffen. Angenommen, eine Theorie behauptet u.a., daß eine Zunahme der Möglichkeiten für die Begehung bestimmter krimineller Handlungen zu einem Ansteigen dieser Handlungen führt. Diese These stimmt überein mit einer allgemeinen Theorie sozialen Handelns - der sog. Theorie rationalen Handelns -, die sich bisher relativ gut bewährt hat. Diese Übereinstimmung kann als Argument dafür verwendet werden, daß die genannte Kriminalitätshypothese zutrifft.

Wir sind bei unseren vorangegangenen Überlegungen davon ausgegangen, daß mehrere *empirisch geprüfte* Gesetzesaussagen vorliegen und daß von diesen diejenige im Rahmen einer Erklärung angewendet werden sollte, die sich am besten bewährt hat. Daraus folgt, daß ungeprüfte Gesetze bzw. gesetzesartige Aussagen nicht in Betracht gezogen werden sollen, falls überprüfte Gesetze vorliegen, die sich relativ gut bewährt haben. Ist dies sinnvoll? Man könnte in folgender Weise argumentieren: Bei einer ungeprüften Gesetzesaussage besteht die Möglichkeit, daß sie sich weitaus besser bewährt als alle existierenden Gesetzesaussagen. Somit sei es sinnvoll, diese allen anderen vorzuziehen. Dieses Argument übersieht, daß genau das Gegenteil ebenfalls möglich ist, daß sich nämlich das ungeprüfte Gesetz noch weitaus schlechter bewähren wird als alle vorhandenen geprüften Gesetze. Wendet man dagegen Gesetze an, die sich relativ gut bewährt haben, so spricht zunächst einmal relativ viel für die Richtigkeit dieser Gesetze. Entsprechend ist es vernünftig, diese Gesetze anzuwenden.

Würden wir ungeprüfte Gesetze geprüften Gesetzen, die sich relativ gut bewährt haben, vorziehen, hätte dies unerwünschte Folgen: Man könnte fortlaufend Gesetze formulieren, die noch nicht geprüft sind. Diese müßten dann im Rahmen von Erklärungen angewendet werden. Die Konsequenz wäre, daß jegliche Überprüfung von wissenschaftlichen Aussagen sinnlos würde. Überprüfte Aussagen würden ja sowieso nicht im Rahmen von Erklärungen angewendet, solange es ungeprüfte Aussagen gibt - und dies wird immer der Fall sein, da sich unendlich viele ungeprüfte Gesetzesaussagen formulieren lassen.

Sollte es jedoch einmal vorkommen, daß zur Erklärung bestimmter Ereignisse keine geprüften und bestätigten Gesetze vorliegen, dann wird man ungeprüfte Aussagen anwenden, denn in diesem Falle besteht keine Alternative: Wir haben die Wahl, entweder von einer Erklärung ganz abzusehen oder eine Erklärung anzubieten mit einem Gesetz, das noch keiner wissenschaftlichen Kontrolle unterzogen wurde. Wenn auch eine solche Erklärung nicht im genannten Sinne als „adäquat" bezeichnet werden kann, so handelt es sich doch um einen vorläufigen Erklärungsvorschlag. Mehr kann in einer solchen Situation von einem Wissenschaftler nicht angeboten werden.

31. Ad-hoc-Erklärungen: Zur Vorgehensweise bei der „Interpretation" sozialwissenschaftlicher Daten

In den Sozialwissenschaften gibt es eine große Zahl von empirischen Untersuchungen, in denen über Korrelationen, d.h. über Beziehungen zwischen mindestens zwei Merkmalen, berichtet wird. So geht es in einer Untersuchung um die Verbreitung eines Medikaments unter Ärzten, das die Verfasser Gammanym nennen. Ein Ergebnis dieser Untersuchung war, daß diejenigen Ärzte, die bereits Medikamente aus der Klasse der dem Gammanym ähnlichen Medikamente verschrieben hatten, Gammanym relativ kurze Zeit nach der Einführung dieses Medikaments durch die Arzneimittelfirma ihren Patienten verschrieben (vgl. Coleman, Katz und Menzel 1966, S. 32). Offenbar handelt es sich bei solchen Untersuchungsergebnissen um singuläre Aussagen, d.h. es wird über Ereignisse berichtet, die an einem bestimmten Ort und zu einem bestimmten Zeitpunkt stattgefunden haben.

Das Ziel der Verfasser bestand nun nicht allein darin, singuläre Ereignisse zu beschreiben, sie waren vielmehr an Erklärung interessiert. Versuchen wir, diese Erklärung zu rekonstruieren. „Die Tatsache, daß Gammanym am frühesten von solchen Ärzten eingeführt wurde, die bereits am meisten Medikamente aus der Klasse der Gammanym-Medikamente verschrieben hatten, kann man leicht aufgrund besserer Möglichkeiten zum Gebrauch verstehen: Umfangreiche Verwendung dieser Medikamente ergab eine relativ frühe Möglichkeit, das neue Medikament zu verwenden." (S. 37, Übersetzung von KDO.) Wahrscheinlich ist gemeint, daß die Ärzte, die bereits Medikamente aus der Gammanym-Klasse verschrieben, eher von Gammanym erfuhren als andere Ärzte und somit eher die Möglichkeit hatten, Gammanym zu verschreiben.

Offenbar enthalten diese Ausführungen implizit eine Gesetzesaussage. Wenn die Verfasser schreiben, daß man die unterschiedlich frühe Verwendung von Gammanym aufgrund unterschiedlicher Möglichkeiten „verstehen" könne, dann bedeutet dies offenbar, daß *im allgemeinen* die Möglichkeiten (M) für die Verwendung eines Medikaments eine Rolle dafür spielen, ob man dieses Medikament nutzt bzw. verschreibt (V).

In dem Zitat heißt es weiter, daß diejenigen der befragten Ärzte, die bereits Medikamente der Gammanym-Klasse verwandten, in höherem Grade die Möglichkeit hatten, Gammanym früher zu verschreiben als die anderen Ärzte. Es handelt sich hier um eine singuläre Aussage, die aus zwei Teilsätzen zusammengesetzt ist: 1. Ärzte hatten eine frühe Gelegenheit, Gammanym zu verschreiben (M). 2. Ärzte verschrieben Medikamente der Gammanym-Klasse relativ früh (K). Der zusammengesetzte singuläre Satz könnte also lauten: Wenn K, dann M.

Wie lautet der singuläre Satz, der den Ausgangspunkt der „Erklärung" der Verfasser bildete? Auch dieser ist aus zwei singulären Sätzen zusammengesetzt, nämlich aus K und aus V, d.h. das Ergebnis der Untersuchung war - vereinfacht gesagt -, daß Ärzte, die ein Medikament der Gammanym-Klasse verwandten, Gammanym relativ früh verschrieben. Diese beiden Sätze könnten in folgender Weise zusammengesetzt werden: Wenn K, dann V.

Wie hängen die bisher genannten Sätze zusammen? Offenbar wollen die Verfasser das Ergebnis ihrer Untersuchung - d.h. den Satz „Wenn K, dann V" - „erklären". Es handelt sich bei diesem Satz also um das Explanandum. Somit ist anzunehmen, daß der vorher genannte singuläre Satz die Anfangsbedingung darstellt, so daß wir die Erklärung der Verfasser folgendermaßen rekonstruieren können:

G: Wenn M, dann V
A: Wenn K, dann M
———————————
E: Wenn K, dann V

Das Explanandum folgt logisch aus G und A. Dies läßt sich plausibel machen, wenn man G und A in anderer Reihenfolge schreibt: Wenn K, dann M; wenn M, dann V; somit folgt: wenn K, dann V.

Wie ist die von Coleman, Katz und Menzel vorgeschlagene Erklärung zu beurteilen? *Erstens* geht aus den Ausführungen der Verfasser nicht eindeutig hervor, wie die Gesetzesaussage lautet, die sie für die Erklärung des Explanandums anwenden. Somit ist *zweitens* nicht klar, ob die Gesetzesaussage wahr oder falsch ist oder wie gut sie sich bewährt hat. In diesem Falle ist anzunehmen, daß sie nur unter bestimmten Bedingungen gilt, etwa wenn die Ärzte gegenüber der Klasse der Gammanym-Medikamente positiv eingestellt sind (siehe auch die Bemerkungen der Verfasser auf S. 38). *Drittens* wird nicht festgestellt, ob der Satz, der die Anfangsbedingung beschreibt, tatsächlich wahr ist. Dies wird vielmehr nur vermutet. Die beschriebene Erklärung ist also aus mehreren Gründen mangelhaft.

Die hier analysierte Erklärung ist nur ein Beispiel für einen in den Sozialwissenschaften sehr verbreiteten Erklärungstyp, den wir als *Ad-hoc-Erklärung* bezeichnen wollen. Eine solche Erklärung kann allgemein folgendermaßen beschrieben werden:

(1) Eine in einer Untersuchung gefundene Korrelation wird als Explanandum verwendet. (2) Bei der Erklärung werden Gesetzesaussagen nur angedeutet, so daß nicht zu beurteilen ist, in welchem Ausmaß sie als bewährt akzeptiert werden können. (3) Das Vorliegen von Anfangsbedingungen wird angenommen, ohne dabei Daten zu benutzen, die mit zuverlässigen Methoden - wozu die Methoden der empirischen Sozialforschung und nicht die Introspektion oder das Alltagsverständnis gehören - erhoben wurden.

Wir sind bei unseren vorangegangenen Ausführungen davon ausgegangen, daß die Autoren versuchen, eine Korrelation zu *erklären*. In sozialwissenschaftlichen Untersuchungen spricht man jedoch häufig nicht von „Erklärungen", sondern man sagt, daß man bestimmte Korrelationen *interpretiert*. Bei solchen Interpretationen handelt es sich in den meisten Fällen um Ad-hoc-Erklärungen.

Man könnte erwarten, daß diese in den Sozialwissenschaften durchaus normale Vorgehensweise in detaillierter Weise diskutiert wird. Dies ist jedoch nicht der Fall. Es handelt sich vielmehr um eine der vielen unreflektierten sozialwissenschaftlichen Praktiken, deren eklatante Mängel unbekannt sind. Es rächt sich hier wieder einmal der Tatbestand, daß Sozialwissenschaftler normalerweise von den Ergebnissen der Methodologie keine Kenntnis nehmen. Die beschriebene Vorgehensweise erscheint deshalb besonders fragwürdig, weil sie eine negative Konsequenz für die Theorienbildung in den Sozialwissenschaften hat: Wenn Theorien immer nur implizit angewendet werden, können sie nicht empirisch geprüft und ggf. weiterentwickelt werden. Dies zeigt sich besonders deutlich in der Soziologie. Immer wieder werden im Rahmen von Ad-hoc-Erklärungen Faktoren wie Wertvorstellungen, Normen, Sanktionen, Anomie etc. genannt. Theorien, in denen die genannten Merkmale als Wenn-Komponenten vorkommen, werden also nur angedeutet.

32. Erklärungen mit impliziten Gesetzen

Befassen wir uns nun mit einer weiteren Erklärungspraktik, die in den Sozialwissenschaften ebenfalls weit verbreitet ist. Die Meinungsforschung beschränkt sich normalerweise darauf festzustellen, wie viele Personen aus einer gegebenen Stichprobe von Personen bestimmte Merkmale haben. Eine typische Aussage dieser Art könnte etwa lauten: Von den befragten Personen äußerten sich 60% positiv über die CDU, 20% positiv über andere Parteien, 20% hatten keine Meinung. Häufig findet man jedoch auch Aufgliederungen nach demographischen Merkmalen wie Alter, Geschlecht, Beruf, soziale Schicht usw. Die genannte Aussage könnte z.B. in folgender Weise modifiziert werden: Frauen äußern sich häufiger positiv über die CDU als Männer.

Man findet normalerweise keine Ausführungen darüber, wozu solche Aussagen getroffen werden. Es ist jedoch anzunehmen, daß bei derartigen Aussagen nicht nur für einen bestimmten Ort und einen bestimmten Zeitpunkt eine Kovariation von Merkmalen ermittelt werden soll, sondern daß eines der beiden Merkmale als Ursache für das Auftreten des anderen Merkmals behauptet wird. So ist z.B. anzunehmen, daß das Merkmal „Geschlecht" in irgendeiner Weise für die Einstellung zu einer Partei als ursächlich angenommen wird.

Wenn nun ein Merkmal einer solchen Korrelation eine Ursache – d.h. also eine Anfangsbedingung – darstellt, dann handelt es sich bei dem anderen Merkmal um das Explanandum. Es fragt sich nun, warum gerade die jeweils genannten Anfangsbedingungen als bedeutsam für das Auftreten des Explanandums betrachtet werden. Man wird also wissen wollen, wie die angewandten Gesetze heißen. In den meisten Fällen findet man in Untersuchungen der genannten Art hierzu keine Hinweise. Aber offenbar werden Gesetze angewendet, denn sonst fragt es sich, warum man etwa das Merkmal Geschlecht und nicht z.B. das Merkmal Haarfarbe oder das Merkmal Schuhgröße mit der Parteipräferenz in Beziehung setzt. Es handelt sich hier also um eine *Erklärung mit impliziten Gesetzen*.

Man könnte fragen, ob in solchen Erklärungen die Gesetze nur deshalb nicht explizit formuliert werden, weil es offensichtlich ist, welche Gesetze angewendet werden. So könnte man z.B. einfach alle genannten Korrelationen generalisieren, so daß man z.B. folgende Gesetzesaussage erhielte:

G_1: Für alle Länder gilt: Frauen wählen häufiger christliche Parteien als Männer.

Gegen eine derartige Rekonstruktion läßt sich folgendes einwenden: Erstens kann man Korrelationen in verschiedener Weise generalisieren. Die Aussage „Frauen wählen häufiger die CDU als Männer" kann z.B. auch folgendermaßen generalisiert werden: „Frauen wählen häufiger eine konservative Partei als Männer." Es zeigt sich also, daß die verwendeten Gesetze keineswegs offensichtlich sind. Weiterhin würden viele Autoren eine Generalisierung wie etwa G_1 nicht als ein Gesetz akzeptieren. Man wird zugeben, daß nicht immer Frauen christliche Parteien wählen werden. So bemerkt Calvin Schmid in einer ökologischen Untersuchung über Variablen wie Alter, Geschlecht, Familienstand, Einkommen usw.: „Es wurde ... unterstellt, daß diesen sehr spezifischen und mehr konkreten Kategorien feinere und soziologisch relevantere Variablen zugrundeliegen, z.B. Wertvorstellungen, Einstellungen, traditionelle Normenmuster sowie soziale Beziehungen und Prozesse, für die direkte Indikatoren nicht verfügbar sind."[41] D.h. es ist nicht sinnvoll, Gesetze mit Variablen wie Alter usw. zu formu-

---

[41] Vgl Schmid 1968, S. 123. Vgl. vor allem auch die Beispiele bei Peuckert 1974.

lieren, da diesen andere, „relevantere Variablen zugrunde liegen", anders gesagt: Es werden andere Gesetze implizit angewendet.

Wenn nun diese Gesetze nicht genannt werden, kann man auch nicht beurteilen, ob die erhobenen Anfangsbedingungen überhaupt relevant sind. Somit sind Erklärungen mit impliziten Gesetzen unbrauchbar.

Erklärungen mit impliziten Gesetzen liegen auch dann vor, *wenn eine Erklärung nur darin besteht, daß bestimmte singuläre Ereignisse als Ursachen anderer singulärer Ereignisse bezeichnet werden*. Angenommen, ein Soziologe stelle fest, daß in einem Wirtschaftsbetrieb a die Unzufriedenheit der Beschäftigten groß ist. Der Soziologe „erkläre" dies durch die Monotonie der Arbeit in diesem Betrieb. Er könnte diese „Erklärung" etwa so formulieren: „Die Monotonie der Arbeit ist eine Ursache (oder Bedingung) für die Unzufriedenheit in Betrieb a" oder „Die Beschäftigten von Betrieb a sind unzufrieden, weil die Arbeit monoton ist". Wir wollen derartige Behauptungen als *singuläre Ursachen-Behauptungen* bezeichnen. Es handelt sich also hier um Sätze, die behaupten, daß bestimmte singuläre Ereignisse Ursachen oder Bedingungen für das Auftreten anderer singulärer Ereignisse sind.

Angenommen, wir fragen den Soziologen, wieso er eigentlich der Meinung ist, daß die Monotonie der Arbeit Ursache für die Unzufriedenheit der Arbeiter in Betrieb a ist. Mancher Soziologe würde einfach antworten, das sei äußerst plausibel oder einleuchtend und er mag sich vielleicht auf seine Kompetenz als Gesellschaftswissenschaftler berufen. Dies wäre allerdings ein sehr schwaches Argument. Sehr unterschiedliche Personen finden sehr unterschiedliche Sachverhalte „einleuchtend" und ein Amt als Gesellschaftswissenschaftler ist noch kein Argument für den Besitz der Wahrheit.

Vielleicht würde der Soziologe darauf verweisen, daß wir wissen, daß Monotonie der Arbeit mit Unzufriedenheit zusammenhängt oder daß dieser Zusammenhang durch viele Untersuchungen bestätigt wird. Mit einer solchen Antwort wird offensichtlich auf ein Gesetz oder eine Theorie verwiesen, ohne daß diese allerdings genau beschrieben wird. Eine solche Theorie könnte lauten: „Wenn die Arbeit, die Personen verrichten, monoton ist, dann sind diese Personen unzufrieden." Ausgehend von diesem Gesetz und dem Tatbestand, daß die Personen in Betrieb a monotone Arbeit verrichten, kann erklärt werden, warum diese Personen unzufrieden sind.

Diese Überlegung zeigt, daß singuläre Ursachen-Behauptungen eine Klasse von Erklärungen mit impliziten Gesetzen sind. Die behaupteten Ursachen sind Anfangsbedingungen, während es sich bei der behaupteten Wirkung um das Explanandum handelt. Implizit werden Gesetze angewendet, die darüber informieren, welche Anfangsbedingungen für das Auftreten des Explanandums von Bedeutung sind; denn ohne diese Gesetze könnte man kaum überzeugend begründen, warum ausgerechnet bestimmte Ereignisse als Ursachen bezeichnet werden und andere Ereignisse nicht. Wiederum ist problematisch, daß wir die Gesetze nicht kennen und sie somit auch nicht einer Kritik unterziehen können.

33. Partielle Erklärungen

Einen anderen, in den Sozialwissenschaften sehr verbreiteten Erklärungstyp wollen wir mit Carl G. Hempel „partielle Erklärung" nennen (vgl. Hempel 1965b, S. 415-418). Illustrieren wir eine solche Erklärung an einem Beispiel. Ein Gesetz laute: Frustration führt zu Aggression. Ein Forscher stelle nun fest, daß Person a sehr stark frustriert war und Selbstmord begangen hat. „Selbstmord" sei definitionsgemäß eine bestimmte Art von Aggression. Der Forscher erkläre nun den Selbstmord von a durch die vorliegende Frustration. Diese Erklärung ist jedoch falsch, da das Explanandum nicht aus dem Gesetz und den Anfangsbedingungen ableitbar ist. Es folgt aus dem Explanans nur, daß Person a *irgendeine* Art aggressiven Verhaltens ausführen wird, nicht dagegen, in welcher Weise genau Person a sich aggressiv verhalten wird. Eine partielle Erklärung ist also dadurch definiert, daß das Explanandum nur eines von mehreren Ereignissen ist, das gemäß dem Explanans auftritt. Das Explanans erlaubt nur den Schluß, daß das Explanandum *oder* auch (mindestens) ein anderes singuläres Ereignis aus der durch die Dann-Komponente des Gesetzes bezeichneten Klasse von Ereignissen hätte auftreten können.

34. Weitere Formen unvollkommener Erklärungen

Es gibt weitere Arten von Erklärungen, die die Adäquatheitsbedingungen von Erklärungen nicht erfüllen. So wäre es *erstens* denkbar, daß es in einer Erklärung versäumt wurde festzustellen, ob die relevanten Anfangsbedingungen auch tatsächlich vorliegen. *Zweitens* könnte bei komplizierteren Erklärungen der Schluß vom Explanans auf das Explanandum nicht korrekt sein. *Drittens* wäre es möglich, daß das Gesetz keinen oder nur einen extrem geringen empirischen Gehalt hat, d.h. nicht oder kaum darüber informiert, was unter welchen Bedingungen der Fall ist, und daß ad hoc irgendwelche beobachtbaren Tatbestände als Anfangsbedingungen und Explanandum bezeichnet werden.

Dieser zuletzt genannte unvollkommene Erklärungstyp sei an einem Beispiel illustriert. Das „Gesetz" „Wenn jemand willensschwach ist, dann verhält er sich antisozial" dürfte kaum einen empirischen Gehalt haben. Solche „Gesetze" kann man in folgender Weise im Rahmen von Erklärungen benutzen: Man postuliert, daß irgendeine Eigenschaft einer Person unter die Wenn-Komponente und eine andere Eigenschaft unter die Dann-Komponente fällt. So mag man mit dem erwähnten „Gesetz" erklären, warum ein Arbeitnehmer äußert, mit der Anweisung des Arbeitgebers nicht einverstanden zu sein. Dieser Tatbestand werde als „antisoziales Verhalten" bezeichnet (d.h. ad hoc der Dann-Komponente zugeordnet). Diese Zuordnung ist insofern fehlerhaft, als der Begriff „antisoziales Verhalten" so unklar ist, daß nicht entscheidbar ist, ob der Tatbestand, daß ein Arbeitnehmer mit Anweisungen seines Arbeitgebers nicht einverstanden ist, unter „antisoziales Verhalten" fällt oder nicht. Sodann behaupte man, die Anfangsbedingung sei gegeben, denn der Arbeitnehmer habe bereits mehrfach auf Bitten von Kollegen deren Arbeit zeitweise übernommen, so daß er als „willensschwach" zu bezeichnen sei. Auch hier gilt, daß der Begriff „Willensschwäche" so unklar ist, daß nicht entschieden werden kann, ob das erwähnte Verhalten tatsächlich mit diesem Begriff bezeichnet wird oder nicht. Man könnte den beschriebenen Erklärungstyp als eine *leerformelhafte Erklärung* bezeichnen, da das Gesetz eine Leerformel ist, d.h. eine Aussage mit extrem geringem empirischem Gehalt.

Wir wollen damit unsere Diskussion unvollkommener Erklärungen abschließen.[42] Der Leser, der die korrekte Vorgehensweise bei einer Erklärung singulärer Ereignisse kennt, dürfte in der Lage sein, Mängel von Erklärungen leicht zu ermitteln. Es sollte in diesem Abschnitt nur darauf hingewiesen werden, daß die vorher beschriebenen mangelhaften Erklärungstypen nicht die einzig möglichen sind.[43]

---

[42] Vgl. hierzu weiter die Schriften von Stegmüller 1969, S. 105-111, und Hempel 1965b, S. 415-425. Eine Reihe sozialwissenschaftlicher Beispiele für unvollkommene Erklärungen findet sich bei Helberger 1974, S. 170-175.

[43] Opp 1976, S. 158-163, enthält weiter eine Explikation des Lazarsfeldschen Erklärungsschemas. Es wird diskutiert, inwieweit die von Paul F. Lazarsfeld vorgeschlagene Erklärungsstrategie,

4. Erklären und Verstehen

In den Sozialwissenschaften gibt es zwei Schulen, die sich fast wie zwei Weltanschauungen unversöhnlich gegenüberstehen. Die eine Richtung ist eine am kritischen Rationalismus orientierte Sozialwissenschaft. Hier wird nach generellen und informativen sozialwissenschaftlichen Aussagen gesucht und man versucht, sie möglichst streng zu überprüfen. Bei konkreten Erklärungs- oder Prognoseproblemen pflegt man diese Theorien dann anzuwenden. Diese Vorgehensweise wird von einer anderen Schule strikt abgelehnt: Die Betonung liegt hier nicht auf „Erklärung", sondern auf „Verstehen" oder „Interpretation". Die Suche nach sozialwissenschaftlichen Theorien wird von den weitaus meisten Vertretern der Methode des Verstehens abgelehnt. Entsprechend versucht man auch nicht, solche Ergebnisse der Methode des Verstehens zu überprüfen oder sie zur Erklärung (im genannten Sinne) anzuwenden - man will ja eben nicht „erklären", sondern „verstehen". Diese Anschauungen werden von Sozialwissenschaftlern vertreten, die eher hermeneutisch oder phänomenologisch orientiert sind. In der Soziologie gehören hierzu „qualitative" oder „interpretative" Richtungen.

In diesem Abschnitt steht nicht generell die Methode des Verstehens zur Diskussion. „Verstehen" im Sinne von „Verstehen von Texten" z.B. wird hier nicht behandelt. Es geht nur darum, inwieweit „Verstehen" eine Alternative zu „Erklären" ist.[44] Entsprechend sollen folgende Fragen diskutiert werden:

(1) Wie geht man vor, wenn man singuläre Ereignisse „verstehen" will?
(2) Welche Probleme weist die Methode auf?
(3) Welche Unterschiede bestehen zwischen dem „Erklären" und dem „Verstehen" singulärer Ereignisse?
(4) Falls Unterschiede bestehen: Welche Argumente lassen sich für die eine oder andere Vorgehensweise anführen?

Bevor wir mit der Beantwortung dieser Fragen beginnen, könnten Sie - die Leserin oder der Leser dieses Buches - selbst einmal versuchen, für sich zu klären, was gemeint sein könnte, wenn man sagt, eine Handlung oder ein Ereignis zu „verstehen" oder „verstanden" zu haben. Angenommen, Sie lesen den folgenden Satz: „Die Selbstmordrate in Hamburg ist größer als in Leipzig." Ich frage Sie nun: „*Verstehen* Sie das?" oder „Wie kann man dies *verstehen*?" Wie würden Sie diese Fragen beantworten?

Leider haben es die Vertreter der Methode des Verstehens - im Gegensatz zu den Vertretern der Methode der Erklärung - bisher versäumt zu klären, wie man genau vorgeht, wenn man ein singuläres Ereignis verstehen will. Die Ausführungen in der Literatur sind meist äußerst vage. So wird gesagt, bei der Methode der Erklärung ginge es darum, Ursachen für ein Ereignis zu finden, während es beim „Verstehen" darum geht, die Bedeutung oder den Sinn eines Ereignisses in einem bestimmten sozialen Kontext zu entdecken oder ein Ereignis bzw. eine Handlung zu „interpretieren". Es ist typisch, daß in solchen Schriften unklare und

---

die in der Soziologie sehr verbreitet ist, eine Erklärung im hier beschriebenen Sinne bietet.

[44] Die Literatur zur Methode des Verstehens generell ist sehr umfangreich. Vgl. insbesondere die beiden folgenden Bücher von Vertretern einer phänomenologisch orientierten Sozialwissenschaft: Habermas 1970 und Winch 1966. Vgl. auch einführend Seiffert 1971. Zu einer allgemeinen Diskussion und Kritik vgl. Albert 1994. Klassische Vertreter dieser Methode sind Wilhelm Dilthey und Alfred Schütz. Auch Max Weber wird zuweilen der verstehenden Soziologie zugerechnet, dies ist jedoch umstritten.

mehrdeutige Ausdrücke wie „Bedeutung", „Sinn" oder „Interpretation" auch nicht annähernd geklärt werden. Solange dies nicht erfolgt, können Aussagen der genannten Art nicht diskutiert werden. Will man die Methode des Verstehens einer kritischen Analyse unterziehen, bleibt nichts anderes übrig, als sie zuerst zu explizieren, d.h. zu fragen, wie man - ausgehend von Äußerungen der Vertreter dieser Methode - die Vorgehensweise so rekonstruieren kann, daß klar wird, was gemeint ist. Dies soll im folgenden zuerst geschehen.

40. Wie geht man bei der Methode des Verstehens vor?

Das, was erklärt werden soll, heißt, wie wir sahen, Explanandum. Entsprechend wollen wir das, was verstanden werden soll, als *Interpretandum* bezeichnen. Wie geht man also vor, wenn man das Interpretandum verstehen will? Zur Beantwortung dieser Frage gehen wir aus von einer Explikation der Methode des Verstehens, die Theodore Abel (1964) vorgeschlagen hat, und die die bisher klarste Explikation dieser Methode ist. Abel beginnt bei seiner Rekonstruktion der Methode des Verstehens mit der Beschreibung des folgenden Vorfalls, den wir - in unwesentlichen Details modifiziert - wiedergeben:

> Es hat plötzlich zu frieren begonnen. Ich sah, wie mein Nachbar, der am Schreibtisch saß, sich erhob, aus dem Haus zu den gestapelten Holzscheiten ging, eine Axt nahm und begann, Holz zu hacken. Dann beobachtete ich, wie er das Holz in das Haus trug und es in den offenen Kamin legte. Nachdem er das Holz angezündet hatte, setzte er sich wieder an seinen Schreibtisch und schrieb weiter.

Das Interpretandum sei der Zusammenhang zwischen dem Temperatursturz und darauf folgenden Handlungen:

> *Interpretandum:* Die Temperatur ist gesunken; Person a steht vom Schreibtisch auf, geht hinaus ... und zündet das Feuer im Kamin an.[45]

Man könnte fragen: Was hat der Temperatursturz mit den beschriebenen Handlungen zu tun? Man hat also den Zusammenhang zwischen Temperatursturz und der beschriebenen Abfolge von Handlungen nicht „verstanden" und möchte ihn „interpretieren" oder „verstehen".

Wie geht man nun vor, um diesen Zusammenhang zu verstehen? Abel führt aus, er „schließe" aus seinen Beobachtungen[46], dem Nachbarn sei es kalt geworden und er habe die beschriebene Folge von Handlungen ausgeführt, damit es ihm wieder warm wird. Genauer gesagt: Der Temperatursturz hat zu einer Verminderung der Körpertemperatur geführt, die ein Gefühl der Kälte nach sich zog. Dieses führte dazu, daß das Ziel, eine bestimmte Körpertemperatur zu halten, nicht mehr erreicht ist. Das Ziel, das Gefühl der Kälte zu vermindern, führte zu der Folge von Handlungen, die dann zur Erreichung des genannten Ziels führte. Der *Stimulus* (Temperatursturz) hat also zu der beschriebenen Handlungsabfolge, den *Reaktionen*, geführt. Der Beobachter hat eine „relevante" - so Abel - Beziehung zwischen einem Stimulus und dem Verhalten des Nachbarn hergestellt. Damit hat er das Verhalten des Nachbarn „verstanden". Wir haben diese Argumentation in Abbildung 1 dargestellt - dabei haben wir wiederum die Ausführungen Abels in unwesentlicher Weise modifiziert. Die beschriebene Vorgehensweise besteht - so Abel - aus drei Schritten.

---

[45] Daß sich die Person an den Schreibtisch setzte und die Arbeit wieder aufnahm, wird im folgenden der Einfachheit halber nicht berücksichtigt, da dies für die Argumentation unerheblich ist.

[46] „From these observations I concluded..."

(1) *Internalisierung des Stimulus.* Es wurde erstens ein Stimulus - der Temperatursturz und als Folge die Verminderung der Körpertemperatur - mit einem psychischen Vorgang verbunden. Die Situation, die außerhalb des Handelnden bestand, haben wir sozusagen in ihn hineinverlegt, oder, wie Abel schreibt, „internalisiert". Dies geschah dadurch, daß wir uns in den Nachbarn hineinversetzten. Vielleicht sind wir bereits früher in einer ähnlichen Situation gewesen oder wir können uns vorstellen, daß jemand in einer solchen Situation ein Gefühl der Kälte hat, das unangenehm ist und dazu führt, daß man das Ziel hat, die Situation zu ändern.

(2) *Internalisierung der Reaktion.* Wir haben eine Verbindung zwischen psychischen Vorgängen und der Reaktion, d.h. der Handlungssequenz, hergestellt. Auch hierzu haben wir unsere Vorstellungskraft benutzt: Wir haben uns in den Nachbarn hineinversetzt und es erscheint einleuchtend, daß das beschriebene Gefühl und das genannte Ziel zur Ausführung der Handlungssequenz führte.

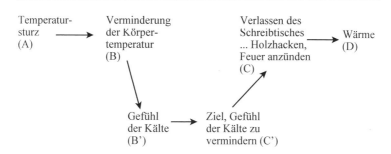

Abbildung 1: Theodore Abels Beispiel für das Verstehen einer Handlung

(3) *Verbindung der Gefühlszustände.* In dem Beispiel wurde behauptet, daß der Gefühlszustand B' zu dem Gefühlszustand C' geführt hat. Der Vorgang des Verstehens bestand also u.a. darin, daß wir zwei Gefühlszustände miteinander verbanden. Auch diese Beziehung beruht, so Abel, auf persönlichen Erfahrungen.[47]

Bei diesem Beispiel - und auch bei anderen von Abel erwähnten Beispielen - besteht die Methode des Verstehens darin, daß bei einer beobachteten Beziehung zwischen zwei Ereignissen, einem Stimulus (oder auch einer Gruppe von Stimuli) und einer Reaktion (oder auch einer Folge von Handlungen), intervenierende, psychische Zustände (Ziele, Wünsche, Erwartungen) eingeführt werden. Die Sequenz lautet also:

Stimulus/Stimuli ⟶ Psychische Zustände ⟶ Reaktion(en)

Ein anderes Beispiel von Abel soll diese Sequenz erläutern. In einer unsicheren und sich wandelnden Welt (Stimulus) wird in besonderem Maße an ewige Wahrheiten geglaubt (Reaktion). Diese Beziehung wird verständlich, wenn wir annehmen, daß der Stimulus dazu führt,

---

[47] Abel schreibt, daß B' und C' durch eine Verhaltensmaxime („behavioral maxim") miteinander verbunden sind. Es handelt sich jedoch nicht um eine Gesetzesaussage - siehe S. 184. Um ein solches Mißverständnis zu vermeiden, werden wir im folgenden den Ausdruck „Verhaltensmaxime" nicht verwenden.

daß sich Personen unsicher fühlen. Dieser psychische Zustand führt zu einem anderen psychischen Zustand, nämlich dem Ziel (oder dem Wunsch), Sicherheit zu gewinnen. Dies wird erreicht, wenn man an ewige Wahrheiten glaubt (Reaktion). Dieses Beispiel zeigt, daß „Reaktion" sehr weit gefaßt wird und nicht nur aus Handlungen besteht, sondern auch psychische Zustände umfaßt.

Bisher sind zwei zentrale Fragen offengeblieben: (1) Wie stellt man fest, ob die behaupteten *Sachverhalte* - also die Stimuli, die psychischen Zustände und die Reaktionen - vorliegen? (2) Wie stellt man fest, ob die behaupteten *Beziehungen* zwischen den genannten Sachverhalten vorliegen? Diese zweite Frage ist von der ersten scharf zu unterscheiden - leider geschieht dies bei Abel nicht. Man kann ja z.B. feststellen, daß in unserem ersten Beispiel die Temperatur gesunken ist, daß eine Person ein Gefühl der Kälte verspürt hat usw. Dies bedeutet jedoch noch nicht, daß die behaupteten Beziehungen auch zutreffen. Man kann fragen: Woher weiß man z.B., daß ein Temperatursturz zu einer Verminderung der Körpertemperatur führt und daß das Ziel, das Gefühl der Kälte zu vermindern, die beschriebenen Folgen von Handlungen nach sich gezogen hat?

Befassen wir uns mit der ersten Frage: Wie stellt man fest, ob die einzelnen Sachverhalte gegeben sind? Diese Frage ist vor allem für die psychischen Zustände wichtig. Die Stimuli und Reaktionen lassen sich ja direkt beobachten oder es existieren - wie im Falle der Außen- und Körpertemperatur - Meßinstrumente. Wie stellt man aber z.B. fest, ob jemand ein Gefühl der Kälte verspürt, ob sich jemand unsicher fühlt etc.? Vertreter der Methode des Verstehens führen hier insbesondere das Vorstellungsvermögen, die Intuition oder die Erfahrung eines Beobachters an. So mag jemand bei unserem ersten Beispiel darauf verweisen, daß er bereits oft in nördlichen Ländern gewesen ist, in denen plötzliche Kälteausbrüche häufig vorkommen, oder daß jemand einen Krieg erlebt hat und verstehen kann, daß man sich in einer unsicheren Welt nach Sicherheit sehnt. Neben solchen Evidenzgefühlen wird man oft auch auf bestimmte Sachverhalte verweisen, die auf das Vorliegen von psychischen Zuständen schließen lassen. So könnte der Nachbar dem Beobachter gegenüber geäußert haben, daß es ihm plötzlich kalt geworden sei. Die meisten Vertreter der Methode des Verstehens dürften jedoch das Gefühl einer Evidenz, weil sie z.B. zuweilen in ähnlichen Situationen waren, als hinreichend dafür ansehen, das Vorliegen der betreffenden Sachverhalte behaupten zu können.

Befassen wir uns mit der zweiten Frage: Wie stellt man fest, ob die behaupteten Beziehungen zwischen Sachverhalten vorliegen? Problematisch sind oft nicht Beziehungen zwischen den Stimuli und den Reaktionen. Hier liegen zuweilen naturwissenschaftliche Gesetze vor oder auch Daten von empirischen Untersuchungen. So geht Abel bei seinem dritten Beispiel von einer hohen gefundenen Korrelation ($r = .93$) zwischen Getreideproduktion (Stimulus) und Rate der Eheschließungen (Reaktion) in einem Jahr aus. Die Beziehungen zwischen Stimuli und Reaktionen einerseits und den psychischen Zuständen andererseits sind problematischer. Vertreter der Methode des Verstehens verweisen hier wiederum auf ihre persönliche Erfahrung, auf ihre Vorstellungskraft oder auf ihr Evidenzgefühl.

41. Probleme der Methode des Verstehens

Wie ist die beschriebene Vorgehensweise zu beurteilen? Der *zentrale Mangel* besteht darin, daß Verweise auf persönliche Evidenzgefühle, persönliche Erfahrungen usw. auf keinen Fall ausreichen, um die jeweils getroffenen Behauptungen zu stützen. Unterschiedliche Personen haben unterschiedliche Evidenzgefühle und nehmen die Realität unterschiedlich wahr. Wie verfährt man, wenn in einem konkreten Fall die Evidenzgefühle verschiedener Personen unterschiedlich sind? Aber selbst wenn mehrere Personen gleiche Evidenzgefühle haben, können sie sich irren. Im Mittelalter hing man dem falschen Glauben an, die Erde sei eine Scheibe. Hinsichtlich der *Ermittlung von Sachverhalten* ist die Verwendung objektivierbarer Verfahren erforderlich. Dies sind Verfahren, die von jedem Beobachter angewendet werden können. Hierzu gehören etwa die gängigen Methoden der Sozialforschung. Will man z.B. wissen, inwieweit sich Personen in Kriegszeiten oder in Zeiten schnellen sozialen Wandels unsicher fühlen und ein Bedürfnis nach Ideologien haben, die ihnen subjektiv Sicherheit geben, dann könnte man z.B. Umfragen durchführen oder Dokumente analysieren (Leserbriefe, Tagebücher, Romane, zeitgenössische Kunst).

Dasselbe gilt auch für die angenommenen *Beziehungen zwischen Sachverhalten*. Auch hier reichen Evidenzgefühle und persönliche Erfahrungen nicht aus. Wie kann man dann aber zu gültigen Behauptungen über die Beziehungen zwischen den genannten Sachverhalten kommen? Betrachten wir die Beziehung zwischen dem Ziel, ein Gefühl der Kälte zu vermeiden, und der genannten Handlungssequenz. Wie könnte man überzeugend für die Richtigkeit der Behauptung argumentieren, daß das genannte Ziel zu der genannten Folge von Handlungen geführt hat? Ein mögliches Argument ist die Behauptung, daß die Handlung eine gewisse Zeit nach dem Ziel auftrat. Dieser Sachverhalt ist mit der genannten Beobachtung vereinbar. Dies ist jedoch ein sehr schwaches Argument: Die Tatsache, daß ein Ereignis A zeitlich vor einem Ereignis B auftritt, ist keinesfalls eine hinreichende Bedingung dafür, daß A zu B geführt hat.

Betrachten wir ein weiteres mögliches Argument für die Gültigkeit der genannten Beziehung. Es könnte darauf verwiesen werden, daß viele Forschungsergebnisse existieren, die immer wieder bestätigt haben, daß Personen, die bestimmte Ziele hatten, Handlungen zur Erreichung dieser Ziele ausführten. Auch dieses Argument besagt überhaupt nichts darüber, daß auch bei unserem Nachbarn die Ziele dazu geführt haben, daß er die genannte Handlungssequenz ausgeführt hat. Was früher gewesen ist, braucht sich nicht zu wiederholen.

Es ist nicht zu sehen, wie ein Vertreter der Methode des Verstehens überzeugende Argumente für behauptete Beziehungen zwischen bestimmten (psychischen) Sachverhalten beibringen kann. Es scheint, daß die einzige Möglichkeit darin besteht, Gesetzesaussagen anzuführen, die behaupten, daß bestimmte Sachverhalte zu anderen Sachverhalten führen.

Der Leser wird schon bemerkt haben, daß es sich bei Behauptungen darüber, daß bestimmte konkrete Sachverhalte in einer Beziehung zueinander stehen, um *singuläre Ursachenbehauptungen* handelt, die wir bereits diskutiert haben. Es wird ja z.B. gesagt, daß bestimmte psychische Sachverhalte zu anderen psychischen Sachverhalten führen. Dies ist aber gleichbedeutend damit, daß bestimmte (psychische) Sachverhalte *ursächlich* für das Auftreten anderer (psychischer) Sachverhalte oder Handlungssequenzen sind. Ein Vertreter der Methode des Verstehens mag das Wort „Ursache" nicht. Aber seine Thesen sind Ursachenbehauptungen, ob man dieses Wort nun mag oder nicht mag. Wir sahen früher, daß singuläre Ursachenbehauptungen einen zentralen Mangel haben: Sie sind ad hoc, also willkürlich, da ein Argument fehlt, das besagt, daß bestimmte Sachverhalte Bedingungen für das Auftreten anderer Sachverhalte sind. Dieser Mangel kann nur durch (mindestens) ein Gesetz behoben werden. Lehnt man grundsätzlich die Anwendung von Gesetzen ab, bleibt die gesamte Methode des Verstehens ad hoc und das Ergebnis der Anwendung der Methode ist dem Belieben des einzelnen Forschers anheimgestellt.

Die geradezu emotionale Aversion von Vertretern der Methode des Verstehens gegen die Verwendung von Gesetzesaussagen oder Theorien ist um so unverständlicher, als ihre Argumentation der expliziten Anwendung von Gesetzen sehr nahe kommt. Wenn z.B. auf die persönliche Erfahrung verwiesen wird, dann heißt dies ja u.a., daß man Beziehungen einer bestimmten Art schon mehrfach beobachtet hat - z.B. daß Personen dann, wenn sie ein Ziel haben, Handlungen ausführen, um dieses Ziel zu erreichen. Dieser Sachverhalt ist nur dann für unser obiges Beispiel von Bedeutung, wenn behauptet wird, daß die genannten Beobachtungen ein Gesetz der Art „Immer wenn Personen Ziele haben, führen sie Handlungen zur Erreichung dieser Ziele aus" bestätigen. Es ist zu vermuten, daß stillschweigend auch eine solche Behauptung getroffen wird. Wenn z.B. gesagt wird, „ich weiß aus meiner Lebenserfahrung, daß immer dann, wenn ...", dann wird implizit eine Gesetzesaussage behauptet, die als bestätigt angesehen wird. Ansonsten fragt es sich, warum der Verweis auf die Erfahrung erfolgt. Der bloße Hinweis auf Beobachtungen oder Erfahrungen ist völlig unerheblich. Angenommen, jemand behauptet, in der Vergangenheit immer wieder beobachtet zu haben, daß dann, wenn Personen bestimmte Ziele haben, sie bestimmte Handlungen ausführen. Daraus läßt sich nicht folgern, daß eine solche Beziehung auch heute auftritt. Nur wenn die betreffenden „Erfahrungen" als Bestätigungen einer Gesetzesaussage angesehen werden, sind sie für das „Verstehen" einer Beziehung von Bedeutung. Nur die Gesetzesaussage kann auf neue Situationen angewendet werden.

Wenn nun ein Vertreter der Methode des Verstehens zugesteht, stillschweigend Gesetze anzuwenden, tritt ein weiteres Problem auf: Man will wissen, was denn genau für die Richtigkeit der Gesetze, die angewendet werden, spricht. Der bloße Verweis auf Lebenserfahrung ist unbefriedigend. Es fragt sich, woraus diese Lebenserfahrung besteht: Wie viele Personen welcher Art wurden z.B. mit welchen Methoden untersucht? Wie ist die Zuverlässigkeit und Gültigkeit der „Lebenserfahrungs-Daten" zu beurteilen? Wie wurden die Daten ausgewertet? Alle diese Fragen können durch einen generellen Verweis auf die Lebenserfahrung nicht beantwortet werden. Der Vertreter einer am Kritischen Rationalismus orientierten Sozialwissenschaft wird dagegen fordern, daß die angewendeten Gesetze strengen Prüfungen zu unterziehen sind und er wird bei der Anwendung von Gesetzen prüfen, inwieweit sich diese bewährt haben. Entsprechend wird man einen Vertreter der Methode des Verstehens, der zugibt, stillschweigend Gesetzesaussagen anzuwenden, fragen, welches genau die empirische Evidenz für die Gesetzesaussagen ist.

42. Erklärung versus Verstehen

Welches sind genau die Unterschiede zwischen Erklären und Verstehen? Fragen wir, wie wir vorgehen könnten, wenn wir die Beziehung zwischen Temperatursturz und der genannten Handlungssequenz nicht als Interpretandum, sondern als Explanandum verstehen - siehe das folgende Erklärungsschema. Nehmen wir an, das Explanandum sei von mehreren Wissenschaftlern unabhängig voneinander beobachtet worden, so daß wir davon ausgehen können, daß das Explanandum vorliegt. Als nächstes ist zu fragen, welche Gesetzesaussagen wir anwenden könnten, um die Handlungssequenzen zu erklären.

In dem konkreten Beispiel würde man zunächst auf naturwissenschaftliche Gesetzmäßigkeiten verweisen, wonach die Außentemperatur zu einer Veränderung der Körpertemperatur führt und wonach eine Abweichung der Körpertemperatur von der normalen Körpertemperatur (etwa 37 Grad Celsius) für Menschen unangenehm ist. Als nächstes wäre auf eine Gesetzesaussage zu verweisen, von der viele sozialpsychologische Theorien ausgehen (z.B. die Lerntheorien oder die kognitiven Gleichgewichtstheorien), daß nämlich Menschen versuchen, unangenehme Situationen zu vermeiden. Der nächste Schritt könnte in der Anwendung der in der Sozialpsychologie häufig verwendeten Wert-Erwartungstheorie[48] bestehen, die das Auftreten von Handlungen erklärt. Danach wird diejenige Handlung ausgeführt, die für den Nachbarn aus seiner Sicht den höchsten Nutzen verspricht.

Gesetzesaussagen: (1) Ein Absinken der Außentemperatur führt zu einer Verminderung der normalen Körpertemperatur. (2) Wenn die Körpertemperatur unter der normalen Körpertemperatur liegt, dann ist dies für Menschen unangenehm. (3) Menschen haben das Ziel, unangenehme Situationen zu vermeiden. (4) Wert-Erwartungstheorie (siehe Text).

Anfangsbedingungen: (1) Absinken der Außentemperatur; (2) Handlungssequenz war für den Nachbarn die beste Alternative (Einzelheiten im Text).

Explanandum: Es besteht eine Beziehung zwischen Temperatursturz und der beschriebenen Handlungssequenz (genauer: der Temperatursturz hat zu der beschriebenen Handlungssequenz geführt).

Welches sind nun die Anfangsbedingungen? Zunächst muß festgestellt werden, ob der Temperatursturz stattgefunden hat. Daraus könnte man, zusammen mit den angedeuteten Gesetzesaussagen (siehe das vorangegangene Schema) folgendes schließen: Wenn man davon ausgeht, daß das Haus des Nachbarn nicht besonders gut isoliert ist und daß sich der Nachbar nicht vor Kälte geschützt hat, dann könnte man annehmen, daß der Nachbar das Ziel hat, die Situation zu verändern. Danach würde man gemäß der Wert-Erwartungstheorie fragen, welche Handlungsalternativen aus der Sicht des Nachbarn in der beschriebenen Situation vorlagen und inwieweit welche Handlungsalternativen zu einer Verbesserung der Situation - wiederum aus der Sicht des Nachbarn - führen. Als nächstes ist im einzelnen zu ermitteln, inwieweit die beschriebene Handlungssequenz die für den Nachbarn beste Alternative war. Alle diese Sachverhalte müssen empirisch ermittelt werden.

Es handelt sich hier um eine *Erklärungsskizze*, d.h. wir haben die Erklärung nicht im Detail dargestellt, da es uns um die *Unterschiede* zwischen der Methode der Erklärung und der Methode des Verstehens geht. Aus unserer Rekonstruktion der Methode des Verstehens und aus unserem letzten Beispiel lassen sich diese Unterschiede wie folgt beschreiben:

(1) Bei der Methode der Erklärung wird versucht, möglichst streng mit intersubjektiv nachprüfbaren Methoden zu ermitteln, ob die als relevant angesehenen *Sachverhalte* (bei der Erklärung sind dies Anfangsbedingungen und das Explanandum) auch vorliegen. Dabei verläßt man sich nicht - wie bei der Methode des Verstehens - auf Evidenzgefühle oder Erfahrungen.

(2) Bezüglich der behaupteten *Beziehungen* zwischen Sachverhalten werden bei der Methode der Erklärung explizit Gesetzesaussagen angewendet. Bei der Methode des Verstehens dagegen wird auf Evidenzgefühle oder Erfahrungen verwiesen.

---

[48] Zu dieser Theorie existiert eine umfangreiche Literatur. Vgl. z.B. Heckhausen 1989 oder ein Lehrbuch der Sozialpsychologie.

(3) Bei der Methode der Erklärung wird geprüft, ob die anderen vorher genannten Adäquatheitsbedingungen vorliegen. Bei der Methode des Verstehens gibt es keine explizit formulierten Adäquatheitsbedingungen.

Aus unseren vorangegangenen Überlegungen folgt, daß das „Verstehen" einer Beziehung zwischen bestimmten Sachverhalten keineswegs eine zutreffende Erklärung der betreffenden Sachverhalte sein muß. Um dies feststellen zu können, müssen wir das Ergebnis der Methode des Verstehens in eine Erklärung überführen, wie unser vorangegangenes Beispiel zeigt.

43. Andere Rekonstruktionen der Methode des Verstehens

Es fragt sich, ob die Rekonstruktion der Methode des Verstehens durch Theodore Abel die einzig mögliche Rekonstruktion ist. Wenn man Äußerungen von Sozialwissenschaftlern der Art, daß sie eine Folge von Ereignissen oder auch ein einzelnes Ereignis „verstanden" oder „interpretiert" haben, analysiert, dann zeigt sich, daß die Methode des Verstehens noch in anderer Weise rekonstruiert werden kann, als dies bei Abel geschieht. Im folgenden sollen einige solcher Rekonstruktionen diskutiert werden.

„Verstehen" einer Handlung als Verweis auf Motive oder Situationen der Akteure. Angenommen, ein Jugendlicher hört zum ersten Mal davon, daß Hitler sechs Millionen Juden ermorden ließ. Der Jugendliche wird vermutlich spontan sagen, er könne eine solche Handlungsweise nicht „verstehen". Es handelt sich hier nicht darum, daß Beziehungen zwischen Ereignissen „verstanden" werden sollen, sondern es geht um das Verstehen einer *einzelnen* Handlung (oder einer Handlungssequenz). Wenn der Jugendliche von der nationalsozialistischen Ideologie und ihren Thesen über das Machtstreben der Juden, über die Überlegenheit der arischen Rasse etc. erfährt, dann wird ihm das Handeln Hitlers sicherlich „verständlicher".

Die bisherige Antwort bezieht sich auf die *Handlungsmotive* Hitlers und anderer Akteure des nationalsozialistischen Regimes. Damit wird der Jugendliche vermutlich nicht zufrieden sein. Er wird z.B. weiter wissen wollen, wie es möglich war, daß so viele Personen Hitlers Befehle ausgeführt haben. Diese Bereitwilligkeit eröffnete für Hitler die *Möglichkeiten*, seine Ziele zu verwirklichen. Bei der Erklärung der Bereitschaft anderer Personen, den Befehlen Hitlers zu folgen, könnte man auf eine autoritäre Einstellung vieler Personen hinweisen, die u.a. darin besteht, an die höhere Einsicht von Autoritäten zu glauben und entsprechend daran, daß Befehle von Vorgesetzten gerechtfertigt sind. Man könnte auch Belohnungen materieller Art und den Glauben an die nationalsozialistische Ideologie anführen, die viele Personen zu Handlangern Hitlers machten.

Die Antworten, die dem Jugendlichen das Handeln Hitlers vermutlich „verständlich" machten, sind also *nicht nur Motive oder sonstige psychische Zustände* wie z.B. Kenntnisse eines Individuums. Hätte unser Jugendlicher nur Informationen über Hitlers Psyche erhalten, wäre die Frage offengeblieben, warum andere seine Befehle ausführten, denn unsere Frage hieß ja, warum Hitler sechs Millionen Juden ermorden ließ. Der Jugendliche wird also Hitlers Handlung erst „verstanden" haben, wenn er sowohl die Motive als auch die Handlungsbeschränkungen, also die Situation der Akteure, kennt.

Man kann sich aber auch vorstellen, daß man einen Vorgang hinreichend „verstanden" hat, wenn man nur von der Veränderung von Lebensumständen erfährt. Angenommen, jemand sagt, er verstehe nicht, warum nach dem Zusammenbruch der kommunistischen Regime in Osteuropa in den Jahren 1989 und 1990 die Kriminalität stark gestiegen ist. Wenn man auf die enorm gestiegenen Möglichkeiten, auf illegale Weise wertvolle Güter zu erhalten, und auf die Ineffizienz der Verfolgungsorgane verweist, dürfte die Beziehung zwischen dem Zusammenbruch der kommunistischen Regime und der Zunahme der Kriminalität hinreichend „verstanden" sein. In diesem Falle sind also *Hinweise auf Motive oder andere psychische Sachverhalte nicht erforderlich*, um einen Vorgang als hinreichend „verstanden" zu bezeichnen. Wichtig scheint nur zu sein, daß Sachverhalte genannt werden, *die sich auf die Situation individueller Akteure* beziehen.

Kommen wir noch einmal auf unser vorangegangenes Beispiel zurück. Angenommen, der Jugendliche ist nun zufrieden und sagt, er habe jetzt „verstanden", warum Hitler sechs Millionen Juden umbringen ließ. Hätte unser Jugendlicher das vorangegangene Kapitel dieses Buches über Erklärung gelesen, wäre er noch nicht zufrieden. Er würde weiter fragen, woher man denn weiß, daß die Motive Hitlers und seine Handlungsmöglichkeiten zu seinem Verhalten führten, und woher man weiß, daß eine autoritäre Einstellung zur Befolgung von Befehlen wie das Töten anderer Menschen führt. Ebenso hätte im letzten Beispiel die Frage gestellt werden können: Woher weiß man, daß Handlungsmotive und Handlungsmöglichkeiten die Kriminalität beeinflußt haben?

Es besteht also wiederum ein Argumentationsdefizit bzw. ein *Unvollständigkeitsproblem*: Ein wirklich kritischer Zeitgenosse wird sich mit dem Hinweis auf konkrete Sachverhalte - also mit singulären Ursachenbehauptungen - nicht zufriedengeben, selbst wenn diese „evident" sind. Dieses Defizit kann erst durch Hinweis auf Gesetzesaussagen behoben werden. Wenn also eine Person wirklich kritisch ist, dann wird sie erst dann ein Ereignis oder eine Folge von Ereignissen hinreichend *verstanden* haben, wenn diese Ereignisse in adäquater Weise *erklärt* wurden. Weiter wird ein kritischer Mensch eine Handlung erst dann richtig „verstehen", wenn er überzeugt ist, daß auch die konkreten Sachverhalte wirklich vorgelegen haben. Auch hierzu wird er „harte" Daten fordern.

Wenn man die Methode des Verstehens in der beschriebenen Weise rekonstruiert - nämlich als Erklärung einer Handlung aus den Motiven und der Situation der beteiligten individuellen Akteure -, dann ist „Verstehen" identisch mit der Vorgehensweise des *strukturell-individualistischen Forschungsprogramms* bzw. der *„Rational Choice"-Theorie* in den Sozialwissenschaften.[49] Es handelt sich hier um eine allgemeine Handlungstheorie, die besagt, daß Präferenzen (Ziele) und Handlungsbeschränkungen oder Handlungsmöglichkeiten für individuelles Handeln von Bedeutung sind. Eine Version dieser Theorie ist die bereits erwähnte Wert-Erwartungstheorie. Eine Anwendung dieser Theorie würde also zu einem zufriedenstellenden „Verständnis" konkreter Sachverhalte führen.

Verstehen einer Handlung als die Einsicht, die Handlung in einer bestimmten Situation ebenfalls ausgeführt zu haben. Angenommen, Sie - die Leserin oder der Leser dieses Buches - lesen in einer Zeitung, daß ein Mann in einem Supermarkt seine Pistole zog und wahllos fünf Menschen erschoß. Die in bestimmten Zeitungen angebotenen „Erklärungen" führen z.B. an, der Mann hatte eine unglückliche Kindheit, war geschieden, arbeitslos, hatte vor der Tat Alkohol zu sich genommen etc. Angenommen, es gebe Gesetzmäßigkeiten, nach denen die genannten Sachverhalte Anfangsbedingungen sind. Trotzdem könnte der Leser sagen, er „verstehe" die Tat nicht. „Verstehen" könnte bedeuten, daß man selbst, wenn man in der Situation des Täters gewesen wäre, eine solche Tat begangen hätte. Ebenso könnte man sagen, man verstehe

---

[49] Zu diesem Ansatz vgl. Abschnitt 6 dieses Kapitels. Dort finden sich in Fußnote 30 auch Literaturhinweise.

die Handlungsweise Hitlers nicht. Wenn man sich in derselben Situation befunden hätte, hätte man nicht so gehandelt.

Wir haben bei diesem Beispiel angenommen, daß das Interpretandum zwar in befriedigender Weise erklärt, aber nicht „verstanden" wurde. Dies zeigt, daß eine befriedigende Erklärung nicht unbedingt bedeutet, daß etwas auch „verstanden" wurde. Es fragt sich, welche Argumente dafür angeführt werden können, daß man nur dann etwas als „verstanden" ansehen sollte, wenn man sich vorstellen kann, die betreffenden Handlungen auch selbst ausgeführt zu haben. Uns sind hierfür keine Argumente bekannt. Würde man dieser Forderung folgen, ergäben sich wohl kaum wünschenswerte Konsequenzen. Sicherlich unterscheiden sich die Meinungen von Personen darin, ob sie glauben, in einer bestimmten Situation so wie andere Personen gehandelt zu haben oder nicht. So gibt es sicherlich Personen, die sagen würden, in der Situation des oben beschriebenen Täters hätten sie genau so gehandelt; andere Personen würden dies dagegen verneinen. Soll man nun fordern, daß eine Handlung nur dann als „verstanden" anzusehen ist, wenn *jede* Person sich vorstellen kann, die Handlung auszuführen? Oder reicht eine einzige Person aus und, falls ja: welche? Wie man auch immer verfährt, die genaue Formulierung eines Kriteriums, das darauf beruht, daß sich jemand die Ausführung einer Handlung vorstellen kann, ist schwierig und wohl auch willkürlich. Weiter ist die Ermittlung der Personen, die sich vorstellen können, eine Handlung auszuführen, mit Schwierigkeiten verbunden. Es erscheint deshalb wenig sinnvoll, das genannte Kriterium anzuwenden.

44. Resümee: Ist die Methode des Verstehens eine brauchbare Alternative zur Methode der Erklärung?

Als Resümee können wir festhalten, daß die Methode des Verstehens so, wie Abel sie rekonstruiert hat, keine brauchbare Alternative zur Vorgehensweise der Erklärung sozialer Sachverhalte ist. Dies gilt auch für die zusätzlich von uns vorgeschlagenen Rekonstruktionen, wie wir gezeigt haben.

Dies bedeutet allerdings nicht, daß die Methode des Verstehens völlig unbrauchbar ist - hierauf weist auch Abel hin. Wenn wir sagen, daß wir bestimmte Beziehungen zwischen Sachverhalten nicht „verstanden" haben, werden wir nach einer Erklärung oder auch nach einer neuen Erklärung suchen. D.h. das Gefühl, das Auftreten bestimmter Ereignisse oder Ereignisfolgen nicht verstanden zu haben, könnte der erste Schritt für die Suche nach Erklärungen - im früher genannten Sinne - sein, die besser als die vorliegenden Erklärungen sind.

Wenn man nach brauchbaren Erklärungen sucht, wird man oft so vorgehen, daß man überlegt, welche singulären Ereignisse ursächlich für ein Explanandum (oder Interpretandum) hätten sein können. Oft wird man erst dann, wenn man solche Ereignisse gefunden hat, nach Theorien suchen. Es wäre denkbar, daß man keine Theorien findet, die ein hinreichendes Verstehen erlauben. Dies könnte dazu führen, daß man nach neuen Theorien sucht und diese dann überprüft. Damit könnte ein Erkenntnisfortschritt herbeigeführt werden.

Es zeigt sich also, daß „Verstehen" vor allem eine *heuristische Bedeutung* hat: „Verstehen" wird oft dazu führen, daß man Erklärungen oder bessere Erklärungen sucht als diejenigen, die mit gegebenen Theorien möglich sind. In diesem Sinne ist die Methode des Verstehens auch für Vertreter der Methode des Erklärens von großer Bedeutung. Es gibt wohl kaum einen Vertreter der Methode der Erklärung, der nicht die Methode des Verstehens im einen oder anderen Sinne selbst anwendet. Allerdings wird „Verstehen" dabei immer eine heuristische Funktion haben. Es handelt sich bei der Methode des Verstehens aber nicht - dies sei noch einmal betont - um eine brauchbare *Alternative* zur Methode des Erklärens.

5. Zur Prognose sozialer Ereignisse

Die Antwort auf die Frage, welche Ereignisse in Zukunft stattfinden werden, ist nicht nur für das Alltagsverhalten von Interesse. Man möchte z.B. wissen, ob eine Bewerbung für eine bestimmte berufliche Position erfolgreich sein wird oder ob der Zug zum Arbeitsplatz pünktlich abfahren wird. Darüber hinaus gehört die Voraussage bestimmter Ereignisse zu einer Vielzahl beruflicher Tätigkeiten. So sind Strafrichter gehalten, die künftige Rückfälligkeit eines Angeklagten bei ihrem Urteil zu berücksichtigen, und Wirtschaftsinstitute erstellen Konjunkturprognosen. Unter welchen Bedingungen können wir damit rechnen, daß solche Prognosen zutreffen? Mit dieser Frage werden wir uns im folgenden zuerst befassen. Sodann werden wir auf einige Probleme eingehen, die bei Prognosen, insbesondere im sozialen Bereich, auftreten. Schließlich wollen wir einige Prognosepraktiken, die immer wieder angewendet werden, einer Kritik unterziehen.

50. Die Struktur einer Prognose

Gehen wir von einem einfachen Beispiel aus. Nehmen wir an, ein Lehrer sage voraus, daß seine Schüler in drei Monaten eine hohe Leistungsmotivation haben werden. Wie könnte der Lehrer seine Prognose begründen? Er könnte behaupten, daß zum Zeitpunkt der Prognose bestimmte Tatbestände vorliegen, die dazu führen, daß die Leistungsmotivation hoch sein wird: Erstens spornten die Eltern die Schüler an, sich mit dem Lehrstoff intensiv zu befassen, d.h. es liegt eine hohe Leistungsstimulierung durch die Eltern vor. Zweitens biete der Lehrer den Lehrstoff so dar, daß die Schüler keine Verständnisschwierigkeiten haben. Wir wollen annehmen, daß alle genannten Begriffe klar definiert sind. Warum sind diese Sachverhalte für das Auftreten einer hohen Leistungsmotivation in drei Monaten von Bedeutung? Wir wollen annehmen, daß der Lehrer ein *Gesetz* anwendet, das lautet:

G_1: Wenn in einer Schulklasse die Leistungsstimulierung durch die Eltern hoch ist, wenn der Lehrer den Lehrstoff verständlich darbietet, dann ist die Leistungsmotivation in drei Monaten hoch.

Wie wir sahen, behauptet der Lehrer, daß die Anfangsbedingungen des Gesetzes G_1 bei seiner Klasse vorliegen. Das vorausgesagte Ereignis - die hohe Leistungsmotivation - ist das *Explanandum*. Die Argumentation des Lehrers läßt sich nun folgendermaßen rekonstruieren: Das Auftreten eines Explanandums zu einem zukünftigen Zeitpunkt soll vorausgesagt werden. Ein Gesetz liegt vor, unter dessen Dann-Komponente das Explanandum fällt. Weiterhin liegen die Anfangsbedingungen vor, die unter die Wenn-Komponente des Gesetzes fallen. Aus dem Gesetz und den Anfangsbedingungen folgt logisch, daß das Explanandum auftreten wird.

Damit ist beschrieben, wie man bei einer Voraussage eines singulären Ereignisses sinnvollerweise vorgeht: Man leitet aus (mindestens) einem Gesetz und gegebenen Anfangsbedingungen das Explanandum ab. Daß dies eine sinnvolle Vorgehensweise ist, wird in Abschnitt 53 noch deutlicher werden, wenn wir uns mit anderen Vorgehensweisen bei Prognosen befassen.

Die vorangegangenen Überlegungen legen die Vermutung nahe, daß eine Erklärung und eine Prognose singulärer Tatbestände sehr ähnlich sind.[50] Es gibt jedoch Unterschiede - siehe

---

[50] Die These, daß - vereinfacht formuliert - jede Prognose als eine Erklärung und umgekehrt

Abbildung 2: Unterschiede zwischen Erklärung und Prognose

ERKLÄRUNG		PROGNOSE
1. Explanandum ist aufgetreten. (Warum?)		1. Explanandum ist noch nicht aufgetreten. (Wird Explanandum auftreten?)
2. Argument wird geäußert (d.h. Explanandum wird erklärt).	Gesetz Anfangsbedingungen —————— Explanandum	2. Argument wird geäußert (d.h. Explanandum wird vorausgesagt).

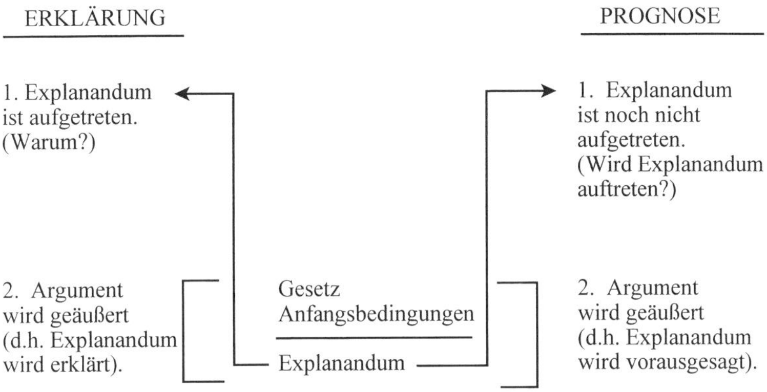

zusammenfassend Abbildung 2. Bei einer Erklärung liegt das zu erklärende Ereignis vor. Erst dann wird gefragt, warum es aufgetreten ist. D.h. die zur Erklärung des Ereignisses relevanten Gesetze und Anfangsbedingungen werden zeitlich nach dem Auftreten des Explanandum-Ereignisses ausgewählt und der Explanandum-Satz wird aus dem Explanans abgeleitet.

Es ist aber auch folgendes möglich: Der Wissenschaftler wählt bestimmte Gesetze aus und überlegt, was er damit erklären kann. Er sucht dann ein Explanandum, formuliert das Explanans und leitet das Explanandum ab. So mag ein Lerntheoretiker überlegen, was man mit lerntheoretischen Gesetzen erklären kann. Wenn gegenwärtig eine Zunahme der Jugendkriminalität zu beobachten wäre, könnte er versuchen, diesen Tatbestand zu erklären, d.h. er leitet das Explanandum aus dem Explanans (das u.a. lerntheoretische Gesetzesaussagen enthält) ab.

Wie der Wissenschaftler auch immer vorgeht: *Bei einer Erklärung wird der Explanandum-Satz erst dann aus dem Explanans abgeleitet, wenn das Explanandum-Ereignis aufgetreten ist.* Das Argument (d.h. die Ableitung des Explanandums aus dem Explanans) wird also zeitlich *nach* dem Auftreten des zu erklärenden Ereignisses formuliert.

Bei einer Prognose wird gefragt: *Wird* ein bestimmter singulärer Tatbestand - das Explanandum - auftreten? Das Explanandum-Ereignis ist also nicht aufgetreten, wenn die genannte Frage gestellt wird. Es ist auch ungewiß, ob das Ereignis auftreten wird. Ob es auftritt oder nicht, soll ja vorausgesagt werden. Die Voraussage besteht - wie unser Beispiel zeigt - darin, daß ein Explanans formuliert und das Explanandum abgeleitet wird. *Bei einer Prognose wird der Explanandum-Satz aus dem Explanans abgeleitet, bevor das Explanandum-Ereignis aufgetreten ist.* Das Argument (d.h. die Ableitung des Explanandums aus dem Explanans) wird zeitlich *vor* dem möglichen Auftreten des zu erklärenden bzw. vorauszusagenden Ereignisses formuliert.

---

jede Erklärung als eine Prognose umformuliert werden kann, heißt die These von der „strukturellen Identität" von Erklärung und Prognose. Vgl. hierzu im einzelnen Hempel 1965b, S. 364-376. Siehe insbes. Stegmüller 1969, Kapitel II.

51. Einige Bedingungen für erfolgreiche Prognosen

Wir wollen nun fragen, unter welchen Bedingungen damit zu rechnen ist, daß eine Prognose zutrifft, d.h. wann ein Satz der Art „Ereignis E tritt auf" zu einem zukünftigen Zeitpunkt (oder innerhalb eines zukünftigen Zeitraums) wahr sein wird. Wenn wir eine Prognose erstellen wollen, die zutrifft, dann genügt es nicht, daß wir irgendwelche Gesetze besitzen, aus denen gemeinsam mit den Anfangsbedingungen das vorauszusagende Explanandum abgeleitet werden kann. Die *erste Bedingung* dafür, daß überhaupt ein Explanandum vorausgesagt werden kann, ist, daß bei den angewendeten Gesetzen der zeitliche Abstand der Bedingungen in der Wenn-Komponente und der zu erklärenden Ereignisse „hinreichend" lang ist. D.h. wenn die Anfangsbedingungen vorliegen, dann muß das Auftreten des Explanandums mindestens so lange auf sich warten lassen, bis die Voraussage geäußert worden ist. Wenn wir z.B. nur solche Gesetze besitzen, in denen bei dem Vorliegen der Anfangsbedingungen das Explanandum nach 1/10.000 Sekunde auftritt, ist keine Voraussage möglich.

Befassen wir uns nun etwas eingehender mit dem zeitlichen Abstand zwischen Anfangsbedingungen und Explanandum. Gehen wir von unserem genannten Gesetz G_1 aus. Es gelte weiter folgendes Gesetz:

G_2: Wenn die Leistungsmotivation der Schüler hoch ist, dann steigt ihre Beschäftigung mit wissenschaftlicher Literatur unmittelbar.

„Unmittelbar" heiße „innerhalb eines Zeitraums von weniger als einer halben Sekunde". Beide Gesetze werden in Abbildung 3 dargestellt. Wenn wir also voraussagen wollen, ob sich Schüler mit wissenschaftlicher Literatur befassen werden, können wir nicht G_2 anwenden, da die Zeit für die Äußerung einer Voraussage zu kurz ist. Man wird sagen, es handelt sich hier gar nicht um eine Voraussage. Wir können jedoch G_1 und G_2 gleichzeitig anwenden. Entsprechend müssen wir zuerst die Anfangsbedingungen von G_1 erheben. Wenn die Leistungsstimulierung hoch ist und wenn der Lehrer den Lehrstoff verständlich darbietet, folgt aufgrund von G_1, daß eine hohe Leistungsmotivation nach drei Monaten auftritt. Gemäß G_2 tritt dann sofort eine starke Beschäftigung mit wissenschaftlicher Literatur auf. Wir sehen aufgrund dieses Beispiels, daß bei einer Prognose immer die zeitliche Dimension *aller* in einem konkreten Falle angewendeten Gesetze so beschaffen sein muß, daß eine Prognose ausgesprochen werden kann. Wenn also nur ein einziges Gesetz angewendet wird - etwa G_2 -, dann kann ein Explanandum nur vorausgesagt werden, wenn ein hinreichender Zeitabstand - wobei der Ausdruck „hinreichend" im genannten Sinne verwendet wird - zwischen Anfangsbedingungen und Explanandum auftritt. Nehmen wir z.B. an, vier Gesetze der folgenden Form werden verwendet: (1) Wenn A, dann B; (2) Wenn B, dann C; (3) Wenn C, dann D; (4) Wenn D, dann E. Weiterhin liege eine Anfangsbedingung vor, die unter „A" fällt. Wir können ein Explanandum, das unter „E" fällt, nur dann prognostizieren, wenn zwischen dem Auftreten der Anfangsbedingung A und dem Explanandum jeweils von Gesetz 1 bis 4 *insgesamt* ein hinreichender Zeitabstand besteht. Es wäre z.B. möglich, daß allein zwischen A und B ein hinreichender Zeitabstand besteht, daß dagegen C unmittelbar nach B, D unmittelbar nach C und E unmittelbar nach D auftritt.

Eine *zweite Bedingung* muß vorliegen, damit ein Ereignis richtig vorausgesagt werden kann: Wenn die angewendeten Gesetze falsch sind, ist auch keine zutreffende Prognose zu erwarten. Ein Gesetz muß also erstens *alle Bedingungen* enthalten, die für das Auftreten eines Explanandums von Bedeutung sind. Zweitens müssen die *Beziehungen zwischen den Bedingungen und den Wirkungen* richtig angegeben sein. Praktisch bedeutet dies, daß wir um so eher mit einer zutreffenden Prognose rechnen werden, je besser sich die angewendeten Gesetze bewährt haben. So wird bei unserem Lehrer die Prognose falsch sein, wenn z.B. eine hohe Leistungsmotivation nur dann auftritt, wenn die positive Leistungsstimulierung durch die Eltern nicht durch eine negative Leistungsstimulierung durch andere Personen (z.B. durch Mitschüler) kompensiert wird und wenn die betreffende Anfangsbedingung (die Mitschüler in der Klasse des Lehrers lachen die „Streber" aus) vorliegt.

Eine dritte Bedingung für eine erfolgreiche Prognose ist, daß in den angewendeten Gesetzen der *zeitliche Abstand zwischen den durch die Wenn- und die Dann-Komponente bezeichneten Tatbeständen* zutrifft. Wenn etwa in unserem ersten Gesetz der Zeitraum von drei Monaten falsch ist, wird auch die Voraussage falsch sein.

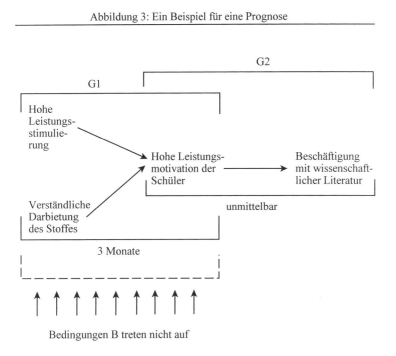

Abbildung 3: Ein Beispiel für eine Prognose

Befassen wir uns mit einer weiteren Bedingung für eine erfolgreiche Prognose. Wir wollen die Gesetze, die der Lehrer zur Prognose anwendete, nun ergänzen. Wenn der Lehrer seine Prognose erstellt, nimmt er an, daß bestimmte Tatbestände in den drei Monaten von dem Zeitpunkt der Voraussage bis zu dem voraussichtlichen Eintreten des vorausgesagten Ereignisses nicht eintreten. Er wird sicherlich stillschweigend davon ausgehen, daß z.B. keine Epidemie auftritt, die zum Tode der Schüler führt. Er weiß nämlich aufgrund eines Gesetzes, daß tote Schüler sich nicht mit wissenschaftlicher Literatur beschäftigen können. Aufgrund dieses Gesetzes ist also eine weitere Anfangsbedingung Voraussetzung dafür, daß die Prognose zutrifft. Der Lehrer geht weiter davon aus, daß bestimmte institutionelle Bedingungen bestehenbleiben. Hierzu gehört, daß die Schule nicht geschlossen oder daß er nicht aufgrund einer falschen Anschuldigung fristlos entlassen wird. Mit anderen Worten: *Bei jeder Prognose im sozi-*

alen Bereich wird angenommen, daß sich vom Auftreten der Anfangsbedingungen bis zum Eintreten des Explanandums bestimmte andere Anfangsbedingungen nicht ändern. Bei diesen Anfangsbedingungen handelt es sich etwa darum, daß während der Zeit der Voraussage keine Kriege oder Epidemien auftreten, oder daß andere Länder oder auch bestimmte gesellschaftliche Gruppen - etwa Terroristen - nicht bestimmte Handlungen ausführen.

Um sicher zu sein, daß seine Prognose zutrifft, müßte der Lehrer für alle relevanten Anfangsbedingungen wiederum Gesetze anwenden, um die Veränderung der Anfangsbedingungen vorauszusagen. So müßte er zu Beginn seiner Prognose aufgrund bestimmter Anfangsbedingungen und Gesetze voraussagen, daß keine Ereignisse eintreten werden, die zum Tode der Kinder führen. Dem Lehrer werden jedoch kaum hinreichende Informationen zur Verfügung stehen, um voraussagen zu können, ob im Laufe von drei Monaten irgendwelche Epidemien oder etwa Naturkatastrophen oder Kriege eintreten, die zum Tode der Kinder führen. In diesem Falle ist es also nicht möglich, die Erreichung des Klassenziels sicher vorauszusagen. Wir können allgemein die *vierte Bedingung* für das Eintreten einer Prognose so formulieren: *Nur wenn sich alle für das Eintreten eines zukünftigen Ereignisses relevanten Anfangsbedingungen in voraussagbarer Weise ändern, ist eine zutreffende Prognose möglich.* Zur Illustration dieses Sachverhaltes mag der Leser selbst Beispiele überlegen, etwa: Welche Anfangsbedingungen dürfen sich bei Wahlprognosen oder bei der Voraussage der Inflationsrate nicht ändern?

Aus unseren bisherigen Ausführungen ergibt sich ein wichtiger Tatbestand. Es wird zuweilen behauptet, die Mängel sozialwissenschaftlicher Theorien zeigten sich besonders darin, daß nur selten zutreffende Prognosen geäußert werden können. Wenn wir einmal unterstellen, daß tatsächlich sozialwissenschaftliche Prognosen häufig falsch sind, dann folgt daraus in keiner Weise, daß die Theorien der Sozialwissenschaften falsch sind, allerdings auch nicht das Gegenteil. Es ist nämlich möglich, daß im sozialen Bereich die Anfangsbedingungen sich normalerweise nicht in voraussagbarer Weise ändern, so daß auch keine zutreffenden Prognosen erstellt werden können. Dies kann selbst dann der Fall sein, wenn alle sozialwissenschaftlichen Gesetze wahr sind. Es ist jedoch auch denkbar, daß Mißerfolge bei Prognosen allein darauf zurückzuführen sind, daß unsere Theorien mangelhaft sind. Was der Fall ist, kann nur eine eingehende Analyse vorliegender Theorien und ihrer Anwendungssituationen ergeben. Es ist in jedem Fall unsinnig, allein aufgrund von Mißerfolgen bei Prognosen irgendwelche Schlüsse über den Stand einer wissenschaftlichen Disziplin zu ziehen.

Eine Prognose kann nur erfolgreich sein, wenn eine *fünfte Bedingung* erfüllt ist: Die Anfangsbedingungen müssen richtig erhoben worden sein. Wenn etwa in unserem Beispiel die Informationen über die Leistungsstimulierung durch die Eltern und die Art der Darbietung des Lehrstoffes durch die Lehrer falsch sind, wird die Prognose ebenfalls nicht zutreffen.

Wir wollen abschließend auf ein Argument eingehen, das unseres Wissens zum ersten Mal Jürgen Wild (1969) vorgebracht hat (vgl. auch Urban 1973, insbes. S. 51-65). Er behauptet, daß bei der Vorhersage eines Ereignisses immer auch die Anfangsbedingungen vorhergesagt werden müssen. Wenn man also eine bestimmte Klasse von Anfangsbedingungen genannt hat, die für das Auftreten eines zu prognostizierenden Ereignisses relevant sind, dann müssen diese Anfangsbedingungen wiederum prognostiziert werden, d.h. sie werden zu Explananda (nämlich zu Ereignissen, die vorauszusagen sind). Um diese Ereignisse zu prognostizieren, werden weitere Anfangsbedingungen benötigt. Da diese wiederum vorausgesagt werden müssen, sind weitere Anfangsbedingungen erforderlich usw. Es entsteht also bei jeder Prognose ein *unendlicher Regreß*. „Das bedeutet, daß man sich bei der *unbedingten Vorhersage*[51], die sich aus-

---

[51] Damit ist eine Prognose der Art „Ereignis E wird zu einem bestimmten Zeitpunkt auftreten"

schließlich im Wege der Deduktion aus Gesetzen vollziehen soll, einer (mehrstufigen) *Prognosehierarchie* bedienen muß, die prinzipiell kein unteres Ende (keine endliche n-te Stufe) hat" (S. 566).

Dieses Argument trifft nur dann zu, wenn alle in einer Prognose angewendeten Gesetze *Koexistenzgesetze* sind, d.h. Gesetze, bei denen die Anfangsbedingungen und Explananda gleichzeitig auftreten. In diesem Falle treten die für das vorauszusagende Explanandum relevanten Anfangsbedingungen in der Zukunft auf. Um gegenwärtig, d.h. zum Zeitpunkt der Prognose, eine Voraussage treffen zu können, müßten wir die ersten Anfangsbedingungen voraussagen. Hierzu benötigen wir Gesetze, in denen diese Anfangsbedingungen Explananda sind. Wenn es sich hier wiederum um Koexistenzgesetze handelt, werden die relevanten Anfangsbedingungen wieder in der Zukunft auftreten, und man benötigt weitere Gesetze usw. Besitzen wir nur Koexistenzgesetze, erreichen wir sozusagen nie die Gegenwart, d.h. die Anfangsbedingungen werden immer in der Zukunft auftreten.

Sobald jedoch *Sukzessionsgesetze* existieren, d.h. Gesetze, bei denen die Anfangsbedingungen zeitlich vor den Explananda auftreten, ist es möglich, jeweils solche Anfangsbedingungen zu finden, die immer näher in der Gegenwart liegen. Es würde zwar eine Prognosehierarchie existieren, jedoch gelangt man in endlich vielen Schritten zu den zum Zeitpunkt der Prognose relevanten Anfangsbedingungen. Faktisch gibt es Sukzessionsgesetze, so daß auch beim gegenwärtigen Zeitpunkt Prognosen nicht daran scheitern müssen, daß ein unendlicher Regreß entsteht.

52. Probleme der Prognose im sozialen Bereich

Wenn bei der Voraussage sozialer Ereignisse Schwierigkeiten bestehen, dann dürfte dies nach unseren bisherigen Überlegungen darauf zurückzuführen sein, daß mindestens eine der Bedingungen für eine erfolgreiche Prognose nicht erfüllt ist. Prüfen wir, ob diese Vermutung zutrifft.

520. Das theoretische Potential der Sozialwissenschaften

Es wird immer wieder behauptet, daß die vorliegenden sozialwissenschaftlichen Theorien so mangelhaft sind, daß aufgrund dieses Tatbestandes allein schon zutreffende Voraussagen im sozialen Bereich unmöglich sind. Es ist sicherlich nicht zu bestreiten, daß die vorliegenden sozialwissenschaftlichen Gesetze unvollkommen sind: Wir wissen oft nicht genau, welche Bedingungen zu bestimmten Ereignissen führen, und die angegebenen Beziehungen zwischen den Wenn- und den Dann-Komponenten erlauben oft keine präzisen Prognosen. Schließlich ist die zeitliche Dimension der Gesetzesaussagen kaum jemals explizit genannt.

Aus diesen Mängeln folgt nun keineswegs, daß zutreffende Prognosen im sozialen Bereich unmöglich sind. Es folgt vielmehr nur, daß *völlig exakte* Prognosen nicht möglich sind, d.h. Prognosen, in denen der genaue Zeitpunkt angegeben wird, zu dem das vorauszusagende Ereignis eintritt. Erläutern wir dies etwas genauer. Wenn in einem Gesetz keine genaue zeitliche Dimension angegeben ist, sondern wenn wir nur wissen, daß bei dem Vorliegen der Anfangsbedingungen das Explanandum etwa zwei bis drei Monate später auftritt, dann können wir für das Auftreten des Explanandums nur einen *Zeitraum*, nicht einen *Zeitpunkt* angeben. Es ist also eine Voraussage möglich, wenn auch nur eine ungenaue. Wenn wir weiterhin nicht sicher sind,

---

gemeint. Diese Prognose ist „unbedingt" in dem Sinne, daß nicht behauptet wird, die Prognose gelte nur, wenn bestimmte Bedingungen gegeben sind. Vgl. genauer S. 567 des genannten Aufsatzes von Wild. Wir ziehen es vor, anstatt von „unbedingten" von „uneingeschränkten" Prognosen zu sprechen.

ob bestimmte Bedingungen für das Auftreten eines Explanandums relevant sind, dann wird unsere Voraussage zuweilen falsch sein. Wir werden etwa voraussagen, daß ein Ereignis eintritt oder in bestimmtem Grade vorliegen wird, in Wirklichkeit jedoch wird das Ereignis überhaupt nicht oder in einem anderen als dem vorausgesagten Grade eintreten. Wir sehen also, daß selbst bei mangelhaften Theorien zutreffende Voraussagen keineswegs unmöglich sind, sie werden nur - je nach dem Grad, in dem diese Theorien Mängel aufweisen - mehr oder weniger häufig falsch sein.

Es fragt sich nun, wie zuverlässig Prognosen im sozialen Bereich aufgrund unseres theoretischen Wissens sein können. Eine exakte Beantwortung dieser Frage würde umfangreiche logische Analysen und empirische Untersuchungen erfordern. Man müßte z.B. feststellen, welche zeitliche Dimension die vorliegenden Gesetzesaussagen (oder Quasi-Gesetze) haben, um beurteilen zu können, innerhalb welchen Zeitraums Ereignisse vorausgesagt werden können. Solche und andere Analysen können wir in diesem Rahmen nicht durchführen. Wir wollen deshalb die genannte Frage in anderer Weise beantworten.

Man könnte zunächst von den bereits erstellten Prognosen sozialer Ereignisse ausgehen und fragen, in welchem Grade diese Prognosen erfolgreich waren. Es zeigt sich, daß ein großer Teil der Prognosen, in denen sozialwissenschaftliche Methoden (zur Erhebung der Anfangsbedingungen) verwendet wurden, bisher zutraf. Ein Teil der *falschen* Prognosen ist sicherlich darauf zurückzuführen, daß sich Anfangsbedingungen in nicht voraussagbarer Weise verändert haben. Andere falsche Prognosen dürften dadurch entstanden sein, daß Anfangsbedingungen falsch erhoben wurden oder daß falsche Annahmen über vorliegende Anfangsbedingungen getroffen wurden - wir werden hierauf noch zurückkommen. Wenn man somit die Fruchtbarkeit sozialwissenschaftlicher Theorien aufgrund der durchgeführten Prognosen beurteilen muß, so dürften die - implizit oder explizit - angewendeten Theorien noch weniger Mängel haben, als es aufgrund der Zahl der richtigen im Verhältnis zur Zahl der falschen Prognosen erscheinen mag.

Unsere These ist nun, daß viele falsche Prognosen hätten vermieden werden können, wenn vorliegende Gesetze tatsächlich angewendet worden wären. Analysiert man z.B. Wahlprognosen, dann zeigt sich, daß hier unser theoretisches Wissen, das zur Voraussage von Wahlen geeignet ist, weitgehend ignoriert wird. So wird etwa aufgrund der Antworten auf die Frage „Welche Partei würden Sie wählen, wenn am nächsten Sonntag Bundestagswahl wäre?" das Ergebnis einer Wahl vorausgesagt, wobei die Wahl mindestens eine Woche nach dem Ergebnis einer solchen Umfrage liegt. Hier wird offensichtlich angenommen, daß dann, wenn eine Person ihr Verhalten selbst voraussagt, sie entsprechend ihrer Voraussage handelt. Dies ist sicherlich ein äußerst fragwürdiges „Gesetz". Wenn trotzdem Wahlprognosen zutreffen, dann wahrscheinlich deshalb, weil sich in der Zeit von einer Woche die Pläne von Personen normalerweise nicht ändern (Kreutz 1969). Eine derartige theoretische Ignoranz findet man auch in Prognosetafeln, die zur Voraussage kriminellen Verhaltens erstellt wurden (siehe hierzu Opp 1974 und Steinert 1969). Wenn nun solche Prognosen nicht zutreffen, dann ist dies nicht unserem theoretischen Wissen anzulasten.

Erstaunlicherweise treffen Prognosen, die aufgrund völlig unzulänglicher Theorien erstellt wurden, zuweilen zu. Dies gilt, wie gesagt, etwa für Wahlprognosen. Man könnte nun behaupten, daß somit von den *richtigen* Prognosen ein Teil nicht auf die Qualität der angewendeten Theorien zurückgeführt werden könne. Diese Behauptung trifft zu, wie das Beispiel der Wahlprognose illustriert. Es ist jedoch prinzipiell möglich zu zeigen, warum solche Prognosen zutreffen können. Angenommen, ein falsches Gesetz laute:

G_3: Wenn n % der Familien in einem Stadtviertel weniger als 16.000 DM jährlich verdienen, dann ist die Rate der kriminellen Täter in diesem Viertel n %.

Nehmen wir an, folgendes Gesetz sei wahr:

G_4: Wenn n % der Familien in einem Stadtviertel vorwiegend kriminelle Möglichkeiten zur Erreichung ihrer Ziele wahrnehmen, dann ist die Rate der kriminellen Täter in diesem Viertel n %.

Es wäre nun möglich, daß in einem bestimmten Stadtviertel aus irgendwelchen Gründen, die hier nicht untersucht werden sollen, ein bestimmter Prozentsatz von Familien unter 16.000 DM verdient und gleichzeitig vorwiegend kriminelle Möglichkeiten zur Erreichung ihrer Ziele wahrnimmt. Somit würde eine Voraussage, in der das falsche Gesetz G_3 angewendet wird, zutreffen. Solche Fälle dürften keineswegs selten sein. Häufig korrelieren theoretisch irrelevante Tatbestände wie Alter, Beruf und Geschlecht über einen längeren Zeitraum mit relevanten Bedingungen eines Gesetzes (vgl. Peuckert 1974), so daß man mit den irrelevanten Variablen zuweilen für einen gewissen Zeitraum durchaus richtige Prognosen erstellen kann.

521. Die Eigendynamik von Prognosen

Wir wollen uns nun mit einer These befassen, die behauptet, daß Prognosen schon deshalb unmöglich seien, weil das Bekanntwerden einer Prognose Rückwirkungen auf die Richtigkeit der Prognose hat. Wenn etwa die Voraussage veröffentlicht wird, daß die Partei X die nächste Wahl hoch gewinnt, dann wäre es z.B. möglich, daß *aufgrund dieser Voraussage* potentielle X-Wähler abwandern, da sie nicht wollen, daß Partei X zu stark wird. Unser theoretisches Wissen mag also noch so gut entwickelt sein: Zutreffende Prognosen sind nicht möglich, weil ihre Veröffentlichung Wirkungen auf ihre Gültigkeit hat. Diese These wollen wir zunächst etwas genauer formulieren. Nehmen wir an, folgendes Gesetz sei wahr:

G_5: Je stärker die Nachfrage nach einem Gut steigt, desto stärker steigen die Preise dieses Gutes.

Gehen wir davon aus, daß sich die Nachfrage nach Butter in den nächsten sechs Monaten nicht verändert. Entsprechend können wir voraussagen, daß der Ladenpreis von Butter in den folgenden sechs Monaten konstant bleiben wird. Im Wirtschaftsministerium komme man jedoch irrtümlicherweise zu dem Ergebnis, daß die Nachfrage nach Butter und somit auch der Butterpreis steigen werde. Diese Prognose ist also falsch. Der Minister gebe nun diese Prognose in einer Pressekonferenz bekannt. Die Konsumenten glauben dem Minister. Um nun Butter möglichst noch zu den gegebenen niedrigen Preisen zu kaufen, steigt plötzlich die Nachfrage nach Butter sehr stark an, da sich jeder einen kleinen Vorrat an Butter zu möglichst niedrigen Preisen halten will. Nach G_5 steigen nun in der Tat die Butterpreise an. Folgende Situation ist also gegeben: Eine Prognose wäre, falls sie nicht publiziert worden wäre, falsch. Die Veröffentlichung führt jedoch dazu, daß die Prognose wahr wird. Etwas ungenau könnte man sagen: Eine ursprünglich falsche Prognose wird durch ihre Veröffentlichung wahr. Man nennt solche Prognosen *sich selbst erfüllende Prognosen* (self-fulfilling prophecies), also Prognosen, die dadurch, daß sie geäußert werden, wahr werden.[52]

---

[52] Derartige Prognosen sind in der Soziologie vor allem durch Robert K. Mertons Aufsatz „The Self-Fulfilling Prophecy" bekanntgeworden. Dort finden sich auch weitere Beispiele. Vgl. Merton 1957, S. 421-439, deutsch in Topitsch 1965, S. 144-165.

Nehmen wir nun an, die Voraussage des Wirtschaftsministers, daß die Butterpreise steigen, treffe zu - d.h. die Nachfrage werde sich in den nächsten sechs Monaten stark erhöhen. Diese Voraussage werde wiederum publiziert. Die Konsumenten könnten sich nun auch anders verhalten: Da sie dem Minister glauben, könnten sie ihre Präferenzen für Butter ändern und anstatt Butter Margarine kaufen. Somit würde die Nachfrage nach Butter sinken und damit die Voraussage des Ministers falsch werden. Hier ist also - im Gegensatz zu einer „self-fulfilling prophecy" - folgende Situation gegeben: Eine Prognose wäre, falls sie nicht publiziert worden wäre, wahr. Die Publikation führt jedoch dazu, daß die Prognose falsch wird. Eine ursprünglich wahre Prognose wird also durch ihre Veröffentlichung falsch. Solche Prognosen heißen *sich selbst widerlegende Prognosen* (suicidal prophecies).[53] Es handelt sich also um Voraussagen, die sich durch ihre Publikation gewissermaßen selbst umbringen.

Den Unterschied zwischen beiden Arten von Voraussagen verdeutlicht das folgende Schema. Prognosen, die in das obere linke und das untere rechte Feld der Tabelle fallen, sind *normale* Prognosen in dem Sinne, daß sie keine Eigendynamik entwickeln. Ihre Publikation hat also keine Wirkung darauf, ob sie wahr oder falsch werden.[54]

Prognose wird nach der Veröffentlichung	Prognose wäre ohne Veröffentlichung	
	wahr	falsch
wahr		Sich selbst erfüllende Prognosen
falsch	Sich selbst widerlegende Prognosen	

Fragen wir zuerst, ob durch die Eigendynamik von Prognosen die Formulierung wahrer und informativer Gesetze beeinträchtigt wird. Wenn wir sagen, daß die Publizierung von Prognosen bestimmte Wirkungen auf das Verhalten von Personen hat - etwa auf die Höhe der Nachfrage nach Butter -, dann bedeutet dies folgendes: Bestimmte Aktivitäten von Personen - nämlich die Äußerung von Prognosen - haben bestimmte Wirkungen auf das Verhalten anderer Personen. Wir könnten nun versuchen, Gesetze zu formulieren, in denen gesagt wird, welche Wirkungen die Äußerung von Prognosen hat. Ein solches Gesetz könnte lauten:

G_6: Wenn von einer Regierung eine zukünftige Preissteigerung publiziert wird, dann erwarten die Wirtschaftssubjekte, daß diese Preissteigerung eintritt.

Es liegt nun kein Grund dafür vor, daß die Formulierung solcher Gesetze nicht möglich sein soll. Wir können vielmehr solche Gesetze aus vorliegenden Theorien ableiten - etwa aus der Theorie der kognitiven Dissonanz oder der Wert-Erwartungstheorie. Wenn wir solche Gesetze besitzen, können wir von vornherein die Wirkung von publizierten Prognosen in unsere Prognose einbeziehen. Demonstrieren wir dies an unserem Beispiel. Es gelte folgendes Gesetz:

G_7: Je höher die Preissteigerung eines Gutes ist, die die Wirtschaftssubjekte erwarten, desto stärker steigt die Nachfrage nach diesem Gut.

---

[53] Man spricht auch von *self-frustrating* oder *self-stultifying prophecies*.
[54] Die Eigendynamik von Voraussagen ist offenbar nicht auf den sozialen Bereich beschränkt. Vgl. hierzu Grünbaum 1956, S. 236-240. Vgl. auch die Diskussion bei Buck 1963.

Aus G_6 und G_7 folgt:

G_8: Je höher die vorausgesagte Preissteigerung eines Gutes ist, die publiziert wird, desto stärker steigt die Nachfrage nach diesem Gut.

Der Wirtschaftsminister wisse nun genau, bei welcher *öffentlich vorausgesagten* Preissteigerung die Preise prozentual in welchem Ausmaß *tatsächlich* steigen. Die durchgezogene Kurve in der folgenden Abbildung 4 repräsentiere diese Beziehung. Wenn z.B. vorausgesagt wird, daß die Preise um 60% steigen, dann folgt aufgrund der Kurve, daß die tatsächliche Preissteigerung 47% beträgt (vgl. Punkt P). Wir können jedoch auch einen Punkt auf der Kurve bestimmen, bei dem die tatsächliche und vorausgesagte Preissteigerung dieselben sind. Es handelt sich hier um den Schnittpunkt P^* der Linie, die wir gestrichelt gezeichnet haben, und unserer Kurve (vgl. hierzu im einzelnen Simon 1954). Diese gestrichelt gezeichnete Linie ist eine Gerade mit einem Winkel von 45°, die vom Nullpunkt des Koordinatensystems ausgeht. Wenn wir also eine Preissteigerung von 30% öffentlich voraussagen, dann tritt diese auch tatsächlich ein. Allgemein können wir sagen: Wenn wir die Wirkung einer Prognose kennen, dann ist es möglich, zutreffende Voraussagen zu treffen, selbst wenn diese Voraussagen eine Eigendynamik entwickeln.

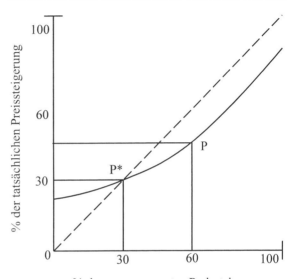

Abbildung 4: Die Eigendynamik von Prognosen

Diese Behauptung bezieht sich auf sich selbst widerlegende Voraussagen. Wir sind also davon ausgegangen, daß eine Voraussage richtig gewesen wäre, wenn sie nicht publiziert worden wäre. Sich selbst erfüllende Prognosen sind nun für unsere Frage insofern irrelevant, als sie ja gerade richtige Voraussagen zulassen. Für den Sozialwissenschaftler besteht das Problem solcher Voraussagen allein darin, daß möglicherweise falsche Theorien erfolgreich sind und somit irrtümlicherweise nicht eliminiert oder modifiziert werden. Da jedoch Theorien nie allein aufgrund von Prognosen überprüft werden, wird sich sehr schnell herausstellen, ob eine Theorie, die bei Prognosen erfolgreich ist, tatsächlich brauchbar ist.[55]

522. Zur „Offenheit" sozialer Situationen

Wir sagten, daß eine Prognose u.a. nur dann zutreffen wird, wenn sich die Anfangsbedingungen in voraussagbarer Weise ändern. Häufig wird nun gesagt, daß dies in den überwiegen

---

[55] Nebenbei sei bemerkt, daß bei einer sich selbst widerlegenden Prognose die angewendeten Theorien keineswegs falsifiziert werden. Vielmehr ändern sich aufgrund der Wirkung der Prognose die Anfangsbedingungen. In unserem Beispiel stieg etwa die Nachfrage vor der Publikation der Prognose, dann sank sie. Vgl. Nagel 1961, S. 470-471.

meisten sozialen Situationen nicht der Fall sei. Die Gesellschaften unserer Zeit seien durch starken sozialen Wandel und hohe Interdependenz ihrer „Subsysteme" gekennzeichnet. Damit sei es schon von der Beschaffenheit der Realität her für den Sozialwissenschaftler hoffnungslos, zutreffende Prognosen zu treffen.

Gegen diese These spricht, daß - wie wir sahen - erstaunlich viele Prognosen im sozialen Bereich zutreffen. Somit dürfte die genannte These in dieser extremen Form auf keinen Fall haltbar sein. Versuchen wir, einige Arten von Situationen zu skizzieren, in denen die Voraussagbarkeit von Anfangsbedingungen unterschiedlich groß sein dürfte.

Kehren wir zu unserem Wahl-Beispiel zurück. Nehmen wir an, eine Person werde diejenige von zwei politischen Parteien wählen, die sie am positivsten bewertet. Wenn der Bewertungsunterschied zwischen den beiden Parteien nun extrem groß ist, dann folgt aufgrund bestimmter Gesetzesaussagen - etwa aufgrund der Lerntheorie -, daß eine Änderung der Bewertung nur unter „extremen" Bedingungen zu erwarten ist. In unserem Beispiel hieße dies, daß Wahlkampfveranstaltungen oder persönliche Gespräche nicht ausreichen, die Bewertung einer Partei zu ändern. So wird man etwa einen überzeugten bayerischen CSU-Wähler nur mittels einer Gehirnwäsche zu einem SPD-Wähler machen können. Wir können allgemein folgendes sagen: Wenn Anfangsbedingungen, die für die Voraussage eines Ereignisses hinreichend sind, in sehr hohem Grade vorliegen, so daß aufgrund von sozialwissenschaftlichen Gesetzen die Änderung dieser Anfangsbedingungen nur durch relativ wenige Ereignisse möglich ist, dann ist in solchen Situationen auch die Voraussagbarkeit der relevanten Anfangsbedingungen relativ hoch. Wenn z.B. soziale Vorurteile gegenüber Minoritäten sehr stark sind, dann werden nur wenige Ereignisse diese Vorurteile ändern können.

Wenn Aktivitäten oder Einstellungen von Personen vorausgesagt werden sollen, dann können sich diese nur durch solche Faktoren verändern, denen diese Personen auch ausgesetzt sind. Wenn sich nun Personen nur relativ wenigen Arten von Einflüssen aussetzen, dann kann sich relativ viel in der näheren oder weiteren Umgebung dieser Personen ändern, ohne daß dies irgendeine Wirkung hat. So lesen viele Personen Zeitungen, die ihre politische Meinung zum Ausdruck bringen. Sie werden also kaum mit „abweichenden" Meinungen konfrontiert. Dies gilt auch dann, wenn man im Fernsehen nur Unterhaltungssendungen konsumiert oder wenn man nur „gleichgesinnte" Freunde hat.

Damit sind zwei Arten von Situationen skizziert, in denen die Realität so beschaffen ist, daß eine relativ hohe Voraussagbarkeit der relevanten Anfangsbedingungen gegeben ist. Da derartige Situationen auch in modernen Industriegesellschaften relativ häufig vorkommen, folgt, daß soziale Situationen nicht so „offen" sind, daß keinerlei Prognosen möglich sind.[56]

Welche Anfangsbedingungen sich nun in einer bestimmten Gesellschaft in voraussagbarer Weise ändern, könnte durch empirische Untersuchungen ermittelt werden. Solche Untersuchungen gibt es jedoch unseres Wissens nicht. Wie wird sich nun ein Sozialwissenschaftler verhalten, wenn er die Anfangsbedingungen nicht sicher oder überhaupt nicht voraussagen kann? Es wäre sicherlich wenig sinnvoll, wenn er eine Prognose der Art „Ereignis x wird eintreten" erstellen würde. Nennen wir solche Prognosen, in denen nur das vorausgesagte Ereignis erwähnt wird, *uneingeschränkte Prognosen*. Der Sozialwissenschaftler wird vielmehr seine Prognose einschränken. Er wird angeben, unter welchen Bedingungen damit zu rechnen ist, daß das vorausgesagte Ereignis eintritt. Normalerweise wird man dabei jedoch nur solche Bedingungen erwähnen, deren Änderung zum Zeitpunkt der Prognose unsicher ist. Unser Lehrer wird z.B.

---

[56] Zu der These, daß unser künftiges Wissen die Prognose sozialer Ereignisse unmöglich macht - eine These, die von Karl R. Popper vertreten wird -, siehe Opp 1967.

bei einer Prognose der Leistungsmotivation nicht erwähnen, er gehe davon aus, daß keine Epidemie auftritt. Zum Zeitpunkt der Prognose wird dies extrem unwahrscheinlich sein. Wenn sich der Lehrer jedoch z.B. an einer anderen Schule beworben hat, wird er erwähnen, daß das Ansteigen der Leistungsmotivation bei den Schülern davon abhängt, wie der neue Lehrer seinen Unterricht gestalten kann. Wir wollen Prognosen, in denen die relevanten Anfangsbedingungen und die „Wahrscheinlichkeit" ihres Auftretens erwähnt werden, als *eingeschränkte Prognosen* bezeichnen.

Die Einschränkung von Prognosen mag für Praktiker, die Voraussagen für bestimmte Maßnahmen verwenden wollen, häufig unbefriedigend sein. Will jedoch der Sozialwissenschaftler nicht zum Propheten werden, d.h. will er nur das voraussagen, was sich aus seinem theoretischen Wissen und seinem Wissen über vorliegende Anfangsbedingungen ergibt, dann wird er häufig eingeschränkte Prognosen erstellen. Diese sind für den Praktiker keineswegs nutzlos, sie sind häufig sogar brauchbarer als Prophetien. So könnte ein Praktiker über Informationen verfügen, die dem Sozialwissenschaftler nicht zugänglich sind, so daß der Praktiker den Informationsgehalt einer Prognose erhöhen kann. In unserem Beispiel könnte etwa der Lehrer Informationen darüber besitzen, daß weder die Schulleitung noch die vorgesetzte Behörde Änderungen in den institutionellen Bedingungen planen. Ein Sozialwissenschaftler, der eine Prognose über die Leistungsmotivation der Schüler treffen soll, wird diese Information verwenden und kann deshalb eine weniger eingeschränkte Prognose treffen: Er wird davon ausgehen, daß bestimmte Anfangsbedingungen längerfristig konstant bleiben und braucht sich in seiner Prognose über diese Anfangsbedingungen nicht zu äußern. Weiterhin könnten Einschränkungen einer Prognose für den Praktiker insofern wichtig sein, als er versuchen kann, die entsprechenden Anfangsbedingungen zu verändern. Wir sehen also, daß eingeschränkte Prognosen keineswegs immer praktisch unbrauchbar sind.[57]

523. Das „Erhebungspotential" des Sozialwissenschaftlers

Wir sagten, daß eine Prognose normalerweise nur dann zutreffen wird, wenn die vorliegenden Anfangsbedingungen richtig erhoben wurden. Dies ist jedoch bei vielen Prognosen äußerst schwierig. Wenn etwa das Verhalten der Polizei bei künftigen Demonstrationen von Studenten vorausgesagt werden soll, dann müßten zunächst bestimmte Anfangsbedingungen sowohl bei den Studenten als auch bei den Polizisten erhoben werden. Es ist zu vermuten, daß eine Befragung sowohl von den Studenten als auch von den Polizisten oder zumindest von einem großen Teil dieser Personen abgelehnt werden würde. Möglicherweise würden weiterhin von denjenigen Personen, die sich befragen ließen, eine Reihe falscher Informationen gegeben werden. Wir vermuten, daß die osteuropäischen Revolutionen nicht vorausgesagt werden konnten, weil die gemäß bestimmten Revolutionstheorien bedeutsamen Anfangsbedingungen nicht bekannt waren. Derartige Probleme dürften vor allem dann auftreten, wenn zur Prognose Merkmale bestimmter Institutionen erhoben werden sollen, etwa von bestimmten Behörden, Unternehmen, Parteien, Gewerkschaften, Verbänden und Gangsterbanden. In solchen Situationen wird der Sozialwissenschaftler versuchen, die erforderlichen Informationen (Anfangsbedingungen) aufgrund bestimmter Gesetze und anderer, ihm zugänglicher Anfangsbedingungen zu folgern.

---

[57] Eingeschränkte und uneingeschränkte Prognosen sind nicht mit bedingten und unbedingten Prognosen im Sinne Poppers identisch. Sowohl eingeschränkte als auch uneingeschränkte Prognosen kommen durch die Anwendung von Gesetzesaussagen und die Erhebung von Anfangsbedingungen zustande. Beide Arten von Prognosen sind also in diesem Sinne „wissenschaftlich" und keineswegs „prophetisch".

Angenommen, die Entscheidung einer Partei über eine Koalition mit einer anderen Partei solle vorausgesagt werden. Zu dem Zeitpunkt, an dem diese Entscheidung vorausgesagt werden soll, lehnen die führenden Parteimitglieder eine Befragung ab, etwa über bestimmte Einstellungen. In diesem Falle könnte der Sozialwissenschaftler frühere, bekannte Äußerungen dieser Personen heranziehen, Einflüsse zu ermitteln versuchen, die seit diesen Äußerungen auf die relevanten Personen ausgeübt wurden, und so aufgrund bestimmter Gesetze die vorliegenden Anfangsbedingungen erschließen.

Da in solchen Fällen die Anfangsbedingungen kaum jemals „sicher" gefolgert werden können, sind hier eingeschränkte Prognosen erforderlich. Dabei wird der Informationsgehalt der Prognose je nach dem Grad, in dem die Anfangsbedingungen zuverlässig gefolgert werden können, unterschiedlich hoch sein.

524. Bewußt falsche Prognosen: Birgit Breuel und die Weltausstellung in Hannover

Wir sind bisher davon ausgegangen, daß diejenigen, die eine Prognose treffen, das Ziel haben, das vorauszusagende Ereignis auch zutreffend zu prognostizieren. Dies ist aber keineswegs immer der Fall. Es ist denkbar, daß Personen, Unternehmen, staatliche Stellen oder andere Gruppen bzw. Organisationen bewußt eine falsche Prognose äußern, um dadurch Vorteile zu erhalten. Ein Beispiel hierfür ist die Expo 2000 in Hannover. Offensichtlich waren bestimmte Personen - wie z.B. das Management der Expo, zu dem u.a. Birgit Breuel gehörte -, daran interessiert, eine möglichst hohe Besucherzahl vorauszusagen, um vorweg Zuschüsse für den Aufbau der Expo zu erhalten. Nach Auskunft des Unternehmensberaters Roland Berger ist dieser von höchstens 32 Millionen Besuchern ausgegangen. Seine Prognose waren 26 Millionen Besucher (und ein Verlust von 1,6 Milliarden DM). Das Expo-Management fragte Berger, ob er 40 Millionen Besucher ausschließen könne. Da Berger dies natürlich nicht konnte, ging das Management der Expo von 40 Millionen Besuchern aus (siehe DIE WELT vom 4.11.2000, S. 14). In diesem Falle hätte nämlich die Expo ohne Verluste betrieben werden können, so daß keine staatlichen Zuschüsse erforderlich gewesen wären. Es ist bekannt, daß die Besucherzahl nur ca. 18 Millionen betrug und daß ca. 2,5 Milliarden DM betriebswirtschaftlicher Verlust gemacht wurde, der vom Steuerzahler getragen werden mußte.

Wenn man nun bilanziert, wie häufig sozialwissenschaftliche Prognosen im allgemeinen zutreffen, dann muß man dabei berücksichtigen, daß ein Teil der fehlgeschlagenen Prognosen bewußt falsch gestellt wurde. Wie viele dies sind, ist unbekannt.

53. Zur Kritik einiger Praktiken bei der Prognose im sozialen Bereich

In diesem Abschnitt wollen wir uns mit einigen weit verbreiteten Mängeln sozialwissenschaftlicher Prognosen befassen. a) Wir wiesen bereits darauf hin, daß in vielen Prognosen *inadäquate Theorien* verwendet werden, d.h. Theorien, die nach unserem heutigen Wissen nicht haltbar sind. Dies geschieht z.B. dann, wenn man eine Prognose in folgender Weise erstellt. Nehmen wir an, die Bevölkerung eines Landes habe von 1950 bis 1990 jährlich um 2% zugenommen. Ein Sozialwissenschaftler solle nun die Bevölkerungsentwicklung bis 1995 voraussagen. Er extrapoliere den bisherigen Entwicklungstrend in die Zukunft. D.h. er sage für jedes Jahr eine Bevölkerungsvermehrung von 2% voraus. In solchen *Extrapolationen* werden offenbar Gesetze der folgenden Art angewendet: „Wenn sich Merkmal M im Zeitraum t in bestimmter Weise verändert hat, dann wird M sich auch weiter so verändern." An unserem Beispiel läßt sich leicht zeigen, daß ein solches Gesetz kaum zutreffen dürfte. Wenn sich im Jahre 1990 das

Sexualverhalten der Bevölkerung des Landes geändert hätte, wenn z.B. viele Frauen die Pille genommen hätten und wenn weiterhin z.B. 1991 viele Personen auswandern und nur wenige Personen einwandern, dann würde die Bevölkerung bis 1995 abnehmen. Die Veränderung eines Merkmals bleibt also nur dann in der Zukunft konstant, wenn bestimmte andere Bedingungen - die sich wiederum aus bestimmten Gesetzen ergeben - konstant bleiben. Die Praktik, vergangene Entwicklungen in die Zukunft zu projizieren, gleicht der Annahme der Weihnachtsgans, die davon ausgeht, daß sie am nächsten Tag - wie an jedem vorangegangenen Tag - Futter erhält. Diese Annahme ist - im Gegensatz zu vielen falschen Annahmen von Sozialwissenschaftlern - ein tödlicher Irrtum.

Eine andere mangelhafte Theorie wird z.B. häufig bei Wahlprognosen verwendet, wie wir bereits sahen: Man nimmt an, daß Personen ihre gegenwärtigen Ziele zu einem späteren Zeitpunkt auch realisieren. Wenn etwa eine Person sagt, sie würde Partei P wählen, wenn morgen Wahltermin wäre, dann nimmt man an, daß diese Person beim nächsten Wahltermin auch tatsächlich Partei P wählt.

b) Häufig scheint es, daß bei Prognosen bestimmte *Theorien implizit verwendet werden*. Nehmen wir an, ein Sozialwissenschaftler erstelle folgende Prognose:

> Als in den USA und einigen anderen Ländern jeweils 90% der Haushalte ein Auto, einen Kühlschrank und einen Fernsehapparat besaßen, entstand eine Dauerarbeitslosigkeit. In Schweden besitzen nun 90% der Haushalte die genannten Güter. Es ist somit zu erwarten, daß sich in Schweden eine Dauerarbeitslosigkeit entwickeln wird.

In dieser Prognose wird also gesagt, daß in einigen Ländern auf den Zustand x der Zustand y nach einer gewissen Zeit folgt; daß in einem anderen Land Zustand x vorliege und somit Zustand y auch in diesem anderen Land zu erwarten sei. Die hier implizit verwendete Theorie könnte folgendermaßen lauten: „Wenn in einem Land nach einem Zustand x ein Zustand y folgt, dann ist dies auch bei anderen Ländern zu erwarten." Allgemein gesagt: Man postuliert „die Übertragbarkeit einer Menge in einem bestimmten Raum-Zeit-Gebiet festgestellter Invarianzen auf ein angrenzendes Raum-Zeit-Gebiet" (vgl. Albert 1964, S. 63). Offenbar wird man aber eine solche Übertragbarkeit nicht für jeden Zustand postulieren. Manche Entwicklungen sind eben „typisch" für bestimmte Länder. Bei der beschriebenen Prognose muß also der Sozialwissenschaftler Gründe dafür gehabt haben, speziell die von ihm genannte Invarianz zu übertragen. Er hat vermutlich implizit mindestens ein Gesetz angewendet, aufgrund dessen er speziell die genannte Invarianz für übertragbar hielt. Leider erfahren wir dieses Gesetz nicht. Dies hat die Konsequenz, daß wir nicht kontrollieren können, ob das angewandte Gesetz brauchbar ist oder nicht.[58]

c) Ein weiterer Mangel vieler Prognosen ist, daß implizit die *Konstanz bestimmter Anfangsbedingungen* angenommen wird. So geht man offenbar bei der Prognose wirtschaftlicher Ereignisse oft davon aus, daß bestimmte Konsumnormen und bestimmte Ziele der Unternehmen konstant bleiben. Es scheint, daß die Konstanz solcher Tatbestände deshalb implizit angenommen wird, weil sie sich bisher nicht verändert haben. Wir sahen jedoch, daß vergangene Entwicklungen sich keineswegs in der Zukunft fortzusetzen brauchen. Es ist also sinnvoll, bei Prognosen auch auf solche Anfangsbedingungen zu achten, deren Konstanz selbstverständlich erscheint.

---

[58] Zu den Mängeln sog. Entwicklungsgesetze, die eine Prognose historischer Entwicklungen erlauben sollen, vgl. insbesondere Popper 1960.

Wenn man überlegt, wie vorliegende Prognosen aufgrund unseres theoretischen und methodologischen Wissens hätten formuliert werden können, dann zeigt sich, daß sozialwissenschaftliche Prognosen oft dem Stand unseres Wissens nicht entsprechen. Dies hat erstens die Konsequenz, daß die Sozialwissenschaften in der Öffentlichkeit negativer bewertet werden als es ihrem Stand entspricht. Zweitens vertut man bei mangelhaften Prognosen die Chance, die angewendeten Theorien zu prüfen; denn wenn eine Prognose zutrifft und wenn die Anfangsbedingungen richtig erhoben wurden, dann handelt es sich hier um eine Bewährungsprobe, die die angewendete Theorie bestanden hat.

6. Modellbildung

Wir haben uns bisher mit relativ einfachen Erklärungen befaßt. Viele konkrete Erklärungen in den Sozialwissenschaften sind jedoch komplexer. Dies gilt insbesondere für Erklärungen im Rahmen des individualistischen oder, wie wir sagen wollen, *strukturell-individualistischen Forschungsprogramms*.[59] Dieses Programm wird insbesondere von der Wirtschaftswissenschaft, dem „Rational Choice"-Ansatz der Soziologie und dem „Public Choice"-Ansatz der politischen Wissenschaft zu realisieren versucht. Hier werden Erklärungsargumente als *Modelle* und der Vorgang der Erklärung selbst als *Modellbildung* bezeichnet.[60] Im folgenden wollen wir mit einem Beispiel für ein Modell beginnen, auf der Grundlage dieses Beispiels einige wichtige Merkmale der Modellbildung darstellen und zum Schluß kurz das genannte Forschungsprogramm skizzieren.

60. Ein Beispiel: Warum lösen sich Versammlungen bei Regen auf?

Man hat häufig beobachtet, daß sich Menschenansammlungen auflösen, wenn es zu regnen anfängt (Oberschall 1980, S. 46-47). Wie kann man dies erklären? Der genannte Zusammenhang zwischen Regen und der Auflösung von Versammlungen ist also unser Eplanandum - siehe das folgende Schema, das unser Modell zusammenfaßt. Wir sahen, daß Erklärungen u.a. aus Gesetzesaussagen bestehen. Bei der Modellbildung, also bei Erklärungen im Rahmen des strukturell-individualistischen Forschungsprogramms, ist die Gesetzesaussage eine Theorie über das Handeln individueller Akteure. Die von Vertretern dieses Programms gegenwärtig am meisten verwendete Theorie ist die *Theorie rationalen Handelns*. Diese besagt erstens, daß die Nutzen und Kosten einer Handlung, d.h. die Ziele und Handlungsmöglichkeiten oder Handlungsbeschränkungen, für die Ausführung der betreffenden Handlung von Bedeutung sind. Die zweite Teilhypothese lautet, daß Personen versuchen, ihre Ziele bei den gegebenen Handlungsbeschränkungen in bestmöglicher Weise zu erreichen.[61] Diese sehr vereinfachte Darstellung reicht für unsere Zwecke aus. Bei unserer Erklärung nehmen wir an, daß diese Theorie zutrifft. Dies ist die erste Annahme unseres Modells.

---

[59] Die Literatur zu diesem Ansatz ist sehr umfangreich. Vgl. einführend Bohnen 1975, 2000; vgl. weiter Coleman 1990; Esser 1993; Frey 1990/1999; Kirchgässner 2000; Kunz 1997; McKenzie und Tullock 1978/1984; Opp 1979, 1988; Ramb und Tietzel 1993; Raub und Voss 1981; Vanberg 1975; Voss und Abraham 2000; Weede 1992.

[60] Zur Diskussion der Modellbildung in der Ökonomie vgl. Arni 1989 mit weiteren Literaturhinweisen. Vgl. insbesondere die Arbeiten von Nagel 1953 und Musgrave 1981, siehe auch Max Albert 1996. Weiter sei auf methodologische Schriften zur Ökonomie verwiesen - z.B. Blaug 1992. Empfehlenswert ist auch Little 1991.

[61] Vgl. hierzu Coleman 1990; Frey 1990/1999; Kirchgässner 2000; Opp 1983, Kap. II.

Modellbildung

Eine Erklärung besteht, wie wir früher sahen, u.a. aus Anfangsbedingungen. Will man mittels des Modells rationalen Handelns erklären, warum sich Versammlungen bei Regen auflösen, sind weiter u.a. Annahmen über die Anfangsbedingungen erforderlich. Solche Annahmen beziehen sich u.a. auf die Handlungssituation. Die Theorie rationalen Handelns steuert dabei unsere Suche nach dem, was in der Handlungssituation für das Handeln der Akteure von Bedeutung ist. In unserem Beispiel suchen wir nach Nutzen und Kosten für das Verbleiben auf dem Platz bzw. für das Verlassen des Platzes. Welches könnten diese Nutzen und Kosten sein?

Gehen wir zur Beantwortung dieser Frage von einem konkreten Beispiel aus: Auf einem Marktplatz einer bestimmten Stadt finde an einem bestimmten Tag die Abschlußkundgebung einer Demonstration statt und es fange an zu regnen. Eine Art von Nutzen für das Verbleiben sei das Interesse an den Ausführungen der Redner. Wir nehmen weiter an, daß nicht alle Teilnehmer in gleichem Maße an den Ausführungen der Redner interessiert sind. Mancher Teilnehmer wird nicht erwarten, daß die Redner neue Erkenntnisse bringen und mag die Redner selbst auch nicht besonders sympathisch finden; andere Personen dagegen erwarten neue Argumente und finden die eingeladenen Redner besonders sympathisch. Eine Art von Nutzen für das Verbleiben ist also das *Interesse an der Veranstaltung*. Wir nehmen an, daß dieses Interesse bei den Teilnehmern unterschiedlich groß ist. Die Verteilung des Interesses sei *abgestuft*: Alle Intensitätsstufen sind vorhanden. Es gibt also keinen Bruch der Art, daß nur Personen mit relativ großem und relativ geringem Interesse teilnehmen (Annahme 2).

Weiter spiele die *Anzahl der Teilnehmer* eine Rolle für das Verbleiben. Wenn z.B. nur etwa 30 Teilnehmer auf einem großen Marktplatz bei einer Rede zuhören, dann ist dies relativ unangenehm: Man wird angestarrt und Spaziergänger werden ihre negative Einschätzung der Demonstration deutlich machen. Je weniger Personen also an einer Menschenansammlung teilnehmen, desto unangenehmer ist das Verbleiben am Ort (Annahme 3).

Wir gehen weiter zunächst davon aus, daß bei den Anwesenden diese Art von Nutzen in etwa gleich ist (Annahme 4). Eine Annahme der Art, daß die Anzahl der Personen, die eine Handlung ausführen, für einen Akteur Nutzen oder auch Kosten verursacht, kommt bei Erklärungen sozialen Handelns im Rahmen des strukturell-individualistischen Forschungsprogramms sehr häufig vor.

Eine fünfte Annahme, von der wir ausgehen wollen, lautet, daß *Naßwerden kostspielig ist*. Wir nehmen an, daß die Abschlußkundgebung in Hamburg stattfand - eine Stadt, in der man auf Regen vorbereitet ist, wenn man sich länger unter freiem Himmel aufhält. Entsprechend seien die Unterschiede in den Kosten des Naßwerdens für alle Teilnehmer nicht so groß, daß dies für unsere Erklärung von Bedeutung ist.

Bei unserer Erklärungsfrage gehen wir davon aus, daß eine Menschenmenge sich auf einem Platz versammelt hat. Gemäß der Theorie rationalen Handelns ist für alle diese Personen vor Beginn des Regens der *Nutzen des Verbleibens größer als die damit verbundenen Kosten*. D.h. der Nettonutzen des Verbleibens ist größer als der Nettonutzen des Verlassens. Die Differenzen zwischen dem Nettonutzen des Verbleibens und Verlassens sind jedoch verschieden für die einzelnen Akteure: Für diejenigen mit starkem Interesse an der Teilnahme ist die Nutzendifferenz relativ groß. Für andere mit sehr geringem Interesse dagegen liegen die Nutzen der Teilnahme nur geringfügig über den Kosten. Wir wollen diese Tatbestände als Annahme 7 formulieren, da unsere Erklärung dadurch leichter verständlich wird.

Damit ist die Ausgangssituation beschrieben. Diese besteht aus der *Verteilung* von Nutzen und Kosten bei den Akteuren. Würden keine besonderen Ereignisse auftreten, hätten die Teilnehmer keine Veranlassung, die Veranstaltung zu verlassen. Ein solches besonderes Ereignis tritt jedoch auf: Es beginnt zu regnen. Was geschieht bei Beginn des Regens?

Da Naßwerden kostspielig ist (Annahme 5), steigen die Kosten der Teilnahme für alle Teilnehmer an. Wir nehmen an, daß die Kosten *so stark* ansteigen, daß der Nettonutzen des Verbleibens für eine Reihe von Teilnehmern kleiner wird als der Nettonutzen des Verlassens. Diese Teilnehmer werden die Versammlung verlassen.

Dies wiederum führt dazu, daß für die verbleibenden Teilnehmer die Kosten des Verbleibens weiter steigen, denn gemäß Annahme 3 gilt, daß mit abnehmender Zahl der Teilnehmer das Verbleiben kostspieliger wird. Wir nehmen an, daß die Kosten so stark steigen, daß wiederum eine Reihe derjenigen mit einer relativ geringen Nutzendifferenz die Veranstaltung verlassen. Dieser Prozeß der langsamen Abwanderung setzt sich solange fort, bis sich die Versammlung vollständig aufgelöst hat.

61. Zur Logik der Modellbildung

Obwohl unser Beispiel ein sehr einfaches Modell ist, illustriert es doch die wichtigsten typischen Eigenschaften von Modellen. Diese sollen im folgenden herausgearbeitet und an unserem Beispiel illustriert werden.

610. Wie erfolgt die Verbindung von Mikro- und Makroebene?

In unserem Explanandum wird etwas über die Auflösung einer Versammlung gesagt. Eine „Versammlung" ist ein Kollektiv, also eine Gruppe im weitesten Sinne dieses Wortes, und kein individueller Akteur. „Auflösung" oder auch „Größe" einer Versammlung ist eine Eigenschaft dieses Kollektivs - ein Individuum kann sich nicht in dem Sinne wie eine Versammlung „auflösen". Das Explanandum unseres Modells besteht also u.a. aus einem Kollektivmerkmal. „Regen" kann man als eine Situation ansehen, der die Versammlung ausgesetzt ist. Entsprechend handelt es sich auch hier um ein Kollektivmerkmal. Das Explanandum besteht also aus einer *Makrohypothese*, d.h. aus einer Aussage über eine Beziehung zwischen Kollektivmerkmalen: Einsetzender Regen führt zur Auflösung einer Versammlung.

Es ist für viele Modelle typisch, daß eine Makrohypothese oder auch eine einzelne Makrovariable erklärt wird. Ersteres trifft z.B. für die Erklärung des Zusammenhangs von Repression und politischer Gewalt zu: Es hat sich gezeigt, daß häufig dann, wenn die Repression in einem Staat relativ gering ist und ansteigt, politische Gewalt zunächst zunimmt. Wenn die Repression ein gewisses Ausmaß überschreitet, also relativ groß wird, geht die politische Gewalt bei weiterem Ansteigen der Repression zurück. Man hat unter Anwendung des Modells rationalen Handelns versucht, diesen Zusammenhang zu erklären (vgl. z.B. Muller 1985, Lichbach 1987, Weede 1987). Ein Beispiel für die Erklärung einer einzelnen Makrovariablen ist die Frage, wovon das Ausmaß politischer Gewalt in einem Land abhängt.

Wie könnte diese Makrohypothese erklärt werden? Es ist typisch für den strukturell-individualistischen Erklärungsansatz, daß kollektive Sachverhalte als *Ergebnis des Handelns der individuellen Akteure* erklärt werden. Dies ergibt sich bereits aus der Theorie rationalen Handelns: Gegenstand dieser Theorie ist das Handeln von Individuen. Da diese Theorie zur Erklärung von Makrohypothesen angewendet wird, folgt, daß Makrohypothesen oder auch Makrovariablen durch Hypothesen erklärt werden, die sich auf Individuen beziehen, also durch *Mikrohypothesen*.

Wenn nun eine Makrohypothese durch eine Mikrohypothese erklärt werden soll, entsteht die Frage: Wie werden die beiden Ebenen, also die Mikro- und Makroebene, miteinander verbunden? Wir wollen die Beantwortung dieser Frage anhand von Abbildung 5 verdeutlichen. Darin ist zunächst die Makro- und Mikrohypothese enthalten. Bei der Makrohypothese ist zu beachten, daß die beiden Variablen „Regen" und „Auflösung einer Versammlung" durch eine geschwungene Linie verbunden sind. Dies bedeutet, daß es sich um eine Korrelation handelt, die in unserem Modell erklärt wird. Die Abbildung zeigt, daß die beiden Ebenen durch Brückenhypothesen oder, wie wir sagen wollen, durch *Brückenannahmen* miteinander verbunden werden. Um welche Art von Aussagen handelt es sich bei den Brückenannahmen? Betrachten wir zunächst noch einmal unsere Mikrohypothese (siehe Abbildung 5). In einigen Annahmen unseres Modells werden verschiedene Nutzen und Kosten des Verbleibens und die Verteilung dieser Nutzen und Kosten bei den Individuen aufgeführt. Wenn nun die Kosten und Nutzen des Verbleibens und die Verteilung dieser Kosten und Nutzen bei den Akteuren für das Verlassen der Versammlung von Bedeutung sind, dann kann der einsetzende Regen nur in der Weise zum Verlassen der Versammlung führen, daß er die genannten Nutzen und Kosten verändert. Der Regen beeinflußt also die Nutzen bzw. Kosten des Verbleibens. Es handelt sich hier um eine empirische Hypothese. Entsprechend wurde in Abbildung 5 ein Pfeil von „Regen" auf der Makroebene zu „Nutzen/Kosten des Verbleibens" auf der Mikroebene gezeichnet. Diese Hypothese ist also eine *empirische Brückenannahme*: man kann sie durch Untersuchungen überprüfen.

Gemäß unserem Modell erhöhen sich durch den Regen die Kosten des Verbleibens für die einzelnen Akteure. Jeder Akteur trifft nun eine Entscheidung darüber, ob er die Versammlung verlassen soll oder nicht. „Auflösung" der Versammlung bedeutet, daß die einzelnen Akteure sukzessive entscheiden wegzugehen. D.h. „Auflösung der Versammlung" ist das Ergebnis der Entscheidungen der einzelnen Akteure. „Ergebnis" bedeutet hier, daß „Auflösung" *soviel heißt wie* „die auf dem Marktplatz anwesenden Personen verlassen sukzessive den Marktplatz". „Auflösung" ist also *definiert* als eine bestimmte Aggregation individueller Merkmale. In ähnlicher Weise wird „Kriminalitätsrate" definiert als eine Aggregation der Delikte von Individuen, nämlich als die Anzahl der Delikte oder Täter eines Kollektivs in einem bestimmten Zeitraum, pro 100.000 der Bevölkerung. Wir haben uns in Kapitel II im einzelnen mit der Konstruktion von Kollektivmerkmalen beschäftigt. Für die Modellbildung ist dabei von Bedeutung, daß die Brückenannahmen nicht nur empirischen, sondern auch definitorischen bzw. analytischen Charakter haben. Entsprechend wollen wir von *analytischen Brückenannahmen* sprechen. In unserem Beispiel (Abbildung 5) haben wir diese Annahme durch eine Linie symbolisiert. Abbildung 5 ähnelt einer Badewanne und charakterisiert sehr treffend die Struktur einer Vielzahl von Erklärungen des strukturell-individualistischen Forschungsprogramms.[62] Allerdings trifft sie nicht für alle Erklärungen zu (vgl. im einzelnen Opp 1992). Wenn z.B. nur ein Makromerkmal zu erklären ist - etwa die Auflösung von Versammlungen -, wird die Badewanne zu einem Sitzbad mit der Rückenlehne auf der rechten Seite: „Regen" und der Pfeil von „Regen" zu „Nutzen und Kosten ..." fallen weg. Da es jedoch hier um die logische Grundstruktur von Modellen geht, sollen Varianten dieser Grundstruktur nicht weiter behandelt werden.

---

[62] Diese Art der Darstellung ist vor allem durch die Arbeiten von James S. Coleman bekannt geworden, vgl. z.B. 1990. Die Badewanne findet sich jedoch in genereller Form bereits bei Hummell und Opp 1971, S. 15. McClelland (1961, S. 47) illustriert mit dieser Darstellung ein Beispiel.

Ein Modell zur Erklärung der Auflösung von Menschenansammlungen bei einsetzendem Regen
Explanandum: Menschenansammlungen lösen sich auf, wenn es anfängt zu regnen.
Ausgangssituation: *Annahme 1 - Gesetz:* Theorie rationalen Handelns. *Annahme 2:* Das Interesse an der Veranstaltung ist bei den Teilnehmern verschieden groß und abgestuft. *Annahme 3:* Je weniger Personen an einer Menschenansammlung teilnehmen, desto unangenehmer ist das Verbleiben am Ort. *Annahme 4:* Die Kosten des Verbleibens bei abnehmender Anzahl der Teilnehmer sind bei den Teilnehmern gleich. *Annahme 5:* Die Kosten des Naßwerdens sind bei den Teilnehmern gleich. *Annahme 6:* Vor Beginn des Regens ist der Nettonutzen des Verbleibens größer als der Nettonutzen des Verlassens der Versammlung. *Annahme 7:* Die Differenz des Nettonutzens des Verbleibens und des Verlassens der Versammlung ist bei den Teilnehmern verschieden abgestuft (aufgrund von Annahme 2).
Veränderung der Ausgangssituation: *Annahme 8:* Es beginnt zu regnen.
Änderung der Nutzen und Kosten des Verbleibens und Folgen für das Verhalten der Teilnehmer: 1. Kosten des Verbleibens steigen (Annahmen 5 und 8). 2. *Teilnehmer mit der geringsten Nutzendifferenz des Verbleibens verlassen die Versammlung* (Annahmen 2 und 7). 3. Kosten des Verbleibens steigen durch abnehmende Teilnehmerzahl (Annahme 3). 4. *Weitere Teilnehmer mit geringster Nutzendifferenz des Verbleibens verlassen die Versammlung* (Annahmen 2 und 7). 5. Kosten des Verbleibens steigen durch abnehmende Teilnehmerzahl (Annahme 3). 6. *Weitere Teilnehmer mit geringster Nutzendifferenz des Verbleibens verlassen die Versammlung* (Annahmen 2 und 7). Schritte 5 und 6 erfolgen, bis alle Teilnehmer die Versammlung verlassen haben.
Ergebnis: Die Versammlung löst sich auf.

611. Die Erklärungskraft von Modellen

Wir haben erklärt, warum sich eine bestimmte Versammlung bei Regen aufgelöst hat. Dabei sind wir davon ausgegangen, daß bestimmte Annahmen zutreffen. Das Explanandum folgt aus diesen Annahmen. In unserem Beispiel sind die Annahmen - mit Ausnahme von Annahme 1 - keine gesetzesartigen Aussagen. Entsprechend brauchen die Annahmen 2 ff. nicht immer erfüllt zu sein. Es könnte deshalb Situationen geben, in denen einsetzender Regen keineswegs dazu führt, daß sich Versammlungen auflösen.

Können wir erklären, unter welchen Bedingungen sich Versammlungen *nicht* oder nur zum Teil auflösen? Annahme 2 lautete, daß das Interesse an der Veranstaltung bei den Teilnehmern verschieden groß und abgestuft war. Diese Annahme braucht keineswegs immer erfüllt zu sein. Man denke an Großkundgebungen mit charismatischen Führern. Für die Anwesenden ist oft jedes Wort eines solchen Führers eine Offenbarung. Der Nutzen des Verbleibens ist in solchen Situationen so groß, daß selbst bei starkem Regen kaum Personen abwandern - oder zumindest nur wenige Personen abwandern, so daß sich die Versammlung nicht auflöst.

Wir hatten weiter angenommen, daß Naßwerden kostspielig ist. Diese Kosten könnten so gering sein, daß sie für das Verlassen einer Versammlung gänzlich irrelevant sind. So könnte

Abbildung 5: Die Verbindung von Makro- und Mikroebene bei der Modellbildung

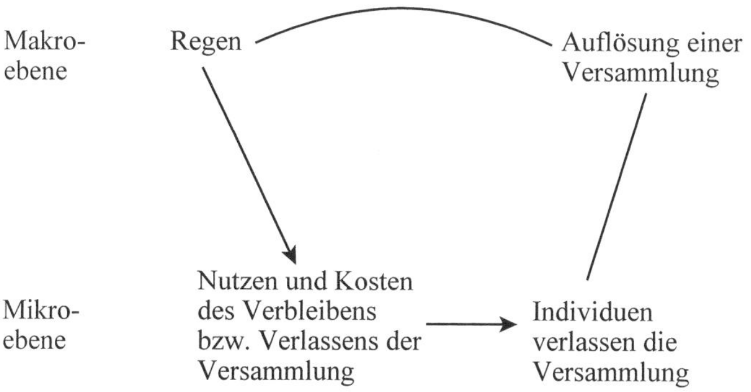

Makroebene	Regen	→	Auflösung einer Versammlung
	↓		↑
Mikroebene	Nutzen und Kosten des Verbleibens bzw. Verlassens der Versammlung	→	Individuen verlassen die Versammlung

der Wetterbericht schlechtes Wetter angesagt haben, und die Besucher haben sich entsprechend mit Regenschutz in einem Maße ausgestattet, daß der Regen nicht stört.

Wir waren davon ausgegangen, daß nur eine einzige Art von Kosten wirksam ist. In Wirklichkeit könnten andere Arten von Kosten viel wichtiger sein. So mußte man in kommunistischen Staaten an vielen Versammlungen teilnehmen. Lehnte man die Teilnahme ab, mußte mit Strafen gerechnet werden. Entsprechend mußte man auch bei vorzeitigem Verlassen einer Versammlung erwarten, daß dies beobachtet und bestraft wurde. In einer solchen Situation ist zu erwarten, daß selbst bei Orkanen kaum jemand abwandert. Die Kosten des Verlassens sind weiter vom Standort des Akteurs mitten in oder am Rande einer Menschenmenge abhängig.

Diese Hinweise zeigen, daß die Modellbildung es erlaubt, *Bedingungen* zu formulieren, unter denen bestimmte Hypothesen bzw. Explananda auftreten. Der Grund ist, daß wir die Annahmen eines Modells *generell* als eine bestimmte Bedingungskonstellation für das Explanandum ansehen können. Um dies besser verstehen zu können, wollen wir die zuletzt beschriebenen Annahmen als Annahmen B bezeichnen und das betreffende Modell in etwas anderer Form schreiben:

Theorie rationalen Handelns
Annahmen B
―――――――――――――
Explanandum

Die waagerechte Linie bedeutet, daß der unter der Linie stehende Satz aus den über der Linie stehenden Sätzen logisch ableitbar ist.

In der Logik gibt es eine Regel - das sog. Deduktionstheorem -, nach der das vorige Schema auch in folgender Weise geschrieben werden kann (vgl. z.B. Suppes 1957, S. 28-29)[63]:

Theorie rationalen Handelns
―――――――――――――
Wenn die Annahmen B erfüllt sind, dann tritt das Explanandum auf.

Wenn man also von der Richtigkeit der Theorie rationalen Handelns ausgeht, dann folgt: Wenn die genannten Annahmen zutreffen, dann tritt das Explanandum auf. Entsprechend hätte man auch unser erstes Modell generell formulieren können, also nicht auf eine konkrete, reale Situation beziehen müssen. Unser Modell würde dann besagen, daß dann, *wenn* die dort beschriebenen Annahmen gegeben sind, sich Versammlungen bei Regen auflösen. Wichtig in diesem Zusammenhang ist, daß das genannte Explanandum - Versammlungen lösen sich bei Regen auf - keineswegs immer auftritt, sondern nur in bestimmten Situationen, d.h. unter bestimmten Bedingungen.

Ist es möglich, daß *dasselbe* Explanandum in *unterschiedlichen* Situationen auftritt, d.h. aus verschiedenen Mengen von Annahmen abgeleitet werden kann? Lösen sich bei Regen z.B. Versammlungen auch unter anderen als den im ersten Modell beschriebenen Bedingungen auf? Gehen wir davon aus, daß die Annahmen 2, 3 und 4 unseres obigen Modells nicht gelten. D.h. das Interesse aller Teilnehmer sei gleich groß, die Anzahl der anwesenden Personen habe keine Bedeutung für die Kosten des Verbleibens, und der Regen sei nicht kostspielig, da alle Teilnehmer ausreichend Regenschutz bei sich haben. Angenommen, wir beobachten, daß sich auch in dieser Situation eine Versammlung bei Regen langsam auflöst. Wie könnte dies erklärt werden? Nehmen wir an, die Wohnorte der Versammlungsteilnehmer seien vom Versammlungsort unterschiedlich weit entfernt. Jeder Teilnehmer hat das Ziel, nach Ende der Versammlung möglichst schnell nach Hause zu kommen. Wegen schlechter Parkmöglichkeiten beim Versammlungsort sind die Teilnehmer mit öffentlichen Verkehrsmitteln, und zwar mit Bussen, angereist. Jeder Teilnehmer wisse nun, daß bei einsetzendem Regen die Busse verspätet abfahren und nur

―――――――――――――
[63] Dieses Theorem besagt folgendes. Angenommen, aus einer Menge von Prämissen P und aus einer zusätzlichen Prämisse Q sei eine Konklusion R ableitbar. Ist dies der Fall, dann gilt: Aus den Prämissen P allein ist die Implikation „Wenn Q, dann R" ableitbar. Angewendet auf die Bildung von Modellen sei die Menge P, die auch aus einem Element bestehen kann, das Modell rationalen Handelns. Die Prämisse „Q" sei die Menge der zusätzlichen Annahmen. „Q" sei also ein komplexer Satz, der aus der Konjunktion der einzelnen Annahmen besteht, d.h. die einzelnen Annahmen werden als ein einziger Satz betrachtet, der aus einer Und-Verbindung der einzelnen Annahmen besteht. „R" sei das Explanandum. Es folgt dann allein aus dem Modell rationalen Handelns: Wenn die Annahmen Q zutreffen, dann gilt auch die Konklusion R.

sehr langsam fahren. D.h. diejenigen, die weit vom Versammlungsort wohnen, werden relativ spät zu Hause ankommen. Um nun möglichst früh zu Hause zu sein, werden bei einsetzendem Regen diejenigen, die weit vom Versammlungsort wohnen, die Versammlung unmittelbar bei einsetzendem Regen verlassen. Diejenigen, die relativ nahe am Wohnort bleiben, werden die Versammlung erst verlassen, wenn es eine gewisse Zeit geregnet hat. Diese Erklärungsskizze zeigt, daß ein *gegebenes Explanandum* aus *unterschiedlichen Annahmen* abgeleitet werden kann.

Folgende Kritik der Modellbildung liegt nahe: Wenn sich die Annahmen beliebig ändern lassen, dann wird die Modellbildung zu einem logischen Spielchen ohne jegliche Erklärungskraft. Es kann nicht bestritten werden, daß die Modellbildung in der Weise verwendet werden *kann* und auch verwendet *wird*, d.h. daß oft weitgehend beliebige Annahmen getroffen werden, die mit der Realität kaum etwas zu tun haben. Andererseits kann man aber auf viele Beispiele verweisen, in denen die Modellbildung neue, interessante Erklärungen liefert, die sich empirisch bestätigt haben.[64] Daß Modelle oft fragwürdige Ergebnisse liefern, sagt nichts gegen die Brauchbarkeit der Vorgehensweise der Modellbildung. Man kann jedes Instrument mißbrauchen. So kann man mit einem Brotmesser auch Menschen umbringen. Trotzdem wird man das Brotmesser nicht als eine unnütze Technologie betrachten.

612. Modellbildung und die Tiefe von Erklärungen

Betrachten wir noch einmal unser erstes Beispiel. Nehmen wir an, wir hätten unsere Makrohypothese durch eine andere Makrohypothese und eine Reihe weiterer Annahmen erklärt:

Gesetz M: Gruppen lösen sich bei negativen Naturereignissen auf;
Annahme 1: Eine Versammlung ist definitionsgemäß eine Gruppe;
Annahme 2: Regen ist definitionsgemäß ein negatives Naturereignis;
Annahme 3: Die Versammlung a wird einem negativen Naturereignis ausgesetzt;

Explanandum: Versammlung a löst sich auf.

---

[64] Hier seien nur einige Beispiele für Modelle erwähnt. Das vielleicht am intensivsten in verschiedenen sozialwissenschaftlichen Disziplinen diskutierte Modell ist die Theorie kollektiven Handelns von Mancur Olson (1965). Es geht hier insbesondere darum zu erklären, warum in großen Gruppen die Erreichung gemeinsamer Ziele der Mitglieder relativ unwahrscheinlich ist. Ausgangspunkt ist also eine Makrohypothese, in der etwas über den Zusammenhang von Gruppengröße und Herstellung von Kollektivgütern gesagt wird. Die Erklärung verläuft so, daß die Gruppengröße mit den Nutzen bzw. Kosten des Beitrages der Individuen zur Herstellung des Kollektivgutes zusammenhängt. „Herstellung des Kollektivgutes" ist ein Ergebnis der Beitragsleistungen der Akteure. Die Erklärung läßt sich in Form der beschriebenen Badewanne darstellen. Andere Modelle befassen sich ebenfalls mit kollektivem Handeln. Modelle, die u.a. mittels Computersimulationen formuliert werden, findet man in Marwell und Oliver 1993, siehe auch die Arbeiten von Douglas Heckathorn und Michael Macy.

Der Leser, der sich mit weiteren konkreten Modellen befassen möchte, sei auf die folgenden Beispiele verwiesen, die insbesondere für Soziologen interessant sein dürften: Esser (1985) schlägt ein Modell für die Erklärung sozialer Differenzierung vor. Nauck (1989) erklärt interkulturelle Unterschiede in den Beziehungen zwischen Eltern und Kindern. Wippler (1985) erklärt die Entstehung von oligarchischen Strukturen in Organisationen; Opp, Voß, und Gern (1993) erklären die Revolution in der DDR.

Wir nehmen an, daß alle Aussagen in dieser Erklärung wahr sind. Ist diese Erklärung befriedigend? Vermutlich nicht. Folgende Frage ist immer noch nicht zufriedenstellend beantwortet: Warum hat denn nun der Regen zur Auflösung von Versammlung a geführt? Weiter erscheint auch Gesetz M - unser „Makrogesetz" - unbefriedigend. Wir wollen wissen, warum sich denn generell Gruppen bei negativen Naturereignissen auflösen. Warum sind diese Fragen nicht zufriedenstellend beantwortet? Ist die Erklärung, die unser erstes Modell anbietet, vorzuziehen? Vermutlich ja. Der Grund ist folgender: Wenn wir einen Makrozusammenhang erklären wollen, dann sind wir erst dann mit der Erklärung zufrieden, wenn wir wissen, wie die *individuellen Akteure* das betreffende Explanandum-Ereignis hervorgebracht haben. Genau dies sagt uns unser erstes Modell: Wir erfahren, wie genau der Regen in einer bestimmten Situation die einzelnen Akteure schrittweise dazu veranlaßt, den Platz zu verlassen.

Illustrieren wir diese These an einem anderen Beispiel. Als Ursachen für die Revolution in der DDR im Jahre 1989 werden oft die veränderte Politik von M. Gorbatschow und die Liberalisierung in Polen und Ungarn genannt. Nehmen wir an, diese Sachverhalte werden als Ursachen aufgrund des folgenden Gesetzes behauptet: Immer wenn Nachbarstaaten einer Diktatur liberaler werden, bricht eine Diktatur zusammen. Gegenstand der Erklärung ist also ein kollektiver Sachverhalt: die Revolution in der DDR. Wird man mit der genannten Erklärung zufrieden sein - selbst wenn wir annehmen, sie sei wahr? Vermutlich nicht. Die Revolution in der DDR entstand aufgrund von Entscheidungen individueller Akteure. So entschieden mehr als 70.000 Leipziger Bürger am 9. Oktober 1989, auf dem Karl-Marx-Platz zu demonstrieren. Vertreter des SED-Regimes entschieden, die Demonstration nicht aufzulösen und - nach einiger Zeit - zurückzutreten. Nur wenn man weiß, in welcher Weise die Liberalisierung im damaligen Ostblock zu den genannten Entscheidungen der Akteure in der DDR führte, wird man mit der Erklärung der Revolution zufrieden sein.[65]

Diese Überlegungen zeigen folgendes: Wenn wir eine Makrobeziehung oder ein Makroereignis erklären wollen, dann werden wir erst dann mit der Erklärung bzw. mit einem Modell zufrieden sein, wenn gezeigt wird, wie die Makrohypothese bzw. das Makroereignis als Ergebnis der Entscheidungen individueller Akteure zustandekam. Wir können dies auch so ausdrücken: Wollen wir wirklich eine *tiefgreifende* oder *tiefe* Erklärung erreichen, dann müssen wir zeigen, wie die Entscheidungen von Individuen zu dem Explanandum geführt haben. Man kann dies auch anders ausdrücken: eine akzeptable Erklärung von Makrobeziehungen oder Makroereignissen besteht darin, daß man die *Mechanismen* auf der individuellen Ebene angibt, die zu der Beziehung oder zu dem Ereignis geführt haben.

Daß nur in solchen Fällen eine Erklärung als befriedigend angesehen wird, zeigt sich in vielen Arbeiten über kollektive Phänomene. Selbst Autoren, die nicht dem strukturell-individualistischen Programm anhängen und primär an Makrohypothesen interessiert sind, sind mit einer reinen Makroerklärung, also mit einer Erklärung ohne Rückgriff auf die individuellen Akteure, unzufrieden. Wenigstens andeutungsweise werden Makrohypothesen immer wieder erklärt, indem gezeigt wird, in welcher Weise die Aktionen individueller Akteure bestimmte Makroereignisse zustandebringen. Die Modellbildung erlaubt es also sozusagen, der Sache auf den Grund zu gehen.

---

[65] Vgl. zu einer solchen Erklärung im einzelnen Opp, Voß und Gern 1993.

613. Sind die empirischen Brückenannahmen Gesetzesaussagen?

Betrachten wir wieder unser Beispiel: Die Annahme, daß Regen kostspielig ist, ist sicherlich kein empirisches Gesetz. An einem heißen Sommertag ist ein plötzlich einsetzender Regen eher erholsam. Es wäre jedoch denkbar, daß in einem Modell Brückenannahmen *Gesetzesaussagen* sind. Es ist uns zwar keine Brückenannahme bekannt, die eine Gesetzesaussage ist; aber selbst wenn es gegenwärtig keine Brückenannahmen gibt, die Gesetzesaussagen sind, ist nicht auszuschließen, daß es solche Gesetzesaussagen geben könnte.

Empirische Brückenannahmen sind meist vermutlich *singuläre Aussagen*. So wurde bei einer Erklärung der Revolution in der DDR angenommen, daß aufgrund der Politik Gorbatschows (Makrovariable) die Bürger der DDR geglaubt haben, daß sie etwas ändern können, wenn sie sich engagieren (Mikrovariable: wahrgenommener politischer Einfluß von Personen). Diese Brückenhypothese wurde durch eine empirische Untersuchung überprüft, in der Bürger danach gefragt wurden, inwieweit sie aufgrund der Politik Gorbatschows glaubten, nun etwas verändern zu können (vgl. Opp, Voß und Gern 1993).[66] Ein solches Befragungsergebnis bestätigt zwar die Vermutung, daß die Makrovariable eine Ursache für die Mikrovariable ist. Es handelt sich hier trotzdem um eine *singuläre Ursachenbehauptung*, mit deren Problemen wir uns bereits befaßt haben: Es bleibt offen, warum bestimmte und keine anderen Faktoren als Ursachen behauptet werden. Als Argumente für eine singuläre Ursachenbehauptung kommen nur Gesetze in Betracht, wie wir früher sahen. Diese werden jedoch häufig nicht genannt.

Man hat oft den Eindruck, daß empirische Brückenannahmen aus *Quasi-Gesetzen* abgeleitet werden. Wenn z.B. in unserem Modell angenommen wird, daß Regen kostspielig ist, dann wird man zur Stützung dieser These anführen, daß wir wissen, daß in unserem Kulturkreis meistens (oder fast immer) Regen kostspielig ist. Ein anderes Beispiel: Die folgende Hypothese sieht zunächst wie eine Gesetzesaussage aus: „Je größer eine Gruppe ist, desto geringer ist der wahrgenommene Einfluß der Gruppenmitglieder, etwas zur Erreichung der Ziele einer Gruppe beizutragen." „Gruppengröße" ist eine Makrovariable, „Wahrgenommener Einfluß" eine Mikrovariable. Es ist aber fraglich, ob diese Hypothese immer gilt. Es ist nicht unplausibel, daß bei Gruppen ähnlicher Größe Personen zuweilen einen hohen und zuweilen auch einen niedrigen persönlichen Einfluß wahrnehmen. Mitglieder des ADAC werden kaum glauben, daß sie durch ihren Beitrag die Verkehrspolitik der Bundesrepublik beeinflussen können. Wenn es jedoch um die Teilnahme an einer politischen Wahl geht, glauben Wähler, das Ergebnis der Wahl beeinflussen zu können (vgl. z.B. Opp 2001). Es handelt sich bei der genannten Hypothese also bestenfalls um ein Quasigesetz.

Leider ist in Modellen oft nicht klar, welcher Art die Brückenannahmen sind, die verwendet werden. Wenn es sich um singuläre Ursachenbehauptungen handelt, werden die angewendeten Gesetzesaussagen oft nicht erwähnt.

614. Müssen Annahmen „realistisch" sein?

Gehen wir davon aus, daß Modelle Erklärungen realer Sachverhalte sind. Wir werden im nächsten Abschnitt sehen, daß es andere Arten von Modellen gibt - hier geht es aber zunächst nur um Modelle, deren Ziel in der Erklärung konkreter (singulärer) Sachverhalte besteht. Wir sahen bei der Logik der Erklärung, daß eine Bedingung für eine befriedigende Erklärung darin

---

[66] Generell gilt: Falls empirische Brückenhypothesen behaupten, daß bestimmte Ereignisse von den Akteuren in bestimmter Weise wahrgenommen werden, dann können diese durch eine Umfrage überprüft werden.

besteht, daß die Anfangsbedingungen wahr sind. Da in einem Modell die empirischen Brückenannahmen den Anfangsbedingungen gleichkommen, folgt, daß diese Annahmen wahr - oder, wie man oft auch sagt, *realistisch* - sein müssen.

Nun wird die Auffassung vertreten, daß es nicht darauf ankommt, ob die Annahmen in einem Modell „realistisch" sind, sondern darauf, ob aus einem Modell zutreffende Aussagen ableitbar sind.[67] Gegen diese Auffassung kann insbesondere folgender Einwand erhoben werden: Wenn man zutreffende Aussagen, also ein zutreffendes Explanandum, aus den Modellannahmen ableiten will, dann ist dies im allgemeinen nur möglich, wenn auch alle Modellannahmen zutreffen. Es ist ein grundlegender Tatbestand der Logik, daß nur aus wahren Prämissen immer zutreffende und niemals falsche Aussagen ableitbar sind (siehe hierzu im einzelnen Kapitel VII dieses Buches). Es ist zwar möglich, aus falschen Sätzen wahre Sätze abzuleiten. Aber man wird damit rechnen müssen, daß aus falschen Prämissen immer wieder auch falsche Aussagen abgeleitet werden. Will man also zutreffende Aussagen aus Modellen ableiten, ist es sinnvoll, nach „realistischen" Modellannahmen zu suchen.

615. Wie „komplex" dürfen Modelle sein?

Aus den Überlegungen im vorangegangenen Abschnitt ergeben sich Hinweise darauf, welche *Komplexität* Modelle aufweisen sollten. Eine methodologische Regel besagt, daß Theorien möglichst einfach sein sollen. Diese Regel könnte man auch auf Modelle anwenden. Ein Modell könnte man u.a. dann als relativ „einfach" bezeichnen, wenn das Explanandum aus möglichst wenigen Annahmen abgeleitet wird und wenn die Annahmen selbst einfach sind, z.B. nur aus linearen Funktionen bestehen.

Warum sollten Modelle einfach sein? Einfache Modelle sind mathematisch leicht handhabbar. Dies läßt sich an unserem obigen Beispiel demonstrieren: Wenn wir Annahmen über unterschiedliche Verteilungen verschiedener Präferenzen und nicht-lineare Funktionen über die Beziehungen zwischen den Nutzen und Kosten des Verbleibens bzw. Verlassens der Versammlung einerseits und dem tatsächlichen Verbleiben bzw. Verlassen andererseits einführen, wird die Ableitung des Explanandums aus den Annahmen äußerst schwierig. Vielleicht sind sogar mathematische Verfahren nicht mehr anwendbar und nur Computersimulationen helfen weiter.

Wie einfach sollten Annahmen sein? Die Antwort auf diese Frage hängt davon ab, was man erklären will oder, allgemein formuliert, welche Probleme man mit einem Modell lösen will. Es gilt das, was wir im vorigen Abschnitt über die „Realistik" von Annahmen sagten. Wenn konkrete Sachverhalte erklärt werden sollen, dann müssen die Annahmen zutreffen - wie komplex sie auch immer sein mögen.

Wenn die Annahmen so komplex werden, daß sie keine Ableitung der Explananda und auch keine Computersimulation mehr erlauben, dann bleibt nur folgende Möglichkeit: Man sucht relativ einfache Situationen, die leicht „handhabbar" sind. Man könnte bei unserem ersten Beispiel etwa Modelle für Situationen konstruieren, in denen relativ wenige Präferenzen von Bedeutung sind, die gleichverteilt sind. So haben wir angenommen, daß die Kosten des Naßwerdens für die Akteure in etwa gleich sind. Entsprechend kann unser Modell nur in dieser Art von Situationen angewendet werden. Ein solches Verfahren hat allerdings Nachteile: Der Informationsgehalt eines solchen Modells ist relativ gering.

---

[67] Vgl. zu dieser These Friedman 1953. Die Ausführungen Friedmans siehe die in Fußnote 31 zitierten Schriften.

Es wird oft als eine sinnvolle Strategie der Modellbildung angesehen, mit einfachen Modellen zu beginnen und dann zu komplizierteren Modellen fortzuschreiten. Dies bedeutet, daß man zunächst Modelle für Situationen konstruiert, in denen die Akteure z.B. nur wenige Präferenzen haben, in denen diese Präferenzen gleichverteilt und die Interdependenzen der Akteure gering sind. Ob die Konstruktion solcher Modelle sinnvoll ist, hängt von dem Erklärungsproblem ab: Wie oft kommen solche Situationen vor? Beginnt man mit sehr einfachen Modellen, konstruiert man sich oft eine Phantomwelt, die zwar durch ein mathematisch elegantes Modell beschrieben werden kann, die aber eben real nicht vorkommt. Eine sinnvollere Strategie besteht darin, zunächst zu überlegen, was man erklären will, und dann aufgrund vorliegender Untersuchungsergebnisse Modelle zu konstruieren, von denen man annimmt, daß sie in möglichst vielen Situationen anwendbar sind.

616. Sollen die Annahmen der Modelle oder nur deren Konklusionen empirisch überprüft werden?

Es wird zuweilen vorgeschlagen, bei der Prüfung eines Modells nicht die Annahmen zu prüfen. Wichtig sei nur die Überprüfung der Konklusionen. Für unser erstes Modell würde dies bedeuten: Wenn man das Modell überprüfen will, dann reicht es aus zu ermitteln, ob sich Versammlungen bei Regen auflösen.

Mit unserem Beispiel läßt sich demonstrieren, daß dieser Vorschlag nicht sinnvoll ist. Wie wir sahen, läßt sich das Explanandum aus mehreren, unterschiedlichen Bedingungskonstellationen ableiten. Wenn wir in einer konkreten Situation nur feststellen, ob das Explanandum auftritt, wissen wir nicht, welche der möglichen Bedingungskonstellationen für das Auftreten des Explanandums von Bedeutung war. Weiter kann ein wahres Explanandum auch aus falschen Annahmen abgeleitet werden. Wir sind aber nicht daran interessiert, das Explanandum aus *irgendwelchen* Annahmen, sondern aus *richtigen* Annahmen abzuleiten. Denn nur in diesem Falle haben wir das Explanandum zutreffend erklärt. Dies bedeutet, daß wir die Ursachen des zu erklärenden Tatbestandes ermittelt haben. Prüfen wir nur das Vorliegen des Explanandums, wissen wir nicht, ob die vorgeschlagene Erklärung zutrifft.

Gegen die Auffassung, nur die Konklusionen eines Modells zu prüfen, kann man auch einen inhaltlichen Grund anführen. Wir meinen, daß es bei unserem obigen Beispiel interessant ist zu wissen, welche Arten von Kosten bzw. Nutzen und welche Verteilungen der Anfangsbedingungen dazu führen, daß sich Versammlungen bei Regen auflösen - oder auch nicht auflösen. Allgemein ist es von Interesse zu wissen, welches die konkreten Arten von Nutzen und Kosten sind, die die individuellen Akteure zu bestimmten Handlungen und damit zu bestimmten Ergebnissen auf der kollektiven Ebene veranlassen.

Es gibt sicherlich Situationen, in denen Daten zeigen, daß das Explanandum vorliegt, in denen jedoch die Daten nicht ausreichen, um die Annahmen eines Modells streng zu überprüfen. In diesem Falle kann man nicht von einer gültigen Erklärung sprechen, sondern eher von einer *hypothetischen Erklärung* oder einer „Wie-war-es-möglich-daß" Erklärung. Eine solche Erklärung weist auf mögliche und vielleicht auch plausible Annahmen hin, deren Vorliegen jedoch noch nicht streng überprüft wurde.

617. Arten von Modellen

Wir haben bisher Modelle behandelt, mit denen etwas erklärt werden soll. Es gibt jedoch Modelle, mit denen andere Ziele verfolgt werden (vgl. hierzu Opp 1979, S. 34-43). Betrachten wir ein Beispiel. Das sog. Problem der sozialen Ordnung besteht in folgender Frage: Kann sich soziale Ordnung aus einem Zustand entwickeln, in dem es keine Normen gibt und in dem Personen rein egoistisch sind und nur ihren eigenen Nutzen maximieren? „Soziale Ordnung" soll heißen, daß Menschen miteinander kooperieren, um gemeinsame Ziele zu erreichen und daß nicht ein Kampf aller gegen alle besteht.

Ein Modell, das die genannte Frage zu beantworten versucht, müßte in seinen Annahmen eine Situation beschreiben, in der keine Normen existieren, die das Verhalten der Akteure regulieren, in der die Menschen egoistisch sind und noch nicht miteinander kooperieren. Eine solche Situation gibt es vermutlich nicht und hat es auch nie gegeben. Die Annahmen sind „ideale" Bedingungen oder hypothetische Situationen, die real nicht vorkommen. Sind solche Modelle deshalb kritikwürdig? Man könnte dies nur bejahen, wenn man Fragen wie die nach der Möglichkeit sozialer Ordnung für unsinnig hält. Diese Meinung wird aber kaum ein Sozialwissenschaftler vertreten. Es ist also durchaus sinnvoll, Modelle mit „unrealistischen" Annahmen zu formulieren. Dies gilt allerdings nur dann, wie gesagt, wenn man keine realen Sachverhalte erklären will. Bei der Diskussion um die „Realistik" von Annahmen ist also zwischen zwei Arten von Modellen zu unterscheiden: Modelle, mit denen konkrete, d.h. empirisch gegebene Sachverhalte (oder auch Beziehungen zwischen solchen Sachverhalten) erklärt werden sollen, und Modelle, mit denen andere Zwecke verfolgt werden.

618. Ist die Modellbildung mit einem hermeneutisch-qualitativen Forschungsansatz vereinbar?

In den Sozialwissenschaften wird u.a. zwischen zwei Schulen unterschieden. Viele Sozialwissenschaftler fühlen sich eher einer hermeneutisch-qualitativen, verstehenden Perspektive verpflichtet, während andere Sozialwissenschaftler eher quantitativ-erklärend orientiert sind. Es liegt nahe zu vermuten, daß die Modellbildung der quantitativen Richtung zuzurechnen ist. Inwieweit trifft dies zu? Die Antwort auf diese Frage hängt davon ab, wie man einen hermeneutisch-qualitativen Ansatz charakterisiert.

Wenn man es als charakteristisch für einen hermeneutischen Ansatz ansieht, daß keine expliziten Hypothesen überprüft werden, sondern daß zunächst Daten erhoben werden, die die Grundlage für die Bildung von Theorien bilden sollen, dann ist die Modellbildung dem quantitativ-erklärenden Ansatz zuzurechnen. Viele hermeneutisch orientierte Sozialwissenschaftler lassen jedoch auch die Prüfung explizit formulierter Hypothesen zu. In diesem Falle ist Modellbildung also auch im Rahmen eines qualitativen Ansatzes möglich.

Es ist charakteristisch für eine hermeneutisch-qualitative Perspektive, daß keine quantitativen Daten einer großen Anzahl von Einheiten (z.B. Personen) erhoben werden. Auch fortgeschrittene statistische Verfahren (etwa multivariate Regressionsanalyse) werden nicht angewendet. Die Modellbildung bzw. die Überprüfung von Modellen ist keineswegs nur mit der genannten Art von Daten möglich. Ein Beispiel ist die Wirtschaftsgeschichte. Autoren wie Douglass North (vgl. z.B. North und Thomas 1973, North 1981) versuchen, historische Prozesse zu erklären, indem sie die Theorie rationalen Handelns anwenden. Bei historischen Erklärungen liegen normalerweise keine quantitativen Daten vor, so daß die Autoren auf „qualitative" Daten angewiesen sind und diese auch verwenden. Es ist nichts dagegen einzuwenden, Modelle zu formulieren, die historische Prozesse erklären und auch mit historischen Daten geprüft werden.

Die Modellbildung und die hermeneutisch-qualitative Perspektive haben gemeinsam, daß sie individualistisch orientiert sind: die Einheiten der Analyse sind individuelle Akteure. Allerdings besteht ein Unterschied im Ziel von hermeneutisch orientierten und von Vertretern des strukturell-individualistischen Forschungsprogramms: Die zuletzt genannten versuchen normalerweise, Makrophänomene zu erklären, während dies bei den Hermeneutikern kaum geschieht.

Die Theorie rationalen Handelns geht von den Zielen der einzelnen Akteure aus. Auch Wissen bzw. Information spielt eine wichtige Rolle in Modellen zur Erklärung sozialen Handelns. Diese Faktoren werden auch von hermeneutisch orientierten Wissenschaftlern angeführt, wenn es um das „Verstehen" von Handlungen geht: Man führt den „subjektiv gemeinten Sinn" von Handlungen (also Motive bzw. Ziele von Akteuren) und „Wissensbestände" der Akteure an. Die These der Nutzenmaximierung wird zwar explizit nicht von Vertretern der hermeneutischen Perspektive behauptet, es ist jedoch zu vermuten, daß sie eine ähnliche Hypothese vertreten. Wenn davon ausgegangen wird, daß das Handeln von Personen zielgerichtet ist und daß Wissensbestände bei Handlungen genutzt werden, dann fragt es sich, warum Personen ihre Ziele zu realisieren versuchen. Offensichtlich wollen sie ihren Zustand verbessern. Eine solche These ist eine Version der These der Nutzenmaximierung. Man kann also sagen: Bei Modellen zur Erklärung sozialen Handelns und bei hermeneutischem „Verstehen" von sozialem Handeln sind die Faktoren, die in Betracht gezogen werden, zumindest ähnlich.

Viele Hermeneutiker sind der Meinung, daß die verwendeten wissenschaftlichen Begriffe dem Denken der Akteure entsprechen müssen. Es ist unklar, was diese Forderung bedeutet. Wie man diese auch immer präzisieren mag: Bei den Vertretern des strukturell-individualistischen Forschungsprogramms wird sie nicht erhoben. Das Ziel besteht darin, zutreffende Erklärungen zu formulieren. Dabei werden solche Begriffe verwendet, die diesem Ziel zuträglich sind. Es wäre denkbar, daß akteursnahe Begriffe auch theoretisch fruchtbar sind. Uns sind jedoch keine Analysen bekannt, in denen dies gezeigt wird.

Liest man Schriften von hermeneutisch orientierten Wissenschaftlern und von Vertretern des strukturell-individualistischen Forschungsprogramms, fällt folgender Unterschied ins Auge: In qualitativen Schriften sind - im Gegensatz zu Schriften des strukturell-individualistischen Programms - die Ausführungen oft äußerst vage. Sie gleichen oft eher einer Dichtung als einer wissenschaftlichen Abhandlung. Es scheint so, als ob deduktive Argumente wie bei der Modellbildung verpönt sind. Rekonstruiert man allerdings Argumente von qualitativen Sozialwissenschaftlern, dann finden sich auch hier deduktive Argumentationen, wenn diese auch nicht so explizit formuliert sind wie bei den meisten Vertretern des strukturell-individualistischen Ansatzes. Aber auch bei diesen gibt es Unterschiede. Sie reichen von der Anwendung komplizierter mathematischer Kalküle bis zu weitgehend verbalen Argumentationen.

Generell zeigt sich also, daß die Modellbildung Ähnlichkeiten, aber auch Unterschiede zu einem hermeneutischen Ansatz aufweist. Allerdings lassen unsere vorangegangenen Ausführungen vermuten, daß die Unterschiede weitaus geringer sind als normalerweise angenommen wird.

62. Das strukturell-individualistische Forschungsprogramm

Die Modellbildung ist, wie bereits gesagt, eine Vorgehensweise im Rahmen des strukturell-individualistischen Forschungsprogramms. Abschließend soll dieses Forschungsprogramm skizziert werden.[68] Wir wollen zwei Hauptthesen dieses Ansatzes unterscheiden. Die erste These lautet: Kollektive Sachverhalte sind das Ergebnis der Handlungen individueller Akteure. Genauer formuliert: Will man kollektive Sachverhalte (oder auch Beziehungen zwischen kollekti-

---

[68] Zu Literaturhinweisen vgl. Anmerkung 30.

ven Sachverhalten) erklären - z.B. die Entstehung von Revolutionen oder die Beziehung zwischen Ungleichheit und politischer Gewalt -, dann ist dies möglich, indem man Theorien über das Handeln individueller Akteure im sozialen Kontext anwendet. Wir nennen diese Behauptung die *Erklärungsthese* des strukturell-individualistischen Forschungsprogramms. Unser Beispiel demonstriert diese These: Wir haben gezeigt, daß eine Beziehung zwischen kollektiven Sachverhalten - Regen und die Auflösung von Versammlungen - durch die Anwendung einer Theorie sozialen Handelns erklärt werden konnte.

Das strukturell-individualistische Forschungsprogramm beinhaltet mehr als nur eine These darüber, wie kollektive Sachverhalte erklärt werden können. Es besteht aus einer Regel, einem *Erklärungspostulat*: Es wird *gefordert*, daß kollektive Sachverhalte durch die Anwendung von Aussagen über Individuen zu erklären sind. Die Gültigkeit der Erklärungs*these* ist dabei eine notwendige Bedingung für die Geltung des Erklärungs*postulates*: Wäre man der Überzeugung, daß solche Erklärungen gar nicht möglich sind, wäre es nicht sinnvoll, solche Erklärungen zu fordern. Für das Erklärungspostulat wird jedoch als Argument nicht nur die Erklärungsthese angeführt. Die zentralen Argumente haben wir bereits im Zusammenhang mit unserem Beispiel behandelt. Sie sollen hier kurz wiederholt werden. (1) Das strukturell-individualistische Programm erlaubt tiefere Erklärungen als ein alternatives kollektivistisches Programm. (2) Das strukturell-individualistische Forschungsprogramm erlaubt die Korrektur von kollektivistischen (und anderen) Hypothesen und damit einen Erkenntnisfortschritt. (3) Das strukturell-individualistische Programm erlaubt die Erklärung sehr spezifischer Sachverhalte in sehr unterschiedlichen Situationen. (4) Man könnte noch ein weiteres Argument hinzufügen: Will man bestimmte praktische Ziele - etwa die Verminderung politischer Gewalt - erreichen, wird man am ehesten durch die Anwendung von Theorien über individuelles soziales Handeln zu wirksamen Maßnahmen kommen. Dies ergibt sich insbesondere daraus, daß Makrohypothesen nur unter bestimmten Bedingungen gelten. Wenn man z.B. in einer Gesellschaft das Ausmaß politischer Gewalt vermindern will und von der These ausgeht, daß hohe Ungleichheit mit politischer Gewalt zusammenhängt, dann könnte man die Ungleichheit vermindern. Ein strukturell-individualistischer Erklärungsansatz würde fragen: Welche Anreize bestehen für die individuellen Akteure, Gewalt auszuüben? Die Maßnahmen werden entsprechend darauf abzielen, diese Anreize für Gewalt zu vermindern.

Im strukturell-individualistischen Ansatz wird eine weitere These vertreten, die als *Rekonstruktionsthese* bezeichnet werden soll. Wenn behauptet wird, daß kollektive Sachverhalte das „Ergebnis" individuellen Handelns sind, dann dürfte damit folgendes gemeint sein: Begriffe, die kollektive Sachverhalte bezeichnen, beziehen sich auf Individuen und deren Eigenschaften. So bezieht sich der Begriff Gruppe auf eine Menge von Individuen, die bestimmte (einstellige oder mehrstellige) Eigenschaften haben, z.B. relativ häufig miteinander interagieren - vgl. hierzu unsere Ausführungen in Kapitel II. Wenn man also mit dem strukturell-individualistischen Ansatz kollektive Sachverhalte erklären will, dann geht man davon aus, daß es sich hier um Eigenschaften oder das Verhalten von individuellen Akteuren handelt, die in komplexen Beziehungen zueinander und auch zu Sachen (z.B. als Eigentümer von Ressourcen) stehen. Will man z.B. die Entstehung von Revolutionen erklären, wird man zunächst fragen, inwieweit sich der Begriff „Revolution" auf individuelle Akteure etc. bezieht. Das Ergebnis dieser Analyse wird u.a. sein, daß eine Revolution u.a. bedeutet, daß Individuen bestimmte Handlungen zur Absetzung eines Regimes ausführen und daß das bestehende Regime abtritt. Entsprechend ist also zu erklären, unter welchen Bedingungen Personen „revolutionäre Handlungen" ausführen und unter welchen Bedingungen diese erfolgreich sind.

Modellbildung

Es ist oft nicht klar, was genau Begriffe, die sich auf kollektive Sachverhalte beziehen, bedeuten. So sind Begriffe wie „Gruppe" oder „Revolution" unklar. Außerdem werden sie unterschiedlich verwendet. Die „Rekonstruktionsthese" besagt, daß eine „Rekonstruktion" (d.h. Explikation - siehe Kapitel V) kollektiver Begriffe ergibt, daß sie sich auf Individuen und deren Merkmale beziehen. Eine Analyse einer Vielzahl kollektiver Begriffe scheint die Rekonstruktionsthese zu bestätigen (Hummell und Opp 1971, Opp 1979).

Aus der Rekonstruktionsthese folgt keineswegs, daß es unsinnig wäre, über Gesellschaften, Revolutionen, gesellschaftliche Konflikte, Institutionen etc. zu sprechen. Auch Vertreter des strukturell-individualistischen Forschungsprogramms verwenden diese Begriffe. Sie gehen jedoch - im Gegensatz zu „Kollektivisten" - davon aus, daß sich diese Begriffe „letztlich" auf individuelle Akteure beziehen.

Damit sind die zentralen Annahmen des strukturell-individualistischen Forschungsprogramms skizziert. Dieses Programm wird - wie auch alle anderen sozialwissenschaftlichen Forschungsprogramme - unter Fachleuten diskutiert. Viele dieser Diskussionen finden in der Zeitschrift „Rationality and Society" statt. Der Leser, der sich weiter mit dieser Debatte befassen möchte, sei auf diese Zeitschrift und auf die zitierte Literatur verwiesen.

IV. Probleme der Begriffsbildung in den Sozialwissenschaften

Bei der Formulierung sozialwissenschaftlicher Aussagen entsteht oft die Frage, wie man vorgehen kann, wenn man einzelnen Ausdrücken oder Begriffen einer Aussage eine Bedeutung zuschreiben will. Zunächst kann man fragen, welche *Möglichkeiten* es gibt, die Bedeutung von Ausdrücken festzulegen. Zweitens wäre es von Interesse zu wissen, welche dieser Möglichkeiten am brauchbarsten ist. D.h. man könnte versuchen, Kriterien für die *Adäquatheit* solcher Möglichkeiten zu formulieren. Mit diesen beiden Fragen wollen wir uns im folgenden befassen. Zunächst ist es jedoch erforderlich, die Problemsituation etwas genauer zu beschreiben.

1. Zeichen und Bezeichnetes

Fragen wir zuerst, welche Probleme genau bei der Begriffsbildung in den Sozialwissenschaften auftreten. Die Objekte sozialwissenschaftlicher Aussagen sind u.a. menschliche Individuen oder Gruppen, z.B. Studenten, Städte, Industriegesellschaften usw. Diesen Objekten werden Merkmale zugeschrieben wie Normen, Macht, Mobilität, Nachfrageelastizität usw. Wenn eine Person, die die deutsche Sprache beherrscht, die vorangegangenen Zeilen gelesen hat, dann weiß sie, was mit den meisten der genannten Wörter „gemeint" ist. Wenn sie z.B. das Wort „Studenten" liest, dann weiß sie, daß mit diesem Wort Personen bezeichnet werden, die an einer Hochschule immatrikuliert sind.

Der Grund dafür, daß der Leser die vorangegangenen Wörter „versteht", ist, daß in der deutschen Sprache bzw. in der Sprache der Sozialwissenschaften mit bestimmten *Zeichen* bestimmte Phänomene der Realität, oder, wie wir sagen wollen, bestimmte *Designata*, verbunden sind und daß der Leser diese Verbindungen kennt. Dies wird besonders deutlich, wenn wir uns die Reaktionen eines Ausländers, der die deutsche Sprache nicht beherrscht, vorstellen, wenn er die vorangegangenen Wörter liest. Für ihn handelt es sich hier um nichts anderes als um bestimmte Markierungen oder Zeichen auf dem Papier, d.h. um gerade oder gekrümmte Linien. Der Ausländer „versteht" diese Zeichen nicht, d.h. er weiß nicht, welche Designata welchen Zeichen zugeordnet sind.

Befassen wir uns nun etwas eingehender mit den Verbindungen zwischen *Zeichen* und *Designata*. Wenn wir sagen, daß Zeichen bestimmten Designata zugeordnet werden, dann bedeutet dies, daß aus der Menge aller Objekte und ihrer Merkmale einige ausgewählt werden, die mit bestimmten Zeichen verbunden werden. Es wird also eine bestimmte *Relation* zwischen Zeichen und Designata festgelegt. So wird etwa dem Wort „Studenten" die Menge der Personen, die an Hochschulen immatrikuliert sind, zugeordnet. Man kann diese Relation formal schreiben als „Zeichen (Wort) a ist zugeordnet den Designata b" oder „a bedeutet b", in Symbolen: „Zab" oder „Bab". Derartige Relationen, durch die bestimmten Zeichen bestimmte Designata zugeordnet werden, nennt man *semantische Regeln* oder *Korrespondenzregeln*. Ein Wort, dem Designata zugeordnet sind, heißt ein *Begriff*. Wenn wir also z.B. von dem Begriff der Integration sprechen, dann meinen wir das Wort „Integration" - d.h. diejenigen Markierungen auf dem Papier, die entstehen, wenn man den Ausdruck „Integration" aufschreibt, oder auch diejenigen Laute, die entstehen, wenn man „Integration" ausspricht - und die diesen Zeichen zugeordneten Designata. Mit der *Bedeutung* von Zeichen seien die semantischen Regeln der Zeichen gemeint. Wenn wir sagen, ein Zeichen wird *definiert*, dann heißt dies, daß dem Zeichen Designata zugeordnet werden, d.h. daß für das Zeichen semantische Regeln festgelegt werden. Die Beziehung zwischen Zeichen und Designata kann in einem Schema dargestellt werden (Abbildung 1).

Wenn man ein Zeichen oder eine Menge von Zeichen definiert, dann geschieht dies in folgender Weise. Man beschreibt diejenigen Designata, die man einem Zeichen zuordnen will, mit Wörtern (Zeichenkombinationen), deren Bedeutung man als bekannt voraussetzt. Wir könnten z.B. die Zeichenmenge „Student" definieren als „eine Person, die an einer Hochschule immatrikuliert ist". Wir setzen dabei voraus, daß die Designata des Ausdrucks „Person, die an einer Hochschule immatrikuliert ist" klar sind. Selbstverständlich könnten wir auch wiederum die Zeichenmenge des zuletzt genannten Ausdrucks definieren usw. An irgendeinem Punkt einer solchen „semantischen Kette" benötigt man jedoch wiederum Zeichen, die in einer solchen Kette bereits vorkamen. Somit entsteht ein Zirkel, d.h. man verwendet für eine Definition bestimmte Wörter, die man gleichzeitig definieren will. Ein Zirkel läge z.B. vor, wenn wir zur Definition der Wörter des genannten Ausdrucks wiederum das Wort „sind" verwendeten. Will man einen Zirkel vermeiden, muß man die Kette irgendwo abbrechen. Dies ist jedoch keineswegs problematisch. In jeder natürlichen Sprache gibt es eine Vielzahl von Wörtern, deren Bedeutung klar ist und die somit für die Beschreibung von Designata verwendet werden können.

Wir haben uns bisher nur mit solchen Wörtern befaßt, die sich auf Objekte der Realität oder auf deren Merkmale beziehen. Derartige Wörter oder Zeichen nennt man *deskriptiv*. Nun besteht aber eine Aussage auch aus *logischen* Wörtern oder Zeichen, z.B. aus: und, oder, alle, sind, nicht, wenn, dann, aber, weder, einige, usw. Logische Zeichen benennen *keine* realen Objekte oder deren Merkmale. Es gibt zwar in der Realität Hunde, aber kein „und".[69]

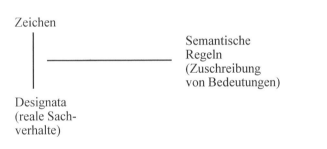

Abbildung 1: Die Beziehung zwischen Zeichen und Realität

Zeichen

Semantische Regeln (Zuschreibung von Bedeutungen)

Designata (reale Sachverhalte)

Probleme der Begriffsbildung in den Sozialwissenschaften bestehen nun nicht darin, logische Zeichen zu definieren, sondern die Bedeutung deskriptiver Zeichen festzulegen. Der Grund ist, daß die logischen Zeichen üblicherweise relativ klar sind, sei es im Alltagssprachgebrauch, sei es, daß sie im Rahmen der Logik präzisiert sind. Wir wollen uns deshalb im folgenden allein mit der Definition deskriptiver Wörter befassen.

Wir können nun die Probleme, mit denen wir uns in diesem Kapitel beschäftigen wollen, genauer formulieren. Die *erste Frage*, die entsteht, wenn ein Sozialwissenschaftler eine Aussage formulieren oder umformulieren möchte, lautet: *Welche Möglichkeiten bestehen, Zeichen und Designata einander zuzuordnen?* Wenn die Möglichkeiten, ein Wort zu definieren, bekannt sind, wird man weiter fragen: *Welche der gegebenen Möglichkeiten sind für die Definition eines gegebenen Zeichens adäquat?* Schließlich tritt die Frage auf: *Welche Designata sollte man einem Zeichen zuordnen?* So könnte man das Wort „Student" auch definieren als „eine

---
[69] Zu dem Unterschied zwischen logischen und deskriptiven Zeichen und einigen damit zusammenhängenden Problemen siehe Bergmann 1966 (zuerst 1957), S. 12.

Person, die an einer höheren Fachschule oder einer Universität eingeschrieben ist". Ist eine solche Definition sinnvoll?

2. Möglichkeiten für die Definition sozialwissenschaftlicher Begriffe

Wir wollen im folgenden zuerst die wichtigsten Möglichkeiten beschreiben, sozialwissenschaftliche Begriffe zu definieren, und einige Probleme diskutieren, die bei den verschiedenen Arten von Definitionen auftreten können.[70] Unter einer *Definition* versteht man die Einführung einer Konvention über die Verwendung von sprachlichen Ausdrücken. Oft wird der Begriff „Definition" jedoch in anderer Bedeutung verwendet. So wird gesagt, daß nicht die Situation, wie sie tatsächlich ist, sondern wie sie vom Handelnden *definiert* wird, für die Erklärung sozialen Handelns von Bedeutung ist. Hier hat „definiert" die Bedeutung von „wahrgenommen". Weiter wird in der Soziologie abweichenden Verhaltens untersucht, welche Wirkungen es auf die künftige Kriminalität einer Person hat, wenn diese von der Polizei oder von Gerichten als Dieb, Vergewaltiger etc. *definiert* wird. Hier ist gemeint, daß Personen die Eigenschaft „Dieb", „Vergewaltiger" etc. von der Polizei etc. zugeschrieben wird. In allen diesen Fällen handelt es sich nicht um die Einführung einer Konvention über die Verwendung von sprachlichen Ausdrücken, also nicht um Definitionen im strengen Sinne dieses Wortes.

20. Nominaldefinitionen

Unter einer *Nominaldefinition* versteht man eine Festsetzung darüber, daß ein bestimmter Ausdruck A_1 gleichbedeutend mit einem anderen Ausdruck A_2 sein soll, wobei die Bedeutung des anderen Ausdrucks A_2 als bekannt vorausgesetzt wird und A_1 die Bedeutung annehmen soll, die A_2 hat. So legt Homans (1960, S. 60) fest, daß das Wort „Interaktion" verwendet werden soll, wenn „eine bestimmte Einheit der Aktivität eines Menschen der bestimmten Einheit der Aktivität eines anderen folgt ...". Der Ausdruck A_2 „Eine bestimmte Einheit der Aktivität eines Menschen folgt der bestimmten Einheit der Aktivität eines anderen Menschen" soll also dasselbe bedeuten wie der Ausdruck A_1 - das Wort „Interaktion". Dabei wird vorausgesetzt, daß die Bedeutung von A_2 verstanden wird. Eine Nominaldefinition hat also zwei Bestandteile: Den Ausdruck, dessen Bedeutung als bekannt vorausgesetzt wird - genannt das *Definiens*, also der definierende Ausdruck -, und den Ausdruck, der synonym mit dem Definiens sein soll - genannt das *Definiendum*, also der zu definierende Ausdruck. In unserem Beispiel wird also dem Wort „Interaktion" genau die Bedeutung zugeschrieben, die A_2 hat. Ein anderes Beispiel: Dahrendorf (1971, S. 13) definiert „Soziale Rollen" als „Ansprüche der Gesellschaft an die Träger von Positionen...". Der Ausdruck „Soziale Rollen" ist das Definiendum, dem eine Bedeutung zugeschrieben wird, nämlich die des Definiens (Ansprüche der Gesellschaft an die Träger von Positionen).

Wenn eine Nominaldefinition eine Festsetzung oder Konvention über die Verwendung eines bestimmten Ausdrucks ist, dann folgt: *Eine Nominaldefinition kann weder wahr noch falsch sein.* Dies läßt sich demonstrieren, wenn man fragt, wie man vorgehen könnte, um Nominaldefinitionen zu widerlegen oder zu bestätigen. Wie könnte man z.B. feststellen, ob die genannte Definition des Ausdrucks „Interaktion" falsch ist? Man könnte etwa behaupten, daß das Wort „Interaktion" im Alltagssprachgebrauch üblicherweise in einer anderen Bedeutung

---

[70] Eine vorzügliche Darstellung grundlegender Möglichkeiten der Begriffsbildung in den empirischen Wissenschaften findet sich bei Hempel 1952. Vgl. auch Stegmüller 1970, Kapitel I; Savigny 1971; Essler 1970b.

verwendet wird. Nehmen wir einmal an, dies treffe zu. Folgt daraus, daß die Definition des Wortes „Interaktion" falsch ist? Offenbar nicht, denn in der Nominaldefinition wird nichts darüber behauptet, ob das Definiendum bereits eine Bedeutung hat oder nicht, oder ob das Definiens von der evtl. vorhandenen Bedeutung des Definiendums abweicht oder nicht. In der Nominaldefinition wird lediglich eine Konvention oder Regel für die Verwendung eines Zeichens eingeführt. Das genannte Argument ist also für die Beurteilung der Wahrheit oder Falschheit der Nominaldefinition unerheblich. Man könnte dieses Argument jedoch dazu verwenden, die *Zweckmäßigkeit* der genannten Nominaldefinition in Frage zu stellen. Wenn das Definiendum z.B. in der Wissenschaftssprache bereits eine bestimmte Bedeutung hat, könnte man fragen, warum man das Definiendum neu definieren sollte. Wenn z.B. Homans (1961, S. 149) das Wort „Status" definiert als „die Stimuli, die ein Mensch einem anderen Menschen und sich selbst präsentiert", dann könnte man fragen, warum man dem Definiendum „Status" eine neue Bedeutung zuschreiben sollte, denn dieses Wort wird bereits in mehreren Bedeutungen verwendet. Die von Homans vorgeschlagene Konvention über die Verwendung des Wortes „Status" ist jedoch weder falsch noch wahr.

Die häufig anzutreffende Meinung, Nominaldefinitionen könnten wahr oder falsch sein, dürfte folgendermaßen zu erklären sein: Die Begriffe der Sozialwissenschaften werden häufig der Alltagssprache entnommen. So haben die Wörter „Gruppe", „Gesellschaft", „Prestige" usw. bereits in der vorwissenschaftlichen Sprache bestimmte Bedeutungen. Werden nun solche Wörter in die Sozialwissenschaften übernommen, definiert man sie häufig neu, d.h. ihnen wird eine neue Bedeutung zugeschrieben. Dieser Vorgang dürfte häufig in der Weise mißverstanden werden, daß man glaubt, das Definiens solle die vorwissenschaftliche Bedeutung der übernommenen Wörter beschreiben. Dies ist jedoch mit einer Nominaldefinition keineswegs beabsichtigt. Hier wird vielmehr eine Konvention über eine Bedeutung eines Wortes eingeführt.

Solche Mißverständnisse könnten vermieden werden, wenn man als Definienda nicht Wörter der Alltagssprache, sondern solche Zeichen verwendete, die noch keine Bedeutung haben. So hätte man anstatt des Definiendums „Interaktion" den Ausdruck „ZZ" verwenden können. Neben der Vermeidung von Mißverständnissen entstünde bei dieser Vorgehensweise die Konsequenz, daß wissenschaftliche Texte noch kürzer würden, da kürzere Ausdrücke als Abkürzung für ein Definiens verwendet würden. Eine sicherlich negativ zu bewertende Konsequenz einer Kunstsprache bestünde darin, daß das Erlernen wissenschaftlicher Begriffe erheblich erschwert würde. Der Grund ist, daß in den Sozialwissenschaften ein Definiens meistens der vorwissenschaftlichen Bedeutung des Definiendums ähnlich ist, so daß die Assoziation zwischen Zeichen und (neuen) Designata leicht fällt. Weiterhin würde die Kommunikation zwischen Wissenschaftlern und Nichtwissenschaftlern schwieriger: Wenn die in den Sozialwissenschaften verwendeten Wörter in ihrer Bedeutung der vorwissenschaftlichen Bedeutung dieser Wörter ähnlich sind, können Laien wenigstens grob die Ergebnisse sozialwissenschaftlicher Forschung verstehen. Es scheint also durchaus sinnvoll zu sein, in Nominaldefinitionen Wörter aus der Alltagssprache als Definienda zu benutzen.

Da eine Nominaldefinition eine Konvention über die Verwendung von Zeichen ist, folgt weiterhin: *Eine Nominaldefinition behauptet nichts über die Realität.* Wenn z.B. „Interaktion" in der beschriebenen Weise definiert wird, dann ist damit weder etwas darüber gesagt, daß es überhaupt Interaktionen gibt, noch darüber, warum Personen miteinander interagieren, noch darüber, welche Wirkungen Interaktionen haben. Um diese Fragen zu beantworten, sind empirische Untersuchungen erforderlich. Die Definition des Wortes „Interaktion" besagt eben nur:

Wenn die im Definiens beschriebenen Tatbestände vorliegen, dann wende man das Wort „Interaktion" an. Ob aber diese Tatbestände jemals vorliegen und ggf. bei welchen Personen sie vorliegen, welche Ursachen und welche Wirkungen sie haben, darüber sagt eine Nominaldefinition nichts aus. Daß uns Nominaldefinitionen keinerlei Informationen über die Wirklichkeit geben, läßt sich besonders deutlich demonstrieren, wenn man irgendwelchen Wörtern Designata zuordnet, die mit ziemlicher Sicherheit nicht existieren. So könnte man das Wort „H-Mensch" definieren als „eine Person, die vor ihrem dritten Lebensjahr auf einer Insel ausgesetzt wurde, danach niemals Kontakt mit irgendwelchen Menschen oder menschlichen Erzeugnissen hatte und die die gesamte Physik beherrscht".[71]

Aus unseren bisherigen Ausführungen ergibt sich eine weitere Konsequenz: *Das Definiendum bedeutet nichts anderes als das Definiens*. Man bezeichnet deshalb Nominaldefinitionen auch als *explizite Definitionen*, da die Bedeutung des Definiendums *vollständig* durch die Bedeutung des Definiens festgelegt wird. Es folgt also, daß Definiens und Definiendum *austauschbar* sind, d.h. das Definiendum kann immer durch das Definiens ersetzt werden (vgl. genauer Suppes 1957, S. 154). Dies wird häufig nicht beachtet, wenn man Definiens und Definiendum weiter getrennt behandelt. So ist die Frage „Ist eine Gruppe wirklich eine Menge von Personen, die miteinander interagieren?" schon aus logischen Gründen nur mit „ja" zu beantworten, da „Gruppe" in der genannten Weise definiert ist.

Man könnte nun fragen, warum überhaupt Nominaldefinitionen eingeführt werden. Offenbar benötigt man das Definiendum nicht, da es ja dieselbe Bedeutung wie das Definiens hat und somit jederzeit eliminierbar ist. So könnten wir anstatt „Gruppe" auch sagen „eine Menge von Personen, die relativ häufig miteinander interagieren". Die Einführung von Nominaldefinitionen ist dann zweckmäßig, wenn ein Definiens relativ häufig gebraucht wird. Wenn z.B. in einer Wissenschaft häufig von einer Menge von Personen, die relativ häufig miteinander interagieren, gesprochen wird, dann ist die Abkürzung dieses Ausdrucks durch ein Wort oder ein einzelnes Zeichen erstens deshalb zweckmäßig, *um in wissenschaftlichen Publikationen Platz zu sparen*. Zum anderen wird die *Kommunikation zwischen Wissenschaftlern beschleunigt*. Wenn ein Wissenschaftler z.B. das Wort „Interaktion" liest oder hört, dann assoziiert er damit das Definiens. Nominaldefinitionen sind also aus ökonomischen Gründen sinnvoll. Somit ist auch die Konstruktion einer wissenschaftlichen Fachsprache, die zu einem großen Teil aus Nominaldefinitionen besteht, aus ökonomischen Gründen zweckmäßig.

Will man eine Nominaldefinition einführen, kann man in verschiedener Weise vorgehen. Erstens ist es möglich, Definiendum und Definiens durch die Zeichen „ = df." zu verbinden. Dieses Zeichen bedeutet, daß der linke vor diesem Zeichen stehende Ausdruck definitorisch gleichbedeutend mit dem rechts von diesem Zeichen stehenden Ausdruck ist. So könnte man die Definition des Gruppenbegriffs so schreiben:

Gruppe = df. eine Menge von Personen, die relativ häufig miteinander interagieren.

Zweitens kann man Definiens und Definiendum jeweils in Anführungszeichen setzen und verbinden mit Ausdrücken wie „ist gleichbedeutend mit", „soll definiert werden als" usw. So könnte man schreiben: Wir wollen „Gruppe" definieren als „eine Menge von Personen ...". Es ist auch möglich zu schreiben: Mit „Gruppe" bezeichnen wir eine Menge von Personen, die relativ häufig miteinander interagieren. Im ersten Falle ordnen wir einen Ausdruck einem anderen Ausdruck zu - deshalb werden beide Ausdrücke in Anführungszeichen gesetzt. Im

---

[71] Zu der Verwendung von Wörtern, deren Designata nicht existieren - etwa Meerjungfrauen, Einhörner usw., vgl. zusammenfassend Bergmann 1957, S. 13ff. Siehe auch Quine 1961, S. 1-19.

zweiten Falle bezieht man den Ausdruck „Gruppe" sozusagen direkt auf die Designata. In diesem Falle kann man die Anführungszeichen weglassen.

Welche Schreibweise man auch immer wählt: Es sollte *klar zum Ausdruck kommen, daß etwas definiert wird und daß nicht eine empirische Hypothese behauptet wird*. Leider wird dies in vielen sozialwissenschaftlichen Schriften keineswegs deutlich. Sehr häufig weiß man nicht, ob eine Konvention zur Verwendung eines bestimmten Ausdrucks eingeführt oder ob etwas über die Realität ausgesagt werden soll. So wird häufig das Wort „ist" zur Kennzeichnung definitorischer Beziehungen verwendet, z.B.: Eine Attitüde ist die Bereitschaft eines Menschen, bestimmte Handlungen auszuführen. Zuweilen wird aus dem Zusammenhang deutlich, ob eine Definition eingeführt werden soll oder nicht. Dies ist jedoch häufig nicht der Fall, etwa bei der Aussage „Der Mensch ist ein rationales Wesen". Es könnte sich um eine empirische Aussage handeln, in der behauptet wird, daß alle Menschen rational sind - wobei man voraussetzt, daß die Bedeutung der Ausdrücke „Mensch" und „rational" klar ist. Es wäre aber auch denkbar, daß der Ausdruck „Mensch" definiert werden soll.[72]

Wir haben bisher stillschweigend vorausgesetzt, daß die im Definiens vorkommenden Wörter nicht definiert worden sind. Nun kann aber auch in einem Definiens ein Wort verwendet werden, das vorher definiert wurde, d.h. das in einer anderen Definition Definiendum war. In dieser Definition können wiederum Wörter vorkommen, die in anderen Definitionen als Definienda fungierten usw. Das folgende Beispiel soll eine solche *Definitionshierarchie* illustrieren.

1. Aktivität = df. jegliche Bewegung eines Akteurs.

2. Interaktion = df. die *Aktivität* eines Akteurs, die die Aktivität eines anderen Akteurs auslöst.

3. Gruppe = df. eine Menge von Personen, die relativ häufig miteinander *interagieren*.

Die definierten Wörter in dem Definiens dieser drei Definitionen sind kursiv gesetzt. Das Definiens der ersten Definition enthält nur undefinierte Ausdrücke. Deren Bedeutung wird als bekannt vorausgesetzt. In der zweiten Definition wird das Definiendum der ersten Definition im Definiens verwendet. In der dritten Definition ist das Definiendum der zweiten Definition Bestandteil des Definiens.

21. Zur Kritik einiger sozialwissenschaftlicher Praktiken bei der Definition von Begriffen

Definitorische Zirkel. Man könnte den Begriff „sittliche Persönlichkeit" definieren als „eine Persönlichkeit, die sich in allen Situationen sittlich verhält". Offenbar soll in dieser Definition eine Regel für die Verwendung des Ausdrucks „sittliche Persönlichkeit" vorgeschlagen werden. Wenn man dies beabsichtigt, dann ist es nicht sinnvoll, die zu definierenden Ausdrücke zu ihrer eigenen Definition zu verwenden. Geschieht dies, setzt man voraus, daß sie hinreichend verständlich sind. Dann ist aber ihre Definition überflüssig. Es handelt sich hier um

---

[72] In Opp 1976, S. 195-196, findet sich ein weiteres Beispiel aus Dahrendorfs „Homo sociologicus", bei dem nicht klar ist, ob eine Begriffsdefinition oder empirische Hypothesen vorgeschlagen werden. Vgl. auch die bekannte Typologie von Robert Merton über die Typen der Anpassung und die Diskussion in Opp 1974, Kap. VI. Bei Opp 1976, S. 196-199, finden sich weitere Möglichkeiten, Nominaldefinitionen einzuführen.

sog. definitorische Zirkel, d.h. um Definitionen, in denen die zu definierenden Begriffe selbst zur Definition verwendet werden. Solche Definitionen sind, wie unser Beispiel zeigt, unbrauchbar.

Unpräzise und mehrdeutige Ausdrücke im Definiens. Nehmen wir an, der Begriff „sittliche Persönlichkeit" sei definiert als „ein Mensch, der sein Leben nach letzten gültigen Normen ausrichtet". Offenbar wissen wir durch das Definiens nicht genauer als vorher, wie wir den Begriff „sittliche Persönlichkeit" verwenden sollen. Der Grund ist, daß das Definiens selbst Begriffe enthält, die extrem unpräzise sind. So dürfte es völlig unklar sein, welche Norm als „letzte gültige Norm" zu bezeichnen ist. Es zeigt sich also, daß die Präzision oder die Eindeutigkeit eines Begriffs nicht oder kaum erhöht wird, wenn die zur Definition verwendeten Begriffe selbst unpräzise sind oder mehrdeutig verwendet werden.

Definitionen durch Beispiele. Man könnte etwa sagen: „Aktivitäten sind z.B. Kartoffelschälen, Spazierengehen, eine Rede halten und Schreiben." Hier ist vermutlich beabsichtigt, den Ausdruck „Aktivitäten" zu definieren. Jedoch soll die Bedeutung des Begriffs nicht mit den aufgezählten Aktivitäten erschöpft sein. Wie jedoch andere als die aufgezählten Tatbestände dem Begriff zuzuordnen sind, ist in der genannten Definition nicht gesagt. Eine Definition durch die Angabe von Beispielen ist also nicht sinnvoll, wenn man nicht nur diejenigen Tatbestände mit dem Begriff bezeichnen will, die durch die Beispiele charakterisiert werden.

22. Bedeutungsanalysen

Oft sind Sozialwissenschaftler nicht an der Festsetzung „bloßer" Nominaldefinitionen interessiert. Dies mag das folgende Beispiel illustrieren: „Gemeinde, im weitesten Sinne dieses Wortes, hat eine räumliche und eine geographische Bedeutung. Jede Gemeinde ist räumlich gebunden, und die Individuen, aus denen eine Gemeinde zusammengesetzt ist, wohnen in dem Territorium, das zu der Gemeinde gehört."[73] Hier scheint nicht beabsichtigt zu sein, eine Konvention für die Verwendung eines Wortes vorzuschlagen. Es wird vielmehr behauptet, daß „Gemeinde" eine bestimmte Bedeutung hat, und der Autor versucht, diese Bedeutung zu beschreiben.

Damit ist eine bestimmte Art begrifflicher Analysen, die man in den Sozialwissenschaften sehr häufig findet, charakterisiert: Ein Begriff der Alltagssprache wird auf seine Bedeutung hin analysiert. Diese Art der Analyse wollen wir mit Hempel (1952, S. 8) eine *Bedeutungsanalyse* nennen. Es wird eine Behauptung darüber aufgestellt, daß ein bestimmter Ausdruck von bestimmten Personen in bestimmter Weise verwendet wird.

Es handelt sich hier nicht darum, daß Konventionen über die Verwendung von sprachlichen Ausdrücken eingeführt werden sollen, es werden vielmehr *empirische Aussagen* behauptet, die wahr oder falsch sein können. Die Aussage „Dem Wort t werden von den Personen p die Designata D zugeschrieben" kann mittels empirischer Methoden überprüft und falsifiziert oder auch bestätigt werden. Im Gegensatz zu einer Nominaldefinition kann also eine Bedeutungsanalyse wahr oder falsch sein. Daraus folgt, daß in einer Bedeutungsanalyse - im Gegensatz zu einer Nominaldefinition - etwas über die Realität, in diesem Falle über den Sprachgebrauch bestimmter Menschen, ausgesagt wird.

Es fragt sich, für welche Zwecke eine Bedeutungsanalyse brauchbar ist. Will man ein Wort *im Rahmen einer Theorie* verwenden, dann ist es völlig unerheblich, welche vorwissen-

---

[73] Dies ist ein Zitat aus einer Arbeit von Robert E. Park, das dem folgenden Aufsatz von Schnore 1967, S. 85, entnommen ist.

schaftliche Bedeutung dieses Wort hat. Das Ziel der Theorienbildung besteht ja in der Formulierung von Aussagen mit hohem Informationsgehalt, die sich empirisch bewähren. Um dieses Ziel zu erreichen, wird man die Designata eines Wortes so angeben, daß man glaubt, dem genannten Ziel näherzukommen. Ob ein solches Wort ursprünglich eine andere Bedeutung hatte, ist dabei völlig ohne Belang.

Bedeutungsanalysen sind jedoch für die *Überprüfung von Theorien mittels Befragung* von höchster Bedeutung. In einer solchen Befragung will man bestimmte Informationen über Merkmale von Befragten gewinnen. Die gewünschten Informationen erhält man nur dann, wenn die Fragen in einer Sprache gestellt sind, die der Befragte „versteht", d.h. der Wissenschaftler muß darüber informiert sein, welchen Wörtern ein Befragter welche Bedeutung zuordnet. Bei vielen Befragungen brauchen keine besonderen Bedeutungsanalysen vorgenommen zu werden, weil der Wissenschaftler die Sprache des Befragten kennt. Bei manchen Befragungen sind jedoch Bedeutungsanalysen unerläßlich, z.B. bei interkulturellen Vergleichen und auch dann, wenn sich das Vokabular verschiedener Gruppen einer gleichen Sprachgemeinschaft unterscheidet. So findet man in Teilen der Unterschicht und der Mittelschicht unterschiedliche Designata für gleiche Wörter - etwa für das Wort „Freund". Dieses Wort wird zum einen im Sinne von „Leute, die man kennt" und zum anderen zur Bezeichnung von Personen verwendet, mit denen man enge private Beziehungen hat.

Bedeutungsanalysen sind weiterhin für die *Ermittlung von Explananda* wichtig. Man kann versuchen zu erklären, warum ein Ausdruck eine bestimmte Bedeutung hat, warum sich seine Bedeutung geändert hat usw. Zur Beantwortung solcher Fragen muß man die Bedeutung eines Wortes ermitteln.

23. Realdefinitionen: Das „Wesen" der Dinge

In der klassischen Logik verstand man unter einer „Realdefinition" die Beschreibung des „Wesens" oder der „Natur" von Tatbeständen. Auch heute findet man in vielen sozialwissenschaftlichen Schriften „Wesensbestimmungen". So fragt man etwa nach dem Wesen der Erziehung, nach dem Wesen des Staates usw. In solchen Fragen wird zuweilen nicht das *Wort* „Wesen" verwendet; man fragt vielmehr einfach: Was *ist* Erziehung? Was *ist* ein Staat?

Es wäre denkbar, daß es sich hier um eine neue Art der Definition handelt. Dies liegt nahe, weil Wesensbestimmungen oft als „Realdefinitionen" bezeichnet werden. Analysiert man die Ausführungen von Autoren, die das „Wesen" von Sachverhalten zu ergründen suchen, dann zeigt sich, daß Wesensbestimmungen zumindest die im folgenden diskutierten Bedeutungen haben.

1. Viele Wesensdefinitionen dürften *Bedeutungsanalysen* sein. Wenn man z.B. fragt, was das Wesen des Staates sei, dann kann man diese Frage so verstehen: Was bedeutet das Wort „Staat"? Man führt also keine Konvention über die Bedeutung des Wortes „Staat" ein, sondern man stellt fest, wie dieses Wort von bestimmten Personen verwendet wird.

2. Häufig sind Wesensbestimmungen *empirische Gesetze*. Man könnte z.B. die Frage nach dem Wesen des Staates so verstehen: Welche Merkmale haben alle Staaten gemeinsam? Man setzt also voraus, daß die Bedeutung des Wortes „Staat" klar ist. Das „Wesen" des Staates besteht dann in den Merkmalen, die jedes Kollektiv, das ein Staat ist, hat.

3. Zuweilen dürfte eine Wesensbestimmung eine *Begriffsexplikation* sein. Man versucht also, einen Begriff zu präzisieren. So könnte man die Frage nach dem Wesen des Staates so

verstehen, daß man nach einer präzisen Definition dieses Begriffs sucht.[74]

4. Oft hat man auch den Eindruck, daß Wesensbestimmungen als *Nominaldefinitionen* gemeint sind (Albert 1964, S. 20). Eine Aussage über das „Wesen" des Staates könnte also ein Vorschlag sein, wie das Wort „Staat" zu verwenden ist.

5. Angenommen, jemand äußere folgenden Satz: „Es ist das Wesen von Gesetzen, daß sie Konflikte zwischen Kontrahenten ausgleichen." Hier könnte etwas darüber gesagt werden, wie Gesetze beschaffen sein *sollen*: Gesetze sollen nicht bestrafen, sondern mit ihnen soll versucht werden, Konflikte zu beheben. Wenn etwa ein Käufer seine Waren nicht bezahlt, sollte er nicht bestraft werden, sondern man sollte versuchen, zwischen seinen Interessen und den Interessen des Verkäufers einen Kompromiß zu finden. Wesensbestimmungen sind also zuweilen *normative Aussagen*.[75]

Unsere vorangegangenen Ausführungen legen die Vermutung nahe, daß Wesensbestimmungen sehr verschiedene Bedeutungen haben. Wegen dieser Vieldeutigkeit empfiehlt es sich, den Begriff des Wesens völlig zu vermeiden.

24. Dispositionsbegriffe[76]

Sozialwissenschaftler gehen bei der Definition von Begriffen häufig folgendermaßen vor. Personen oder Kollektive werden zunächst bestimmten *Stimuli* ausgesetzt. Je nach der *Reaktion* auf diese Stimuli wird dann den Personen oder den Kollektiven eine bestimmte *Eigenschaft zugeschrieben*. Demonstrieren wir diese Art von Definitionen an einem Beispiel. Zur Ermittlung der *antisemitischen Einstellung* einer Person könnte dieser Person die folgende Frage gestellt werden, d.h. man könnte die Person dem folgenden Stimulus aussetzen: „Wären Sie damit einverstanden, wenn Ihr Kind einen Juden bzw. eine Jüdin heiratet?" Antwortet die Person „nein", könnte man ihr das Prädikat „antisemitisch" zuschreiben, antwortet sie „ja", könnte man sie als „prosemitisch" einstufen.

Die Stimuli, die in den Sozialwissenschaften verwendet werden, sind normalerweise einzelne Fragen oder Batterien von Fragen in einem Interview oder in einer schriftlichen Befragung, oder auch bestimmte Aufgaben mehr manueller Art, die Versuchspersonen zur Lösung vorgegeben werden. Reaktionen sind entsprechend bestimmte Antworten von Befragten auf einfache Fragen oder auf mehrere Fragen oder die Art, in der bestimmte Aufgaben gelöst werden. Wenn zur Messung von bestimmten Eigenschaften mehrere Stimuli vorgegeben sind und somit mehrere Reaktionen vorliegen, dann werden die Reaktionen auf verschiedene Weise zu einem bestimmten Punktwert kombiniert. Die Ergebnisse sind dann sozialwissenschaftliche Skalen wie die Autoritarismus-Skala.

---

[74] Zu den genannten drei Möglichkeiten, den Begriff „Realdefinition" zu präzisieren, vgl. Hempel 1952, S. 6-11.

[75] Zur Verwendung von Wesensaussagen als Legitimation von Ideologien vgl. insbes. die Arbeiten von Ernst Topitsch, etwa Topitsch 1967. Zur Kritik des Essentialismus - d.h. „die Ansicht, daß die empirische Wissenschaft letzte Erklärungen in der Form *essentieller* oder *wesentlicher* Eigenschaften suchen muß" - vgl. die folgenden Arbeiten von Karl R. Popper: 1964 (das vorangegangene Zitat findet man in diesem Aufsatz auf S. 76); 1965, S. 97-119; 1960. Vgl. vor allem auch Schmid 1972. Zur Verwendung des Wortes „Wesen" in Marxismus vgl. Helberger 1974, S. 190-195.

[76] Eine detailliertere und genauere Darstellung von Dispositionsbegriffen enthält Opp 1976, S. 203-214. Die folgende Darstellung versucht, eher intuitiv plausibel zu machen, wie die Bedeutung von Dispositionsbegriffen festgelegt wird.

Welche logische Struktur haben Definitionen der genannten Art?[77] Illustrieren wir unsere Ausführungen mit dem genannten Beispiel. Führen wir folgende Abkürzungen ein:

- Sx = Irgendeine Person x wird einem Stimulus S ausgesetzt (im Beispiel: Einer Person wird die genannte Frage nach ihrer antisemitischen Einstellung gestellt);
- -Sx = Irgendeine Person x wird *nicht* dem Stimulus S ausgesetzt (im Beispiel: einer Person wird die genannte Frage *nicht* gestellt);
- Rx = Person x zeigt Reaktion R (im Beispiel: Person x antwortet „nein");
- -Rx = Person x zeigt *nicht* Reaktion R (im Beispiel: Person x antwortet „ja").
- Ax = Person x ist antisemitisch.
- -Ax = Person x ist prosemitisch (also nicht antisemitisch).

Wir könnten zwei Sätze formulieren, in denen die Stimuli und Reaktionen dem Ausdruck „Ax" bzw. „-Ax" zugeordnet werden. In dem ersten Satz wird die Bedeutung von „Ax" und in dem zweiten die Bedeutung von „-Ax" festgelegt, etwa:

(1) (x) [Wenn Sx, dann gilt: (Wenn, und nur wenn Ax, dann Rx)].

Der Ausdruck (x) soll heißen: Für alle Personen gilt. Der darauf folgende Ausdruck bedeutet: Wenn eine Person einem Stimulus ausgesetzt wird (Sx), dann gilt: Ihr wird das Prädikat „A" dann, und nur dann zugeschrieben, wenn sie die Reaktion R äußert. Aus (1) folgt: Äußert die Person die Reaktion R nicht, ist also „-Rx" wahr, dann wird ihr „-A" zugeschrieben. Die Beziehung zwischen „Ax" und „Rx" ist also logischer Art: Es ist festgelegt, daß immer dann, wenn Rx wahr ist, auch Ax wahr ist und umkehrt. Anders ausgedrückt: „Ax" hat immer den Wahrheitswert von „Rx". In Aussage (1) wird die Eigenschaft, antisemitisch oder prosemitisch zu sein, auf die Reaktionen einer Person und auf bestimmte Stimuli „reduziert". Entsprechend wird Satz (1) auch als *Reduktionssatz* bezeichnet.

Angenommen, eine Person wird *nicht* dem Stimulus S ausgesetzt, ihr wird also die genannte Frage nicht gestellt. In diesem Falle gilt also „-Sx". Muß die Person nun als anti- oder prosemitisch bezeichnet werden? Da die genannte Interviewfrage nicht gestellt wird, muß offenbleiben, ob „Rx" oder „-Rx" gilt. Wenn also „Sx" falsch ist, ist der Wahrheitswert des Satzes „(wenn, und nur wenn Ax, dann Rx)" unbestimmt, d.h. wir wissen nicht, ob nun einer Person a das Prädikat „A" oder „-A" zukommt. Diese Konsequenz ist wünschenswert. Wenn eine Person keinem Stimulus ausgesetzt wird, dann will man ihr weder ein bestimmtes Prädikat zuschreiben noch nicht zuschreiben. Es ist also zweckmäßig, eine Definition, in der ein Wort durch bestimmte Stimulus-Reaktions-Verbindungen eingeführt werden soll, in der Form (1) zu schreiben.

Hinsichtlich der Möglichkeit, Personen „A" oder „-A" zuzuschreiben, können wir drei Arten von Fällen unterscheiden. 1. Fälle, in denen die Stimuli vorliegen und in denen das Prädikat „A" einem Objekt zugeschrieben wird; 2. Fälle, in denen die Stimuli aufgetreten sind

---

[77] Die Grundlage der folgenden Ausführungen ist Carnap 1936. Die folgenden Seitenangaben beziehen sich auf diesen Aufsatz. Eine Diskussion von Definitionen durch Reduktionssätze findet sich auch bei Hempel 1952, S. 23-29. Zur Diskussion von Dispositionsbegriffen vgl. u.a. die folgenden Arbeiten: Hochberg 1967; Madden 1961; Pap 1953; Stegmüller 1970, S. 213-238; Wilson 1967 und 1968.

und in denen „-Ax" gilt; 3. Fälle, in denen die Stimuli nicht vorliegen und in denen weder „A" noch „-A" einem Objekt zugeschrieben werden kann. Bei den Fällen 1 und 2 handelt es sich um *determinierte Fälle*, d.h. um Fälle, bei denen ein Objekt als A oder -A eingestuft werden kann. Fall 3 dagegen gehört zu den *nicht determinierten Fällen*, d.h. es kann nicht entschieden werden, ob A oder -A gegeben ist.

Man kann nun diese „Region der Unbestimmtheit" (Carnap) in verschiedener Weise vermindern. Erstens können wir *Gesetze* zu finden versuchen, in denen das zu definierende Prädikat mit anderen Prädikaten in Beziehung gesetzt wird. In unserem Beispiel könnten wir z.B. folgendes Gesetz einführen: Alle Mitglieder rechtsextremer Parteien sind antisemitisch - es sei dabei klar, was „rechtsextrem" bedeutet. Durch dieses Gesetz kann das Prädikat „A" einer Teilmenge von Personen zugeschrieben werden, die nicht dem Stimulus S ausgesetzt wurden, nämlich denjenigen Personen, die Mitglieder rechtsextremer Parteien sind. Die Region der Unbestimmtheit wird insofern verringert, als jetzt A zugeschrieben werden kann, ohne daß das Vorliegen von S ermittelt werden muß.

Es können auch *weitere Reduktionssätze* eingeführt werden, in unserem Beispiel etwa die folgende Frage: „Glauben Sie, daß heute zu viele Juden hohe Stellungen bekleiden?" Wenn wir diese Frage mit „S'" bezeichnen, die Antwort „Ja" mit „R'" und die Antwort „Nein" mit „-R'", dann können wir folgenden weiteren Reduktionssatz formulieren:

(2) (x) [Wenn S'x, dann gilt: (Wenn, und nur wenn Ax, dann R'x)].

Durch diesen neuen Reduktionssatz ist die Region der Unbestimmtheit vermindert worden. Wir können jetzt aus der Klasse der Personen, denen die früher genannte Frage nicht gestellt wurde, wiederum einer Teilklasse von Personen das Prädikat „A" oder „-A" zuschreiben, nämlich jenen, die dem Stimulus S' ausgesetzt wurden.

Wir sahen früher, daß Definitionen Konventionen sind. Trifft dies auch für die Einführung eines Ausdrucks durch Reduktionssätze zu? Nehmen wir zunächst an, wir formulierten nur *einen einzigen Reduktionssatz*. In diesem Falle kann ein Reduktionssatz erstens eine Bedeutungsanalyse sein. D.h. mit dem Reduktionssatz könnte die gegebene Bedeutung eines Ausdrucks beschrieben werden. In diesem Falle handelt es sich nicht um eine Konvention, sondern um eine Aussage, die - wie wir sahen - wahr oder falsch sein kann. Zweitens kann es sich bei einem Reduktionssatz jedoch um eine *reine Konvention* handeln. Man kann festsetzen, daß einem Objekt ein bestimmtes Prädikat zukommen soll, wenn es unter bestimmten Testbedingungen (d.h. Stimuli) in bestimmter Weise reagiert. Eine solche Festsetzung kann weder wahr noch falsch sein.

Nehmen wir nun an, ein Ausdruck werde durch *mehrere Reduktionssätze* eingeführt, z.B. durch die beiden genannten Reduktionssätze (1) und (2). Weiter sei angenommen, auf den Stimulus S - also auf die zuerst genannte Interviewfrage - zeige der Befragte Reaktion R. Gemäß dem ersten Reduktionssatz würden wir ihm dann das Prädikat „A" zuschreiben. Nun werde der Befragte dem Stimulus S' ausgesetzt - ihm werde also die zuletzt genannte Interviewfrage gestellt - und er zeige Reaktion -R'. In diesem Falle müßten wir dem Befragten das Prädikat „-A" zuschreiben. Je nachdem, welchem Stimulus wir den Befragten aussetzen, müssen wir behaupten, ihm komme das Prädikat A zu und ihm komme das betreffende Prädikat nicht zu. In dem beschriebenen Falle führen also die beiden Reduktionssätze zu *widersprüchlichen* Konsequenzen. Derartige Widersprüche sind in einer Wissenschaft nicht wünschenswert. Somit ist die Auswahl der Reduktionssätze, mit denen man ein Prädikat einführen will, keine Konvention, d.h. nicht willkürlich.

Welchen Kriterien müssen Reduktionssätze genügen, damit derartige Widersprüche nicht auftreten? Wir sahen bei unserem Beispiel, daß folgendes nicht der Fall sein darf: Eine Person wird den Stimuli S und S' ausgesetzt und äußert R und -R'. Dieser Tatbestand ist nun eine *empirische Aussage*, die aus den beiden Reduktionssätzen logisch folgt. Allgemein können wir sagen: Wenn die aus mehreren Reduktionssätzen ableitbaren empirischen Aussagen wahr sind, dann treten keine Widersprüche der genannten Art auf.[78]

Befassen wir uns nun mit den Unterschieden zwischen den früher behandelten expliziten Definitionen (d.h. Nominaldefinitionen) und dem in diesem Abschnitt besprochenen Verfahren, Begriffe einzuführen. Bei einer expliziten Definition wird ein Ausdruck (das Definiens) einem anderen Ausdruck (dem Definiendum) zugeordnet. Wenn ein *Definiendum* in irgendeinem Satz vorkommt, dann kann es durch das Definiens ersetzt werden. Ebenso gilt: Wenn ein *Definiens* in irgendeinem Satz vorkommt, kann es durch das Definiendum ersetzt werden. Dies gilt *nicht* für Reduktionssätze. Ein Ausdruck, der durch einen Reduktionssatz eingeführt wird, kann nicht durch andere „Teile" des Reduktionssatzes ersetzt werden. Demonstrieren wir dies an dem zuerst genannten Reduktionssatz. In einem empirischen Gesetz komme der Satz vor: Wenn jemand antisemitisch ist (A), dann verbringt er seinen Urlaub nicht in Israel (nicht-I), d.h.:

G: Wenn A, dann nicht-I.

Weiter gelte der oben genannte Reduktionssatz (1), den wir noch einmal in vereinfachter Form aufschreiben und als „R" bezeichnen:

R.: Wenn S, dann gilt: (Wenn, und nur wenn A, dann R).

Es liegt nun nahe, den Ausdruck „antisemitisch" in G durch „S und R" zu ersetzen. Wenn nämlich jemand antisemitisch ist, dann müßte er auf den Stimulus S die Reaktion R äußern. Man könnte entsprechend in G für „A" den Satz „S und R" einsetzen:

G': Wenn S und R, dann nicht-I.

Wenn eine solche Ersetzung möglich wäre, dann müßten „G und R" äquivalent sein mit G', d.h.:

(G und R) sind äquivalent mit G'.

G' ist ja identisch mit dem genannten Gesetz G, in dem „antisemitisch" durch „S und R" ersetzt wurde. Eine solche Äquivalenz müßte vorliegen, wenn „antisemitisch" in dem Gesetz durch Teile des Reduktionssatzes in der beschriebenen Weise ersetzbar wäre. Man kann nun zeigen: Eine solche Äquivalenz liegt nicht vor. D.h. (G und R) einerseits und G' andererseits sind nicht äquivalent. Es ist also nicht möglich, die Teile eines Reduktionssatzes, die sich auf den Stimulus und die Reaktion beziehen, in eine Aussage, in der der Dispositionsbegriff (in unserem Beispiel A) vorkommt, einzusetzen.

Befassen wir uns mit einem *zweiten* Unterschied zwischen expliziten Definitionen und der Einführung von Begriffen durch Reduktionssätze. Wir sahen, daß bei Reduktionssätzen erst dann entschieden werden kann, ob eine Eigenschaft irgendwelchen Objekten zukommt, wenn bestimmte Operationen durchgeführt wurden. Bei expliziten Definitionen ist dies jedoch nicht erforderlich, um entscheiden zu können, ob Gegenständen bestimmte Merkmale zukommen

---

[78] Bei Opp 1976, S. 209, werden eine Reihe von empirischen Aussagen aufgeführt, die aus den beiden genannten Reduktionssätzen folgen.

oder nicht. Bei der Einführung von Begriffen durch Reduktionssätze ist es also - im Gegensatz zur Einführung von Begriffen durch explizite Definitionen - häufig unbestimmt, ob Merkmale bestimmten Objekten zukommen oder nicht.

Ein *dritter* Unterschied zwischen Begriffen, die durch explizite Definitionen, und Begriffen, die durch Reduktionssätze eingeführt werden, ist, daß die Bedeutung der zuletzt genannten Begriffe nur teilweise festgelegt ist, da neue Reduktionssätze hinzugefügt werden können. Ein Begriff, der durch eine explizite Definition eingeführt wird, kann jedoch nicht zusätzlich durch weitere Definitionen definiert werden. Der Grund ist, daß dem Definiendum genau die Bedeutung zugeschrieben wird, die das Definiens hat. Wenn also ein Definiens vorliegt und wenn ein weiteres Definiens eingeführt wird, dann hat ja das Definiendum bereits eine Bedeutung. Ist nun die Bedeutung des ersten und zweiten Definiens verschieden, dann werden einem Definiendum zwei verschiedene Bedeutungen zugeschrieben. Es wird also die Regel verletzt, daß in einer expliziten Definition das Definiendum noch keine Bedeutung haben darf.[79]

Wir haben bisher stillschweigend vorausgesetzt, daß die zu definierenden Prädikate nur zwei Werte haben können, nämlich „ja" und „nein". An unseren Ausführungen ändert sich nichts, wenn wir diese Voraussetzung fallenlassen. So könnten etwa die Reaktionen einer Person Werte einer Skala darstellen, und einer zu definierenden Variablen z.B. Grad des Antisemitismus - könnten dann entsprechende Werte zugeschrieben werden. Z.B. wäre es möglich, „Anomie" durch eine Reihe von Fragen (also Stimuli) zu messen und die Antworten (also Reaktionen) auf diese Fragen so zu kombinieren, daß jeder Person genau ein Wert in Form einer Zahl zugeschrieben wird. Dieser zugeordnete Wert ist dann ein bestimmter Grad von Anomie. In dieser Weise werden sozialwissenschaftliche Skalen auch gebildet.

Wir waren weiterhin stillschweigend davon ausgegangen, daß Reduktionssätze deterministisch sind. Diese können jedoch auch nicht-deterministische Aussagen sein. Wenn die Stimuli vorliegen und die Reaktionen auftreten, liegt das von dem eingeführten Begriff bezeichnete Merkmal mit einer bestimmten Wahrscheinlichkeit vor. In unseren Beispielen braucht also die Verbindung zwischen „Ax" und „Rx" nicht deterministisch zu sein.[80]

Man bezeichnet, wie gesagt, Begriffe, die durch Reduktionssätze eingeführt werden, als *Dispositionsbegriffe*. Damit ist folgendes gemeint. Mit Reduktionssätzen werden solche Eigenschaften eingeführt, die nicht „direkt" beobachtbar sind, sondern die erst dann Objekten zugeschrieben werden können, wenn bestimmte Operationen ausgeführt wurden. D.h. man kann einem Objekt nicht direkt ansehen, ob es eine bestimmte, durch Reduktionssätze eingeführte Eigenschaft hat oder nicht. Diese Eigenschaft ist vielmehr „verborgen", das Objekt hat gewissermaßen nur eine Disposition, bei bestimmten Stimuli in bestimmter Weise zu reagieren. Ob z.B. jemand eine schwarze oder eine weiße Hautfarbe hat, kann man ihm ansehen, nicht jedoch, ob er prosemitisch oder antisemitisch ist.

Sind alle Begriffe Dispositionsbegriffe?[81] Nehmen wir an, ein Interviewer soll nachsehen und notieren, ob in der Wohnung, in der das Interview stattfindet, ein Fernsehapparat steht, und der Befragte soll entsprechend als Fernsehbesitzer oder Nichtfernsehbesitzer eingestuft werden. Offenbar wird der Befragte hier nicht einem Stimulus oder einer Testoperation in irgendeinem üblichen Sinne dieser Wörter ausgesetzt. Somit handelt es sich hier nicht um Dis-

---

[79] Vgl. hierzu etwa Kutschera und Breitkopf 1971, S. 145-146. Siehe auch Savigny 1971, S. 120-123. Akzeptiert man die genannte Regel über explizite Definitionen nicht, fällt der dritte Unterschied weg. Vgl. hierzu im einzelnen Opp 1976, S. 211.

[80] Vgl. hierzu etwa statistische Analyseverfahren wie LISREL oder EQS.

[81] Diese Frage bejahen z.B. Bergmann 1957, S. 60; Popper 1965, S. 118-119.

positionsbegriffe. Das gleiche gilt für alle anderen einfachen Beobachtungen, in denen bestimmte Merkmale des Befragten „direkt" beobachtet werden. Dies gilt selbstverständlich nicht, wenn beobachtet wird, wie Personen auf bestimmte Stimuli reagieren. So könnte man versuchen, das Verhalten von Personen zu beobachten, und ihnen dann je nach ihren Reaktionen bestimmte Merkmale oder Werte von Variablen zuschreiben. Nicht alle Begriffe sind also Dispositionsbegriffe. Mit dieser Behauptung ist nichts darüber gesagt, ob wissenschaftlich brauchbare Begriffe meistens Dispositionsbegriffe sind oder nicht. Es ist aber nicht unplausibel, daß in den Sozialwissenschaften theoretisch brauchbare Begriffe meist durch Reduktionssätze eingeführt werden. Beispiele sind Begriffe wie „Einstellungen", „Attitüden", „Normen", „Erwartungen", „Macht" usw.

In den Sozialwissenschaften werden zuweilen Begriffe sowohl durch Reduktionssätze - z.B. durch einzelne Interviewfragen - als auch durch einfache Beobachtungen definiert. Man könnte z.B. die soziale Schicht einer Person durch folgende Anweisung an den Interviewer ermitteln: „Lassen Sie sich die Wohnung des Befragten zeigen und schätzen Sie den Wert der Möbel." Wird ein bestimmter Wert überschritten, dann wird dem Befragten das Merkmal „Mittelschicht" zugeschrieben. Häufig handelt es sich bei diesen einfachen Beobachtungen nicht um explizite Definitionen. Sie werden vielmehr gemeinsam mit bestimmten Fragen eines Fragebogens zu einem einzigen Punktwert kombiniert, der einem Befragten dann zugeschrieben wird. Der Stimulus ist in einem solchen Falle die Präsentierung des Fragebogens. Man kann jedoch die einfachen Beobachtungen in derselben Weise wie alternative Reduktionssätze verwenden, d.h. so, daß je nach der Art des Beobachtungsergebnisses eine bestimmte Eigenschaft *partiell* definiert wird. So könnte man die Zuschreibung des Merkmals „Oberschicht" aufgrund der einfachen Beobachtung bestimmter Merkmale der Wohnungseinrichtung ausdrücken: Wenn ein Befragter eine Wohnung der Art x hat, dann gehört er der Oberschicht an. Es gilt dann das, was oben über mehrere Reduktionssätze gesagt wurde: es darf keine widersprüchlichen Zuschreibungen des Merkmals geben.

25. Komplexe Definitionen

Wir wollen nun einen bestimmten Typ von Definitionen beschreiben, den man zuweilen in den Sozialwissenschaften findet. Illustrieren wir zunächst diesen Definitionstyp an einem Beispiel. Nehmen wir an, die Bedeutung des Wortes „Organisation" werde in folgender Weise angegeben: Man wisse, daß mit „Organisation" u.a. Betriebe, Krankenhäuser, Gefängnisse, Universitäten, Kirchen und Parteien bezeichnet werden. Diese Aufzählung sei jedoch nicht erschöpfend, und es soll nicht ausgeschlossen sein, daß auch noch andere Kollektive als „Organisation" bezeichnet werden können. Weiterhin sei die Bedeutung des Wortes „Organisation" nicht so klar, daß für jedes beliebige Kollektiv entscheidbar ist, ob eine Organisation vorliegt oder nicht. Der Ausgangspunkt ist also ein Wort, dessen Designata durch die Aufzählung von Objektklassen unvollständig angegeben sind.

Nehmen wir nun an, es solle ein Versuch unternommen werden, die Bedeutung des Wortes vollständig festzulegen. Man könnte dabei so vorgehen, daß man Gemeinsamkeiten der aufgezählten Arten von Objekten zu finden sucht und diese Gemeinsamkeiten als Definitionsmerkmale verwendet. In dieser Weise geht z.B. Renate Mayntz (1974, S. 7) vor: „Gemeinsam ist allen Organisationen erstens, daß es sich um soziale Gebilde handelt ... Gemeinsam ist ihnen zweitens, daß sie bewußt auf spezifische Zwecke und Ziele orientiert sind. Gemeinsam ist ihnen drittens, daß sie im Hinblick auf die Verwirklichung dieser Zwecke oder Ziele zumindest der Intention nach rational gestaltet sind. In dem Maße, wie diese drei Definitionsmerkmale ... erfüllt sind, kann man von einer Organisation sprechen" (S. 36). Offenbar wurden zunächst einige Hypothesen formuliert - etwa „alle aufgezählten Kollektive sind auf spezifische Zwecke und Ziele hin orientiert". Dann wurde empirisch nachgeprüft, ob diese Hypothesen bei den aufgezählten Klassen von Kollektiven zutrafen. Als nächstes hat die Verfasserin dann die bestätigten Hypothesen als Definiens verwendet. Somit kann jetzt *jedes* Kollektiv - also nicht nur die Klasse der aufgezählten Kollektive - als Organisation oder als Nicht-Organisation klassifiziert werden.

In dem genannten Beispiel waren wir davon ausgegangen, daß die Bedeutung des Wortes „Organisation" durch *Klassen* von Objekten angebbar ist. Es ist jedoch auch möglich, daß der Ausgangspunkt eine Aufzählung von *Elementen* von Objektklassen ist. So könnte man die Bedeutung des Wortes „Industriegesellschaft" folgendermaßen (teilweise) angeben: Bundesrepublik, USA, Großbritannien, Frankreich. Auch in diesem Falle wäre es möglich, eine empirische Analyse in der oben beschriebenen Weise vorzunehmen und die bestätigte Hypothese als Definiens zu verwenden.

Formulieren wir nun in allgemeiner Weise die Vorgehensweise bei den beiden beschriebenen Beispielen.

1. Die Bedeutungsanalyse eines Begriffs ergibt, daß Klassen von Objekten oder Elemente von diesen aufgezählt werden können, die dieses Wort bezeichnet. Damit ist jedoch die Bedeutung des Wortes nur partiell bestimmt, und die Zuordnung anderer Objektklassen oder Elemente von diesen ist nicht eindeutig möglich.[82]
2. Es wird versucht, einem Wort eine solche Bedeutung zuzuschreiben, daß das Wort die aufgezählten Objektklassen oder Elemente bezeichnet und daß bei anderen beliebigen Objektklassen oder Elementen entschieden werden kann, ob sie durch das Wort bezeichnet werden oder nicht.
3. Um solche Bedeutungsregeln zu finden, werden gemeinsame Merkmale der aufgezählten Objektklassen oder Elemente gesucht, indem empirische Hypothesen über Gemeinsamkeiten formuliert und geprüft werden.
4. Bestätigte Hypothesen werden zur Festlegung der Bedeutung des betreffenden Ausdrucks verwendet.

Es handelt sich hier um verschiedene Operationen, die durchgeführt werden, um die Bedeutung eines Begriffs zu *präzisieren* und *in allgemeiner Weise* - also nicht durch *Aufzählung* von Objektklassen oder Elementen von diesen - anzugeben. Wegen der verschiedenen durchzuführenden Operationen wollen wir diese Art der Definition „komplex" nennen. Da die erste Operation eine Bedeutungsanalyse ist, wollen wir von einer *komplexen Definition auf der Grundlage einer Bedeutungsanalyse* sprechen.

Wenn das Ziel der genannten Operationen darin besteht, die Bedeutung eines Begriffs zu präzisieren und in allgemeiner Weise anzugeben, dann kann das Ergebnis dieser Operationen - nämlich präzise semantische Regeln für ein bestimmtes Wort - keine reine Konvention sein. Es wird ja zu Beginn eine Behauptung über die Bedeutung eines Wortes aufgestellt. Andererseits enthält die Definition eine konventionelle Komponente: Die Bedeutung eines Wortes präzisieren heißt, daß die neue Definition nicht mit der alten - unpräzisen - übereinstimmt. Wenn also das Wort „Organisation" in der beschriebenen Weise definiert wird, dann wird folgendes

---

[82] Selbstverständlich könnte die Bedeutung eines Ausdrucks auch durch *Merkmale* von Objektklassen oder Elementen von diesen bestimmbar sein. Um unsere Ausführungen nicht zu komplizieren, formulieren wir die Operationen nur für Objektklassen oder Elemente von diesen.

behauptet: Das Definiens bezeichnet eine Reihe von Sachverhalten, die der Begriff auch *vor* der Festlegung des Definiens bezeichnet hat. Zum Teil bezeichnet es auch Designata, die vorher *nicht* eindeutig zugeordnet werden konnten. Somit handelt es sich hier zum Teil um eine Bedeutungsanalyse, zum Teil aber auch um eine nominale Definition. Die semantischen Regeln können auch in Form einer Definition durch Reduktionssätze festgelegt werden.

Bei der beschriebenen Vorgehensweise war der Ausgangspunkt ein Wort, dessen Bedeutung durch eine Aufzählung von Objektklassen oder Elementen von diesen nicht vollständig angegeben werden konnte. Häufig besteht jedoch das Problem nicht darin, die *gegebene Bedeutung* von Wörtern anzugeben. Man hat vielmehr das Ziel, bestimmte Objektklassen oder Elemente einem Wort zuzuordnen. Man sucht eine Definition, deren semantische Regeln bestimmte Designata bezeichnen müssen. Nehmen wir z.B. an, wir wollten eine Theorie formulieren, deren Objektbereich u.a. Betriebe, Krankenhäuser, Kirchen und Gefängnisse sind. Unser Ziel sei, präzise semantische Regeln allgemeiner Art anzugeben - die also nicht aus einer Aufzählung einzelner Objektklassen oder Elemente von diesen bestehen, und die unter anderem die genannten Objektklassen bzw. Elemente bezeichnen. Als Definiendum soll ein beliebiges Zeichen - etwa ein Buchstabe, ein Wort der Alltagssprache, wobei die Bedeutung dieses Wortes in der Alltagssprache irrelevant sei - eingeführt werden. Man könnte nun in der vorher beschriebenen Weise vorgehen, nämlich eine empirische Analyse durchführen und die bestätigten Hypothesen als semantische Regeln verwenden. Die hier beschriebene Vorgehensweise entspricht der vorherigen außer in der ersten Operation.

Das Ergebnis der Operationen ist wiederum eine Nominaldefinition oder eine Definition durch Reduktionssätze. Auch hier wurden bestimmte Operationen ausgeführt, die zur Entstehung der semantischen Regeln führten.[83] Weil die erste Operation - die Bedeutungsanalyse - nicht durchgeführt wurde, sprechen wir von einer *komplexen Definition ohne Bedeutungsanalyse*.

Bei beiden Typen einer komplexen Definition wird man nun nicht sogleich die bestätigten Hypothesen als semantische Regeln verwenden. Man wird vielmehr zunächst prüfen, welche Objektklassen bzw. Elemente außer den vorher genannten unter die mittels der genannten Operationen erhaltenen semantischen Regeln fallen. So wird man etwa bei der Definition des Wortes „Organisation" feststellen, ob die semantischen Regeln z.B. die folgenden Objektklassen bezeichnen: Familien, Freizeitgruppen, Schulklassen, Parlamente, Städte usw. Man geht dabei so vor, daß man prüft, ob diese Kollektive Designata des definierten Begriffs sind oder nicht. Das Ergebnis einer solchen Prüfung könnte sein, daß ein definierter Begriff bestimmte Tatbestände bezeichnet, die man ihm nicht zuordnen möchte. In diesem Fall wird man versuchen, die semantischen Regeln zu verändern. Dabei kann man alternative Hypothesen überprüfen oder bestimmte aufgezählte Designata eliminieren. Wir können also als *fünfte Operation bei beiden Arten komplexer Definitionen* anführen: Prüfung der Konsequenzen der semantischen Regeln und evtl. Modifikation, bis ein Begriff die gewünschten Designata hat.

Komplexe Definitionen ohne Bedeutungsanalyse dürften bei der Formulierung von sozialwissenschaftlichen Theorien sehr nützlich sein. Sucht man etwa die Dann-Komponente einer Theorie, dann dürfte der Ausgangspunkt eine meist vage Vorstellung über die Art der zu erklärenden Sachverhalte sein. In jedem Falle kann man jedoch eine Reihe konkreter Objektklassen oder Elemente angeben, die unter die gesuchte Definition fallen sollen. Sodann kann man durch eine empirische Analyse versuchen, Gemeinsamkeiten der Objektklassen zu finden, eine

---

[83] Ein weiteres Beispiel für diese Vorgehensweise ist die früher behandelte Definition des Gesetzesbegriffs.

entsprechende Hypothese zu prüfen und bei einer Bestätigung auf ihre Konsequenzen hin zu untersuchen. In der gleichen Weise könnte man bei der Formulierung der Wenn-Komponente einer Theorie vorgehen.

26. Operationale Definitionen

Wenn in den Sozialwissenschaften eine empirische Untersuchung durchgeführt wird, besteht ein Problem darin, die Begriffe der zu prüfenden Hypothesen zu „operationalisieren" oder - wie man auch sagt - geeignete „Indikatoren" für die Begriffe zu finden. Wir wollen in diesem Abschnitt versuchen zu präzisieren, was Sozialwissenschaftler meinen, wenn sie von der „operationalen Definition" eines Begriffs, der „Operationalisierung" eines Begriffs oder von der „Angabe von Indikatoren für einen Begriff" - wobei alle diese Ausdrücke dasselbe bedeuten sollen - sprechen.[84]

Ein Beispiel für eine „operationale Definition" findet man in einem der klassischen Lehrbücher über die Methoden der empirischen Sozialforschung (Selltiz, Jahoda, Deutsch und Cook 1959, S. 42-43). Die Autoren dieses Buches gehen von folgenden Nominaldefinitionen aus:

D1: Nationaler Status = df. die relative Bewertung des eigenen Landes auf einer internationalen Vergleichsskala.

D2: Nationaler Status-Gewinn = df. die Ansicht eines Studenten, daß Amerikaner sein Land höher bewerten als er selbst.

D3: Nationaler Status-Verlust = df. die Ansicht eines Studenten, daß Amerikaner sein Land niedriger bewerten als er selbst.

Es handelt sich bei den Definienda also um Merkmale, die Personen zugeschrieben werden. Die Autoren des genannten Buches führen weiter aus, daß der Wissenschaftler

„must find some way of translating them (d.h. die obigen und beliebige andere Begriffe) into observable events if he is to carry out any research. It is not possible to study 'national status gain' or 'loss' as such, since these constructs have no direct counterparts in observable events. The investigator must devise some operations that will produce data he is satisfied to accept as an indicator of his concept."

Die Autoren bezeichnen die „Übersetzung" der Begriffe in „beobachtbare Ereignisse" durch Forschungsoperationen als „operationale Definitionen".[85] Die „beobachtbaren Ereignis-

---

[84] Es ist nicht unsere Absicht, im einzelnen den Operationalismus darzustellen oder zu diskutieren. Hier sei nur auf einige Schriften aus der sehr umfangreichen Literatur zu diesem Thema verwiesen. In der Soziologie wurde der Operationalismus besonders in den vierziger Jahren diskutiert. Vgl. hierzu etwa Lundberg 1941/42 und den „Rejoinder" von Herbert Blumer im gleichen Band, S. 743-745; Alpert 1938; Dodd 1942/43 und den „Comment" von Ethel Shanas im gleichen Band, S. 489-491. Vgl. auch Bergmann und Spence 1941. Zum Operationalismus allgemein vgl. z.B. Hempel 1952, S. 39-50 (dort finden sich weitere Literaturhinweise). Vgl. vor allem Hempels Aufsatz von 1954: A Logical Appraisal of Operationism, abgedruckt in Hempel 1965, S. 123-133. Empfehlenswert ist der Aufsatz von Feigl 1945, wieder abgedruckt in Feigl und Sellars 1949, S. 510-514. Vgl. weiter Bergmann 1965.

[85] Die Autoren sprechen zwar von *working definitions*, merken aber in einer Fußnote an, daß *working definition* dasselbe bedeutet wie *operationale Definition*.

se" sind offenbar die Designata der Prädikate. Man kann also sagen, daß „einen Begriff operational definieren" heißt „die Designata eines Begriffs durch *Forschungsoperationen* festlegen". Ist die Durchführung von Forschungsoperationen wirklich erforderlich, damit man von einer operationalen Definition sprechen kann? In unserem Beispiel ist zunächst nur gesagt, daß man einen Begriff in „beobachtbare Ereignisse übersetzen" muß, wenn man diesen im Rahmen einer empirischen Untersuchung verwenden will. Die Forderung, einen Begriff durch Forschungsoperationen zu definieren, bezog sich auf die Ausdrücke „nationaler Status-Gewinn" und „nationaler Status-Verlust". Wir können also die Autoren so verstehen, daß eine „operationale Definition" allgemein heißt „Übersetzung" eines Begriffs in „beobachtbare Ereignisse".

Offensichtlich ist nicht gemeint, daß *irgendwelche* beobachtbaren Ereignisse angegeben werden, wenn eine operationale Definition eingeführt wird, denn das Definiens von D1 bis D3 bezieht sich ja auch auf beobachtbare Ereignisse, wird aber trotzdem nicht als „operationale Definition" bezeichnet. Gemeint ist vielmehr, daß beobachtbare Ereignisse so genau angegeben werden müssen, daß es möglich ist, die Designata intersubjektiv einheitlich festzustellen. Anders gesagt: Jede Person muß in gleicher Weise ein Wort irgendwelchen Objekten oder Merkmalen zuschreiben oder nicht zuschreiben. Wir können also „operationale Definition" in folgender Weise explizieren:

Operationale Definition eines Wortes = df. die genaue Angabe der Designata eines Wortes.

Wir sagten, daß „ein Wort operationalisieren" dasselbe heißt wie „geeignete Indikatoren für ein Wort angeben". Was bedeutet nun der Begriff „Indikator"? In einer operationalen Definition werden häufig mehrere Klassen von Ereignissen aufgezählt. So besteht etwa die operationale Definition des Wortes „Intelligenz" aus einer Vielzahl von Fragen in einem Fragebogen, der Personen vorgelegt wird, deren Intelligenzquotient ermittelt werden soll. Jede dieser Fragen bezeichnet man als einen „Indikator" für das Wort „Intelligenz". Für den Ausdruck „soziale Schicht" könnte man als Indikatoren etwa „Vermögen" (oder Einkommen), „Beruf" und „Erziehung" (Lazarsfeld 1959, S. 64) verwenden. Wir können also sagen:

Indikator = df. in einer operationalen Definition enthaltene Designata, die als Bestandteile der operationalen Definition in dieser aufgezählt werden.

Indikatoren können also sehr verschiedener Art sein: etwa eine einzelne Beobachtung (z.B. die Hautfarbe eines Menschen), einzelne Fragen in einem Fragebogen und statistische Maßzahlen (z.B. die Rate der Verheirateten in einem Stadtbezirk).

Wir glauben, daß unsere Explikation des Begriffs „operationale Definition" genau das bezeichnet, was die meisten Sozialforscher meinen, wenn sie von der operationalen Definition eines Wortes sprechen. Wenn man von der „Übersetzung eines Begriffs in Forschungsoperationen" spricht, dann würde man eine solche Übersetzung bei einer präzisen Angabe eines Designatums als adäquat akzeptieren. Nehmen wir z.B. an, wir wollten die Zahl der Hundebesitzer in einer Stadt zählen. Zu diesem Zweck wird man etwa sagen, daß eine operationale Definition des Wortes „Hund" nicht erforderlich sei, weil dieser Begriff klar genug sei. Ist eine operationale Definition des Begriffs „Besitzer" sinnvoll? Offenbar ja, denn es ist nicht klar, ob Personen gemeint sind, die einen Hund nur vorübergehend beaufsichtigen oder nur solche Personen, deren „Eigentum" ein Hund ist. Weiter ist festzulegen, wie man feststellt, ob jemand Besitzer bzw. Eigentümer eines Hundes ist. Soll man sich z.B. auf die Auskünfte von

Personen verlassen? Eine „Operationalisierung", d.h. eine Präzisierung des Begriffs „Besitzer", ist also zweckmäßig.

Wenn nun unter einer operationalen Definition jegliche präzise Zuschreibung einer Bedeutung verstanden wird, dann kann ein Begriff in jeglicher Form operational definiert werden, z.B. durch eine Nominaldefinition, durch Reduktionssätze, durch Interviewfragen, komplizierte Tests oder einfach durch präzise Beschreibung „direkt" beobachtbarer Tatbestände wie Art der Kleidung, sprachlicher Akzent usw. D.h. eine operationale Definition kann sowohl eine explizite Definition als auch eine partielle Definition (etwa eines Dispositionsbegriffs) sein.

Manche Forscher scheinen das Wort „operationale Definition" noch in einer anderen Bedeutung zu verwenden. Nehmen wir z.B. an, es sollten diejenigen Männer gezählt werden, die sich zu einem bestimmten Zeitpunkt in einem bestimmten Restaurant befinden. Nach dem Sprachgebrauch wird eine Person als „Mann" bezeichnet, wenn sie bestimmte primäre Geschlechtsmerkmale hat. Nun wäre es wenig praktikabel, wenn man in dem genannten Restaurant alle anwesenden Personen auf diese Geschlechtsmerkmale hin untersuchen will. Man weiß, daß Personen männlichen Geschlechts sich von Personen weiblichen Geschlechts in unserer Gesellschaft durch Art der Kleidung, Art der Haartracht usw., kurz: nach ihrem äußeren Erscheinungsbild, unterscheiden. Nehmen wir an, die äußere Erscheinung eines Mannes sei durch eine Liste von Merkmalen, also durch eine Merkmalskombination M, festgelegt. Will man nun die Personen männlichen Geschlechts in einem Restaurant zählen, wird man nur die Merkmalskombination M erheben. Manche Forscher würden den beschriebenen Vorgang so ausdrücken: Das Wort „männlich" wurde „operationalisiert" durch die Merkmalskombination M.

Handelt es sich hier um eine Präzisierung des Begriffs „Mann", d.h. um eine operationale Definition im genannten Sinne? Offenbar nicht, denn gemäß dem Sprachgebrauch ist klar, was unter „Mann" zu verstehen ist. Man hat vielmehr eine *als wahr akzeptierte empirische Aussage angewendet*, die lautet:

Wenn Personen in einer Gesellschaft die Merkmalskombination M haben, dann sind sie männlichen Geschlechts.

Das Merkmal „männlich" ist also überhaupt nicht erhoben worden, sondern ein anderes Merkmal bzw. eine andere Merkmalsklasse, die mit dem zu erhebenden Merkmal *in einer empirischen Beziehung* steht.

Diese Vorgehensweise findet man in der Sozialforschung relativ häufig. Wenn etwa McClelland (1961) bestimmte Arten von Zeichnungen auf Gefäßen als einen „Indikator" für die Leistungsmotivation einer Gesellschaft verwendet, dann wird implizit eine Hypothese als zutreffend angenommen, die einen Zusammenhang zwischen Leistungsmotivation und den künstlerischen Produkten von Personen behauptet. Gegen diese Vorgehensweise ist nichts einzuwenden, wenn die folgenden Bedingungen erfüllt sind: (1) Die angewendeten Hypothesen müssen wahr sein, d.h. praktisch: Sie müssen strengen empirischen Prüfungen unterzogen worden sein und sich dabei im großen und ganzen bewährt haben; (2) die Beziehungen zwischen den Variablen der angewendeten Hypothese müssen relativ eng sein, so daß damit gerechnet werden kann, daß das zu erhebende Merkmal auch vorliegt, wenn der „Indikator" ermittelt wird.

Wenn auch die beschriebene Vorgehensweise unter den genannten Bedingungen akzeptabel ist, so handelt es sich auf keinen Fall um Definitionen, sondern um die Anwendung empirischer Aussagen. Es ist deshalb irreführend, von einer operationalen „Definition" zu sprechen. Diese Redeweise dürfte häufig dadurch zu erklären sein, daß sich viele Sozialforscher nicht darüber klar sind, was sie tun, wenn sie bestimmte Indikatoren zu operationalisierenden Begriffen zuordnen. Wir wollen künftig nur im früher genannten Sinne von „operationalen Definitionen" sprechen.

Wegen der Bedeutung der Unterschiede dieser beiden verschiedenen Typen der Operationalisierung soll darauf noch etwas genauer eingegangen werden. Bei einer operationalen Definition im zuerst genannten Sinne werden einem Begriff präzise Designata oder, was dasselbe heißt, Indikatoren zugeordnet. Ob die Indikatoren zu den Designata des zu operationalisierenden Begriffs gehören, läßt sich allein aufgrund der Bedeutung des zu operationalisierenden Begriffs und aufgrund der Bedeutung der Begriffe, die die Indikatoren bezeichnen, angeben. Ob z.B. der zu operationalisierende Begriff „Lebensstandard" dasselbe bedeutet wie der Begriff „Einkommen", der als Indikator verwendet wird, läßt sich nur aufgrund einer Analyse der Bedeutung der Begriffe „Lebensstandard" und „Einkommen" entscheiden. Ob also ein Indikator das mißt, was ein zu operationalisierender Begriff bedeutet, kann nur durch eine Bedeutungsanalyse festgestellt werden.

Die Zuordnung der Begriffe, die Indikatoren bezeichnen - sprechen wir der Kürze halber von *Indikatorbegriffen* - und der zu operationalisierenden Begriffe kann in Form einer Aussage ausgedrückt werden, z.B. durch eine Wenn-dann- oder Je-desto-Aussage. Anstatt z.B. zu sagen „Einkommen ist ein Indikator für Lebensstandard" können wir genauer sagen „Je höher der Lebensstandard ist, desto höher ist das Einkommen". Wenn nun allein aufgrund der Analyse der Bedeutungen des zu operationalisierenden Begriffs und des Indikatorbegriffs entschieden werden kann, ob die Zuordnung zutrifft oder nicht, dann heißt dies, daß *Aussagen, die die Zuordnung ausdrücken, analytisch wahr oder analytisch falsch sind*. Man könnte die Designata von Indikatorbegriffen in solchen analytisch wahren oder falschen Sätzen als *analytische Indikatoren* bezeichnen, um deutlich zu machen, daß die betreffenden Zuordnungssätze nur analytisch wahr oder falsch sein können. Eine Operationalisierung, die darin besteht, analytische Indikatoren zu ermitteln, könnte *analytische Operationalisierung* genannt werden. Diese Operationalisierung haben wir als *operationale Definition* bezeichnet.

Bei der zweiten Verwendungsweise des Wortes „Operationalisierung" standen, wie wir sahen, die Indikatorbegriffe in einer *empirischen* Beziehung zu den zu operationalisierenden Begriffen. Genauer: Die Zuordnungssätze sind empirisch wahr oder falsch. Wir erwähnten als Beispiel den Begriff „Mann", der „operationalisiert" wurde durch die „äußere Erscheinung". Da hier die Zuordnungssätze empirische Hypothesen sind, könnte man die betreffenden Indikatoren als *empirische Indikatoren* bezeichnen. Entsprechend könnte man von einer *empirischen Operationalisierung* sprechen. Die beiden beschriebenen Typen der Operationalisierung sind in der folgenden Abbildung 2 dargestellt.[86]

Wir sind bisher stillschweigend davon ausgegangen, daß es immer eindeutig entscheidbar ist, welcher Typ von Operationalisierung vorliegt. Häufig sind jedoch die zu operationalisierenden Begriffe so unklar oder mehrdeutig, daß nicht entschieden werden kann, ob Indikatoren empirisch oder analytisch sind. So wäre es denkbar, daß jemand behauptet: Mit Le-

---

[86] Oft werden statistische Verfahren wie die (exploratorische oder konfirmatorische) Faktorenanalyse herangezogen, um zu prüfen, ob einzelne Indikatoren (z.B. 20 Interviewfragen) eine (oder mehrere) „latente" Variablen messen. In diesem Zusammenhang ist von Bedeutung, daß aufgrund der *Ergebnisse statistischer Analysen* entschieden wird, ob bestimmte Indikatoren eine latente Variable messen oder nicht. Bei diesen Indikatoren kann es sich sowohl um analytische als auch um empirische Indikatoren handeln.

Abbildung 2: Analytische und empirische Operationalisierungen

bensstandard könnte auch gemeint sein, wieviel Geld Personen für Konsumzwecke ausgeben. Würde der Begriff „Lebensstandard" in dieser Weise verwendet, dann wäre der Indikatorbegriff „Einkommen" ein empirischer und kein analytischer Indikator; denn es wäre empirisch zu ermitteln, ob dann, wenn ein relativ hohes Einkommen bezogen wird, auch die Konsumausgaben relativ hoch sind. In solchen Fällen empfiehlt es sich, die zu operationalisierenden Begriffe soweit zu präzisieren, daß klar wird, um welchen Typ von Operationalisierung es sich in einem konkreten Fall handelt.

Die beiden Typen von Operationalisierungen lassen sich *nicht* an der Struktur bzw. Form der Zuordnungssätze ablesen: Diese sind Wenn-dann- oder Je-desto-Sätze. Nur eine Analyse ihres Inhalts kann ergeben, ob es sich um analytische oder empirische Sätze handelt.

Es scheint, daß einige Sozialwissenschaftler glauben, die Zuordnungssätze könnten nur *empirischer* Art sein. Eine solche Auffassung ist jedoch nicht haltbar. Dies soll im folgenden gezeigt werden. Gehen wir erstens davon aus, daß die genannte Behauptung zutrifft, d.h. daß es nur empirische Zuordnungssätze gibt. Nehmen wir zweitens an, es sei sinnvoll, empirisch zu prüfen, ob die empirischen Zuordnungssätze richtig sind oder nicht. Die Konsequenz dieser beiden Annahmen ist ein *unendlicher Regreß*. Dies sei an einem Beispiel illustriert. Ein zu operationalisierender Begriff sei „Ausmaß familiärer Konflikte in einer Gesellschaft". Der empirische Indikator sei die Scheidungsrate einer Gesellschaft. D.h. der Zuordnungssatz „Je höher das Ausmaß familiärer Konflikte in einer Gesellschaft ist, desto höher ist die Scheidungsrate" sei ein empirischer Zuordnungssatz. Dies ist deshalb der Fall, weil je nach der Beschaffenheit der sozialen Realität dieser Satz wahr oder falsch sein kann: Wenn z.B. in einer Gesellschaft Scheidungen gesetzlich verboten sind, ist der empirische Zuordnungssatz empirisch falsch.

Es solle nun empirisch in einer bestimmten Gesellschaft geprüft werden, ob der Zuordnungssatz zutrifft. Den Indikator „Scheidungsrate" bezeichnen wir mit I_1. Um den Zuordnungssatz prüfen zu können, müssen wir wiederum für den zu operationalisierenden Begriff (mindestens) einen Indikator bilden - nennen wir ihn I_2. Da - gemäß unserer Voraussetzung - nur empirische Zuordnungssätze existieren und da diese zu überprüfen sind, muß (mindestens) ein weiterer Indikator I_3 für den zu operationalisierenden Begriff gebildet werden. Da damit wiederum ein empirischer Zuordnungssatz behauptet wird und da dieser geprüft werden soll, ist ein weiterer Indikator I_4 zu bilden usw. Es entsteht also ein unendlicher Regreß.

Dieser Regreß kann in zweierlei Weise verhindert werden. *Erstens* kann man das Postulat aufgeben, daß die empirischen Zuordnungsregeln zu prüfen sind. Die Konsequenz wäre, daß beliebige Zuordnungssätze behauptet werden können, z.B.: Dem zu operationalisierenden Begriff „Ausmaß familiärer Konflikte" könnte der empirische Indikator „Anzahl der Telefonanschlüsse pro 1000 Einwohner" zugeordnet werden; denn wenn empirische Zuordnungssätze nicht mehr empirisch überprüft werden, gibt es keine Möglichkeit mehr, die Auswahl der Indikatoren streng zu prüfen. Man kann sich lediglich auf die Intuition berufen. Damit ist der Willkür Tür und Tor geöffnet.

Ein unendlicher Regreß kann *zweitens* in der Weise verhindert werden, daß man mindestens einen analytischen Indikator einführt. Wenn man z.B. die Scheidungsrate als empirischen Indikator einführt, dann läßt sich der behauptete Zuordnungssatz prüfen, indem man für den zu operationalisierenden Begriff als Indikator I_2 oder I_3 oder I_4 usw., d.h. irgendwann einmal einen analytischen Indikator einführt. Erst dann können die empirischen Zuordnungssätze geprüft werden.

Man kann also beliebig viele empirische Indikatoren einführen, es führt jedoch kein Weg daran vorbei, einen Begriff durch analytische Indikatoren zu operationalisieren.[87]

27. Das Verhältnis von nominalen und operationalen Definitionen

Angenommen, wir wollen den *Grad des Konformismus* von Personen feststellen und folgende Definition sei gegeben:

D_1: Der Konformismus einer Person x ist höher als der einer anderen Person y = df. eine Person x versucht in höherem Grade als eine Person y, den Ansprüchen ihrer Umwelt zu genügen.

Der Ausgangspunkt sei also eine *Nominaldefinition*. Wenn nun eine Gruppe von Sozialwissenschaftlern den Grad des Konformismus von Personen, z.B. von bayerischen Arbeitern, feststellen will, dann würde sich vermutlich die folgende Diskussion entwickeln:

A: Ein guter Indikator dürfte sein, ob ein Arbeiter wöchentlich in die Kirche geht.

C: Ist das denn ein Anspruch der Umwelt an den Arbeiter? Heute kümmert es doch keinen mehr, ob einer in die Kirche geht oder nicht.

B: Auf jeden Fall erwartet aber der Pfarrer, daß man in die Kirche geht. Somit besteht eine Erwartung seitens der Umwelt.

---

[87] Gadenne (1984, Kap. 3) scheint Operationalisierungen als empirische Hilfshypothesen, also als empirische Indikatoren, zu explizieren (vgl. insbes. S. 31). In einem Beispiel über die Messung kognitiver Dissonanz argumentiert er z.B., daß das Bestehen von kognitiver Dissonanz bei bestimmten experimentellen Anordnungen angenommen und nicht direkt - z.B. durch einen Fragebogen - gemessen wird. Die zentrale Frage bleibt offen, wie genau diese Annahme geprüft werden kann. Es ist auch nicht klar, warum unsere These, daß bei der Überprüfung von Hypothesen die Begriffe durch analytische Indikatoren gemessen werden müssen, auf der Forderung beruht, daß „jede wissenschaftliche Annahme *isoliert* empirisch prüfbar sein muß" (S. 37). Unsere These gilt auch dann, wenn *Systeme* von Hypothesen überprüft werden.

A: Vielleicht. Dies ist ein schwieriges Problem. Ich schlage vor, wir verwenden den Indikator zunächst einmal. Wenn er sich als unfruchtbar erweist, werden wir ihn weglassen.

C: Ich bin trotzdem der Meinung, daß hier weder ein Anspruch vorliegt - man könnte höchstens von einer milden Erwartung sprechen - noch daß der Pfarrer „die" Umwelt ist.

A: Wir könnten die Arbeiter fragen, ob sie ihre Nachbarn grüßen.

B: Das Grüßen eines Nachbarn mag zwar ein Anspruch - vom Nachbarn aus gesehen - sein. Aber entscheidend ist, ob ein Arbeiter einen solchen Anspruch auch wahrnimmt.

In dieser Weise wird die Diskussion so lange fortgeführt werden, bis man sich auf eine Reihe von Indikatoren geeinigt hat. Das Ergebnis ist also eine *operationale Definition*, die in diesem Beispiel aus einer Reihe von Fragen in einem Interview besteht.

In welchem Zusammenhang steht nun diese operationale Definition mit der genannten Nominaldefinition? Die Diskutanten haben offenbar versucht, solche Interviewfragen zu formulieren, die sich auf Sachverhalte beziehen, die der Bedeutung der Nominaldefinition entsprechen. Mißt nun die operationale Definition tatsächlich dasselbe, was gemäß der nominalen Definition gemessen werden soll? Die Diskussion zeigte, daß verschiedene Teilnehmer den Begriff „Konformismus" verschieden verstanden haben. Zunächst war man verschiedener Meinung darüber, was unter „der" Umwelt zu verstehen ist. Kann man von einem Anspruch „der" Umwelt sprechen, wenn nur eine einzige Person, etwa der Pfarrer, einen Anspruch stellt? Oder müssen die meisten oder sogar alle Personen „der" Umwelt einen Anspruch stellen? C meint, daß man nicht von einem Anspruch „der" Umwelt sprechen kann, wenn allein der Pfarrer diesen Anspruch äußert. B meint das Gegenteil. Weiterhin sind die Teilnehmer verschiedener Meinung darüber, was unter einem „Anspruch" zu verstehen ist: C versteht unter einem „Anspruch" nicht jede Erwartung - im Gegensatz zu A. Weiter besteht eine Meinungsverschiedenheit darüber, ob ein objektiver - d.h. vom Standpunkt des Beobachters aus gegebener - Anspruch oder nur ein wahrgenommener Anspruch Definitionsmerkmal des Begriffs „Konformismus" ist. Die Diskussion zeigt also erstens, daß der Begriff „Konformismus" verschieden verwendet wird. Weiterhin geht aus einer Äußerung von A hervor, daß er nicht entscheiden kann, ob ein bestimmter Indikator gewählt werden soll oder nicht, d.h. ob dieser Indikator unter den Begriff „Konformismus" fällt oder nicht. Dies zeigt, daß der Begriff „Konformismus" auch nicht voll präzise ist, denn sonst müßte es möglich sein, daß der Tatbestand „Besuch der Kirche" dem Begriff „Konformismus" zugeordnet werden kann.

Das Ergebnis der Diskussion ist nun zum einen eine Präzisierung des Begriffs „Konformismus", zum anderen eine einheitlichere Verwendung dieses Begriffs, kurz gesagt: eine *Modifikation der Bedeutung* des Begriffs „Konformismus". Das Ergebnis der Diskussion war ja eine Reihe von Interviewfragen, nach denen jedem Befragten je nach seiner Antwort ein bestimmter Grad von Konformismus zugeschrieben werden konnte. Alle Unklarheiten und Mehrdeutigkeiten, die sich aus der Diskussion ergaben, wurden durch die Festlegung bestimmter Indikatoren eliminiert. Allerdings wurde in unserem Beispiel bisher die Nominaldefinition noch nicht *ausdrücklich* modifiziert. Es wäre sicherlich sinnvoll, daß dies geschieht, damit beurteilt werden kann, ob die genannten Indikatoren wirklich durch den zu operationalisierenden Begriff bezeichnet werden.

Handelt es sich nun bei Diskussionen der genannten Art - also bei der „Übersetzung" von nominalen in operationale Definitionen - wirklich um eine Präzisierung der Bedeutung einer Nominaldefinition? Die folgenden Überlegungen sprechen für eine Bejahung dieser Frage.

Wir hatten in unserem Beispiel angenommen, daß der Ausgangspunkt eine Nominaldefinition ist. Häufig geht man jedoch von einem Begriff aus, der nicht ausdrücklich definiert wurde. Man hätte etwa auch einfach fragen können: Wie hoch ist der Konformismus von bayerischen Arbeitern? Die beschriebene Diskussion wäre in diesem Falle ähnlich verlaufen, nur wären möglicherweise noch mehr Meinungsverschiedenheiten aufgetreten. Ob also der Ausgangspunkt eine Nominaldefinition oder ein undefinierter Begriff ist: In beiden Fällen hätte man versucht, solche Indikatoren zu finden, die der Bedeutung des Ausgangsbegriffs entsprechen und somit zumindest implizit den Ausgangsbegriff präzisieren.

Die Diskussion zeigt weiter, daß der Ausgangsbegriff und die operationale Definition *nicht synonym* sind. Auf bestimmte Ereignisse, die *vorher* nicht eindeutig oder einheitlich zugeordnet werden konnten, ist der neue Begriff klarer und einheitlicher anwendbar. Selbst wenn die Nominaldefinition nicht explizit verändert wurde, so wurden doch durch die Zuordnung von Indikatoren Entscheidungen darüber getroffen, was der Begriff bedeuten soll. Somit muß sich die Bedeutung verändert haben. Wenn auch der Ausgangsbegriff und die operationale Definition nicht synonym sind, so besteht doch eine *partielle Übereinstimmung*.

Aus den bisherigen Überlegungen ergibt sich folgendes: Wenn man einen Ausgangsbegriff operationalisiert, dann verändert man nicht diejenigen semantischen Regeln, die klare und einheitliche Zuordnungen erlauben. Dies zeigt sich an Redewendungen wie „einen Begriff in Forschungsoperationen *übersetzen*".

Da oft das Ziel darin besteht, bestimmte Ereignisse zu erklären, wird man zuweilen auch die eindeutigen Regeln eines Ausgangsbegriffs verändern. So hätte ein Teilnehmer in der obigen Diskussion auf den Einwand, die Erwartung des Pfarrers sei keine Erwartung „der" Umwelt, antworten können: Wir sollten trotzdem diese Erwartung erheben, da sie vielleicht für das zu erklärende Verhalten von Bedeutung ist. In diesem Falle wäre ein „Teil" des Ausgangsbegriffs, der klar ist, verändert worden.

Oft werden Fragen der Art gestellt: Mißt der Intelligenztest wirklich Intelligenz? Mißt eine bestimmte Skala - also eine Batterie von Interviewfragen - wirklich Konformität oder Anomie etc.? Die Antwort auf diese Frage hängt davon ab, wie klar und einheitlich der Ausgangsbegriff ist. Ist dieser unklar oder uneinheitlich, kann die Frage für eine Reihe von Indikatoren nicht beantwortet werden. Da jedoch die Indikatoren dem Ausgangsbegriff zugeordnet wurden und da damit die Bedeutung des Ausgangsbegriffs präzisiert wurde, mißt der Begriff *nach der Operationalisierung* das, was die Indikatoren messen.

Wie kann man feststellen, ob eine operationale Definition dasselbe bezeichnet wie der operationalisierte Begriff? Die Antwort lautet: Man muß die Bedeutung der Indikatoren und des Ausgangsbegriffs miteinander vergleichen. Eine solche Bedeutungsanalyse ist keineswegs ein rein subjektives Verfahren. Man kann z.B. intersubjektiv einheitlich feststellen, ob das Wort „Mann" dieselben semantischen Regeln - d.h. dieselben Designata - wie das Wort „Jugendlicher" hat. Ein anderes Beispiel: Ein Vergleich der Bedeutung der Wörter von zwei Sprachen läßt sich intersubjektiv überprüfen.

Ist es sinnvoll, bei der Erstellung einer operationalen Definition immer von einer Nominaldefinition oder - allgemein - von einem nicht operational definierten Begriff auszugehen? Nehmen wir an, wir wollten eine Theorie formulieren, mit der erklärt werden soll, warum Gruppen produktiv sind. Wir könnten ein Meßinstrument aus einer Reihe von Indikatoren konstruieren, das es erlaubt, einer Gruppe bestimmte Werte einer Skala zuzuschreiben. Wir könnten nun folgendermaßen argumentieren: „Wir wollen das, was das Instrument mißt, mit 'K' bezeichnen. Wir glauben, daß die Produktivität einer Gruppe um so höher ist, je höher ihr

K ist." Wir sind also nicht so vorgegangen, daß wir zunächst einen Begriff genannt oder definiert und diesen dann operationalisiert haben. Wir haben vielmehr eine Reihe von Indikatoren ausgewählt, von denen wir glauben, daß sie die unterschiedliche Produktivität von Gruppen erklären können.

Gegen ein solches Vorgehen ist nichts einzuwenden. Das Ziel bestand darin, die Produktivität von Gruppen zu erklären. Wenn das Instrument dies erlaubt, ist nicht einzusehen, warum vorher irgendeine Nominaldefinition oder ein undefinierter Begriff genannt werden muß. Es ist somit nicht erforderlich, in der vorher beschriebenen Weise vorzugehen, daß man also von einem gegebenen Begriff explizit ausgeht und diesen operationalisiert.

Dies mag durch die folgenden Überlegungen verdeutlicht werden. Wir hätten bei der Konstruktion des Instruments folgendermaßen vorgehen können. Ein Forscher hätte etwa zunächst einige soziometrische Fragen formulieren können, weil er annimmt, daß es für die Produktivität einer Gruppe relevant ist, ob sich die Gruppenmitglieder gegenseitig mögen oder nicht. Weiter hätte er die Einstellung zu den Vorgesetzten und die Zufriedenheit mit den Gehältern erfragen können. Der Ausgangspunkt wären also bestimmte Vorstellungen des Forschers darüber gewesen, welche Tatbestände die Produktivität erklären könnten. Diese Vorstellungen sind gewissermaßen der *Entstehungszusammenhang* der operationalen Definition. Der Forscher ist nicht so vorgegangen, daß er gesagt hat: Bedeutsam ist die Kohäsion; das konstruierte Meßinstrument ist eine Operationalisierung dieses Begriffs.

Andererseits ist aber zu vermuten, daß der Forscher implizit von bestimmten Vorstellungen über Faktoren ausging, die für die Erklärung von Produktivität von Bedeutung sind. Wie dem auch sei: Es erscheint jedenfalls nicht sinnvoll zu fordern, daß man immer einen Ausgangsbegriff angeben muß, wenn man ein Meßinstrument konstruiert.

Wir sagten bereits, daß es für theoretische Zwecke oft sinnvoll ist, einen Ausgangsbegriff bei einer operationalen Definition zu verändern. Für andere Zielsetzungen mag dies nicht sinnvoll sein. Wenn etwa ein Ministerium Informationen über die Verbreitung faschistischer Einstellungen in der Bundesrepublik erheben will, und wenn eine operationale Definition des Begriffs „faschistische Einstellung" präzise semantische Regeln dieses Begriffs verändert, wird man von der Zielsetzung der operationalen Definition her die Veränderung nicht akzeptieren.

Ist es sinnvoll, einen Ausgangsbegriff zu eliminieren, wenn man eine operationale Definition eingeführt hat? Man könnte folgendermaßen argumentieren: Da der Ausgangsbegriff seine Funktion erfüllt hat - nämlich zur Formulierung einer operationalen Definition beizutragen -, kann man auf ihn verzichten. Die Konsequenz wäre, daß man Begriffe wie Kohäsion, Kriminalität usw. eliminiert, wenn man sie operationalisiert hat. Man könnte dann die konstruierten Meßinstrumente mit anderen Namen, z.B. mit lateinischen Buchstaben oder anderen Zeichenkombinationen, belegen. Dieser Vorgehensweise käme es gleich, wenn man die Ausgangswörter beibehält, jedoch festlegt, daß sie *keine andere Bedeutung als die operationale Definition* haben sollen. Würde man etwa ein Merkmal, das ein Instrument mißt, als „Intelligenz" bezeichnen, dann ist die Frage „Mißt die operationale Definition tatsächlich Intelligenz?" zu bejahen, da man festgelegt hat, daß „Intelligenz" nichts anderes bedeutet als das, was ein bestimmtes Instrument mißt.

Ist nun die Eliminierung von Ausgangsbegriffen sinnvoll? Nehmen wir an, ein Forscher habe auf der Grundlage eines bestimmten Begriffs ein Meßinstrument konstruiert. Es handle sich um eine *partielle Operationalisierung*; d.h. eine Reihe von Designata, die der Ausgangsbegriff klar bezeichnet, sind in der operationalen Definition nicht enthalten. Weiterhin glaubt der Forscher, daß sein Instrument möglicherweise modifiziert werden muß, und daß die nicht in der operationalen Definition erfaßte Bedeutung des Ausgangsbegriffs für die Modifizierung der operationalen Definition wichtig ist. In diesem Falle wird man den Ausgangsbegriff nicht eliminieren.

Dies gilt auch für den folgenden Fall. Ein Ausgangsbegriff kann häufig in sehr verschiedener Weise operationalisiert werden: In der beschriebenen fiktiven Diskussion wurde dies deutlich. Wenn nun ein Forscher eine Operationalisierung vorgeschlagen hat und wenn er glaubt, daß der Ausgangsbegriff noch in anderer Weise fruchtbar operationalisiert werden könnte, wird man diesen ebenfalls nicht eliminieren.

Wir können allgemein sagen: Wenn man glaubt, daß ein Ausgangsbegriff noch irgendeine zukünftige Bedeutung für neue oder bessere Operationalisierungen haben könnte, wird man ihn nicht eliminieren. Man wird ihn als ein *heuristisches Hilfsmittel* beibehalten.[88]

3. Kriterien für die Brauchbarkeit sozialwissenschaftlicher Begriffe

Wir haben bisher eine Reihe von Möglichkeiten beschrieben, sozialwissenschaftliche Begriffe zu definieren. Damit steht gewissermaßen ein Instrumentarium zur Verfügung, das für die Begriffsbildung angewendet werden kann. Es fragt sich jedoch, ob jede beliebige Definition in einer Wissenschaft gleichermaßen brauchbar ist oder ob es sinnvoll ist, zwischen „guten" und „schlechten" Begriffen zu unterscheiden. In diesem Abschnitt wollen wir uns mit einigen Kriterien befassen, nach denen man die Brauchbarkeit sozialwissenschaftlicher Begriffe beurteilen kann.

30. Die Präzision und Eindeutigkeit von Begriffen

Die meisten empirisch orientierten Sozialwissenschaftler dürften darin übereinstimmen, daß *unpräzise* Begriffe wie etwa „Freiheit", „Wesen", „Sein" u.ä. erheblich präzisiert werden müssen, um in den Sozialwissenschaften fruchtbar sein zu können. Weiterhin dürfte allgemein akzeptiert sein, daß Begriffe einheitlich - d.h. *eindeutig* - verwendet werden sollten. Dies bedeutet, daß verschiedene Wissenschaftler einen Begriff nicht in unterschiedlicher Bedeutung verwenden sollten. Wir können also sagen, daß zwei Kriterien für die Brauchbarkeit sozialwissenschaftlicher Begriffe ihre *Präzision* und *Eindeutigkeit* sind. Fragen wir zunächst, was genau mit der „Präzision" und der „Eindeutigkeit" von Begriffen gemeint sein könnte.

301. Die Präzision von Begriffen

Nehmen wir an, jemand behaupte, der Begriff „Gesellschaft" sei unpräzise. Der Grund sei, daß es eine Reihe von sozialen Phänomenen gebe - wir wollen allgemein von „Ereignissen" oder „Objekten" sprechen -, bei denen es nicht möglich sei zu entscheiden, ob diese eine Gesellschaft darstellten oder nicht. Wir können dies auch so ausdrücken: Bei einer Reihe von Objekten ist es nicht möglich zu entscheiden, ob diese zu den Designata des Begriffs „Gesellschaft" gehören oder nicht. Dies könnte etwa der Fall sein bei einem Nomadenstamm, bei

---

[88] Die „Gültigkeit" operationaler Definitionen bezüglich nicht operational definierter Begriffe wird in der Literatur u.a. als *content validity* oder *internal validity* bezeichnet. Vgl. insbesondere Guttmann 1950; Anderson 1957; Zetterberg 1965, Kapitel 7, und die unseres Erachtens berechtigte Kritik in dem zitierten Aufsatz von Anderson, S. 207.

dem Staat Liechtenstein oder bei den Mormonen. Was genau ist bei dieser Argumentation mit dem Begriff „Präzision" gemeint? Folgende Rekonstruktion erscheint sinnvoll:

D_1: Ein Begriff ist präzise = df. alle Personen, die die Bedeutung des Begriffs kennen, können bei jedem beliebigen Ereignis entscheiden, ob es zu den Designata des Begriffes gehört oder nicht.

In unserem Beispiel konnte nun bei *einigen* Ereignissen über die Zugehörigkeit zu den Designata des Begriffs „Gesellschaft" nicht entschieden werden. Bei anderen Ereignissen ist jedoch eine solche Entscheidung möglich, etwa bei „Familie Müller", „Leipzig" und „Kegelklubs". Hier ist klar, daß die von diesen Begriffen bezeichneten Sachverhalte nicht zu den Designata von „Gesellschaft" gehören. Bei anderen Begriffen dagegen dürfte der Bereich der Ereignisse, bei denen nicht entschieden werden kann, ob sie zu den Designata des Begriffs gehören oder nicht, größer sein, etwa bei dem Begriff „Würde" des Menschen. Der Leser mag bei den folgenden Ereignissen überlegen, ob die jeweils erwähnte Person a durch ihr Handeln die Würde der Person z verletzt:

E_1: Vater a verprügelt sein Kind z.
E_2: Polizist a verprügelt Student z.
E_3: Student a verprügelt Polizist z.
E_4: Person a wird standrechtlich erschossen von Soldat z.

Es dürfte äußerst schwierig sein zu entscheiden, ob z.B. die Würde eines Kindes verletzt ist, das von seinem Vater verprügelt wird (E_1). Es scheint, daß bei dem Ausdruck „Verletzung der Menschenwürde" weitaus mehr Ereignisse aufgezählt werden, die nicht zuordnungsfähig sind, als z.B. bei Begriffen wie „Förster" oder „Polizist". Ein Begriff, bei dem wahrscheinlich für alle beliebigen Ereignisse keine Schwierigkeiten der Zuordnung bestehen, dürfte das Prädikat „männlich" sein.

Begriffe, die so extrem unpräzise sind wie „freiheitlich-demokratische Grundordnung", „Würde des Menschen", „(soziale) Gerechtigkeit", „Gemeinwohl", „Treu und Glauben", „gute Sitten", „demokratisch" usw. nennt man *Leerformeln*. Neben ihrer extremen Unklarheit haben sie einen starken emotionalen Gehalt - man spricht auch von einer *konnotativen* Bedeutung eines Ausdruckes. Mit der *denotativen* Bedeutung eines Ausdruckes meint man dessen Designata. Die konnotative Bedeutung von Begriffen variiert stark. Wenn man z.B. eine Person als „Schwein" beschimpft, so ist die denotative Bedeutung relativ unklar: Es ist weitgehend offen, welche realen Eigenschaften man der beschimpften Person zuschreiben will. Es ist dagegen klar, daß die konnotative Bedeutung sehr negativ ist. Wenn jemand sagt, ein Steak sei „zart", dann drückt er damit bestimmte beobachtbare Eigenschaften aus. Gleichzeitig bringt „zart" auch eine positive konnotative Bedeutung zum Ausdruck.

Leerformeln werden in der Politik und auch im Recht sehr häufig verwendet. Viele Leerformeln benutzt man zur Rechtfertigung von Maßnahmen. So kann etwa eine Regierung fast alles verbieten mit der Begründung, die freiheitlich-demokratische Grundordnung müsse gewahrt bleiben. Politiker können alle Maßnahmen diskreditieren mit der Behauptung, sie führten zu „(sozial) ungerechten" Folgen. Diese Wörter haben kaum eine denotative Bedeutung, sie werden benutzt, um Maßnahmen oder auch Personen negativ oder positiv auszuzeichnen.[89]

---

[89] Zur Frage der Leerformeln vgl. insbesondere Topitsch 1960; Degenkolbe 1965; Schmid 1972. Zu den Fragen, warum „Unsicherheit" über die Verwendung von Begriffen herrschen kann und

Wir sagten, daß die Präzision eines Begriffes u.a. dadurch definiert ist, daß Personen entscheiden können, ob Ereignisse zu den Designata eines Begriffes gehören oder nicht. Dieses Definitionsmerkmal müssen wir nun erweitern. Gehen wir dabei von folgendem Beispiel aus. Nehmen wir an, die Präzision des Begriffs „Interaktion" solle geprüft werden. Folgendes Ereignis werde beschrieben: „In einer Straßenbahn befinden sich der Fahrgast x und der Schaffner y." Liegt nun hier eine Interaktion vor, d.h. ist der Satz „x interagiert mit y" wahr? Dies kann nicht entschieden werden, da die Beschreibung des Ereignisses nicht ausreicht. Es müßte bekannt sein, was Schaffner und Fahrgast tun, ob sie z.B. miteinander sprechen, sich ansehen usw. Hier kann zwar das Ereignis dem Begriff „Interaktion" nicht zugeordnet werden, jedoch wird man deshalb „Interaktion" nicht als unpräzise bezeichnen. Die Zuordnung war deshalb nicht möglich, weil die Beschreibung des Ereignisses Informationen nicht enthielt, die für die Zuordnung erforderlich sind. Wir wollen der Kürze halber sagen: Die Beschreibung des Ereignisses war *unvollständig*. Dies kam in D_2 durch den Bestandteil „bei denen sie eine Zuordnung für möglich halten" zum Ausdruck. Wir können nun unsere erste Definition in folgender Weise erweitern:

D_2: Ein Begriff ist präzise = df. alle Personen, die die Bedeutung des Begriffs kennen, können bei jeder *vollständigen* Beschreibung eines Ereignisses entscheiden, ob es zu den Designata des Begriffes gehört oder nicht.

302. Die Eindeutigkeit von Begriffen

Wenn wir sagen, daß ein Begriff eindeutig verwendet wird, dann bedeutet dies, daß alle Personen, die die Bedeutung dieses Begriffs verstehen, einen Satz der Art „Kuba ist eine Gesellschaft" als wahr oder auch als falsch bezeichnen. Auch für die Eindeutigkeit von Begriffen gilt, daß eine Ereignisbeschreibung vollständig sein muß, wenn man die Eindeutigkeit eines Begriffs ermitteln will. Wir führen folgende Definition ein:

D_3: Ein Begriff wird *eindeutig* verwendet = df. alle Personen ordnen alle vollständig beschriebenen Ereignisse, bei denen sie also eine Zuordnung für möglich halten, in gleicher Weise dem Begriff zu.

Wenn etwa alle Personen, die glauben entscheiden zu können, ob eine Familie als „Gesellschaft" zu bezeichnen ist oder nicht, in gleicher Weise entscheiden - etwa den Satz „Eine Familie ist keine Gesellschaft" als wahr bezeichnen -, dann wird der Begriff „Gesellschaft" bezüglich des Ereignisses „Familie" eindeutig verwendet. Ob der Begriff *allgemein* eindeutig verwendet wird, muß weiter geprüft werden.

303. Grade der Präzision und Eindeutigkeit

Aus unseren vorangegangenen Überlegungen geht hervor, daß zwischen verschiedenen *Graden der Präzision und Eindeutigkeit* von Begriffen unterschieden werden kann. Der Grad der Präzision ist dabei um so größer (geringer), je größer (kleiner) die Menge der vollständigen Ereignisbeschreibungen ist, die einem Begriff zugeordnet werden können. Wenn also ein Begriff gemäß D_2 präzise ist, dann hat er den größtmöglichen Grad von Präzision. Ist dagegen

---

ob dies in allen Sprachen der Fall ist, vgl. Swinburne 1969. Zu der Frage, ob es überhaupt präzise Begriffe geben kann, vgl. Russell 1923; Waismann 1952. Zu verschiedenen Problemen, die mit der Präzision von Begriffen zusammenhängen, vgl. Black 1937.

überhaupt kein Ereignis zuordnungsfähig, ist der größtmögliche Grad von Unklarheit gegeben.

Entsprechend könnte man definieren: der Grad der Eindeutigkeit eines Begriffes ist um so größer (kleiner), je größer (kleiner) die Menge der vollständigen Ereignisbeschreibungen ist, die von Personen einheitlich zugeordnet werden.

Wir haben in der Auflage dieses Buches von 1976 (Opp 1976) im einzelnen gezeigt, wie man den Grad der Präzision und Eindeutigkeit von Begriffen genau angeben kann (vgl. S. 228-232 - anstatt von Eindeutigkeit wird dort von „Konsistenz" gesprochen). Da Wissenschaftler vermutlich selten das dort beschriebene Verfahren anwenden werden, soll hier ein einfacheres Verfahren skizziert werden, das jeder Wissenschaftler anwenden kann und das viele Wissenschaftler vermutlich auch intuitiv anwenden. Der Wissenschaftler kann die Präzision eines Begriffes prüfen, indem er überlegt, ob er selbst möglichst viele vollständig beschriebene Ereignisse einem Begriff zuordnen kann. Der Wissenschaftler wird dabei eine Vielzahl von Ereignissen oder Klassen von Ereignissen möglichst unterschiedlicher Art sozusagen Revue passieren lassen und auf ihre Zuordnungsfähigkeit hin prüfen. Je mehr Ereignisse er findet, bei denen er nicht sagen kann, ob sie unter einen Begriff fallen oder nicht, als desto unpräziser wird er den Begriff bezeichnen.

Hinsichtlich der Eindeutigkeit eines Begriffes wird ein Forscher andere Personen befragen müssen oder die Fachliteratur daraufhin durchsehen, ob ein Begriff in unterschiedlicher Bedeutung, also mehrdeutig, verwendet wird.

304. Wozu sollen Begriffe präzise und eindeutig sein?

Diese Frage läßt sich beantworten, wenn wir die Konsequenzen analysieren, die entstehen, wenn die Begriffe in den Sozialwissenschaften vollkommen unpräzise und vollkommen mehrdeutig wären. In diesem Falle würden die *Kommunikationsmöglichkeiten zwischen den einzelnen Wissenschaftlern erheblich behindert*. Wenn etwa ein Forscher den Satz „Je primitiver eine Gesellschaft ist, desto homogener ist ihre Kultur" äußert, und wenn einige der verwendeten Begriffe völlig unpräzise, andere völlig mehrdeutig sind, dann ist es nicht möglich, die Bedeutung dieser Aussage anderen Personen zu vermitteln. Die Aussage wird also nicht „verstanden". Dies hat die Konsequenz, daß die *Möglichkeit der Kritik* solcher Aussagen - je nachdem, wie unklar und mehrdeutig die Begriffe sind - erheblich behindert oder sogar unmöglich wird.

Wenn in einer Theorierichtung die Begriffe und Sätze, in denen die Begriffe verwendet werden, unklar sind und kein Versuch der Präzisierung gemacht wird, entsteht typischerweise eine *Dogmatisierung* der Sprachgebilde. Studenten werden genauso indoktriniert wie wenn man eine Sprache lernt. Der oder die „Meister" erfinden weitere Begriffe oder Satzgebilde, die dann - je nach der Autorität des Erfinders - wiederum zum Bestandteil der „Wissenschaft" werden. Dabei werden oft frühere Kreationen geändert, ohne daß man weiß, warum eine solche Änderung erfolgte. Da eine Klärung der Begriffe bzw. Satzgebilde nicht erfolgt, bleibt nur, sie zu wiederholen oder zu „interpretieren". Wer die Richtung nicht akzeptiert, wird ausgeschlossen. Eine Kritik in Form strenger empirischer Prüfungen der Satzgebilde ist ja nicht möglich.

Abschließend sei noch auf ein mögliches Mißverständnis hingewiesen. Es wird zuweilen behauptet, eine Theorie, die unpräzise oder mehrdeutige Begriffe enthält, sei nicht prüfbar. Dies ist unzutreffend. Eine Theorie ist solange prüfbar, wie überhaupt Ereignisse ihren Begriffen zugeordnet werden können. Die Prüfung wird jedoch in um so stärkerem Maße eingeschränkt, je unklarer und mehrdeutiger ihre Begriffe sind.

31. Die theoretische Fruchtbarkeit von Begriffen

Die Kriterien „Präzision" und „Eindeutigkeit" sind die Minimalkriterien, denen Begriffe genügen müssen. D.h. diese Kriterien reichen nicht aus, um die Brauchbarkeit von Begriffen zu beurteilen. Begriffe werden normalerweise definiert, um bestimmte Zwecke damit zu erreichen. Ein weiteres Kriterium ist also die *Zweckmäßigkeit* einer Definition. Die Zwecke oder Ziele, die mit einer Definition erreicht werden sollen, sind vielfältig. In einer Wissenschaft besteht das oder zumindest ein wichtiges Ziel darin, zutreffende und informative Theorien zu formulieren. Entsprechend wird man Begriffe danach beurteilen, inwieweit sie zur Realisierung dieses Ziels beitragen. Neben der Präzision und Eindeutigkeit ist also ein weiteres Kriterium für die Beurteilung von Begriffen deren *theoretische Fruchtbarkeit*.

Erläutern wir das Kriterium der theoretischen Fruchtbarkeit an einem Beispiel. Nehmen wir an, die folgende Gesetzesaussage sei wahr:

G_1: Je häufiger eine Aktivität belohnt wird, desto häufiger wird sie ausgeführt.

In dieser Aussage kommen u.a. die Begriffe „Aktivität" und „Belohnung" vor. Nehmen wir an, daß G_1 bei den folgenden beiden Definitionen wahr ist:

D_a: Aktivität = df. eine lernbare Bewegung einer Person.
D_b: Eine Aktivität wird belohnt = df. ein Ereignis, das mindestens ein Ziel einer Person erfüllt, tritt gemeinsam mit einer Aktivität auf.

G_1 behauptet also folgendes: Je häufiger zusammen mit einer lernbaren Bewegung eines Akteurs ein Ereignis auftritt, das mindestens ein Ziel des Akteurs erfüllt, desto häufiger wird der Akteur diese lernbare Bewegung ausführen. Wenn nun G_1 wahr und ein brauchbares Gesetz ist - was hier angenommen sei -, dann wird man die beiden Definitionen als theoretisch fruchtbar bezeichnen, denn sie sind Bestandteile einer fruchtbaren (d.h. informativen und gut bewährten) Theorie.

Der Begriff „Belohnung" hätte aber auch in folgender Weise definiert werden können:

$D_{b'}$: Eine Aktivität (einer Person a) wird belohnt = df. a verursacht durch eine Aktivität ein Ereignis, um damit mindestens eines ihrer Ziele zu erreichen.

Offenbar ist G_1 falsch, wenn $D_{b'}$ Bestandteil von G_1 ist. Personen schätzen oft die Wirkungen ihrer Handlungen falsch ein. Somit gibt es viele Fälle, bei denen eine Belohnung nach $D_{b'}$ vorliegt, bei denen sich jedoch die Häufigkeit einer Aktivität nicht verändert. Den zuletzt genannten Belohnungsbegriff wird man als theoretisch weniger fruchtbar im Rahmen von G_1 bezeichnen, da er G_1 zu einer falschen Aussage macht. Daß $D_{b'}$ in anderen Gesetzesaussagen fruchtbar sein kann, wird damit nicht ausgeschlossen.

Wie kann man die theoretische Fruchtbarkeit von Begriffen ermitteln? Dies ist nur durch Versuch und Irrtum möglich. D.h. man versucht, mit Begriffen Theorien zu bilden und diese Theorien zu überprüfen. Man kann also Begriffen nicht ohne weiteres ansehen, ob sie theoretisch fruchtbar sind oder nicht, man muß sie gewissermaßen im Rahmen von Theorien ausprobieren.[90] Bevor empirische Untersuchungen vorliegen, kann man über die theoretische Frucht

---

[90] Dieser Tatbestand wird auch durch die Ausführungen von B. F. Skinner (1950, insbes.

barkeit von Begriffen zunächst nur aufgrund von Plausibilitätsüberlegungen entscheiden. Aber selbst wenn Begriffe Bestandteile von Theorien sind, die sich gut bewährt haben, können Behauptungen über die theoretische Fruchtbarkeit von Begriffen nur vorläufig sein. Es wäre ja denkbar, daß die Verwendung anderer Begriffe zu noch brauchbareren Theorien führt. So könnte anstelle von D_a eine Definition gefunden werden, die die Konsequenz hat, daß G_1 sich besser bewährt.

In den Sozialwissenschaften findet man eine Vielzahl von Versuchen, einzelne Begriffe zu definieren oder ganze Begriffssysteme bzw. *Typologien* zu konstruieren. So unterscheidet Max Weber verschiedene Typen der Herrschaft, und Talcott Parsons definiert Begriffe, die verschiedene „Orientierungen" eines Akteurs bezeichnen. Ob diese Begriffe theoretisch fruchtbar sind, kann erst dann entschieden werden, wenn sie zu Theorien verbunden werden und wenn sich diese Theorien empirisch bewährt haben. Solange dies nicht geschieht, ist es auch nicht möglich, die theoretische Fruchtbarkeit dieser und einer Vielzahl anderer kategorialer Analysen zu beurteilen.[91]

Besteht eine Beziehung zwischen der Präzision und Eindeutigkeit von Begriffen einerseits und der theoretischen Fruchtbarkeit andererseits? Vermutlich ist diese Frage zu verneinen. Einerseits sind Theorien in um so mehr Situationen prüfbar und zur Erklärung anwendbar, je präziser und eindeutiger ihre Begriffe sind. Andererseits kann man jedoch eine beliebige Zahl präziser und eindeutiger Begriffe konstruieren, die als Bestandteile von Gesetzesaussagen völlig unbrauchbar sind. So wäre es etwa möglich, „Brata" zu definieren als „ein Mann mit zehn Armen". Es ist wohl kaum anzunehmen, daß der Begriff „Brata" einmal Bestandteil irgendeiner fruchtbaren Theorie sein wird. Die relative Präzision und Eindeutigkeit von Begriffen ist also nur eine *notwendige*, keineswegs jedoch eine hinreichende Bedingung für die theoretische Fruchtbarkeit eines Begriffs.

Wir haben uns in diesem Kapitel mit einer Reihe von Möglichkeiten befaßt, Begriffe zu definieren. Kann man nun sagen, daß einige dieser Möglichkeiten eher für die Konstruktion brauchbarer sozialwissenschaftlicher Theorien geeignet sind als andere? Befassen wir uns zunächst mit der *Brauchbarkeit von Bedeutungsanalysen*. Wenn man eine Theorie formulieren will, geht man von einer Klasse von Phänomenen aus, deren Auftreten erklärt oder auch vorausgesagt werden soll, oder man fragt, welche Wirkungen bestimmte Tatbestände haben. Es ist kaum anzunehmen, daß die Analyse der Bedeutung von Alltagsbegriffen helfen kann, theoretisch fruchtbare Begriffe zu finden.

Die Merkmale, mit denen sich Sozialwissenschaftler befassen, sind, wie wir bereits sagten, normalerweise nicht ohne irgendwelche Manipulationen des Wissenschaftlers zu ermitteln. Somit sind für die meisten sozialwissenschaftlichen Begriffe *Definitionen durch Reduktionssätze* erforderlich.

S. 195-199) illustriert. Hier wird die Frage diskutiert, welche abhängige Variable in der Lerntheorie verwendet werden sollte. Aufgrund experimenteller Ergebnisse kommt Skinner zu dem Schluß, daß dies „probability of response" sein muß, weil sich hiermit fruchtbare Hypothesen bilden lassen. Das Kriterium für die Wahl dieses Begriffs ist also „success in experimental science" (S. 199).

[91] Wenn das Ziel darin besteht, fruchtbare Theorien zu formulieren, dann fragt sich, ob es sinnvoll ist, zuerst Begriffssysteme zu konstruieren und dann zu versuchen, diese zu Theorien zu verbinden. Diese Strategie hat z.B. Talcott Parsons verfolgt. Bekanntlich war diese Strategie nicht erfolgreich, und es ist uns auch nicht bekannt, daß diese Strategie jemals erfolgreich war. Eine andere Strategie ist, sofort mit der Formulierung von Theorien zu beginnen und dann die Begriffe ggf. zu verändern. Dies scheint die effektivere Strategie zu sein.

Nominaldefinitionen dürften in den Sozialwissenschaften vor allem als Hinweise für die Konstruktion von Meßinstrumenten von Bedeutung sein, wie wir bei der Diskussion des Verhältnisses von operationalen und nominalen Definitionen sahen.[92]

---

[92] In Opp 1976 wird weiter das Kriterium der Gültigkeit von Begriffen und die Fruchtbarkeit verschiedener Arten von Begriffen (z.B. ordinale und quantitative Begriffe) diskutiert.

V. Das Verfahren der Explikation in den Sozialwissenschaften

Wir wollen uns in diesem Kapitel mit einem Verfahren befassen, das in den Sozialwissenschaften selten bewußt angewendet wird, das jedoch für die Lösung einer Reihe von Problemen brauchbar ist, nämlich die *Explikation*. Wir werden zunächst dieses Verfahren beschreiben und dann einige methodologische Regeln formulieren, die zeigen, wie man bei der Explikation im einzelnen vorgeht.

1. Interpretation und Explikation

Charakterisieren wir zunächst die Problemsituationen, in denen das Verfahren der Explikation anwendbar ist. Sozialwissenschaftler sind häufig mit *unpräzisen Ausdrücken* konfrontiert. Es kann sich dabei um eine *unklare Problemstellung* handeln. So findet man in der Literatur die Frage: Unter welchen Bedingungen überleben soziale Systeme? Für praktische Zwecke könnte die Antwort auf die folgende Frage von Bedeutung sein: Ist die politische Entfremdung von Arbeitern in Deutschland größer als von Angestellten? Diese Fragen können erst dann beantwortet werden, wenn präzisiert wird, was man unter „sozialem System", „überleben", „Arbeiter", „Angestellte" und „politische Entfremdung" zu verstehen hat. Weiterhin könnte ein Sozialwissenschaftler z.B. versuchen, eine *unklar formulierte Theorie* zu überprüfen, z.B.: „Wenn sich ein soziales System an seine Umwelt anpassen kann und wenn die Mitglieder des Systems in hinreichendem Grade kooperieren, dann überlebt das soziale System." Auch hier ist zunächst eine Präzisierung fast aller Ausdrücke erforderlich, bevor man die Theorie überprüft.

Wenn Sozialwissenschaftler mit unpräzisen Ausdrücken konfrontiert werden, und wenn sie das Ziel haben, diese Ausdrücke zu präzisieren, dann wenden sie normalerweise ein Verfahren an, das wir *Interpretation* nennen wollen. Damit ist gemeint, daß man versucht, die zur Diskussion stehenden Ausdrücke so zu präzisieren, wie es der Intention des „Schöpfers" dieser Ausdrücke entspricht. Man versucht also festzustellen, was der Autor wohl mit den zu präzisierenden Ausdrücken gemeint haben könnte. Zur Beantwortung dieser Frage werden andere Schriften oder auch die Lebensgeschichte des Autors herangezogen. Wenn man z.B. die erwähnte unklare Theorie interpretieren will, könnte u.a. folgendermaßen argumentiert werden:

> „In einer anderen Schrift hat der Autor 'soziales System' ausdrücklich als die relativ häufige Interaktion zwischen Personen bezeichnet. Wir können somit annehmen, daß der Autor dasselbe auch hier unter 'sozialem System' versteht. Weiterhin hat sich der Autor - wie man aufgrund seiner Memoiren weiß - intensiv mit der Kybernetik und der allgemeinen Systemtheorie befaßt, so daß andere Definitionen als die genannte vom 'Denkansatz' des Autors her auszuschließen sind."

Eine bestimmte Interpretation wird man dann als gültig - oder besser: als *adäquat* - bezeichnen, wenn sie den tatsächlichen Intentionen des Autors entspricht. In den meisten Fällen dürfte es jedoch sehr schwierig sein, intersubjektiv einheitlich festzustellen, ob eine bestimmte Interpretation adäquat ist oder nicht. So können sich z.B. die Ausführungen eines Autors in verschiedenen Schriften widersprechen. Weiterhin stehen normalerweise kaum hinreichende Informationen über die Lebensgeschichte eines Autors zur Verfügung, um von hier aus über die Adäquatheit einer Interpretation entscheiden zu können. Ein weiteres Problem entsteht, wenn ein zu präzisierender Ausdruck von einem Autorenkollektiv stammt, z.B. vom Gesetzgeber. Wie ermittelt man in einem solchen Falle die Absichten „des" Schöpfers einer Aussage?

Wenn ein Sozialwissenschaftler mit unpräzisen Ausdrücken konfrontiert wird und er das Ziel hat, diese Ausdrücke zu präzisieren, kann er auch das Verfahren der *Explikation* anwenden, d.h. er kann versuchen, den Ausdruck so zu präzisieren, daß der präzisierte Ausdruck für die Zwecke des Sozialwissenschaftlers brauchbar ist.[93] Die Zielsetzung der Explikation besteht also nicht darin, die Absichten eines Autors zu entdecken, sondern einen Ausdruck so zu präzisieren, daß er für den Sozialwissenschaftler nützlich ist. Wenn z.B. ein Sozialwissenschaftler den Begriff des sozialen Systems präzisieren will, könnte er u.a. folgendermaßen argumentieren:

„Ich schlage vor, den Begriff 'soziales System' zu explizieren als 'eine Menge von Personen, die relativ häufig miteinander interagieren'. Diese Explikation erscheint sinnvoll, weil sich eine Reihe von Gesetzesaussagen formulieren läßt, die vermutlich für soziale Systeme im genannten Sinne gelten. Da mein Ziel die Formulierung solcher Gesetze ist, ist die vorgeschlagene Explikation in diesem Zusammenhang sinnvoll."

In dieser Argumentation wird also nichts über die Intention des Autors gesagt. Wenn etwa ein anderer Sozialwissenschaftler fragen würde, ob denn eine solche Explikation in der Absicht des Autors liege, würde man antworten: „Das Ziel besteht nicht darin, bestimmte psychische Zustände eines Autors zu einer bestimmten Zeit zu ermitteln, sondern darin, informative und wahre Theorien zu formulieren. Um dieses Ziel zu erreichen, ist die vorgeschlagene Explikation sinnvoll." Meistens kann man noch hinzufügen, daß - wie gesagt - die Intention eines Autors sowieso kaum ermittelt werden kann.

Nennt man den Ausdruck, der expliziert werden soll, das *Explikandum* und den Ausdruck, der das Ergebnis der Explikation ist, das *Explikat*, dann kann man sagen, daß eine Explikation dann, und nur dann *adäquat* ist, wenn das Explikat den Zwecken oder Kriterien, die mit der Explikation erfüllt werden sollen, genügt. So ist das genannte Explikat des Systembegriffs nur dann adäquat, wenn sich mit diesem Begriff tatsächlich informative und wahre Gesetze formulieren lassen.

Wenn wir sagen, daß sowohl bei der Interpretation als auch bei der Explikation Ausdrücke präzisiert werden, dann bedeutet dies, daß die semantischen Regeln der Ausdrücke nur insoweit geändert werden, als sie unklar sind. Bildlich gesprochen: Sowohl bei der Interpretation als auch bei der Explikation wird lediglich die *Region der Unbestimmtheit* vermindert. Die Unterschiede zwischen einer Explikation und einer Interpretation werden in der folgenden Tabelle verdeutlicht.[94]

Je nach den Zwecken, die man verfolgt, könnte man nicht *nur* das Verfahren der Interpretation oder *nur* das Verfahren der Explikation anwenden, sondern beide Verfahren. So könnte man zunächst das Verfahren der Interpretation anwenden. Wenn dieses Verfahren nicht die er-

---

[93] Die Explikation wurde bisher vor allem von den Vertretern der analytischen Philosophie angewendet. In den Sozialwissenschaften sind die Explikationen der Begriffe „Entfremdung" durch Seeman (1959), „Idealtyp" durch Hempel (1965) und die Explikation des Verstehensprozesses durch Abel (1964) hervorragende Beispiele für die Anwendung des genannten Verfahrens. Das Verfahren der Explikation wurde unseres Wissens zum erstenmal von Rudolf Carnap explizit beschrieben. Vgl. die folgenden Schriften Carnaps: 1960, S. S. 2; 1956b, S. 7-8; 1962, S. 3-8; Carnap und Stegmüller 1958, S. 12-15. Siehe auch Stegmüller 1966, S. 373-376; 1969b, S. 102 f. Hempel 1952, S. 11-12.

[94] Diese Tabelle ist in etwas veränderter Form Opp 1974, S. 36, entnommen.

wünschte Präzisierung erbringt, versucht man, die zu präzisierenden Ausdrücke zu explizieren.

Ob ein Explikat als adäquat akzeptiert werden kann oder nicht, ist prinzipiell erst dann entscheidbar, wenn die Kriterien, die angewendet werden, explizit formuliert sind. In den Sozialwissenschaften wird man nun nicht jedes Kriterium als gleich sinnvoll betrachten. Man wird z.B. kaum den Tatbestand, daß eine bestimmte Präzisierung bei einem Professor Freude auslöst, als ein sinnvolles Kriterium für eine Explikation betrachten. Das folgende Kriterium dagegen wird häufig bei der Explikation bestimmter Ausdrücke angewendet: Bei der Einsetzung des Explikats an die Stelle des Explikandums müssen bestimmte Sätze, in denen das Explikandum vorkommt, wahr oder zumindest sinnvoll sein. So schreiben Kurt Grelling und Paul Oppenheim (1937/1938. S. 211) bei ihrem Versuch, den Begriff der *Gestalt* zu präzisieren: „Unser Hauptziel muß es ... sein, Definitionen vorzuschlagen, die folgendes leisten: Setzt man die so festgelegten Begriffe in jeweils passender Weise in charakteristisch erscheinende Sätze der Gestalttheoretiker ein, so werden diese Sätze weder trivial noch sinnleer."[95] So müßte etwa der Satz „Das Ganze ist mehr als die Summe seiner Teile" weder sinnleer noch trivial werden, wenn die Explikate der Explikanda „Ganzes", „Summe" und „Teil" in den genannten Satz eingesetzt werden. Wir können also sagen: Ein mögliches Kriterium für die Präzisierung eines Explikandums ist die *Substituierbarkeit von Explikat und Explikandum in bestimmten Sätzen*, wobei diese Sätze angegeben werden müssen und wobei festzulegen ist, welche Eigenschaften diese Sätze nach der Substitution haben müssen.

Verfahren	Ziel	Adäquatheitskriterium
Interpretation	Präzisierung gemäß der *Intention* des Autors	Präzisierung entspricht der *Intention* des Autors
Explikation	Präzisierung gemäß bestimmten *Kriterien*	Präzisierung entspricht diesen *Kriterien*

Ein Ziel der Sozialwissenschaften ist die Formulierung informativer und wahrer Theorien. Man wird deshalb ein Explikandum *in einer gegebenen theoretischen Aussage* so explizieren, daß bei der Einsetzung des Explikates in diesen Satz eine informative und wahre Theorie entsteht. Hier wird also ein bestimmter Satz - eine Theorie - festgelegt, in dem ein Explikandum substituiert wird. Weiterhin werden zwei Merkmale des Satzes festgelegt, die dieser nach der Substitution haben muß: hoher Gehalt und Wahrheit.

Häufiger wird man jedoch nicht nur einen einzigen Satz auswählen, der bei einer Substitution wahr und informativ sein muß, sondern eine *Klasse theoretischer Aussagen*. Wenn man z.B. den Begriff des abweichenden Verhaltens expliziert, kann man festlegen, daß in allen bestehenden Theorien, die die Entstehung oder Wirkungen abweichenden Verhaltens erklären, das Explikandum durch das Explikat substituiert wird.

2. Einige methodologische Regeln für die Anwendung des Verfahrens der Explikation

Wenn mit der Explikation eines Ausdrucks ein Versuch, diesen Ausdruck gemäß bestimmten Kriterien zu präzisieren, gemeint ist, und wenn ein bestimmter Ausdruck als Explikandum ge-

---

[95] Zum Kriterium der Substituierbarkeit vgl. im einzelnen Goodman 1966, Kapitel 1.

Einige methodologische Regeln für die Anwendung des Verfahrens der Explikation

wählt werden soll, dann wird man zunächst einmal zeigen, daß dieser Ausdruck auch unpräzise ist. Wie man dabei vorgehen kann, haben wir im vorigen Kapitel zu zeigen versucht. Wir können also die folgende Regel formulieren:

Regel 1: Es ist zu zeigen, daß ein Explikandum unpräzise ist.

Wenn die Analyse ergibt, daß die Klarheit eines Explikandums zu wünschen übrigläßt, kann eine Explikation erst dann vorgenommen werden, wenn festgelegt wurde, welchem Kriterium oder welchen Kriterien diese zu genügen hat. Geschieht dies nicht, dann existieren keine Anhaltspunkte dafür, nach welchem Explikat denn nun zu suchen ist. Es gilt also die folgende Regel:

Regel 2: Mindestens ein Adäquatheitskriterium für das Explikat ist anzugeben.

Wenn dies geschehen ist, lassen sich bisher leider keine weiteren Regeln formulieren, die ein adäquates Explikat garantieren. Dies zeigt sich u.a. daran, daß für einige Explikanda - wir denken etwa an den Gesetzesbegriff - bisher noch keine völlig befriedigenden Explikate gefunden wurden.

Je nach der Art des gewählten Adäquatheitskriteriums kann nicht *a priori* entschieden werden, ob ein Explikat befriedigend ist oder nicht. Wenn etwa ein Begriff nach dem Kriterium der theoretischen Fruchtbarkeit expliziert werden soll, dann wird man zunächst ein oder mehrere Explikate vorschlagen und die Aussagen, in denen die Explikate vorkommen, durch empirische Untersuchungen daraufhin überprüfen, ob sie das Adäquatheitskriterium zu erfüllen scheinen oder nicht. Es ist dabei möglich, daß sich ein Explikat, das zunächst fruchtbar zu sein scheint, nach strengen Prüfungen der Theorie, in der das Explikat vorkommt, als inadäquat erweist.

Nach unseren bisherigen Ausführungen ist eine Explikation definiert als eine Präzisierung. Es ist jedoch häufig der Fall, daß ein Explikat nicht nur eine Präzisierung, sondern auch eine *Modifikation des Explikandums* darstellt.[96] D.h. klare semantische Regeln des zu explizierenden Ausdrucks wurden verändert. Es ist nichts dagegen einzuwenden, wenn ein Sozialwissenschaftler einen unklaren Begriff nicht nur zu explizieren versucht, sondern auch modifiziert, wenn er dadurch das Ziel, das zur Diskussion steht, besser erreichen kann. Es ist also möglich, daß mit einer bloßen Präzisierung ein Adäquatheitskriterium nicht oder nur unvollkommen erreicht werden kann. In diesem Falle ist eine Modifikation des Explikandums sinnvoll.

3. Die Explikation als eine Strategie für die Weiterentwicklung der Sozialwissenschaften

Das Verfahren der Explikation wird in den Sozialwissenschaften relativ selten angewendet. Demonstrieren wir dies an einigen Beispielen. In den Einzeldisziplinen der Sozialwissenschaften herrscht die Norm, daß man sich mit der Geschichte seines Faches zu beschäftigen habe. Dies geschieht üblicherweise so, daß man die Ausführungen einzelner oder mehrerer Klassiker darstellt bzw. zu interpretieren versucht. Schriften wie „Der Begriff der Herrschaft bei Max Weber" oder „Durkheims Theorie des Selbstmords" versuchen meist, die Meinung des ent-

---

[96] Ob man eine Modifikation noch als eine Explikation bezeichnet, ist eine rein terminologische Frage. Wie man diese Frage auch beantwortet: es erscheint sinnvoll, bei einer Explikation darauf hinzuweisen, wenn man klare semantische Regeln eines Explikandums verändert hat. Zu den Beziehungen zwischen Explikat und Explikandum vgl. Hanna 1968.

sprechenden Autors herauszufinden.[97] Dabei stellt eine Interpretation nur selten eine Präzisierung dar. Vielmehr werden unklare Äußerungen eines Klassikers durch unklare Äußerungen des „Interpreten" ersetzt. Allein schon die Behauptung, bestimmte Äußerungen eines geschätzten Klassikers seien unklar, wird häufig als eine „Schändung" unfehlbarer Genies betrachtet.

Doch auch in Diskussionen neuerer Arbeiten wird selten eine Explikation vorgenommen. Sogenannte grundlegende Arbeiten werden nur selten so behandelt, daß man zunächst einmal die Klarheit der dort geäußerten Behauptungen prüft und dann Vorschläge zu ihrer Präzisierung bezüglich bestimmter Kriterien macht. In den Sozialwissenschaften herrscht also mehr eine *rezeptiv-unkritische* als eine *rekonstruktiv-kritische* Attitüde vor.

Es fragt sich nun, welche dieser beiden Orientierungen für den Fortschritt der Sozialwissenschaften nützlicher ist. Die Antwort auf diese Frage hängt davon ab, was man als einen Fortschritt bezeichnet. Alle Sozialwissenschaftler dürften wohl darin übereinstimmen, daß die Präzisierung einer Aussage, die Bestandteil einer sozialwissenschaftlichen Disziplin ist, einen Fortschritt darstellt. Somit erscheint auf jeden Fall ein Verfahren fragwürdig, in dem unklare Äußerungen durch andere unklare Äußerungen ersetzt werden.

Gehen wir im folgenden davon aus, sowohl bei Interpretationen als auch bei Explikationen sei das Ergebnis ein präziser Ausdruck. Da die Präzisierung eines Ausdrucks auf keinen Fall das einzige Kriterium für einen Fortschritt darstellt, fragt es sich, welche anderen Kriterien für den Fortschritt der Sozialwissenschaften akzeptiert werden. Ein immer wieder propagiertes Ziel ist die Konstruktion klar formulierter, wahrer Theorien mit hohem Informationsgehalt. Wenn man dieses Ziel akzeptiert, dann ist es für seine Realisierung sinnvoll, bei allen Aktivitäten eines Sozialwissenschaftlers zu fragen, inwieweit diese zur Realisierung seines Ziels beitragen. Wenn sich also ein Sozialwissenschaftler mit unklaren Äußerungen eines Autors beschäftigt und wenn er diese Ausführungen präzisieren will, dann wird er einen Vorschlag zur Präzisierung so abfassen, daß er dazu beiträgt, das genannte Ziel zu erreichen. Das bedeutet, daß er das Verfahren der Explikation anwendet: Er fragt, welche Präzisierung dem Adäquatheitskriterium „theoretischer Fortschritt" am besten entspricht. Ob er damit die Meinung des Autors getroffen hat oder nicht, ist für die Erreichung seines Ziels irrelevant. Wir sehen also, daß das Verfahren der Explikation besser dazu beiträgt als die Interpretation, daß immer klarer formulierte, wahrere und informativere Theorien entstehen.

Die Möglichkeit, durch die Anwendung der Explikation einen theoretischen Fortschritt zu erreichen, erscheint noch plausibler, wenn man sich vor Augen führt, welche Ergebnisse eine Reihe von Arbeiten erbracht hätten, wenn diese anstelle der Interpretation das Verfahren der Explikation angewendet hätten. Demonstrieren wir dies an zwei Beispielen.

Zunächst eröffnen sich neue Möglichkeiten, die *Klassiker der Sozialwissenschaften* zu diskutieren. Wendet man das Verfahren der Explikation an, dann bedeutet dies, daß man diese Schriften gewissermaßen als ein Ideenreservoir benutzt. So könnte man etwa die Ausführungen Durkheims über die Entstehung des Selbstmords als Anregung für die Formulierung einer präzisen Theorie des Selbstmords benutzen.

Wir glauben, daß die Theorien der Sozialwissenschaften schneller weiterentwickelt werden könnten, wenn auch bei der *Diskussion neuerer Schriften*, die also nicht der Geschichte der Sozialwissenschaften zugerechnet werden, das Verfahren der Explikation angewendet wür-

---

[97] Einer der ersten Versuche, Hypothesen des historischen Materialismus zu explizieren und nicht nur die vielen unklaren Äußerungen von Marx zu wiederholen, ist der Aufsatz von Andrzej Malewski (1959). Vgl. auch Münch 1973, Kap. III.

de. So veröffentlichten im Jahre 1945 Kingsley Davis und Wilbert E. Moore in der American Sociological Review ihren Aufsatz „Some Principles of Stratification". Dieser Aufsatz ist die Grundlage einer langen Diskussion. Die Theorie, die die Verfasser formulieren, ist so unklar, daß sie empirisch nicht prüfbar ist. Es wäre nun zunächst sinnvoll gewesen, die Ausführungen der Autoren zu explizieren, d.h. so zu präzisieren, daß es plausibel erscheint, mit dem Explikat bestimmte Phänomene zutreffend erklären zu können. Man hätte vielleicht mehrere Explikate vorschlagen und die betreffenden Hypothesen dann empirisch prüfen können. Dies geschah jedoch nicht. Es folgten vielmehr Interpretationen, die meist genauso unklar sind wie die ursprünglichen Ausführungen. Hätte man das Verfahren der Explikation gewählt, dürfte unser Wissen über die Entstehung sozialer Schichtung größer sein, als es heute ist.

Es zeigt sich also, daß eine weit intensivere Anwendung der Explikation in den Sozialwissenschaften zu fruchtbaren Ergebnissen führen dürfte. Vor allem dürfte die positivere Bewertung von Explikationen in den Sozialwissenschaften auch dazu beitragen, eine kritische Haltung gegenüber *allen* wissenschaftlichen Arbeiten zu entwickeln. Dies dürfte wiederum weitere positive Konsequenzen für einen Erkenntnisfortschritt haben.

Wir haben bisher die Explikation als ein Verfahren zur *Präzisierung* von Ausdrücken beschrieben. Das Verfahren kann auch angewendet werden, wenn Ausdrücke *mehrdeutig* sind. Wenn hier die verschiedenen Bedeutungen klar sind, dann besteht eine Explikation in einer Veränderung der Bedeutung von mindestens einem der Ausdrücke nach festzulegenden Adäquatheitskriterien.

VI. Der Informationsgehalt sozialwissenschaftlicher Aussagen

In den Sozialwissenschaften wird zwar häufig als Ziel genannt, Theorien mit hohem Informationsgehalt zu formulieren. Bei den konkreten Versuchen sozialwissenschaftlicher Theorienbildung wird jedoch dieses Kriterium kaum explizit angewendet. Man kritisiert sozialwissenschaftliche Theorien nach einer Reihe von Kriterien - etwa nach der Präzision der in ihnen verwendeten Begriffe oder nach dem Grad, in dem sie sich empirisch bewährt haben -, jedoch nur selten nach ihrem Informationsgehalt. Wir wollen uns in diesem Kapitel zunächst mit dem Begriff des Informationsgehalts befassen und dann einige Praktiken diskutieren, die Konsequenzen für den Informationsgehalt sozialwissenschaftlicher Aussagen haben.

1. Der Informationsgehalt als ein Kriterium für die Brauchbarkeit sozialwissenschaftlicher Theorien

In diesem Abschnitt werden wir zunächst den Begriff des Informationsgehalts erläutern und einige Typen von Aussagen bezüglich ihres Informationsgehalts analysieren. Wir werden dann einige Hinweise geben, wie das Kriterium des Informationsgehalts in der Forschung angewendet werden kann.

10. Der Begriff des Informationsgehalts am Beispiel analytischer und kontradiktorischer Sätze

Wenn man sagt, eine Aussage habe einen hohen Informationsgehalt - man spricht anstatt von „Informationsgehalt" auch von „empirischem Gehalt" oder von „Erklärungskraft" -, dann meint man, daß eine Aussage uns relativ viel über die Realität sagt. Dies bedeutet, daß eine Aussage vieles, was der Fall sein könnte, ausschließt, oder daß sie mit vielem, was geschieht, nicht vereinbar ist (vgl. Popper 1971, Kap. VI). Erläutern wir den Begriff des Informationsgehalts zunächst an einigen Beispielen. Das bekannte Sprichwort „Wenn der Hahn kräht auf dem Mist, dann ändert sich das Wetter, oder es bleibt, wie es ist" sagt uns überhaupt nichts über die Realität. Wenn nämlich der Hahn kräht, dann ist alles möglich: Das Wetter kann sich ändern, das Wetter kann aber auch unverändert bleiben. Auch wenn der Hahn nicht kräht, ist alles möglich, denn wenn die Wenn-Komponente einer Wenn-dann-Aussage (d.h. einer Implikation) falsch ist, dann ist die gesamte Aussage zutreffend. Intuitiv gesprochen: Wenn der Hahn nicht kräht, dann wissen wir nicht, ob sich danach das Wetter ändert oder nicht. Alle anderen Tatbestände sind mit der genannten Aussage ebenfalls vereinbar, etwa ob Frau Müller morgens oder abends einkauft oder ob Partei x oder Partei y die nächste Wahl gewinnt. Die genannte Aussage schließt also überhaupt keine reale Möglichkeit aus, d.h. sie ist mit allem, was geschieht, vereinbar.

Die Aussage „Die Kernfamilie (d.h. Eltern und Kinder) kommt in industrialisierten Gesellschaften prozentual (von allen Familien) häufiger vor als in nicht industrialisierten Gesellschaften" informiert uns dagegen über die Realität. Sie schließt z.B. folgendes aus: Wenn eine Gesellschaft A industrialisiert und eine Gesellschaft B nicht industrialisiert ist, dann ist es *nicht* der Fall, daß in Gesellschaft A prozentual *weniger* Kernfamilien vorkommen als in Gesellschaft B.

Betrachten wir nun etwas genauer die beiden Extremwerte des Informationsgehaltes: analytische und kontradiktorische Sätze.[98] Eine *analytisch wahre* Aussage ist definiert als eine

---

[98] In Opp 1976 folgt nun eine Definition des Begriffs „Informationsgehalt" unter Verwendung

Aussage, deren Wahrheit allein aufgrund der Bedeutung der Zeichen, die in der Aussage verwendet werden, bestimmt werden kann. Ein Standardbeispiel für einen analytisch wahren Satz ist die Aussage „Alle Junggesellen sind unverheiratet". Analysiert man die Bedeutung der Ausdrücke in diesem Satz, dann weiß man, daß „Junggeselle" eine Person bezeichnet, die unverheiratet ist. Entsprechend kann man den genannten Satz auch so ausdrücken: „Alle Personen, die unverheiratet sind, sind unverheiratet." Dieser Satz ist wahr. Wir haben dies ermittelt, indem wir die Bedeutung der in dem Satz verwendeten Ausdrücke analysierten. Entsprechend ist dieser Satz analytisch wahr. Ein analytisch wahrer Satz ist also definitionsgemäß bei jeder Beschaffenheit der Realität wahr.

Eine Aussage wird dagegen als *analytisch falsch* bezeichnet, wenn allein aufgrund der Bedeutung der in ihr verwendeten Zeichen entschieden werden kann, daß sie falsch ist. Dies gilt für den Satz „Person a mag Fleisch und Person a mag keine Steaks." Eine Analyse der Ausdrücke dieses Satzes ergibt, daß Steaks Fleisch sind, so daß der Satz behauptet, Person a mag und mag nicht Fleisch. Dieser Satz kann nicht wahr sein. D.h. allein die Kenntnis der Bedeutung der Ausdrücke dieses Satzes reicht aus zu entscheiden, ob er wahr oder falsch ist. Ein analytisch falscher Satz ist also definitionsgemäß bei jeder Beschaffenheit der Realität falsch.

Oft werden anstelle der Ausdrücke „analytisch wahr" und „analytisch falsch" auch die Ausdrücke *tautologisch* und *kontradiktorisch* verwendet.[99]

Wir sagten, daß analytisch wahre Aussagen nichts ausschließen. Entsprechend hat eine analytisch wahre Aussage den geringstmöglichen Informationsgehalt. Bei einer analytisch falschen Aussage ist das Gegenteil der Fall: Wenn der Gehalt einer Aussage um so größer ist, je mehr er ausschließt, d.h. mit je mehr empirischen Sachverhalten ein Satz unvereinbar ist, dann hat ein analytisch falscher Satz den höchstmöglichen Gehalt. Unser Steak-Beispiel ist bei jeder Beschaffenheit der Realität falsch, d.h. es ist mit allen empirischen Sachverhalten unvereinbar.

Nehmen wir nun an, wir würden festsetzen, wissenschaftliche Aussagen sollten einen möglichst hohen Informationsgehalt haben. Dies hätte verschiedene Konsequenzen. Erstens würden Tautologien ausgeschlossen. Diese Konsequenz ist, wie wir sahen, sinnvoll. Weiterhin wären analytisch falsche Aussagen sehr wünschenswert, da sie, wie wir sahen, den höchstmöglichen Gehalt haben. Wir müßten also fordern, daß alle wissenschaftlichen Aussagen kontradiktorisch sein sollen. Diese Konsequenz ist jedoch aus folgenden Gründen auf keinen Fall sinnvoll. Erstens sagt uns eine Kontradiktion - ebenso wie eine Tautologie - nicht, was denn nun real der Fall ist. So sagt uns die Aussage „a mag Fleisch und a mag keine Steaks" nicht, wie die Realität beschaffen ist. Da a entweder Fleisch mögen oder nicht mögen kann, also nicht beides gleichzeitig, wissen wir nicht, was nun der Fall ist.

Analytisch falsche Aussagen sind noch aus einem anderen Grund nicht sinnvoll. Es läßt sich zeigen, daß *aus einem analytisch falschen Satz jeder beliebige Satz logisch abgeleitet werden kann*. Dies sei im folgenden kurz erläutert - vgl. genauer Kapitel VII, Abschnitt 2. Wenn man aus einem Satz A einen Satz B ableitet, dann bedeutet dies, daß man behauptet: Wenn A, dann B. Die folgende Tabelle zeigt, unter welchen Bedingungen ein solcher Satz wahr ist.

---

des Aussagenkalküls der Logik. Da im folgenden dieser Kalkül nicht verwendet wird, müssen wir uns mit einer eher intuitiven Darstellung des Begriffs „Informationsgehalt" begnügen. Zu Einzelheiten sei der Leser auf das genannte Buch verwiesen.

[99] Streng genommen sind diese Begriffe in Bezug auf den Aussagenkalkül definiert. Siehe Opp 1976, S. 262.

	Wahrheit von Satz A	Wahrheit von Satz B	Wahrheit von: Wenn A, dann B
(1)	wahr	wahr	wahr
(2)	wahr	falsch	*falsch*
(3)	falsch	wahr	wahr
(4)	falsch	falsch	wahr

In der Tabelle stehen zuerst die beiden Einzelsätze A und B unverbunden nebeneinander. Die Wahrheit des zusammengesetzten Satzes „Wenn A, dann B" hängt ab von der Wahrheit dieser Einzelsätze: Beide Sätze können wahr (Zeile 1) oder falsch (Zeile 4) sein, oder ein Satz kann wahr und der andere falsch sein (Zeilen 2 und 3). Unter „Wenn A, dann B" (letzte Spalte) steht, bei welchen Wahrheitswerten von „A" und „B" der gesamte Satz „Wenn A, dann B" wahr bzw. falsch ist. „Wenn A, dann B" ist nur dann falsch, wenn A wahr und B falsch ist. Wenn z.B. ein Satz lautet „wenn eine Person ein Bayer ist, dann trägt sie Lederhosen", dann ist der Satz u.a. dann zutreffend, wenn die Person ein Leipziger, also kein Bayer, ist, und Lederhosen trägt (Zeile 3 in der obigen Tabelle). Der Satz „Wenn A, dann B" sagt ja nicht, daß *nur* Bayern Lederhosen tragen, d.h. es wird nicht ausgeschlossen, daß außer Bayern auch andere Personen Lederhosen tragen. Finden wir jedoch eine Person, die Bayer ist und keine Lederhosen trägt, dann ist der Satz falsch (Zeile 2).

Wenn wir behaupten, daß Satz B aus Satz A folgt, dann meinen wir, daß die Aussage „Wenn A, dann B" immer wahr ist. Angenommen, A sei ein komplexer Satz und laute: „Alle Menschen sind sterblich und Sokrates ist ein Mensch." B laute: „Sokrates ist sterblich." Intuitiv würden wir sagen, daß B aus A folgt. Dies würden wir so begründen, daß dann, wenn A zutrifft, B nicht falsch sein kann. Könnte - unter der Annahme der Wahrheit von A - B falsch sein, würden wir nicht mehr behaupten, daß B aus A folgt.

Angenommen, „A" sei ein analytisch falscher Satz, d.h. ein Satz, der immer falsch ist. In diesem Falle kann man für „B" beliebige Sätze einsetzen, ohne daß der gesamte Satz falsch wird. Der Gesamtsatz kann ja nur dann falsch sein, wie unsere obige Tabelle zeigt, wenn der erste Teilsatz wahr ist. So folgt aus dem genannten analytisch falschen Satz u.a.:

(1) Alle Menschen haben fünf Beine; (2) 2 = 5; (3) Wenn a ein Mensch ist, dann ist a ein Mensch.

Es ist also nicht sinnvoll, analytisch falsche Sätze in einer Wissenschaft zuzulassen. Deshalb ist es auch nicht sinnvoll festzusetzen, daß die Sätze einer Wissenschaft den höchstmöglichen Informationsgehalt haben sollen. Ein Satz soll möglichst viel, aber nicht alles ausschließen. Wenn wir festsetzen, daß ein analytisch falscher Satz den Informationsgehalt 1, also den höchstmöglichen Informationsgehalt, hat, dann lautet unsere Forderung:[100]

---

[100] Vgl. Popper 1971, S. 80. Der Leser sei in diesem Zusammenhang auf Popper 1965b verwiesen. Hier wird u.a. die wissenschaftliche Fruchtbarkeit von analytisch falschen Sätzen bzw. Kontradiktionen ausführlich erörtert. Weiter werden Ergebnisse dieser Diskussion zur Beurteilung bestimmter Aussagen der *Dialektik* angewendet.

Der Informationsgehalt eines Satzes soll kleiner als 1 sein, aber möglichst nahe bei 1 liegen.

11. Der Informationsgehalt der Wenn- und der Dann-Komponente eines Satzes und der Informationsgehalt des gesamten Satzes

Wir sahen früher, daß Gesetzesaussagen als Bedingungsaussagen oder als Wenn-dann-Sätze formuliert werden können. D.h. in diesen wird behauptet, daß unter bestimmten Bedingungen bestimmte Tatbestände auftreten. Dabei können sowohl die Wenn-Komponente als auch die Dann-Komponente des (Gesamt-)Satzes aus mehreren Teilsätzen bestehen, wie das folgende Beispiel illustriert:

Wenn Personen autoritär sind oder wenn die soziale Umwelt die Diskriminierung von Ausländern unterstützt, *dann* werden rechte Parteien gewählt und man liest rechtsgerichtete Zeitungen.

Die Wenn-Komponente dieses Satzes besteht aus einem Oder-Satz, die Dann-Komponente aus einem Und-Satz. Wir wollen folgende Fragen stellen.

1. Wie verändert sich der Informationsgehalt des *Gesamtsatzes* bei steigendem oder fallendem Gehalt der *Wenn-Komponente* - bei gleichbleibendem Gehalt der Dann-Komponente?

2. Wie verändert sich der Informationsgehalt des *Gesamtsatzes* bei steigendem oder fallendem Gehalt der *Dann-Komponente* - bei gleichbleibendem Gehalt der Wenn-Komponente?

Illustrieren wir diese Fragen an unserem vorangegangenen Beispiel. Die Wenn-Komponente besteht, wie gesagt, aus zwei Teilsätzen, die mit „oder" verbunden sind. Ein solcher Oder-Satz ist mit relativ vielen Sachverhalten vereinbar. Angenommen, wir behaupten: „Person a ist groß oder wohnt in Leipzig." Der Satz ist nach den Regeln der Logik nur dann falsch, wenn beide Teilsätze falsch sind, d.h. wenn a weder groß ist noch in Leipzig wohnt. Der Satz „Person a ist groß *und* wohnt in Leipzig" ist nur dann wahr, wenn beide Teilsätze wahr sind. D.h. der Satz ist in drei Fällen falsch: (1) wenn a weder groß ist noch in Leipzig wohnt, (2) wenn a *nicht* groß ist und in Leipzig wohnt, und (3) wenn a groß ist und *nicht* in Leipzig wohnt. Ein Und-Satz ist also gehaltvoller als ein Oder-Satz, da ein Und-Satz mehr ausschließt, also mit weniger Sachverhalten vereinbar ist als ein Oder-Satz. Der Und-Satz besagt ja, daß genau ein Sachverhalt der Fall ist: a ist groß *und* wohnt in Leipzig. Der Oder-Satz läßt dagegen drei Möglichkeiten offen.

Wie wird man nun den Gehalt unseres Beispielsatzes beurteilen? Die Wenn-Komponente besteht aus einem Oder-Satz. Der Gehalt der Wenn-Komponente ist also relativ gering. Trotzdem informiert der gesamte Beispielsatz besser über die Realität als ein Satz, bei dem die Wenn-Komponente ein Und-Satz ist. Der Grund ist, daß der Anwendungsbereich des Gesamtsatzes mit dem Oder-Satz als Wenn-Komponente größer ist. Die Wenn-Komponente ist ja in Situationen erfüllt, in denen mindestens eine Komponente des Oder-Satzes zutrifft. Dagegen ist der Anwendungsbereich mit einem Und-Satz in der Wenn-Komponente geringer: Der Gesamtsatz kann nur dann angewendet werden, wenn beide Komponenten des Und-Satzes zutreffen. Diese Überlegungen illustrieren folgenden Tatbestand:

Je *geringer* der Informationsgehalt der Wenn-Komponente eines Satzes ist, desto *größer* ist der Informationsgehalt des gesamten Satzes.

Für den Informationsgehalt der Dann-Komponente gilt dies nicht. Betrachten wir wieder unseren Beispielsatz. Die Dann-Komponente - es werden rechte Parteien gewählt und man liest rechtsgerichtete Zeitungen - informiert relativ genau über das, was geschieht, wenn die Wenn-Komponente zutrifft. Wäre die Dann-Komponente ein Oder-Satz, würden wir nicht so genau informiert. Wir wüßten nicht, ob nun sowohl rechts gewählt wird und rechte Zeitungen gelesen werden oder ob nur eines von beiden der Fall ist. Es gilt also:

Je *geringer* der Informationsgehalt der Dann-Komponente eines Satzes ist, desto *geringer* ist der Informationsgehalt des gesamten Satzes (vgl. genauer Opp 1976, S. 264-266).

Will man also den Informationsgehalt einer Aussage erhöhen, dann kann man zum einen den Informationsgehalt der Wenn-Komponente vermindern, intuitiv gesprochen: man erhöht den Anwendungsbereich einer Aussage. Zum anderen kann man den Informationsgehalt der Dann-Komponente erhöhen, d.h. man formuliert das, was erklärt werden soll, genauer.

12. Der Informationsgehalt von allgemeinen und speziellen Aussagen

Eine Aussage A heißt *allgemeiner* als eine Aussage B, wenn und nur wenn aus der Aussage A die Aussage B logisch ableitbar ist *und* wenn nicht aus B die Aussage A abgeleitet werden kann. Betrachten wir folgende Beispiele:

A: Wenn Mitglieder einer Gruppe glauben, durch ihr Handeln keinen Beitrag zur Erreichung gemeinsamer Ziele leisten zu können, dann werden sie nicht im Interesse der Gruppe handeln.

B: Wenn Mitglieder einer Freizeitgruppe das Ziel haben, gemeinsam eine Wanderung zu veranstalten, und wenn jedes Mitglied glaubt, daß es nichts zum Zustandekommen einer solchen Veranstaltung beitragen kann, dann werden die Mitglieder nicht handeln, um das gemeinsame Ziel zu erreichen.

Satz B ist aus Satz A ableitbar. Jedoch kann man Satz A nicht aus Satz B ableiten. Somit ist Satz A allgemeiner als Satz B.

Besteht ein Zusammenhang zwischen dem *Informationsgehalt* und der *Allgemeinheit* einer Aussage? Haben z.B. allgemeine Aussagen einen höheren oder einen niedrigeren Informationsgehalt als spezielle Aussagen oder ist der Informationsgehalt beider Arten von Aussagen gleich oder nicht vergleichbar?

Unsere Beispielsätze A und B illustrieren, daß spezielle Sätze immer einen geringeren Gehalt als allgemeine Sätze haben. Hat man also das Ziel, möglichst informative Aussagen zu formulieren, dann wird man fordern, möglichst generelle Aussagen zu formulieren.

Oft wird der Begriff „Allgemeinheit" anders verwendet: Eine Aussage wird zuweilen als „allgemein" bezeichnet, wenn man ausdrücken will, daß sie „leer" oder wenig informativ ist. So könnte man behaupten, der Satz „Gesellschaften ändern sich fortlaufend" sei sehr allgemein, da er nichts darüber sage, wie schnell oder unter welchen Bedingungen sich Gesellschaften in welcher Weise wandeln. Wir ziehen es vor, den Begriff der Allgemeinheit im vorher beschriebenen Sinne zu verwenden, da er diese Bedeutung auch in der Logik hat. Danach sind also relativ allgemeine Sätze auch relativ informativ.

13. Wie verbessert man den Informationsgehalt von Aussagen?

Wir sahen, daß analytisch wahren oder falschen Aussagen die Maßzahl 1 bzw. 0 für den Informationsgehalt zugeschrieben werden kann. Weiterhin können allgemeine und spezielle Aussagen bezüglich ihres Informationsgehalts miteinander verglichen werden. Über viele sozialwissenschaftliche Sätze kann jedoch z.B. weder gesagt werden, ob sie einen hohen oder niedrigen Gehalt haben, ob ihr Gehalt höher als, niedriger als der Gehalt oder gleich dem Gehalt mindestens einer anderen Aussage ist. Dies gilt etwa für die beiden folgenden Sätze:

> In der Unterschicht haben mehr Personen eine autoritäre Einstellung als in der Mittelschicht.

> Wenn Gewerkschaftsmitglieder außerhalb ihres Berufes häufig miteinander interagieren, dann ist ihr Interesse an der Gewerkschaft groß.

Wenn man der Meinung ist, daß Aussagen einen möglichst hohen Gehalt haben sollen, dann ist es wünschenswert, dieses Kriterium auf jede beliebige Aussage anzuwenden. Fragen wir, wie dies geschehen könnte.

Eine erste praktikable Möglichkeit, das Kriterium des Informationsgehalts generell anzuwenden, ist der Versuch, den *Informationsgehalt einer gegebenen Aussage durch Modifikation ihrer Wenn- oder Dann-Komponente zu verbessern*. Nehmen wir an, ein Forscher sei daran interessiert zu wissen, welchen Einfluß der Konflikt eines bestimmten sozialen Systems S_1 mit einem anderen sozialen System S_2 auf die Kohäsion der Systeme hat. Nehmen wir weiter an, der Forscher lese folgenden Satz:

> 1. Die Beobachtung vieler Konflikte zwischen sozialen Systemen zeigt, daß soziale Systeme kohärenter werden: das Zusammengehörigkeitsgefühl der Mitglieder steigt und Streitigkeiten zwischen den Mitgliedern gehen zurück. Häufig geschieht jedoch auch das Gegenteil: Man kann beobachten, daß sich manche Systeme bei kleinsten Reibereien mit anderen Systemen sofort auflösen. Bei wieder anderen Systemen merkt man überhaupt keine Wirkung, wenn sie in einem Konflikt mit einem anderen System stehen.

Unser Forscher wird nun diesen Satz zunächst präzisieren:

> 2. Wenn ein System S_1 mit einem System S_2 zu einem bestimmten Zeitpunkt t_2 in Konflikt gerät, dann ist die Kohäsion von S_1 und S_2 zum Zeitpunkt t_2 größer als zu einem (früheren) Zeitpunkt t_1 oder kleiner als zum Zeitpunkt t_1 oder gleich der Kohäsion zum Zeitpunkt t_1.

Bei dieser Aussage handelt es sich um eine analytisch wahre Aussage. In der Dann-Komponente von Satz 2 wird ja keine reale Möglichkeit ausgeschlossen: Die Kohäsion kann steigen, sinken oder gleichbleiben, und weitere Möglichkeiten gibt es nicht.

Der Forscher könnte nun zunächst überlegen, wie die Dann-Komponente modifiziert werden kann, um den Informationsgehalt der Aussage zu erhöhen. Wünschenswert wäre eine Hypothese, die z.B. die Voraussage erlaubt, unter welchen Bedingungen die Kohäsion steigt und *nicht* sinkt und *nicht* gleichbleibt. Der Forscher könnte etwa drei Grade der Kohäsion unterscheiden: hohe, mittlere und niedrige Kohäsion, und folgende Hypothese formulieren:

> 3. Wenn ein System S_1 mit einem System S_2 zu einem bestimmten Zeitpunkt t_2 in Konflikt gerät, gilt: Bei hoher Kohäsion eines Systems steigt die Kohäsion; bei mittlerer Kohäsion bleibt die Kohäsion bestehen; bei niedriger Kohäsion sinkt die Kohäsion.

Da die modifizierte Hypothese 3 nicht analytisch wahr ist, ist ihr Informationsgehalt auf jeden Fall höher als der von Satz 2.

In den Sozialwissenschaften werden Hypothesen oft so modifiziert, daß zwar der *Gehalt der Dann-Komponente erhöht wird, aber gleichzeitig auch der Gehalt der Wenn-Komponente*. Dies bedeutet, daß der Gehalt des Gesamtsatzes erhöht und gleichzeitig vermindert wird. Dies ist dann der Fall, wenn man z.B. in die Wenn-Komponente eine Bedingung einfügt, bei deren Vorliegen die Aussage gilt. Illustrieren wird dies mittels Hypothese 1, die so modifiziert werde:

4. Wenn ein System S_1 mit einem System S_2 zu einem bestimmten Zeitpunkt t_2 in Konflikt gerät *und* wenn die Ungleichheit gering ist, dann steigt die Kohäsion.

Auch Hypothese 4 ist nicht analytisch wahr, so daß ihr Gehalt höher als der von Hypothese 2 ist. In Hypothese 4 wird aber gleichzeitig eine Bedingung in die Wenn-Komponente eingefügt, wodurch der Geltungsbereich der Hypothese eingeschränkt wird. Dadurch wird gleichzeitig der Gehalt von Hypothese 4 vermindert.

Bei vielen Hypothesen in den Sozialwissenschaften ist die Dann-Komponente zwar nicht so gehaltlos wie in der vorangegangenen Hypothese 1, aber doch relativ uninformativ. So gibt es Hypothesen, die Bedingungen angeben, bei deren Vorliegen Personen eine extreme Partei wählen, d.h. eine rechts- *oder* eine linksextreme Partei. Andere Hypothesen erklären das Auftreten abweichenden Verhaltens. Mit solchen Hypothesen kann nur vorausgesagt werden, daß Personen *irgendeine* abweichende Aktivität ausführen. Hypothesen der Frustrations-Aggressionstheorie erklären, unter welchen Bedingungen eine Person aggressiv reagiert, wobei nicht angegeben wird, *welcher Art* das aggressive Verhalten ist: Dieses mag ein Mord oder die Äußerung eines Schimpfwortes sein.[101] Wie man im Detail das Auftreten bestimmter Arten von Verhalten erklären kann, zeigt die vorher besprochene Theorie rationalen Handelns (siehe Kapitel III, Abschnitt 6): danach hängt die Art des Verhaltens von der Art der Nutzen und Kosten für dieses Verhalten ab.

Bevor man sich mit der Verbesserung des Informationsgehalts einer Aussage befaßt, kommt jedoch als erster Schritt die Diagnose: Man wird zunächst zwei Fragen stellen:

(1) Inwieweit ist der Geltungsbereich der Hypothese beschränkt?
(2) Wie unspezifisch ist die Dann-Komponente der Aussage?

Bei Frage 1 wäre z.B. zu prüfen: Gilt eine Aussage nur für bestimmte Arten von Einheiten (z.B. für westliche Industriegesellschaften, für Studenten)? Ist die Geltung der Aussage auf bestimmte Orte oder Zeiträume beschränkt (westliche Industriegesellschaften des 20. Jahrhunderts)? Gilt die Aussage nur unter bestimmten Bedingungen (z.B. in der Situation eines vollkommenen Marktes)? *Je weniger eingeschränkt der Geltungsbereich einer Hypothese ist, desto größer ist ihr Informationsgehalt.*

Bei Frage (2) ist z.B. zu prüfen: Inwieweit läßt es die Hypothese offen, welche Art eines Sachverhaltes auftritt - siehe die vorher genannten Beispiele? Ideal wäre eine Theorie, die aus einer möglichst umfassenden Klasse von Phänomenen genau erklären kann, welche dieser Phänomene auftreten. *Je größer die Klasse der Sachverhalte ist, die erklärt werden, und je genauer erklärt werden kann, welche dieser Sachverhalte auftreten, desto informativer ist eine Hypothese.*

---

[101] Ein ausführliches Beispiel findet sich in Opp 1976, S. 270-271. Dort wird eine Hypothese der Statusinkonsistenz-Theorie diskutiert.

Man könnte versuchen, den Informationsgehalt von sozialwissenschaftlichen Aussagen mit einer „Idealtheorie" zu vergleichen, die in allen Situationen anwendbar ist und alle spezifischen Phänomene einer bestimmten Art erklären kann. Erläutern wir diese Idee etwas genauer. Gehen wir zunächst von den Problemen des Sozialwissenschaftlers aus. Man kann sagen, daß eine Theorie alle Erklärungsprobleme der Sozialwissenschaften löst, wenn sie jede beliebige Art von Aktivitäten, Bewußtseinsinhalten (Attitüden, Emotionen u.ä., soweit diese gelernt sind) zutreffend erklären kann und wenn ihr Geltungsbereich nicht eingeschränkt ist. Wenn eine Theorie z.B. Rollendifferenzierung in sozialen Systemen, Änderung von Einstellungen, Entstehung jugendlicher Banden, Preisbildungsprozesse usw. richtig erklären kann, dann sind die theoretischen Probleme der Sozialwissenschaften gelöst. Wenn nun eine solche Theorie existierte und wenn alle anderen sozialwissenschaftlichen Theorien über spezielle Phänomene - etwa über Diebstahl oder Heirat - aus dieser Theorie ableitbar wären, dann hätte diese allgemeine Theorie im Rahmen der Sozialwissenschaften den höchsten Informationsgehalt aller sozialwissenschaftlichen Theorien.

Man könnte nun bei jeder beliebigen Theorie die Frage stellen, wie nahe sie einer solchen allgemeinsten Theorie kommt. D.h. man könnte fragen, wie groß ihre *Problemlösungskapazität* bezüglich der bestehenden theoretischen Probleme in den Sozialwissenschaften ist. Wir gehen also folgendermaßen vor: Ein extremes Ereignis - nämlich die allgemeinste Theorie - wird als ein Vergleichsmaßstab für alle anderen Ereignisse - nämlich für alle bestehenden Theorien - genommen, und der Abstand der zuletzt genannten Ereignisse zu dem extremen Ereignis wird bestimmt. Alle Theorien sollen somit auf einer (ordinalen) Skala angeordnet werden, an deren oberem Ende das extreme Ereignis steht. Je geringer die Problemlösungskapazität einer Theorie ist, desto weiter unten auf der Skala liegt die Theorie.[102]

Wenn gefragt wird, wie nahe eine bestimmte Theorie der Idealtheorie kommt, wird dies dazu führen, daß man sich bei vielen Hypothesen überhaupt erst dessen bewußt wird, wie wenig informativ die betreffenden Aussagen sind bzw. wo genau ihre Informationsmängel liegen. In jedem Falle dürfte das Verfahren einen Anreiz geben, sich über den Geltungsbereich von Theorien Gedanken zu machen und darüber, wie spezifisch die Art der zu erklärenden Phänomene ist.

Wir wollen nun die Frage nach der Problemlösungskapazität auf einige Hypothesen anwenden. Nehmen wir an, eine Hypothese laute:

1. Alle sozialen Systeme haben ein System differenzierter Rollen.

Zunächst könnten wir fragen, welche Probleme diese Hypothese *im Rahmen einer Theorie sozialer Systeme* löst. Hier wäre von Interesse zu wissen, welcher Art denn die Rollendifferenzierung in welcher Art eines Systems (z.B. in einer Familie und einem Industriebetrieb) ist. Aussage 1 löst also nicht einmal Probleme einer Theorie sozialer Systeme, d.h. sie erklärt eine Vielzahl von Tatbeständen nicht, die zum Bereich der zu erklärenden Tatbestände einer Theorie sozialer Systeme gehören. Diese Theorie wiederum löst nur einen Teil der Probleme der „Extremtheorie".

2. Menschliches Verhalten ist zielorientiert.

Die Hypothese sagt, daß immer dann, wenn ein Verhalten auftritt, ein Ziel vorliegt. Sie informiert uns aber nicht darüber, unter welchen Bedingungen welches Verhalten auftritt. Um diese

---

[102] Eine Beschreibung und Kritik dieses Verfahrens findet man bei Hempel und Oppenheim 1936, Kapitel 4.

Frage zu beantworten, müßte angegeben werden, bei welchen Zielen welches Verhalten ausge führt wird.

Viele Sozialwissenschaftler werden die genannten Sätze vermutlich für wichtige Aussagen ihrer Disziplin halten: In einer Vielzahl von Schriften werden sie fortlaufend wiederholt. Man vergleiche etwa Arbeiten marxistischer Autoren (z.B. Hahn 1968) oder Arbeiten von Vertretern der sog. kritischen Theorie (z.B. Jürgen Habermas) oder der sozialwissenschaftlichen Systemtheorie (z.B. Niklas Luhmann). Warum findet man z.B. im Rahmen der Systemtheorie nicht Aussagen, die im einzelnen erklären, unter welchen Bedingungen sich soziale Systeme in welcher Weise genau differenzieren? Warum versuchen marxistische Autoren nicht, genau die Art sozialer Klassenbildung in verschiedenen gesellschaftlichen Situationen zu erklären? Antworten auf diese Fragen finden sich im Schrifttum unseres Wissens nicht. Daß Autoren, die uninformative Aussagen wie die genannten produzieren, überhaupt ernst genommen werden, mag daran liegen, daß die meisten Sozialwissenschaftler und auch das nichtsozialwissenschaftliche Publikum - vor allem sog. Intellektuelle - nicht wissen, welche Fragen eine Theorie sozialer Systeme oder eine Theorie über die Entwicklung von Gesellschaften beantworten *könnte*.

In den Sozialwissenschaften gibt es weiter eine Vielzahl von Theorien, die sehr spezifische Ereignisse erklären, z.B. spezielle Aktivitäten oder spezielle Attitüden. So existieren viele Theorien über spezielle Arten abweichenden Verhaltens - z.B. Theorien des Selbstmords. Derartigen Theorien wird man ebenfalls einen relativ geringen Gehalt zuschreiben: sie sind zu speziell. Wenn man z.B. weiß, warum Personen Selbstmord begehen, ist man eben nur über einen kleinen Bereich menschlicher Verhaltensweisen informiert. Es handelt sich hier um die sog. Theorien mittlerer Reichweite.[103]

Dagegen haben Theorien, die das Auftreten aller lernbaren Aktivitäten erklären können (Lerntheorien, die Wert-Erwartungstheorie), oder Theorien, die die Veränderung aller Arten kognitiver Inhalte erklären können (z.B. die Theorie der kognitiven Dissonanz), einen höheren Gehalt, d.h. eine größere Problemlösungskapazität als die vorher genannten Theorien.

Diese Beispiele zeigen, daß das Kriterium der Problemlösungskapazität es erlaubt, eine Reihe von Hypothesen auf einer Skala der beschriebenen Art einzustufen und auch Hypothesen isoliert bezüglich ihres Gehalts zu beurteilen.

14. Der Informationsgehalt von deterministischen und nicht-deterministischen Aussagen

Wir wollen nun das im vorangegangenen Abschnitt behandelte Kriterium der Problemlösungskapazität anwenden, um deterministische und nicht-deterministische Aussagen bezüglich ihres Informationsgehaltes miteinander zu vergleichen. Gehen wir dabei von einem Beispiel aus, das wir bereits früher erwähnten. Formulieren wir dieses Beispiel einmal als deterministische, zum anderen als nicht-deterministische Aussage:

A: Alle Vorbestraften werden rückfällig.
B: Die Wahrscheinlichkeit, daß ein Vorbestrafter rückfällig wird, beträgt 0,95.

Nehmen wir an, wir haben aus einer Stadt 100 Vorbestrafte ausgewählt. Aufgrund von A können wir bei jeder einzelnen Person voraussagen, daß sie rückfällig wird. Dies ist jedoch bei B nicht möglich. B sagt uns nur, daß von diesen 100 Vorbestraften 95 rückfällig werden. B in-

---

[103] Vgl. etwa die Zusammenstellung einer Vielzahl spezieller sozialwissenschaftlicher Aussagen bei Berelson und Steiner 1964. Siehe auch die Beispiele bei Coleman 1964, Kapitel 1.

formiert uns jedoch nicht darüber, wer von den 100 Vorbestraften rückfällig wird. Wenn B zutrifft, wissen wir nur, daß irgendeine aller möglichen Mengen von N=95, die aus den 100 Vorbestraften gebildet werden können, diejenigen Personen enthält, die rückfällig werden. Wir sehen also, daß uns A weitaus genauere Informationen gibt als B und mit weitaus mehr Sachverhalten unvereinbar ist als B.

Informiert uns A auch dann genauer als B, wenn die Wahrscheinlichkeit bei B beliebige Werte annimmt, die größer als 0 und kleiner als 1 sind? Diese Frage ist zu bejahen; denn welche Wahrscheinlichkeit B auch enthält: In jedem Falle erfahren wir nichts darüber, wer genau aus der Menge der Vorbestraften rückfällig wird. Halten wir fest:

Deterministische Aussagen haben einen höheren Informationsgehalt als die entsprechenden nicht-deterministischen Aussagen.

Haben Aussagen mit unterschiedlich hohen Wahrscheinlichkeiten einen verschieden hohen Gehalt? Ist etwa der Gehalt von B höher, wenn die Wahrscheinlichkeit 0,95 oder wenn sie 0,80 beträgt? Gehen wir zunächst einmal davon aus, die Wahrscheinlichkeit p sei gleich oder größer als 0,5. Wir sahen früher, daß ein Explanandum um so sicherer (induktiv) bestätigt wird, je höher die statistische Wahrscheinlichkeit in dem angewendeten Gesetz ist. Ob also ein Vorbestrafter rückfällig wird, wissen wir um so genauer, je höher die statistische Wahrscheinlichkeit ist, die ein angewendetes Gesetz enthält.

Nehmen wir nun an, p sei kleiner als 0,5. In B sei z.B. einmal die Rückfallwahrscheinlichkeit 0,3 und zum anderen 0,2. Hier gilt, daß B uns um so genauer informiert, je *niedriger* die Rückfallwahrscheinlichkeit ist; denn bei einer Rückfallwahrscheinlichkeit von 0,2 wissen wir „sicherer", daß eine Person *nicht* rückfällig wird als bei einer Rückfallwahrscheinlichkeit von 0,3. Hier beträgt die Wahrscheinlichkeit, daß eine Person *nicht* rückfällig wird, nur 0,7 (=1,0-0,3).

Wir können nun jede Wahrscheinlichkeit, die *kleiner* als 0,5 ist, in eine Wahrscheinlichkeit umwandeln, die *größer* als 0,5 ist. Wenn nämlich die Wahrscheinlichkeit, daß jemand rückfällig wird (vorausgesetzt, er ist vorbestraft), den numerischen Wert r hat, dann hat die Wahrscheinlichkeit, daß jemand *nicht* rückfällig wird (vorausgesetzt, er ist vorbestraft), den numerischen Wert 1 - r. Somit ist also eine Aussage mit „hoher" Wahrscheinlichkeit immer äquivalent einer Aussage mit „niedriger" Wahrscheinlichkeit. Wir brauchen uns also nur zu merken, daß bei einer Wahrscheinlichkeit von gleich oder größer als 0,5 gilt:

Nicht-deterministische Aussagen haben einen um so höheren Informationsgehalt, je höher die Wahrscheinlichkeit ist, die sie enthalten.[104]

15. Der Informationsgehalt von Je-desto-Aussagen

Wir haben uns bereits in Kapitel II, Abschnitt 31, mit Je-desto-Sätzen befaßt. Fassen wir zunächst die Bedeutung von Je-desto-Aussagen anhand des früher behandelten Beispiels zusammen:

A: Je marktwirtschaftlicher eine Gesellschaft ist, desto größer ist ihr Sozialprodukt.

Diese Aussage hat folgende Bedeutung:

---

[104] Der Gehalt der hier beschriebenen Aussagen ist nicht vergleichbar, wenn man die potentiellen Falsifikatoren der Aussagen vergleicht. Siehe hierzu Opp 1976, S. 277.

(1) Wenn irgendeine Gesellschaft x marktwirtschaftlicher ist als eine andere Gesellschaft y, dann ist das Sozialprodukt von x größer als das von y.

(2) Wenn irgendeine Gesellschaft x *genau so* marktwirtschaftlich ist wie eine Gesellschaft y, dann hat x dasselbe Sozialprodukt wie y.

(3) Wenn irgendeine Gesellschaft *zu einem bestimmten Zeitpunkt* marktwirtschaftlicher als zu einem anderen Zeitpunkt ist, dann ist das Sozialprodukt zu dem zuerst genannten Zeitpunkt größer als zu dem zuletzt genannten Zeitpunkt.

Wir nehmen an, daß die genannten Aussagen deterministisch sind. Wie ist der Informationsgehalt solcher Je-desto-Aussagen zu beurteilen? Angenommen, eine bestimmte Gesellschaft sei in bestimmtem Grade marktwirtschaftlich organisiert. Welche Voraussage können wir bezüglich des Sozialprodukts *dieser Gesellschaft* treffen? Offenbar überhaupt keine, da Aussage A nur etwas über mindestens zwei Gesellschaften oder über eine Gesellschaft zu verschiedenen Zeitpunkten aussagt. A sagt uns also nichts über das Sozialprodukt einer *einzelnen Gesellschaft zu einem bestimmten Zeitpunkt*, wenn wir das Ausmaß ihrer marktwirtschaftlichen Organisation kennen.

Nehmen wir an, wir wissen, daß eine Gesellschaft x marktwirtschaftlicher als eine andere Gesellschaft y ist, oder daß x zum einem bestimmten Zeitpunkt marktwirtschaftlicher als vor diesem Zeitpunkt ist. Wie stark wird sich das Sozialprodukt unterscheiden? Darüber informiert uns Aussage A nicht. Wir erfahren also nichts *über das Ausmaß der Änderung des Merkmals der Desto-Komponente, wenn sich die Je-Komponente ändert*.

Aussage A informiert uns drittens auch nicht über die *absolute Höhe* des Sozialproduktes von zwei Gesellschaften oder von einer Gesellschaft zu zwei Zeitpunkten, wenn wir das Ausmaß marktwirtschaftlicher Organisation kennen.

Unsere Analyse zeigt also, daß Je-desto-Aussagen der beschriebenen Art eine Reihe von Fragen, deren Beantwortung für den Sozialwissenschaftler von Interesse ist, nicht beantworten können. Wenn wir z B. das Einkommen einer Menge von Personen kennen, ist es etwa für praktische Zwecke nützlich zu wissen, wieviel denn diese Personen genau sparen. Weiterhin wird ein Sozialwissenschaftler wissen wollen, wie stark genau die Sparrate der Bevölkerung der Bundesrepublik steigt, wenn ihr Einkommen z.B. um 10% zunimmt. Wir können allgemein sagen, daß die Information, die uns Je-desto-Aussagen vermitteln, relativ unspezifisch ist. Dies zeigt sich auch dann, wenn wir fragen, in welcher Weise der Informationsgehalt solcher Je-desto-Aussagen erhöht werden könnte.

Die genannten Informationsmängel von Je-desto-Aussagen würden beseitigt, wenn man genau angeben würde, bei welchem Wert des Merkmals der Je-Komponente welcher Wert des Merkmals der Desto-Komponente auftreten würde. Man müßte also *Funktionen* festlegen, wie wir in Kapitel II, Abschnitt 31 im einzelnen gezeigt haben.

Wir hatten uns bisher allein mit solchen Je-desto-Sätzen befaßt, in deren Je-Komponente nur eine einzige Variable enthalten war. Häufig findet man jedoch Je-desto-Aussagen, deren Je-Komponente aus *mehr als einer Variablen* besteht, z.B.:

B. Je höher das monatliche Einkommen einer Person ist, je höher ihre Schulbildung ist, desto höher ist ihre Sparrate.

Erläutern wir aufgrund dieses Satzes, worüber uns solche „komplexen" Je-desto-Sätze nicht informieren.

Der Informationsgehalt als ein Kriterium für die Brauchbarkeit

Zunächst haben solche Aussagen dieselben Mängel wie einfache Je-desto-Aussagen: Wenn wir das monatliche Einkommen und die Schulbildung einer isolierten Person kennen, sagt uns diese Aussage nichts darüber, welche Sparrate diese Person hat. Auch wenn uns das Monatseinkommen und die Schulbildung mehrerer Personen oder derselben Personen zu verschiedenen Zeitpunkten bekannt sind, kennen wir nicht den *Grad, in dem sich die Sparraten der Personen unterscheiden*, und auch nicht die *absolute Höhe der Sparrate*

Ein weiterer Informationsmangel des genannten Satzes B wird deutlich, wenn wir überlegen, was dieser Satz genau bedeutet. Betrachten wir die folgende Tabelle. Die Spalten enthalten die drei Variablen von Aussage B. Zunächst sei angenommen, daß die beiden Personen a und b dasselbe Einkommen und dieselbe Schulbildung haben (d.h. Ea=Eb und Ba=Bb). Aussage B besagt in diesem Falle, daß Sa=Sb, d.h. die Sparrate von Person a ist gleich der Sparrate von b. Ist die Schulbildung von a größer oder kleiner als von b, ist entsprechend auch die Sparrate von a größer oder kleiner als von b.

Einkommen (E)	Schulbildung (B)	Sparrate (S)
Ea = Eb	Ba = Bb	Sa = Sb
Ea = Eb	Ba < Bb	Sa < Sb
Ea = Eb	Ba > Bb	Sa > Sb
Ea > Eb	Ba = Bb	Sa > Sb
Ea > Eb	Ba < Bb	?
Ea > Eb	Ba > Bb	Sa > Sb

„a" und „b" symbolisieren zwei Personen oder eine Person zu zwei verschiedenen Zeitpunkten. „Ea" heißt „das Einkommen von a", „Eb" „das Einkommen von b" etc.

Nehmen wir nun an, das Einkommen von a sei größer als das Einkommen von b. Wenn die andere Variable „Schulbildung" bei beiden Personen gleich ist, ist die Sparrate von a größer als von b. Was sagt B voraus, wenn die Schulbildung von a kleiner als von b ist? Hierzu informiert Aussage B nicht. Um hierüber informieren zu können, müßte etwas darüber gesagt werden, ob das Einkommen oder die Schulbildung einen stärkeren Effekt haben. Den Fall, daß Ea < Eb, brauchen wir nicht zu behandeln, da er identisch ist mit Ea > Eb, wenn wir a und b umbenennen.

Unser Beispiel zeigt, daß Je-desto-Aussagen mit mehr als einer Variablen in der Je-Komponente nur bei bestimmten Werten dieser Variablen über die Werte der Variablen der Desto-Komponente informieren.

Der Leser mag diese Überlegungen für Je-desto-Aussagen mit drei und mehr Merkmale in der Je-Komponente selbst fortführen. Es zeigt sich: Wenn die Je-Komponente relativ komplex ist, dann gibt es auch relativ viele Kombinationen der Werte der Faktoren der Je-Komponente, bei denen nichts über die Desto-Komponente vorausgesagt werden kann. Die Informationsmängel von Je-desto-Aussagen mit einer komplexen Je-Komponente können ebenfalls behoben werden, wenn man mathematische Funktionen angibt, in denen jedem Wert der Variablen in

16. Die Präzision einer Aussage und ihr Informationsgehalt

Eine Vielzahl von Begriffen, die in sozialwissenschaftlichen Aussagen verwendet werden, ist relativ unpräzise, d.h. - wie wir in Kapitel IV, Abschnitt 30, zeigten - es ist häufig nicht möglich zu entscheiden, ob irgendwelche konkreten Tatbestände unter einen solchen Begriff fallen oder nicht. Ist nun mit der Präzisierung einer Aussage immer eine Erhöhung ihres Informationsgehalts verbunden? Gehen wir von einem Beispiel aus:

U: Wenn sich eine Person autoritär verhält, dann wählt sie eine konservative Partei.

In diesem Gesetz seien die Begriffe „autoritär" und „konservativ" relativ unpräzise. Der Einfachheit halber wollen wir annehmen, daß nicht entschieden werden kann, ob die folgenden zwei Verhaltensweisen A und B als autoritär zu bezeichnen sind oder nicht:

A: Herr a schlägt seinen Sohn.
B: Herr a beschimpft Verkehrsteilnehmer.

Das Gesetz U sei also nicht anwendbar, wenn Personen geschlagen oder beschimpft werden. Ebenso sei es nicht möglich zu entscheiden, ob die folgenden Parteien konservativ oder nicht konservativ sind:

C: SPD
D: FDP

Entsprechend kann dann, wenn die Anfangsbedingungen des Gesetzes gegeben sind, nicht entschieden werden, ob C oder D unter die zu erklärenden Sachverhalte fallen.

Wenn wir nun die Aussage U präzisieren wollen, dann bedeutet dies, daß wir die Bedeutung der Ausdrücke „autoritär" und „konservativ" so modifizieren müssen, daß A/B und C/D entweder den entsprechenden Begriffen zugeordnet werden können oder nicht. Spielen wir drei Möglichkeiten durch, wie wir die Bedeutung der genannten Begriffe verändern können.

a) *A und B werden den autoritären Verhaltensweisen zugeordnet*. Wir gehen weiter - wie vorher - davon aus, daß C und D nicht als konservative Parteien gelten. Dies bedeutet, daß der Gehalt der Wenn-Komponente sinkt - die Aussage hat einen weiteren Anwendungsbereich, da das Gesetz nun auch anwendbar ist, wenn A *oder* B vorliegen. Weiter bleibt der Gehalt der Dann-Komponente konstant, da sie nicht verändert wurde. Da also der Gehalt der Wenn-Komponente sinkt, *steigt* der Gehalt der gesamten Aussage U (wie wir vorher sahen).

b) *C und D werden als konservative Parteien klassifiziert*. A und B werden aber *nicht* der Wenn-Komponente zugerechnet, d.h. die Wenn-Komponente bleibt unverändert. In diesem Falle sinkt also der Gehalt der Dann-Komponente (bei konstantem Gehalt der Wenn-Komponente): Es wird ja z.B. vorausgesagt, daß bei Vorliegen der Anfangsbedingung (autoritäres Verhalten) z.B. die Partei der Republikaner *oder* die NPD *oder* die FDP *oder* die SPD gewählt wird. Somit *sinkt* der Gehalt der gesamten Aussage U.

c) *Sowohl A und B als auch C und D werden nicht als autoritär bzw. konservativ eingestuft*. In diesem Falle bleibt der Gehalt der gesamten Aussage U konstant.

Wir sehen also, daß wir keine allgemeine Regel der Art aufstellen können, daß bei einer Präzisierung der Informationsgehalt einer Aussage steigt, sinkt oder konstant bleibt. Es ist somit durchaus möglich, daß man bei der Präzisierung einer Aussage mit dem Ziel, eine fruchtbare Theorie zu erhalten, vor einem *Zielkonflikt* steht: Man vermindert den Gehalt und erhält eine wahre Aussage, oder man erhöht den Gehalt, und die zu präzisierende Aussage wird falsch. Wir werden in Kapitel VIII einige Regeln darüber formulieren, wie man in solchen Situationen zu entscheiden hat.

2. Eine Kritik sozialwissenschaftlicher Praktiken der Theorienbildung

Wenn man das Ziel hat, informative sozialwissenschaftliche Theorien zu konstruieren, erscheint es sinnvoll zu fragen, inwieweit bestimmte Praktiken der Theorienbildung in den Sozialwissenschaften zur Realisierung dieses Ziels beitragen. Mit dieser Frage wollen wir uns im folgenden befassen.[105]

20. Die Jagd nach abhängigen Variablen

Auf der Suche nach fruchtbaren Theorien kommt es zuweilen vor, daß Soziologen oder Psychologen eine Variable entdecken, von der sie glauben, daß sie für die Erklärung einer Vielzahl von Tatbeständen bedeutsam ist. Man entdeckt also eine Variable, die als Bestandteil der Wenn-Komponente von Sätzen die Formulierung einer Vielzahl wahrer Gesetzesaussagen erlauben soll.

Illustrieren wir dies an einem Beispiel. Emile Benoit-Smullyan (1944) unterscheidet verschiedene Arten von Status: Prestige-Status, ökonomischer Status und politischer Status. Der Verfasser behauptet nun, daß Personen häufig versuchen, ihren Status zu verändern. Z.B. versuchen Politiker, die relativ mächtig sind, auch ihre ökonomische Position, d.h. ihr Einkommen oder ihr Vermögen, zu verändern. Weiterhin schreibt der Verfasser, daß die verschiedenen Statusarten eine gemeinsame Ebene erreichen. So werden Personen ihren Status in der ökonomischen Hierarchie tendenziell ihrem Status in der politischen Hierarchie angleichen. Diese Tendenz nennt der Verfasser *status equilibration*, d.h. den Versuch, den Status ins Gleichgewicht zu bringen. Gerhard Lenski (1954) greift zehn Jahre später diese Idee auf und untersucht, welche Konsequenzen für die Art der politischen Wahl und Einstellung entstehen, wenn eine Person Status-Gleichgewicht nicht erreicht hat, d.h. wenn eine Person eine mehr oder weniger hohe *Statusinkonsistenz* hat. Lenski schreibt einer Person eine um so höhere Statusinkonsistenz zu, je unterschiedlicher ihr Rang bezüglich der Status Einkommen, Beruf, Erziehung und ethnischer Herkunft ist.

Seit dem Jahre 1954 bis etwa Mitte der siebziger Jahre wuchs die Literatur über Statusinkonsistenz ständig. Den Inhalt der meisten dieser Arbeiten kann man als eine *Jagd nach abhängigen Variablen* bezeichnen: Man geht so vor, daß man Statusinkonsistenz mit allen möglichen abhängigen Variablen korreliert. Man formuliert also - meist implizit - Aussagen der Art:[106]

Je größer die Statusinkonsistenz von Personen ist,
desto eher wählen diese Personen linksgerichtete Parteien,
desto eher zeigen sie neurotische Symptome,
desto eher wählen diese Personen rechtsgerichtete Parteien,

---

[105] Zu einigen Praktiken, die hier nicht behandelt werden und die zur Gehaltsminderung von Aussagen führen, vgl. Ultee 1975, Schmid 1972.

[106] Zur Theorie der Statusinkonsistenz vgl. die zusammenfassende Darstellung und Kritik von Zimmermann 1973, vgl. weiter Wuggenig 1990.

desto stärker ist der Wunsch nach Änderung der Machtverteilung,
desto stärker ist die soziale Isolierung
usw.

Die hier beschriebene Praktik findet man auch bei einer Reihe von anderen unabhängigen Variablen, z.B. bei dem Merkmal Leistungsmotivation (n-achievement) oder dem Merkmal Kommunikationsstruktur. Fragen wir, wie diese Praktik zu beurteilen ist.

Gehen wir bei der Beantwortung dieser Frage zunächst von der „Theorie" der Statusinkonsistenz aus. Nehmen wir der Einfachheit halber an, die Aussagen über Statusinkonsistenz seien als Wenn-dann- (also nicht als Je-desto-) Aussagen formuliert. Eine bestimmte Person a habe nun eine hohe Statusinkonsistenz. Welche anderen Merkmale würde man bei dieser Person voraussagen? Prinzipiell bestehen zwei Möglichkeiten. *Erstens* könnte man voraussagen, daß eine Person alle Merkmale hat, die in den Dann-Komponenten der verschiedenen Aussagen über Statusinkonsistenz enthalten sind. Wenn also „S" „hohe Statusinkonsistenz" bedeutet und wenn mit „P", „Q" und „R" drei Merkmale der Dann-Komponente bezeichnet werden, dann würde man voraussagen, daß Person a die Merkmale P *und* Q *und* R hat. Die Theorie lautet also:

(A) Wenn Statusinkonsistenz, dann P und Q und R.

Zweitens wäre es möglich vorauszusagen, daß Person a Merkmal P *oder* Merkmal Q *oder* Merkmal R hat. Im zweiten Falle behauptet man also nur, daß a mindestens eines dieser Merkmale hat. Die Theorie lautet dann:

(B) Wenn Statusinkonsistenz, dann P oder Q oder R.

Es ist unklar, ob die Theorie der Statusinkonsistenz die Form (A) oder (B) hat. In den einzelnen Schriften zur Statusinkonsistenztheorie findet man nur isolierte Aussagen der Art:

(1) Personen mit inkonsistenten Statusfaktoren haben Merkmal P.
(2) Personen mit inkonsistenten Statusfaktoren haben Merkmal Q.
(3) Personen mit inkonsistenten Statusfaktoren haben Merkmal R.

Aus unseren früheren Ausführungen wissen wir, daß der Gehalt von A größer ist als der von B. Wir werden somit die beschriebene Praxis verschieden beurteilen, je nachdem, ob ihr Ergebnis Aussagen vom Typ A oder vom Typ B sind.

Wie im einzelnen Falle die Dann-Komponenten miteinander verbunden sind, ist allein auf der Grundlage empirischer Untersuchungen zu beantworten. Es ist zu vermuten, daß dort, wo die beschriebene Praktik angewendet wird, Aussagen vom Typ A häufig falsifiziert werden. Dies läßt sich am Beispiel der untersuchten Wirkungen von Statusinkonsistenz demonstrieren. Würde man diese Aussagen in der Form von A schreiben, dann folgte daraus u.a., daß eine Person mit hoher Statusinkonsistenz eine rechts- *und* eine linksgerichtete Partei wählt. Dies trifft zumindest für solche Länder nicht zu, in denen genau darauf geachtet wird, daß bei einer Wahl nur eine Stimme abgegeben wird. Weiterhin dürften häufig Personen nicht niedrige Status heben *und* hohe Status senken, sondern höchstens eines von beiden. Wir sehen also, daß die Aussagen über Statusinkonsistenz auf keinen Fall immer in der Form von A geschrieben werden können.

Es ist in diesem Rahmen nicht möglich zu analysieren, ob bei anderen Fällen, in denen die dargestellte Praktik angewendet wird, die Situation die gleiche ist wie bei den Aussagen über Statusinkonsistenz. Wir wollen im folgenden vielmehr zwei Regeln formulieren, bei deren Befolgung die beschriebene Praktik positiv zu bewerten ist. *Erstens* sollten bei der Jagd nach abhängigen Variablen Aussagen mit einer „komplexen" Dann-Komponente formuliert werden. Es sollten also nicht isolierte Aussagen wie die Sätze (1), (2) und (3) gebildet werden. Vielmehr sollten die Merkmale der Dann-Komponente in einer einzigen Dann-Komponente zusammengefaßt werden. Der Grund ist, wie wir sahen, daß andernfalls nicht klar ist, wie solche isolierten Hypothesen bei der Erklärung und Voraussage anzuwenden sind. *Zweitens* sollte die Dann-Komponente möglichst ein Und-Satz sein.

In denjenigen Fällen, in denen die dargestellte Praktik bereits angewendet wurde, sollte versucht werden, die beiden Regeln nachträglich anzuwenden. Man sollte also zunächst fragen, in welcher Weise die isolierten Aussagen zusammengefaßt werden könnten. Zeigt sich, daß bei einer solchen komplexen Aussage die Dann-Komponente ein Oder-Satz ist, sollte versucht werden, die Aussage so zu modifizieren, daß der Informationsgehalt steigt.[107]

21. Der Informationsgehalt überprüfter Aussagen in sozialpsychologischen Experimenten

Die Ausbildung eines Studenten der Sozialpsychologie besteht zu einem großen Teil darin, daß er den Aufbau und die Ergebnisse einer Reihe „klassischer" Experimente lernt. Diese Experimente und ihre Ergebnisse mögen vom Alltagsverständnis her interessant sein. Wenn man jedoch an der Konstruktion zutreffender und informativer Theorien interessiert ist, wird man die Experimente danach beurteilen, inwieweit sie zur Konstruktion solcher Theorien beitragen. Man wird also fragen, welchen Informationsgehalt die Aussagen haben, die in solchen Experimenten überprüft werden. Gehen wir bei der Beantwortung dieser Frage von einem dieser „klassischen" Experimente aus.

Wir beginnen mit einem Experiment von Peter R. Hofstätter (1957, S. 57-62), das zum erstenmal von Muzafer Sherif (1936) durchgeführt wurde. Drei Versuchspersonen (Vpen) befanden sich in einem verdunkelten Raum. Kurze Zeit leuchtete ein kleiner Lichtpunkt auf, der sich nicht bewegte. Da aber unsere Augenachsen immer in Bewegung sind, nahmen die Vpen eine Bewegung dieses Punktes wahr - man nennt diesen Sachverhalt „autokinetisches Phänomen". Die Vpen sollten nun schätzen, wie stark sich der Punkt bewegte. Zunächst schätzte dies jede Vp viermal in *Einzelversuchen* (A_1 bis A_4), d.h. keine Vp wußte, wie die anderen Vpen geschätzt hatten. Sodann wurden drei *Gruppenversuche* (Z_1 bis Z_3) durchgeführt, d.h. jede Vp nannte ihre Schätzung im Beisein der anderen Vpen, so daß in jedem Gruppenversuch jede Vp wußte, wie hoch die Schätzung der anderen Vpen war. Dann wurden wiederum vier *Einzelversuche* (A_5 bis A_8) durchgeführt. Es zeigte sich, daß bei den ersten Einzelversuchen (A_1 bis A_4) die Schätzungen der einzelnen Vpen weit auseinanderlagen. Bei jedem Gruppenversuch glichen sich die Schätzungen immer mehr an. In den darauf folgenden Einzelversuchen A_5 bis A_8 blieben die Schätzungen auf dem Stand des letzten Gruppenversuchs.

Bevor wir uns mit dem Informationsgehalt der in diesem Experiment geprüften Aussagen befassen, müssen wir zunächst fragen, welche Aussagen geprüft wurden. Hofstätter äußert im Anschluß an die Beschreibung des Experiments und seiner Ergebnisse einige vage Überlegungen, die vermutlich eine Erklärung der experimentellen Ergebnisse darstellen sollen. Diese Erklärung stellt ganz sicher keine Aussage dar, die durch das Experiment als geprüft angese-

---

[107] Wir sind bisher davon ausgegangen, daß die isolierten Aussagen entweder in der Form von A oder B geschrieben werden können. Es sind jedoch auch Mischformen möglich, etwa: Wenn Statusinkonsistenz, dann P und (Q oder R). In jedem Falle gilt, daß der Gehalt der gesamten Aussage um so größer ist, je näher die Dann-Komponente einem Und-Satz kommt.

hen werden kann.[108] Somit enthält der Bericht Hofstätters über das Experiment explizit nichts anderes als singuläre Aussagen: nämlich den Aufbau des Versuchs, die Beschreibung der Reaktionen der Versuchspersonen und eine Reihe von Reflexionen im Anschluß an die Beschreibung der experimentellen Ergebnisse.

Genau in dieser Weise ist eine große Zahl von Forschungsberichten über durchgeführte Experimente aufgebaut.[109] Auch hier findet man erstens eine detaillierte Darstellung des Versuchsaufbaus und der Versuchsergebnisse. Zweitens enthalten derartige Arbeiten keine explizit formulierten allgemeinen Aussagen, deren Zusammenhang mit den experimentellen Ergebnissen präzise dargelegt würde.

Man könnte in diesen Forschungsberichten zunächst allein die singulären Aussagen für die Beurteilung des Informationsgehalts der geprüften Aussagen heranziehen. Wenn dies geschieht, dann informiert uns ein solcher Forschungsbericht einzig und allein darüber, wie bestimmte Personen in einer bestimmten (experimentellen) Situation reagierten. Wir wissen nichts darüber, wie andere oder dieselben Versuchspersonen zu anderen Zeitpunkten unter welchen Bedingungen wie reagierten. Wir können also sagen, daß der Gehalt dieser singulären Aussagen extrem gering ist. Dies zeigt sich, wenn man ihn mit dem Gehalt einer Theorie vergleicht, die eine Vielzahl von Verhaltensweisen aller beliebigen Personen in einer unendlichen Klasse von Situationen erklären kann.

Man könnte die singulären Aussagen in Forschungsberichten der genannten Art noch in einer anderen Weise explizieren. Häufig werden nämlich Experimente *repliziert*, d.h. ein bestimmtes Experiment wird mit anderen Versuchspersonen wiederholt. So könnte man anderen als den Versuchspersonen Hofstätters einen festen Lichtpunkt darbieten und die Vpen dann in der beschriebenen Weise schätzen lassen, wie stark sich der Lichtpunkt bewegt. In solchen Wiederholungen werden dann die Ergebnisse der verschiedenen Experimente miteinander verglichen. Wenn man so vorgeht, nimmt man offenbar an, daß auch andere Versuchspersonen in einer bestimmten experimentellen Situation - genauer: bei der Darbietung einer bestimmten Klasse experimenteller Stimuli - sich so verhalten wie die Vpen des ersten Experiments. Dies bedeutet aber, daß man implizit eine Hypothese aufstellt, die folgendermaßen lautet:

Für alle Personen gilt: Wenn die Bedingungen B (d.h. die experimentellen Stimuli B) vorliegen, dann zeigen die Personen die Reaktionen R.

Derartige Sätze sind, wie wir sahen, Gesetze oder gesetzesartige Aussagen. In dieser Weise können wir auch die singulären Aussagen in solchen Forschungsberichten über Experimente explizieren, die noch nicht wiederholt wurden. Wir könnten vermuten, daß ein Forscher, der etwa das beschriebene Experiment durchführt, nicht annimmt, daß einzig und allein „seine" Versuchspersonen nur in der von ihm geschaffenen experimentellen Situation in der beschriebenen Weise reagieren. Der Forscher dürfte annehmen, daß beliebige Vpen in derselben Weise reagieren, wenn sie einer bestimmten Klasse experimenteller Stimuli ausgesetzt werden.

Wir könnten also die singulären Aussagen in Forschungsberichten der beschriebenen Art in der Weise verallgemeinern, daß alle Versuchspersonen in der in einem Experiment beschriebenen Weise reagieren, wenn sie den dort beschriebenen Stimuli ausgesetzt werden.[110]

---

[108] Der Leser mag sich selbst davon überzeugen. Vgl. S. 57-62 des genannten Buches.

[109] Vgl. z.B. die Darstellung des berühmten Experiments von Asch (1960). Vgl. auch die Kritik der Konformitätsexperimente bei Peuckert 1973.

[110] Genau in dieser Weise geht auch Rolf Ziegler (1968, Kap. VI) vor.

Fragen wir, welchen Informationsgehalt die so explizierten Aussagen haben. Gehen wir von dem beschriebenen Experiment Hofstätters aus. Man könnte das implizite Gesetz so explizieren:

Wenn drei Vpen ein Lichtpunkt dargeboten wird, wenn mit diesen Vpen zunächst vier Einzelversuche, dann drei Gruppenversuche und schließlich wieder vier Einzelversuche durchgeführt werden, dann konvergieren die Schätzungen (in der bei Hofstätter dargelegten Weise).

Es liegt hier zwar eine allgemeine Aussage vor, man wird aber ihren Informationsgehalt als sehr niedrig einschätzen. Sie informiert uns nämlich nur über das Verhalten von Personen in einer Klasse von sehr spezifischen Situationen. Wir können immer nur die Schätzungen von drei Personen voraussagen, wenn die von Hofstätter beschriebenen experimentellen Bedingungen vorliegen. Wir wissen z.B. nicht, wie sich die Schätzungen von drei Personen verteilen, wenn kein Lichtpunkt, sondern z.B. ein 20 cm langer Stab zur Schätzung der Länge dargeboten wird. Der geringe Gehalt der genannten Hypothese erscheint um so offensichtlicher, wenn man derartige Sätze z.B. mit Hypothesen der Lerntheorie, der Theorie der kognitiven Dissonanz oder der Wert-Erwartungstheorie vergleicht. In diesen wird nicht nur eine einzige, sondern es werden sehr verschiedenartige spezielle Verhaltensweisen unter einer Vielzahl von Bedingungen erklärt. Wir können also sagen, daß die genannte Hypothese aus Hofstätters Experiment nur einen Bruchteil der Probleme löst, an deren Lösung Sozialwissenschaftler interessiert sind. Genau dies gilt auch für die übrigen Forschungsberichte der beschriebenen Art, wenn wir die in diesen enthaltenen singulären Aussagen in der beschriebenen Weise explizieren.[111]

Wenn man die Ergebnisse von Experimenten in genereller Weise formulieren will, entsteht folgendes Problem: Es ist nicht klar, welches genau die Versuchsbedingungen oder die Situationen sind, in denen die beschriebenen Verhaltensweisen vermutlich auftreten. Ist es z.B. von Bedeutung, ob die Vpen in einem großen oder kleinen Raum sitzen oder ob der Versuchsleiter ein Mann oder eine Frau ist?

Andere als die bisher diskutierten Forschungsberichte enthalten zuweilen explizit Aussagen, die man als Gesetze mit einem allerdings geringen Informationsgehalt explizieren kann und die durch das betreffende Experiment bestätigt werden. So könnte etwa der Forschungsbericht Hofstätters die folgende Aussage enthalten: „Das Experiment zeigt, daß die Entstehung gemeinsamer Vorstellungen mit der Interaktion von Personen zusammenhängt" oder „man sieht, daß Personen gemeinsam etwas für wahr halten können, was objektiv falsch ist". Die Ergebnisse von Hofstätters Experiment bestätigen beide Aussagen. Jedoch ist auch deren Gehalt extrem gering. So wird z.B. in der ersten Aussage nicht gesagt, wie denn genau Interaktionen - und sicherlich weitere Bedingungen - mit dem Entstehen gemeinsamer Vorstellungen zusammenhängen und welche Vorstellungen genau sich in welchem Maße angleichen, wenn Personen interagieren. Die zweite genannte Aussage dürfte eine Tautologie sein: Wenn eine Aussage falsch ist, dann „können" Personen sie für wahr halten, brauchen es aber nicht.

---

[111] Dies wird auch durch die zitierte Arbeit von Asch illustriert. Vgl. ebenfalls das zitierte Buch Rolf Zieglers (1968, S. 58-59). Dort wird eine Reihe von Bedingungen aufgezählt, die gegeben sein müssen, damit die von ihm explizierten Hypothesen aus einer Vielzahl von Kommunikationsexperimenten gelten. Unsere Kritik gilt ebenfalls für die auch in der Presse diskutierten Experimente von Stanley Milgram, in denen Personen vom Versuchsleiter angewiesen wurden, durch Knopfdruck anderen Personen Schmerzen zuzufügen (wobei in Wirklichkeit niemandem Schmerz zugefügt wurde).

Wir sehen also, daß in vielen Forschungsberichten zwar allgemeine Aussagen enthalten sind, diese jedoch keinen besonders hohen Gehalt haben.

Sozialpsychologische Experimente wären für die Weiterentwicklung unseres theoretischen Wissens brauchbarer, wenn generelle Hypothesen getestet würden. So hätten Sherif und Hofstätter zuerst eine Theorie formulieren können, die generell Bedingungen angibt, unter denen Personen in Interaktionssituationen Meinungen äußern, die sie nicht für richtig halten, oder unter denen Personen ihre Meinungen revidieren. In Experimenten könnten dann bestimmte Ausprägungen dieser Bedingungen hergestellt werden, und es könnte geprüft werden, inwieweit sich Voraussagen der Theorie bestätigen. Viele Sozialpsychologen gehen auch in dieser Weise vor. Dies gilt aber nicht, wie gesagt, für einen großen Teil der durchgeführten Experimente, bei denen man nicht weiß, welche generellen Hypothesen geprüft werden sollen.

22. Die raum-zeitliche Relativierung von Aussagen

Viele Sozialwissenschaftler formulieren ihre Aussagen für bestimmte Orte oder Zeiträume bzw. Zeitpunkte. So sind viele Hypothesen nur für Industriegesellschaften formuliert. Wie ist der Informationsgehalt solcher raum-zeitlich relativierter Aussagen zu beurteilen? Betrachten wir ein Beispiel. Vergleichen wir den Informationsgehalt einer Aussage A, die für einen bestimmten Ort gilt, mit einer Aussage B, die örtlich unbeschränkt gilt:

A: Alle autoritären Personen in Nürnberg wählen rechtsextreme Parteien. **B:** Alle autoritären Personen wählen rechtsextreme Parteien.

Im Vergleich zu Aussage B ist die Geltung von A eingeschränkt: Während B allgemein gilt, muß bei A in die Wenn-Komponente eine Bedingung eingefügt werden. Sie lautet: „Wenn eine Person in Nürnberg wohnt." D.h. der Gehalt der Wenn-Komponente von A ist geringer als der von B. Entsprechend ist der Gehalt der gesamten Aussage A geringer als der von B, wie wir früher sahen. Wenn man also möglichst informative Theorien anstrebt, dann wird man versuchen, möglichst solche Aussagen zu formulieren, die nicht nur für bestimmte Orte und/oder Zeiträume bzw. Zeitpunkte, sondern die raum-zeitlich unbegrenzt gelten.

Der geringe Informationsgehalt raum-zeitlich beschränkter Aussagen ist auch intuitiv plausibel: Solche Aussagen informieren eben nur über das, was zu einer bestimmten Zeit und an einem bestimmten Ort stattfindet. Dies bedeutet aber nicht, daß diese Aussagen ohne jeden Wert sind. Wir sahen früher, daß z.B. raum-zeitlich beschränkte Aussagen, d.h. *singuläre* Aussagen, bei Erklärungen und Voraussagen eine wichtige Rolle spielen. Wir werden später sehen, daß singuläre Aussagen auch bei der Lösung praktischer Probleme erforderlich sind. In diesen Fällen stehen aber singuläre Aussagen im Zusammenhang mit theoretischen Aussagen.

23. Zur Explikation und Kritik von Orientierungshypothesen

Wir wollen uns in diesem Abschnitt mit einem bestimmten Typ sozialwissenschaftlicher Aussagen befassen, die keine Theorien im strengen Sinne darstellen, die jedoch etwas mit Erklärung zu tun haben. Robert K. Merton nennt diese Aussagen *general orientations*. Es handelt sich um „allgemein gehaltene Postulate, die auf *Typen* von Variablen hinweisen, die irgendwie zu berücksichtigen sind" und nicht um „die Spezifizierung bestimmter Beziehungen zwischen einzelnen Variablen".[112] Nennen wir solche Sätze *Orientierungshypothesen*. Diese sind also

---

[112] Vgl. Merton 1957, S. 88. Die folgenden Zitate befinden sich alle auf S. 88. Merton bezieht sich in seinen Ausführungen auf „general orientations" *in der Soziologie*. Diese findet man jedoch auch

nach Merton nicht mit Theorien identisch. Andererseits enthalten sie jedoch Hinweise auf Variablen, die „irgendwie" zu berücksichtigen sind. Wir sahen früher, daß auch in Theorien auf Variablen hingewiesen wird, die „irgendwie" zu berücksichtigen sind. Offenbar unterscheidet sich jedoch das „irgendwie" bei Theorien von dem bei Orientierungshypothesen. Wir wollen zunächst versuchen zu explizieren, was man genauer unter „Orientierungshypothesen" verstehen könnte. Sodann behandeln wir ihren Informationsgehalt.

Gehen wir von einer Orientierungshypothese aus, die Merton als Beispiel anführt. Émile Durkheim schrieb, daß die „Ursache eines sozialen Tatbestandes unter den sozialen Tatbeständen zu suchen ist, die diesem Tatbestand vorausgehen". Dieser Satz sagt nichts darüber, welche Klasse von Ereignissen denn nun als „Ursachen" - d.h. als Anfangsbedingungen bei der Erklärung singulärer Tatbestände - in Betracht kommen. Er schränkt jedoch die Klasse der möglichen Ursachen ein: Sie gehören zu den *sozialen* Tatbeständen - also nicht zu nicht-sozialen Tatbeständen -, die einem zu erklärenden Ereignis zeitlich vorausgehen. Die Aussage sagt jedoch nichts darüber, welcher Art die relevanten sozialen Tatbestände sind; denn *alle* sozialen Tatbestände kommen sicherlich nicht als Ursachen in einer Erklärung in Frage. Damit sind Orientierungshypothesen für konkrete Erklärungen unbrauchbar. Wenn nämlich ein Explanandum vorliegt - d.h. ein singulärer sozialer Tatbestand -, dann wissen wir aufgrund der Aussage Durkheims nicht, welche Anfangsbedingungen, die „soziale Tatbestände" sind, ursächlich waren.

Orientierungshypothesen sind somit keine Theorien. Es werden vielmehr Möglichkeiten für die Konstruktion soziologischer Theorien aufgezeigt. Drücken wir dies etwas präziser aus. Wir können zwei Klassen von Aussagen unterscheiden. Die erste Klasse von Aussagen sind die sozialwissenschaftlichen Theorien und Beschreibungen. In einer zweiten Klasse von Aussagen wird etwas *über* die erste Klasse von Sätzen ausgesagt. Die Sätze, über die etwas ausgesagt wird, gehören der *Objektsprache* an, die sich auf konkrete Sachverhalte bezieht. Diejenigen Sätze dagegen, mit denen etwas über die Objektsprache ausgesagt wird, gehören zur *Metasprache*. Wir unterscheiden also zwischen zwei Sprachebenen: zwischen der Objektsprache, die in den Sozialwissenschaften aus Behauptungen über die soziale Realität besteht, und der Metasprache, die aus Sätzen besteht, die etwas über die Objektsprache behaupten. Wenn wir z.B. behaupten „Der Satz 'Alle Gesellschaften haben ein Inzesttabu' soll im Rahmen der Soziologie zugelassen werden", dann haben wir etwas über den Satz „Alle Gesellschaften haben ein Inzesttabu" ausgesagt. Dieser Satz gehört also zur Objektsprache. Er ist das Objekt der Analyse. Das, was wir über diesen Satz sagten, war eine metasprachliche Aussage.

Orientierungshypothesen sind nun offenbar metasprachliche Aussagen. In ihnen werden Möglichkeiten für die Konstruktion von Aussagen einer bestimmten Objektsprache aufgezeigt. In diesem Falle besteht die Objektsprache aus den theoretischen Aussagen der Sozialwissenschaften. Diese Explikation stimmt auch mit Äußerungen Mertons über die „Funktion" solcher Orientierungshypothesen überein: Sie erleichtern nach Merton den Prozeß der Hypothesenbildung. Dies dürfte der Fall sein, da - wie wir sahen - Orientierungshypothesen bestimmte mögliche Anfangsbedingungen ausschließen. So folgt etwa aus dem zitierten Satz Durkheims, daß als Anfangsbedingungen keine kosmischen Tatbestände - etwa die Zahl der Sonnenflecken - in Betracht kommen, aber auch keine psychischen Zustände.

Aus unserer Explikation des Begriffs der Orientierungshypothese folgt allerdings auch, daß ein anderes Beispiel Mertons für eine Orientierungshypothese nicht als solche bezeichnet werden kann. Es handelt sich hier um eine Aussage, nach der es „nützlich ist, Gesellschaft als

---

in anderen Sozialwissenschaften.

ein integriertes System aufeinander bezogener und voneinander abhängiger Teile zu betrachten". Hier handelt es sich um einen recht vagen *Definitionsvorschlag* für den Begriff der Gesellschaft oder zumindest um Hinweise für eine solche Definition. Bei einer Orientierungshypothese handelt es sich jedoch gemäß unserer Explikation um Hinweise für die Formulierung von *Theorien*.

Fragen wir, wie Orientierungshypothesen einer Kritik unterzogen werden können. Genauso wie objektsprachliche Sätze kann man sie *erstens* nach der Präzision und Konsistenz der in ihnen verwendeten Begriffe kritisieren. *Zweitens* wird man das Kriterium des Informationsgehalts anwenden. Wenn eine Orientierungshypothese Hinweise für die Konstruktion objektsprachlicher theoretischer Aussagen gibt, wird man sie als um so informativer bezeichnen, je mehr mögliche theoretische Aussagen mit ihr *unvereinbar* sind. Im einzelnen wird man somit Orientierungshypothesen als um so informativer bezeichnen, je enger die Klasse der für die Wenn-Komponente einer Theorie relevanten Variablen eingegrenzt wird, je genauer die relevanten Variablen der Dann-Komponente beschrieben werden und je genauer die Beziehung zwischen Wenn- und Dann-Komponente angegeben ist. Danach wird man die erwähnte Orientierungshypothese Durkheims als uninformativer bezeichnen als eine andere Orientierungshypothese, in der eine Teilmenge sozialer Tatbestände als relevant für eine Teilmenge anderer sozialer Tatbestände behauptet wird. So ist die Orientierungshypothese „Ökonomische Faktoren sind relevant für die Erklärung gesellschaftlichen Wandels" informativer als die erwähnte Aussage Durkheims. Allerdings läßt auch die zuletzt erwähnte Orientierungshypothese offen, welche aus der Menge der ökonomischen Faktoren in welcher Weise welche Arten gesellschaftlichen Wandels hervorrufen und vor allem welche anderen nicht-ökonomischen Faktoren noch von Bedeutung sind.

Ein *drittes* Kriterium zur Beurteilung von Orientierungshypothesen ist ihr Wahrheitsgehalt oder besser ihr Bewährungsgrad. Eine Orientierungshypothese wird man dann als relativ gut bewährt bezeichnen, wenn sich mindestens eine Theorie, mit der sie vereinbar ist, relativ gut bewährt hat. Wenn z.B. eine Theorie gefunden wurde, in der sich ökonomische Faktoren für die Erklärung gesellschaftlichen Wandels als relevant erwiesen haben, würde man die vorher erwähnte Orientierungshypothese als bewährt betrachten.

Es ist allerdings unmöglich, Orientierungshypothesen zu widerlegen. Der Grund ist, daß sie als *generelle Existenzaussagen* expliziert werden können. Dies sind raum-zeitlich unbeschränkte Aussagen der Art: „Es gibt einen Gegenstand (oder Gegenstände), für den (die) gilt: …" Daß Orientierungshypothesen Aussagen solcher Art sind, wird deutlich, wenn man sie in folgender Weise formuliert:

Es gibt eine Variable x und/oder y … und/oder z mit den Eigenschaften P, Q … Z.

Ein Beispiel: Es gibt eine ökonomische Variable (d.h. eine Variable x) mit der Eigenschaft, ursächlich für gesellschaftlichen Wandel zu sein. Eine solche Aussage kann zwar bestätigt werden, indem eine entsprechende Variable (oder Menge von Variablen) gefunden wird. Sie kann jedoch nicht widerlegt werden. Wenn es auch trotz vieler Versuche nicht gelingt, eine mit einer Orientierungshypothese vereinbare Variable (oder Variablenmenge) zu finden, die sich bewährt, kann man immer behaupten, man habe die ursächlichen Variablen noch nicht gefunden.

Es scheint jedoch, daß Orientierungshypothesen im Wissenschaftsbetrieb trotzdem unter bestimmten Bedingungen als widerlegt betrachtet werden, und zwar dann, wenn Theorien gefunden werden, die nicht mit bestimmten Orientierungshypothesen vereinbar sind und sich relativ gut bewähren. Angenommen, eine Orientierungshypothese besage, daß biologische Faktoren für die Entstehung von Kriminalität von Bedeutung sind. Nun habe man eine Vielzahl von biologischen Hypothesen überprüft, die sich jedoch nicht bewährt haben. Dagegen habe sich in vielen Untersuchungen gezeigt, daß bestimmte soziale Faktoren Kriminalität gut erklären können. In diesem Falle werden Wissenschaftler vermutlich eine Orientierungshypothese, nach der biologische Faktoren von Bedeutung sind, als widerlegt betrachten. Rein logisch wäre es jedoch möglich, daß biologische Faktoren existieren, die Kriminalität weitaus besser erklären als die gefundenen sozialen Faktoren, daß man aber diese biologischen Faktoren noch nicht gefunden hat. Man kann hier von einer *pragmatischen Falsifizierung* sprechen. Ein solches Vorgehen birgt zwar die Gefahr in sich, daß man aufhört, nach relevanten Faktoren einer bestimmten Art zu suchen, obwohl sie vielleicht von Bedeutung sind. Andererseits spricht die Tatsache, daß man lange Zeit vergeblich gesucht hat *und* relevante Faktoren gefunden hat, dafür, daß die „pragmatische Falsifizierung" sinnvoll ist.

Sozialwissenschaftler scheinen meist nicht zu wissen, daß eine Vielzahl der von ihnen geäußerten Behauptungen keine Gesetze oder gesetzesartigen Aussagen, sondern Orientierungshypothesen sind. So dürften Autoren, die über die Priorität von Anlage- oder Umweltfaktoren zur Erklärung von Kriminalität reflektieren oder darüber, daß zur Erklärung sozialen Verhaltens psychische Faktoren zu berücksichtigen sind, nicht wissen, daß sie keine Aussagen formulieren, mit denen etwas erklärt werden kann.[113] Eine derartige Verwechslung von Orientierungshypothesen und informativen empirischen Aussagen hat eine negativ zu bewertende Konsequenz: Man glaubt, Orientierungshypothesen seien objektsprachliche Aussagen, und verzichtet somit auf die Formulierung informativer Theorien.

24. Analytisch wahre Sätze: Zwei Strategien der Verschleierung

Wir sahen früher (vgl. Kapitel II, vgl. auch Kapitel VII), daß Aussagen, die allein aufgrund der Bedeutung der in ihnen verwendeten Ausdrücke als wahr bezeichnet werden können, definitionsgemäß „analytisch wahr" sind. Analytisch wahre Sätze sind also ohne jeden Informationsgehalt. Somit ist es sinnvoll, derartige Sätze in einer empirischen Wissenschaft nicht zuzulassen.

Es ist jedoch häufig schwierig herauszufinden, ob ein Satz (oder eine Menge von Sätzen) analytisch wahr ist. Dies ist oft erst nach einer eingehenden Analyse der Bedeutung der in einem Satz verwendeten Ausdrücke möglich. Man sieht dies u.a. daran, daß lange Zeit irgendwelche Aussagen von vielen Sozialwissenschaftlern akzeptiert werden, ohne daß man sich dessen bewußt ist, daß es sich um uninformative analytisch wahre Sätze handelt. Der analytische Charakter derartiger Aussagen wird durch die Art und Weise, wie sie formuliert werden, verschleiert. Wir wollen im folgenden zwei der in den Sozialwissenschaften relativ oft vorkommenden Verschleierungspraktiken beschreiben.

a) *Kann-Sätze*. Sehr häufig findet man in sozialwissenschaftlichen Schriften Sätze, in denen gesagt wird, daß bei dem Vorhandensein von bestimmten Tatbeständen ein bestimmter anderer Tatbestand auftreten *kann*. Nennen wir solche Aussagen „Kann-Sätze". Eine Analyse dieser Sätze ergibt häufig, daß es sich um analytisch wahre Sätze handelt. Demonstrieren wir dies an einem Beispiel. David Easton (1965, S. 41-42) schreibt, daß Erwartungen der Mitglieder einer Gesellschaft oft nicht erfüllt werden. „Eine nicht erfüllte Erwartung kann der Stimulus für ein Mitglied sein, eine Forderung an das politische System zu stellen. Aber viele Er-

---

[113] Vgl. zu weiteren Beispielen für Orientierungshypothesen Opp 1974, Kapitel III.

wartungen, ob erfüllt oder nicht, werden niemals in Forderungen umgesetzt." Bei oberflächlicher Betrachtung dieses Satzes wird man sagen, daß damit sicherlich etwas Wahres behauptet wird. Es ist in der Tat zutreffend, daß „Unzufriedenheit" nicht immer zu politischen Forderungen führt. Bei näherer Analyse zeigt sich, daß dieser Satz in höchstem Grade wahr ist: Er kann überhaupt nicht wahrer werden, da er analytisch wahr ist. Er besagt nämlich: Wenn eine Erwartung nicht erfüllt ist, dann werden an ein politisches System Forderungen gestellt - oder auch nicht. Dieser Satz hat dieselbe Struktur wie der Satz „wenn der Hahn kräht auf dem Mist, dann ändert sich das Wetter, oder es bleibt, wie es ist".

Zuweilen sind Kann-Sätze zwar empirisch (also nicht tautologisch bzw. analytisch wahr), sie schließen jedoch nur wenige reale Fälle aus, d.h. ihr Informationsgehalt ist relativ gering. Dies gilt etwa für den folgendem Satz: „Wenn eine Person frustriert wird, dann kann sie aggressiv reagieren, sie kann resignieren oder aber auch andere Reaktionen äußern." Dieser Satz schließt nur eines aus, nämlich daß eine frustrierte Person überhaupt nicht reagiert. Er ist somit zwar nicht analytisch wahr, sein Informationsgehalt ist jedoch sehr gering, da nicht gesagt wird, welche der vielen möglichen Reaktionen bei einer Frustration auftritt.

Manche Kann-Sätze sind auch als *Orientierungshypothesen* explizierbar, z.B.: „Wenn Merkmal P vorliegt, dann kann Merkmal R oder Merkmal S oder Merkmal T eine Anfangsbedingung sein." Hier könnte es sich um eine metasprachliche Aussage handeln, in der Hinweise für die Konstruktion von Theorien gegeben werden.

Betrachten wir folgenden Satz: „Unsere Daten zeigen, daß Kinder aus kriminellen Familien (d.h. in denen die Eltern Delikte begangen haben) ebenfalls kriminell werden *können*." Dieser Satz könnte in folgender Weise expliziert werden: Nicht alle Kinder aus kriminellen Familien werden kriminell, aber die *Wahrscheinlichkeit* ist hoch, daß dies geschieht. D.h. Kinder aus kriminellen Familien werden mit größerer Wahrscheinlichkeit kriminell als Kinder, die in Familien aufwachsen, die nicht kriminell sind.

Unsere Analyse zeigt, daß Kann-Sätze nicht immer Tautologien oder analytisch wahre Aussagen sind. Um Unklarheiten zu vermeiden, ist es sinnvoll, Sätze, in denen der Begriff „kann" - oder ein äquivalenter Ausdruck wie etwa „es ist möglich" - vorkommt, in jedem Falle einer eingehenden Analyse zu unterziehen. Weiter sollte man Kann-Sätze nach Möglichkeit vermeiden, wenn dadurch Mißverständnisse entstehen.

(b) *Reflexive Argumente.* Eine andere Verschleierungspraktik, die ebenfalls in der sozialwissenschaftlichen Literatur häufig vorkommt, wollen wir als „reflexive Argumentation" bezeichnen. Man kann zwei Typen reflexiver Argumentation unterscheiden. Der erste Typ läßt sich am besten in Anlehnung an ein Beispiel illustrieren, das Karl R. Popper nennt (1964). Herr a fragt Herrn b: „Warum ist das Meer heute so stürmisch?" Herr b antwortet: „Weil Neptun zornig ist." Herr a fragt: „Woher wissen Sie, daß Neptun zornig ist?" Herr b antwortet: „Sehen Sie denn nicht, daß das Meer stürmisch ist?" Wir wollen annehmen, daß Herr b das folgende Gesetz G_1 für wahr hält: „Wenn Neptun zornig ist, dann ist das Meer stürmisch." Analysieren wir dieses Beispiel. G_1 ist so, wie es formuliert ist, nicht analytisch wahr; denn seine Wahrheit ist nicht allein aufgrund der in G_1 verwendeten Ausdrücke zu ermitteln. Der analytische Charakter von G_1 ergibt sich vielmehr aus den Ausführungen von Herrn b zu diesem Gesetz: In diesem macht er das Auftreten der durch die Wenn-Komponente bezeichneten Tatbestände abhängig von dem Auftreten der in der Dann-Komponente beschriebenen Tatbestände. Wenn nämlich das Meer stürmisch ist, „folgert" Herr b, daß Neptun zornig ist. Ist dagegen das Meer nicht stürmisch, behauptet Herr b, daß Neptun nicht zornig ist. Herr b argumentiert also reflexiv: Von einem Explanandum „schließt" er auf die gemäß G_1 relevanten Anfangsbedingungen. Die Anfangsbedingungen können nicht unabhängig vom Explanandum festgestellt werden. Somit kann G_1 niemals falsch sein.

Wir können reflexive Argumentationen dieses ersten Typs generell folgendermaßen charakterisieren: Eine Theorie wird formuliert, die aufgrund der in ihr verwendeten Ausdrücke nicht analytisch wahr ist. Die Ausführungen eines Autors lassen jedoch erkennen, daß er folgendes festlegt: Wenn das Explanandum auftritt, werden die relevanten Anfangsbedingungen als gegeben angenommen. Anders gesagt: Der Wahrheitswert der Wenn-Komponente wird abhängig gemacht von dem Wahrheitswert der Dann-Komponente. Somit liegt faktisch ein analytisch wahrer Satz vor.

In unserem Beispiel ist die reflexive Argumentation auf den ersten Blick zu erkennen. Dies ist jedoch häufig nicht der Fall. Ein hervorragendes Beispiel hierfür bietet die *funktionalistische Literatur*.[114] Hier werden häufig extrem unpräzise Aussagen formuliert, z.B.: „Um auf lange Sicht stabil zu sein, muß ein Handlungssystem zu seiner Umwelt eine allgemeine adaptive Beziehung herausbilden..."[115] Genauer gesagt: Wenn ein Handlungssystem eine allgemeine adaptive Beziehung zu seiner Umwelt herausgebildet hat, dann ist es auf lange Sicht stabil. Nehmen wir zunächst an, zumindest in einigen Fällen lasse sich entscheiden, ob ein „Handlungssystem" - etwa eine Gruppe - längere Zeit stabil war. Dies mag z.B. bei einem von Anthropologen untersuchten Stamm entscheidbar sein. Was aber eine „allgemeine adaptive Beziehung" bedeutet, läßt sich wohl kaum feststellen. Wenn man nun ein „Handlungssystem" als über längere Zeit stabil bezeichnet hat, kann man sehr leicht auf irgendwelche anderen Tatbestände verweisen, die gegeben sind, und behaupten, daß diese Tatbestände „Indizien" dafür sind, daß der Stamm eine allgemeine adaptive Beziehung zu seiner Umwelt herausgebildet hat. Auch hier wird eine reflexive Argumentation angewendet, die allerdings zuweilen schwer zu durchschauen ist: Man geht davon aus, daß ein Explanandum vorliegt, und greift irgendwelche realen Tatbestände als Anfangsbedingungen heraus. „Relevante" Anfangsbedingungen findet man immer, weil die Wenn-Komponente extrem unpräzise ist. Auch hier zeigt sich aufgrund der Argumentation, daß der Wahrheitswert der Dann-Komponente immer der Wenn-Komponente zugeschrieben wird, so daß es sich um eine analytisch wahre Aussage handelt.

Bei dem beschriebenen Typ der reflexiven Argumentation wurde vom Vorliegen eines Explanandums auf das Vorliegen der Anfangsbedingungen „geschlossen". Der zweite Typ reflexiver Argumentation unterscheidet sich von dem beschriebenen ersten Typ lediglich dadurch, daß bei Vorliegen der Anfangsbedingungen das Vorliegen des Explanandums angenommen wird. Der zweite Typ reflexiver Argumentation ist also die Umkehrung des ersten Typs. Demonstrieren wir diesen zweiten Typ reflexiver Argumentation an einem Beispiel.

Im marxistischen Schrifttum wird behauptet, daß die sozialen Klassen (in kapitalistischen Gesellschaften das Proletariat und die Bourgeoisie) antagonistische Interessen haben und daß diese prinzipiell nicht geändert werden können. Offensichtlich wird ein empirisches Gesetz behauptet - nennen wir es G_2 -, das so formuliert werden kann: „Wenn eine Gruppe von Menschen in Klassen geteilt ist, dann haben diese Menschen bzw. Klassen antagonistische Interessen." Der Begriff des Klasseninteresses wird nun so verwendet, daß allein das Vorliegen sozialer Klassen schon ausreicht, diesen antagonistische Interessen zuzuschreiben. In einem vor dem Zusammenbruch der DDR dort weitverbreiteten Lehrbuch der marxistisch-leninistischen Philosophie findet man folgende Definition: „Das Klasseninteresse wird nicht durch das Be-

---

[114] Vgl. z.B. die Kritik Hempels (1965c) und Nagels (1956).

[115] Vgl. Parsons 1960, S. 482. Ähnliche Ausführungen findet man z. B. auch bei N. Luhmann.

wußtsein der Klasse, sondern durch die Stellung der betreffenden Klasse im System der gesellschaftlichen Produktion bestimmt. Da das Proletariat keine Produktionsmittel besitzt und von den Kapitalisten ausgebeutet wird, ist es seiner objektiven Lage nach an der Beseitigung des Kapitalismus interessiert ..." (Grundlagen 1974, S. 349). Entsprechend ist die Bourgeoisie an der Erhaltung des Kapitalismus interessiert. Mit „Klasseninteresse" ist also *nicht* gemeint, daß das Proletariat oder die Bourgeoisie bestimmte *Ziele* haben, d.h. daß sie die Beseitigung bzw. Erhaltung des Kapitalismus *wünschen*. Selbst wenn alle Mitglieder der verschiedenen Klassen wünschten, daß der Kapitalismus bleibt, werden ihnen antagonistische Interessen zugeschrieben. Allein der Tatbestand also, daß Menschengruppen in Klassen geteilt sind, reicht aus, um ihnen antagonistische Interessen zuzuschreiben. D.h. wenn die Anfangsbedingungen von G_2 vorliegen, dann wird das Vorliegen des Explanandums sozusagen automatisch angenommen: Der Wahrheitswert der Dann-Komponente wird abhängig gemacht vom Wahrheitswert der Wenn-Komponente. Es handelt sich bei G_2 also nicht um eine empirische, sondern um eine analytisch wahre Aussage.

3. Induktive Verfahren und die Erhöhung des Informationsgehalts von Sätzen

Vor allem Sozialwissenschaftler, die empirische Untersuchungen durchführen, behaupten häufig, sie gingen induktiv vor, d.h. von den gesammelten Daten folgerten sie neue, bisher noch nicht formulierte generelle Sätze. Es werden also angeblich Schlüsse von singulären Sätzen (die die Untersuchungsergebnisse beschreiben) auf generellere Sätze gezogen. Da die generellen Sätze einen höheren Informationsgehalt haben als die singulären Sätze, kann man die genannte Behauptung genauer so ausdrücken: Es werden angeblich *gehaltserweiternde Schlüsse* gezogen.

Damit werden jedoch Sozialwissenschaftler nicht zufrieden sein. Vielmehr ist beabsichtigt, auch die Wahrheit der Prämissen (der singulären Sätze) auf die Theoreme (die gehaltvolleren, allgemeinen Sätze) zu übertragen. Es wird also beabsichtigt, nicht nur gehaltserweiternde Schlüsse, sondern auch *wahrheitskonservierende Schlüsse* zu ziehen. Damit sind Schlüsse gemeint, die die Wahrheit der Prämissen auf die Theoreme übertragen.[116]

Folgende Situation ist also gegeben: Es wird beabsichtigt, gehaltserweiternde und wahrheitskonservierende Schlüsse zu ziehen. Dabei liegen die Axiome in Form singulärer Aussagen vor, wohingegen die zu erschließenden Theoreme - in diesem Falle theoretische Aussagen - noch nicht formuliert wurden.

Nicht nur in empirischen Untersuchungen wird häufig behauptet, daß man induktiv vorgehe. Es gibt auch methodologische Schriften von Sozialwissenschaftlern, die induktive Verfahren vorschlagen.[117]

Gibt es induktive Verfahren? Fragen wir zunächst, ob es gehaltserweiternde Schlüsse gibt. Die Antwort lautet „ja". Man kann eine Vielzahl von logischen Regeln formulieren, nach denen aus bestimmten Sätzen andere Sätze mit höherem Gehalt gefolgert werden. Ein Beispiel für eine solche Schlußregel lautet:

"Folgere aus einem Satz mit einem Prädikat und einer Individuenkonstante als Argumentausdruck einen Allsatz mit demselben Prädikat, der für alle Elemente gilt, zu denen das durch die Individuenkonstante bezeichnete Objekt gehört."

---

[116] Zu dieser Terminologie vgl. Stegmüller 1971.
[117] Vgl. z.B. Glaser und Strauss 1965, 1967; Robinson 1951; Turner 1953.

So ist in dem Satz „Pa" (Person a ist autoritär) „P" das Prädikat und „a" die Individuenkonstante. Gemäß der Regel könnte man folgern: Alle Personen sind autoritär. Es handelt sich hier um einen gehaltserweiternden Schluß. Dieser hat jedoch nur einen kleinen Schönheitsfehler: Er ist nicht wahrheitskonservierend. Genau darin liegt die Schwierigkeit aller induktiven Verfahren: Man kann zwar, wie unser Beispiel zeigt, gehaltserweiternde Schlußregeln formulieren; es ist jedoch bisher nicht gelungen, solche gehaltserweiternden Schlußregeln zu finden, die auch wahrheitskonservierend sind.

Deduktive logische Schlüsse sind dagegen immer wahrheitskonservierend, d.h. die Schlußregeln sind so aufgebaut, daß aus wahren Prämissen keine falschen Konklusionen folgen können. Die Schlußregeln sind jedoch nicht gehaltserweiternd. Versuche, eine induktive Logik aufzubauen, in der gehaltserweiternde, wahrheitskonservierende Schlüsse vorkommen, sind gescheitert.[118] Wenn also Sozialwissenschaftler behaupten, induktive Schlüsse zu ziehen, sind sie offensichtlich nicht über den Stand der Forschung informiert.

Wenn es auch keine induktiven *Schlüsse* gibt, so könnte man versuchen, aus Sätzen mit bestimmtem Gehalt Sätze mit höherem Gehalt zu *gewinnen* - allerdings nicht auf logischem Wege. So werden oft auf der Grundlage von Forschungsergebnissen bestimmte generelle Hypothesen formuliert, wobei die Forschungsergebnisse als *heuristischer Ausgangspunkt* dienen. D.h. der Sozialwissenschaftler wird durch bestimmte Forschungsergebnisse zur Formulierung neuer genereller Hypothesen inspiriert. Dabei wird man nicht beanspruchen, daß diese neuen Hypothesen zutreffen. Wie sie auch immer gewonnen wurden: Sie müssen sich in der empirischen Forschung bewähren.

Es erscheint weiterhin sinnvoll, generelle heuristische Regeln zu formulieren, die das Auffinden fruchtbarer, gehaltvoller Theorien ermöglichen oder erleichtern. Es wird sich hier allerdings um empirische Aussagen handeln, die - wie alle empirischen Sätze - jederzeit widerlegt werden können. Bisher wurden solche heuristischen Regeln, die einerseits relativ informative Handlungsanweisungen geben und andererseits bereits erfolgreich waren, nicht gefunden. Auch in den zitierten Arbeiten von Glaser und Strauss, Robinson und Turner werden solche Regeln nicht formuliert, geschweige denn induktive Schlußregeln. Dies kann in diesem Zusammenhang aus Raumgründen nicht gezeigt werden. Daß es sich hier nicht um gehaltserweiternde, wahrheitskonservierende Schlußregeln handelt, zeigt jedoch schon die folgende Überlegung: Wäre es den Autoren gelungen, solche Regeln zu finden, wären die theoretischen Probleme der Sozialwissenschaften gelöst; denn aus Forschungsergebnissen könnten ja wahre theoretische Aussagen mit beliebig hohem Gehalt gefolgert werden (wenn wir davon ausgehen, daß zumindest einige Forschungsergebnisse zutreffen). Davon, daß die theoretischen Probleme der Sozialwissenschaften gelöst sind, kann jedoch - leider - nicht die Rede sein.

---

[118] Vgl. hierzu z.B. den zitierten Aufsatz von Stegmüller 1971.

VII. Zur Logik sozialwissenschaftlicher Theorienbildung

Ein Problem einer empirisch-theoretischen Sozialwissenschaft - d.h. einer Sozialwissenschaft, in der versucht wird, informative und wahre Theorien zu konstruieren und zu prüfen - ist der logische Zusammenhang zwischen den formulierten Aussagen. Wir wollen in diesem Kapitel zunächst an einem einfachen Beispiel erläutern, wie Logik und Mathematik in einer empirischen Wissenschaft angewendet werden können und welche Vorteile eine solche Anwendung hat. Sodann werden wir eine Reihe von Fragen zur Anwendung der Logik und auch der Mathematik in den Sozialwissenschaften behandeln.

1. Logik, Mathematik und empirische Wissenschaft

Die Frage nach der Fruchtbarkeit logischer oder mathematischer Verfahren in den Sozialwissenschaften kann am besten beantwortet werden, wenn man die Beziehungen zwischen Logik bzw. Mathematik auf der einen und Sozialwissenschaften auf der anderen Seite auf der Grundlage eines konkreten Beispiels erläutert. Dies soll in diesem Abschnitt geschehen. Wir konstruieren zunächst eine künstliche *Sprache*.

10. Sprache A: Ein Spiel mit Zeichen

Diese künstliche Sprache, die wir als *Kalkül* bezeichnen, besteht zunächst aus einer Menge von *Zeichen*. Es handelt sich hierbei um verschiedene Markierungen auf dem Papier, z.B. um gerade oder gekrümmte Linien in verschiedener Länge und Anordnung. Diese Zeichen bedeuten nichts, d.h. es ist nicht möglich, mit ihnen irgendwelche Bereiche der Wirklichkeit zu beschreiben. Die Zeichenkombination

/ ☺ ☻ ♥ ♦

bezeichnet z.B. keinen Gegenstand der Realität und auch kein Merkmal irgendeines Gegenstandes wie z.B. die Zeichenmenge „Mann". Wenn jemand die deutsche Sprache beherrscht und die Zeichenkombination „Mann" sieht, dann weiß er, daß sie Menschen mit bestimmten Merkmalen bezeichnet. Im folgenden wird erstens festgelegt, welche Zeichen in dem zu konstruierenden Kalkül zugelassen werden.

Zweitens wird im folgenden festgelegt, wie man die zugelassenen Zeichen kombinieren darf, d.h. es werden *Kombinationsregeln* formuliert, die etwa Angaben darüber enthalten, in welcher Reihenfolge die Zeichen geschrieben werden dürfen. In der deutschen Sprache ist festgelegt, wie einzelne Wörter zu einem umfassenderen Ausdruck, einem Satz, kombiniert werden dürfen. Dies gilt auch für den Kalkül: hier existieren Regeln darüber, welche Ausdrücke aus den Zeichen gebildet werden dürfen und welche nicht.

In dem folgenden Kalkül werden drittens Regeln formuliert, die festlegen, welche Ausdrücke in welche anderen Ausdrücke umgewandelt werden dürfen. Solche Regeln heißen *Transformationsregeln*. Da der folgende Kalkül aus Zeichen und Regeln für die Manipulation von Zeichen bzw. Zeichenkombinationen besteht, handelt es sich hier um eine Sprache, die wir *Sprache A* nennen wollen. Diese künstliche Sprache unterscheidet sich von natürlichen Sprachen - wie etwa der deutschen und englischen Sprache - einmal dadurch, daß sie weitaus einfacher ist. Ein weiterer Unterschied besteht darin, daß die Zeichen des folgenden Kalküls, wie gesagt, keine Bedeutung - also keinen Realitätsbezug - haben. Beginnen wir nun mit der Konstruktion von Sprache A.[119]

a) Die Zeichen von Sprache A

Wir wollen zwei Arten von Zeichen unterscheiden: Die *Grundzeichen* oder, was dasselbe heißt, die undefinierten Zeichen (im englischen auch „primitive terms" genannt) und die *definierten Zeichen*. Letztere sind neue Zeichen, die als Abkürzung für einzelne Grundzeichen dienen.

Grundzeichen: p q r s ¬ ⇒ ∪ ∩ ( )

Definierte Zeichen: Die Zeichen „p q r s" heißen „D", die Zeichen „⇒ ∪ ∩" heißen „L". Die übrigen Zeichen „¬ ( )" sind entsprechend *undefinierte Zeichen*.

(b) Die Kombinationsregeln

Wir führen insgesamt fünf Kombinationsregeln ein, die festlegen, wie die genannten Zeichen kombiniert werden dürfen.

1. Alle D dürfen allein geschrieben werden, jedoch nicht die übrigen Zeichen.

Wir dürfen also z.B. auf ein Blatt Papier das Zeichen „p" allein schreiben, nicht jedoch das Zeichen „¬".

2. Vor jedes D dürfen beliebig viele „¬" geschrieben werden.

So ist es z.B. erlaubt, ¬p und ¬¬r zu schreiben.

3. Zwischen zwei Zeichen, die gemäß 1. oder 2. zugelassen sind, darf ein L-Zeichen geschrieben werden. Wenn dies geschieht, muß der so gebildete Ausdruck eingeklammert werden.

Folgende Ausdrücke sind also erlaubt: (p ⇒ q); (r ∪ s). Der Strichpunkt ist ein Zeichen der deutschen Sprache und bedeutet, daß es sich bei den Ausdrücken vor und hinter dem Strichpunkt um verschiedene Zeichen handelt, die also nicht zusammengehören. Nicht zulässig sind z.B.: (p); ¬a. Der Ausdruck „p" darf nicht eingeklammert werden. Das Zeichen „a" kommt in der zugelassenen Menge von Zeichen nicht vor.

4. Vor jeden Ausdruck, der gemäß 3. erlaubt ist, dürfen beliebig viele „¬" geschrieben werden.

Folgende Ausdrücke sind also z.B. zulässig: ¬(p ⇒ q); ¬¬(p ∩ ¬q).

5. (a) Jeder erlaubte Ausdruck darf mit sich selbst oder mit jedem anderen erlaubten Ausdruck durch ein L-Zeichen verbunden werden. Wenn dies geschieht, muß der neue Ausdruck eingeklammert werden. (b) Vor einen aufgrund von 5(a) gebildeten Ausdruck dürfen beliebig viele „¬" geschrieben werden.

Beispiele für erlaubte Ausdrücke sind: (¬p ⇒ (r ⇒ q)); (p ⇒ ¬(p ⇒ q)). Nicht erlaubt ist z.B.: (r ⇒ p ⇒ q) ⇒ r. Gemäß 5(a) müßte der gesamte Ausdruck eingeklammert werden. Weiterhin

---

[119] Es handelt sich im folgenden um eine rein formale Darstellung des Aussagenkalküls der Logik, wobei allerdings nur zwei Deduktionsregeln angeführt werden. Es sei betont, daß hier keine Darstellung der Probleme versucht wird, die bei der Konstruktion künstlicher Sprachen auftreten.

ist der Klammerausdruck nicht gestattet, da nach 3. nur *zwei* Zeichen aus D mit einem L-Zeichen verbunden werden dürfen.

Regel 5 gestattet es, beliebig lange Ausdrücke der verschiedensten Art zu bilden. Die Entscheidung, ob ein gegebener Ausdruck zulässig ist oder nicht, ist um so schwieriger, je umfangreicher er ist, d.h. je mehr Zeichen er enthält. Will man die Zulässigkeit eines gegebenen Ausdrucks prüfen, kann man folgendermaßen vorgehen. Man stellt *erstens* fest, ob alle einzelnen Zeichen des Ausdrucks zulässig sind. *Zweitens* prüft man, ob die kleinstmöglichen Zeichenkombinationen den Regeln entsprechend gebildet wurden. *Drittens* stellt man fest, ob die aus den kleinstmöglichen Zeichenkombinationen gebildeten Zeichenkombinationen richtig konstruiert wurden usw.

c) Die Transformationsregeln

Bevor wir die Transformationsregeln formulieren, wollen wir zwei Definitionen einführen.

Definition 1: Ein großer Buchstabe des lateinischen Alphabets soll für irgendeinen beliebigen Ausdruck geschrieben werden dürfen, der nach den Kombinationsregeln erlaubt ist.

Definition 2: Ein → zwischen zwei beliebigen erlaubten Ausdrücken bedeutet, daß der *vor* dem Pfeil stehende Ausdruck in den *hinter* dem Pfeil stehenden Ausdruck umgewandelt werden darf.

Wir wollen nun zwei Transformationsregeln formulieren und diese an einigen Beispielen erläutern.

Regel 1: (A ∩ B) → A
(A ∩ B) → B

Wenn also zwei Ausdrücke mit dem Zeichen „∩" verbunden sind, dann ist zweierlei erlaubt: Man darf den Ausdruck *vor* und/oder den Ausdruck *nach* dem „∩" getrennt schreiben. Anders gesagt: Aus dem Ausdruck „(A ∩ B)" folgt A und/oder B, d.h. aus „(A ∩ B)" läßt sich A und/oder B *ableiten*. Wir können auch sagen: „(A ∩ B)" *impliziert logisch* A und/oder B. Das Wort „logisch" bedeutet hier soviel wie „nach den Regeln des Kalküls".

Das nächste Beispiel illustriert Regel 1. Wir fragen, welche Ausdrücke aus dem im folgenden zuerst geschriebenen Ausdruck 1 abgeleitet werden können. Der zuerst aufgeschriebene Ausdruck ist durch einen waagerechten Strich von den abgeleiteten Ausdrücken getrennt.

Beispiel 1:   1. (((r → p) ∩ q) ∩ s)
   ⎯⎯⎯⎯⎯⎯⎯⎯⎯⎯⎯⎯⎯⎯⎯⎯⎯⎯⎯⎯⎯⎯⎯⎯⎯⎯⎯
   2. ((r → p) ∩ q)   aus 1 gemäß Regel 1
   3. (r → p)   aus 2 gemäß Regel 1

Aus dem ersten Ausdruck läßt sich also der zweite und aus dem zweiten der dritte Ausdruck ableiten. Es ist auch möglich, noch die Ausdrücke „q" und „s" abzuleiten. Da jedoch keine Regel besagt, daß alle möglichen ableitbaren Ausdrücke abgeleitet werden müssen, können wir Beispiel 1 bei Zeile 3 abbrechen.

Führen wir nun eine zweite Transformationsregel ein. Sie lautet folgendermaßen:

Regel 2: (A → B); A; → B

Wenn also zwei Ausdrücke durch ein „⇒" miteinander verbunden sind und wenn weiterhin der Ausdruck, der links neben dem „⇒" steht, aufgeschrieben wird, dann darf man aus diesen beiden Ausdrücken denjenigen Ausdruck ableiten, der rechts neben dem „⇒" steht. Erläutern wir die Regel an zwei Beispielen.

Beispiel 2:   1. $((p \cap r) \Rightarrow s)$
              2. $(p \cap r)$
              ―――――――――――――――――――――――――
              3. s   aus 1 und 2 gemäß Regel 2

Auch in diesem Beispiel haben wir wieder die abgeleiteten Ausdrücke durch einen Strich von dem Ausdruck getrennt, der als Grundlage der Ableitung dient.

Man kann Regel 1 und Regel 2 auch gemeinsam anwenden:

Beispiel 3:   1. $((p \Rightarrow (p \cap r)) \cap s)$
              2. $(s \Rightarrow p)$
              ―――――――――――――――――――――――――
              3. s   aus 1 nach Regel 1
              4. p   aus 2 und 3 nach Regel 2
              5. $(p \Rightarrow (p \cap r))$ aus 1 nach Regel 1
              6. $(p \cap r)$ aus 5 und 4 nach Regel 2
              7. p   aus 6 nach Regel 1
              8. r   aus 6 nach Regel 1

Wie sind wir bei unseren Beispielen vorgegangen? Wir haben zunächst den oder die Ausdrücke aufgeschrieben, die der Ausgangspunkt für die (darunter geschriebenen) abgeleiteten Ausdrücke waren. Die Ausdrücke, die am Anfang der Beispiele standen und durch einen waagerechten Strich von den übrigen Ausdrücken optisch unterschieden wurden, nennt man *Prämissen, Axiome* oder auch *Postulate*. Es handelt sich hier also um Ausdrücke, die der Ausgangspunkt für eine Kette von Transformationen gemäß vorher festgelegter Regeln sind. Die gesamte Kette der Transformationen, einschließlich der Axiome, nennt man eine *Ableitung*, ein *axiomatisches System*, ein *Argument* oder auch ein *deduktives System*. Von der *Axiomatisierung* eines Aussagensystems spricht man dann, wenn man dieses als axiomatisches System formuliert. Einen abgeleiteten Ausdruck nennt man *Konklusion, Theorem,* oder auch *Schlußsatz.* Also: Jedes unserer Beispiele ist eine Ableitung; in jedem Beispiel sind die Ausdrücke *über* dem waagerechten Strich Axiome; die *unter* dem waagerechten Strich, also unter den Axiomen stehenden Ausdrücke sind Konklusionen oder Theoreme oder Schlußsätze.

Wir haben in den einzelnen Beispielen alle Schritte fortlaufend numeriert. Rechts neben die abgeleiteten Ausdrücke haben wir die Regel, die angewandt wurde, geschrieben und die Nummer des Ausdrucks, aus dem sich der abgeleitete Ausdruck aufgrund der Regel ergab. Dies alles ist deshalb zweckmäßig, weil dadurch die Überprüfung der Richtigkeit der Ableitung erleichtert wird.

Die beiden genannten Regeln können in verschiedener Weise angewandt werden: 1. Bestimmte Ausdrücke seien gegeben. Man kann nun fragen, ob ein bestimmter anderer Ausdruck aus diesen Ausdrücken abgeleitet werden kann, z.B. ob aus den Prämissen in Beispiel 3 der Ausdruck „$(p \cap r)$" ableitbar ist.

2. Ein bestimmter Ausdruck sei gegeben. Man könnte fragen, aus welchen Axiomen dieser Ausdruck ableitbar ist. Ein Logiker mag z.B. wissen wollen, aus welchen Prämissen der Ausdruck „($\neg p \cap \neg r$)" ableitbar ist.

3. Gegeben seien bestimmte Axiome und ein anderer Ausdruck. Angenommen, der Ausdruck sei aus den Axiomen nicht ableitbar. Man könnte fragen, wie die Axiome verändert werden oder ob neue Prämissen eingeführt werden müssen, damit der Ausdruck ableitbar ist.

4. Wenn eine Menge von Ausdrücken gegeben ist, können die Regeln angewendet werden, um diese Ausdrücke nach ihrem logischen Zusammenhang zu ordnen, d.h. die Ausdrücke als axiomatisches System zu formulieren.

Damit wollen wir die Konstruktion der Sprache A beenden.[120] Bevor wir aufgrund dieser Sprache das Verhältnis von logisch-mathematischen Kalkülen und empirischen Theorien erläutern, seien noch einige allgemeine Merkmale von „formalen" Sprachen beschrieben.

11. Einige Merkmale von Sprache A

Sprache A ist ein - allerdings relativ einfaches - Beispiel für eine *formale Sprache*, d.h. für ein System von Zeichen mit Regeln für die Bildung und Transformation von Ausdrücken, die aus den Zeichen bestehen. Ein solches System nennt man auch ein *syntaktisches System*, einen *uninterpretierten Kalkül* oder einfach einen *Kalkül*. Es gibt außer dem hier formulierten Kalkül eine Vielzahl anderer Kalküle. Die gesamte Logik und Mathematik sind eine Menge verschiedener Kalküle. Der einzige Unterschied zwischen diesen Kalkülen und dem im vorigen Abschnitt konstruierten Kalkül ist, daß in der Logik und in der Mathematik mehr Zeichen und mehr und kompliziertere Kombinations- und Transformationsregeln verwendet werden.

Befassen wir uns mit einigen Merkmalen von Sprache A. Fragen wir zunächst, ob wir diese Sprache auch anders hätten konstruieren können. Wäre es möglich gewesen, andere Zeichen zuzulassen, andere Kombinations- und Transformationsregeln festzulegen? Offenbar können die Zeichen und Regeln von Sprache A *völlig willkürlich* gewählt werden. Aus welchen Gründen sollte es z.B. nicht möglich sein, in unseren Kalkül das Zeichen „w" einzuführen? Es gibt ebenfalls kein wissenschaftliches Gesetz, das die Einführung einer neuen Regel verbieten könnte. Für Sprache A und auch für alle anderen Kalküle gilt, daß ein Kalkül niemals falsch oder richtig sein kann, die Wahl der Zeichen und Regeln ist vielmehr willkürlich. Dies schließt nicht aus, daß ein Kalkül - wie wir später sehen werden - mehr oder weniger *zweckmäßig* sein kann.

Die Tatsache, daß ein Kalkül nicht wahr oder falsch sein kann, ist erst in jüngerer Zeit durch die Analyse der Struktur logisch-mathematischer Systeme gezeigt worden. Früher hielt man logische und mathematische Sätze für „notwendig wahr", „zwingend", „unmittelbar einsichtig" oder „denknotwendig". Diese älteren Auffassungen haben sich als unhaltbar erwiesen.[121]

Fragen wir nun, wie wir bei der Konstruktion von Sprache A vorgegangen sind. Wenn wir die vorangegangenen Seiten überblicken, die von dem Aufbau der Sprache A handeln, lassen sich rein optisch zwei Klassen von Zeichen unterscheiden: Erstens stehen auf den Seiten Zeichen der deutschen Sprache, also eine Folge von deutschen Wörtern, wobei die zu Sätzen

---

[120] Normalerweise wird zusätzlich zu den Transformationsregeln noch eine Reihe von Axiomen formuliert, die bei Ableitungen verwendet werden. Vgl. hierzu etwa Kutschera und Breitkopf 1971, Kapitel 6.

[121] Vgl. hierzu etwa die drei folgenden Schriften: Rudolf Carnap, Formal and Factual Science; Morris R. Cohen, Ernest Nagel, The Nature of a Mathematical System; Carl G. Hempel, On the Nature of Mathematical Truth, alle abgedruckt in: Feigl und Brodbeck 1953.

verbundenen Wörter den Regeln der deutschen Sprache entsprechen (so hoffen wir wenigstens). Zweitens finden wir Zeichen der Sprache A, etwa die D- und L-Zeichen. In welchem Zusammenhang stehen nun die deutsche Sprache und die Sprache A? Die deutsche Sprache wird benutzt, um die Zeichen und Regeln von Sprache A festzulegen. D.h. mittels der deutschen Sprache beschreiben wir Sprache A. Sprache A ist also gewissermaßen das *Objekt*, über das in deutscher Sprache etwas ausgesagt wird. Eine Sprache, über die mittels einer anderen Sprache gesprochen wird, heißt *Objektsprache*. Diejenige Sprache dagegen, mit der über eine Sprache gesprochen wird, heißt *Metasprache*. Im vorangegangenen Abschnitt ist also Sprache A die Objektsprache und die deutsche Sprache die Metasprache. Wenn wir z.B. den Satz schreiben: „Aus dem Ausdruck '(p ∩ q)' kann man logisch den Ausdruck 'p' ableiten", dann haben wir mittels der deutschen Sprache eine Aussage über den Zusammenhang von „(p ∩ q)" und „p" getroffen und somit über die Sprache A.

12. Sprache B: Zeichen und Bedeutungen

Wir sagten, daß sich Sprache A nicht auf irgendeinen Bereich der Realität bezieht. So ist es z.B. nicht möglich, mittels Sprache A reale Ereignisse zu erklären und vorauszusagen. Genau dies ist jedoch das Ziel der meisten Sozialwissenschaftler. Wenn sich nun Kalküle und sozialwissenschaftliche Aussagen so grundlegend unterscheiden, wie kann dann überhaupt ein Kalkül für die Sozialwissenschaften bedeutsam werden? Um diese Frage zu beantworten, wollen wir uns kurz mit einer Sprache B befassen, nämlich mit der deutschen Sprache, in der die Sätze der Sozialwissenschaften ausgedrückt werden können.

Zunächst besteht die deutsche Sprache genauso wie die Sprache A und jeder andere Kalkül aus *Zeichen*, d.h. aus Markierungen auf dem Papier. Ein solches Zeichen ist z.B. ein kleiner Kreis (der Buchstabe O); ein anderes Zeichen sind zwei kleine gekreuzte Striche (der Buchstabe x). Weiterhin besteht die deutsche Sprache aus *Kombinationsregeln* für die Zeichen. In einem normalen Wort der deutschen Sprache kommt z.B. nicht die Zeichenkombination „prsx" hintereinander vor. Auch gibt es Regeln für die Kombination bestimmter Klassen von Wörtern - die wiederum aus anderen Zeichen gebildet wurden - zu größeren Ausdrücken, die als Sätze bezeichnet werden. Drittens gibt es in der deutschen Sprache auch *Transformationsregeln*. Aus dem Satz „Die Arbeitslosigkeit geht zurück und das wirtschaftliche Wachstum steigt" kann man den Satz folgern „das wirtschaftliche Wachstum steigt".

Alle bisher aufgezählten Merkmale hat die deutsche Sprache mit einem Kalkül gemeinsam. Sie unterscheidet sich jedoch, wie gesagt, von einem Kalkül dadurch, daß die Zeichen eines Kalküls keinen Bezug zur Realität haben. Formulieren wir diesen Unterschied zwischen einem Kalkül und der deutschen Sprache etwas genauer. Wenn die deutsche Sprache im Gegensatz zu einem Kalkül Realitätsbezug hat, dann ist zwischen den Zeichen und bestimmten Objekten der Wirklichkeit oder Merkmalen von diesen Objekten eine Beziehung hergestellt worden, d.h. man hat bestimmte Zeichen bestimmten Teilen der Wirklichkeit zugeordnet. Dies wird besonders deutlich, wenn man sich mit Ausdrücken fremder Sprachen und deren Bedeutung befaßt. So besteht z.B. zwischen der Zeichenkombination „piso" und einem bestimmten Bereich der Realität - nämlich einer Wohnung - eine „Zuordnungsbeziehung", d.h. das spanische Wort „piso" heißt Wohnung. Man kann solche Zuordnungen in Form von *Regeln* festlegen, z.B.: „Die Zeichenkombination 'piso' soll eine Wohnung bezeichnen." Solche Regeln, die den Bezug eines Zeichens zur Realität festlegen, nennt man, wie wir bereits sahen, *semantische Regeln*. Es handelt sich also um Regeln, die in irgendeiner Weise Zeichen mit real gegebenen Sachverhalten verbinden. Die deutsche Sprache enthält also - im Gegensatz zu einem Kalkül - *semantische Regeln*. Dies gilt auch für *sozialwissenschaftliche* Ausdrücke oder Aussagen.

13. Die Zuordnung von Sprache A und B

Man könnte versuchen, eine Beziehung zwischen den Zeichen eines Kalküls und den Tatbeständen, die sozialwissenschaftliche Aussagen bezeichnen, in folgender Weise herzustellen: Man erweitert den Kalkül durch eine weitere Klasse von Regeln, nämlich durch *semantische Regeln*. Die Zuordnung von Bereichen der Realität und Zeichen eines Kalküls nennt man eine *Interpretation* oder, was dasselbe bedeutet, eine *Deutung* eines Kalküls. Eine solche Interpretation bezeichnet man auch als *Modell* für einen Kalkül.[122]

Illustrieren wir die Interpretation eines Kalküls am Beispiel von Sprache A. Wir wollen den Zeichen „p" und „q" der Sprache A folgende Sätze der Sprache B zuordnen. D.h. wir setzen folgende semantische Regeln fest - die Zuordnung werde durch einen Doppelpfeil symbolisiert:

1. p ⇔ Studenten sind in hohem Maße politisch unzufrieden (SP).
2. q ⇔ Studenten nehmen häufig an politischen Aktionen teil (SA).

Wir kürzen die den Zeichen „p" und „q" zugeordneten Sätze der Sprache B ab durch „SP" und „SA". Führen wir nun einige weitere semantische Regeln ein:

3. (p ∩ q)   SP und SA
4. ¬p   es ist nicht der Fall, daß SP
5. ¬q   es ist nicht der Fall, daß SA
6. (p ⇒ q)   Wenn SP, dann SA.

Begnügen wir uns mit diesen sechs Koordinationen. Selbstverständlich wäre auch eine *vollständige Interpretation* des Kalküls möglich gewesen, d.h. wir hätten *allen* Zeichen des Kalküls Designata der Sprache B zuordnen können. Für die Zwecke dieses Abschnitts reicht jedoch eine *partielle Interpretation* unseres Kalküls aus.

Damit ist gezeigt, in welcher Weise prinzipiell eine Beziehung zwischen einem logisch-mathematischen Kalkül und einer sozialwissenschaftlichen Theorie hergestellt werden kann: Eine Theorie kann zur Interpretation eines Kalküls verwendet werden. Wenn dies geschieht, ist der uninterpretierte Kalkül gewissermaßen die *formale Struktur* einer Theorie, d.h. der uninterpretierte Kalkül enthält allein das syntaktische System der Theorie. Ein solches syntaktisches System bezeichnen wir als eine *Formalisierung* einer Theorie. Formalisierung heißt jedoch auch der *Prozeß der Zuordnung* einer Theorie und eines Kalküls. Man kann also sagen, daß ein gegebener Kalkül die Formalisierung einer Theorie darstellt oder daß man das Ziel hat, eine Theorie zu formalisieren. Von *Symbolisierung* spricht man häufig dann, wenn Ausdrücke durch Symbole (Zeichen) abgekürzt werden, ohne daß diese Symbole Bestandteile eines Kalküls sind. Wir haben jedoch in diesem Buch die Begriffe „Symbolisierung" und „Formalisierung" synonym verwendet.

Die Koordinationen zwischen Sprache A und B sind *Relationen*, d.h. wir haben eine Beziehung hergestellt zwischen Zeichen von Sprache A und B. Die Art der hergestellten Beziehungen war so, daß jedem „Element" von Sprache A ein, und nur ein Element von Sprache B entsprach und umgekehrt. Solche Relationen nennt man *eineindeutig*. Zweitens ergibt sich aus

---

[122] Zu den verschiedenen Bedeutungen des Modellbegriffs vgl. insbesondere Brodbeck 1959; Suppes 1960; Spinner 1969.

unseren Ausführungen folgendes: Wenn zwischen Zeichen von Sprache A Relationen bestehen, dann bestehen auch Beziehungen zwischen den zugeordneten Zeichen von Sprache B. Liegen solche Beziehungen zwischen zwei Sprachsystemen - etwa zwischen einem Kalkül und einer empirischen Theorie - vor, dann nennt man beide Sprachsysteme *isomorph* (Carnap 1960, S. 74-76). Man sagt: Die Sprachsysteme haben dieselbe Form oder dieselbe Struktur.

14. Resümee

Fassen wir unsere bisherigen Überlegungen zusammen. Wir begannen mit einem Zeichenspiel: Zunächst wurden Markierungen aufgezeichnet und dann Regeln formuliert, die bestimmte Operationen mit diesen Markierungen gestatten. Daß es sich hier um ein Spiel handelt, läßt sich folgendermaßen verdeutlichen. Wir könnten die Zeichen des beschriebenen Kalküls auf einen Pappkarton malen, ausschneiden und nach den formulierten Regeln in verschiedener Weise zusammenlegen. Es wäre möglich, ein Gesellschaftsspiel - etwa wie Schach, Mühle u.ä. - in folgender Weise zu konstruieren: Jedes Zeichen wird mehrmals ausgeschnitten. Aus diesen ausgeschnittenen Zeichen werden für jeden Teilnehmer am Spiel etwa fünf Zeichen zufällig ausgewählt, die jeder Teilnehmer in einen eigenen Behälter legt. Dabei weiß der Teilnehmer nicht, welche Zeichen er hat. Sodann legen alle Teilnehmer gemeinsam die Zeichen aus ihrem Behälter vor sich auf den Tisch, und jeder Spieler versucht so schnell wie möglich, die längstmögliche erlaubte Zeichenkombination gemäß den Regeln zu konstruieren. Wer zuerst fertig ist, hat gewonnen, vorausgesetzt, seine Zeichenkombination entspricht den Regeln.[123]

Der nächste Schritt unserer Überlegungen war, daß wir den Zeichen Designata, d.h. reale Sachverhalte, zuordneten. Einzelne Zeichen oder Zeichenkombinationen wurden also mit anderen Ausdrücken, deren Sinn wir verstehen, verbunden. Auch dies können wir wieder als ein Spiel betrachten: Wir könnten bestimmte Ausdrücke - etwa Sätze der deutschen Sprache - ausschneiden und unmittelbar neben Zeichen oder Zeichenkombinationen legen.

2. Einige sozialwissenschaftlich relevante Ergebnisse der Logik

Ausgehend von unseren Überlegungen im vorigen Abschnitt 1 wollen wir uns zunächst mit der Frage befassen, was es heißt, wenn wir sagen, daß eine Aussage aus einer anderen abgeleitet wird. Sodann werden wir uns mit einigen Eigenschaften logischer Schlußregeln befassen. Schließlich werden wir den Unterschied zwischen empirischen und logisch wahren Sätzen und einige Mißverständnisse über die Logik behandeln.

20. Was ist ein logischer Schluß?

Beginnen wir unsere Überlegungen mit einem logischen Schluß, den man intuitiv als gültig bezeichnen wird.[124] Angenommen, jemand behauptet die beiden folgenden Sätze:

(A) Wenn das Sozialprodukt steigt, dann verlieren radikale Parteien Stimmen, symbolisch: $S \Rightarrow R$.

(B) Wenn radikale Parteien Stimmen verlieren, dann steigt das Ansehen der BRD bei anderen Ländern, symbolisch: $R \Rightarrow A$.

---

[123] In ähnlicher Weise sind die Spiele bei WFF'N PROOF konstruiert: vgl. Allen 1962.

[124] Vgl. zum folgenden auch Kapitel VI, Abschnitt 10. Dort wurden einige der hier behandelten Tatbestände bereits in intuitiver Weise eingeführt.

Aus diesen beiden Sätzen folgt:

> **(C)** Wenn das Sozialprodukt steigt, dann steigt das Ansehen der BRD bei anderen Ländern, symbolisch: $S \Rightarrow A$.

Was bedeutet es, wenn wir behaupten, daß der genannte Schluß gültig ist? Angenommen, jemand sei der Meinung: „Die Konklusion folgt *nicht* aus den beiden Prämissen; denn es gibt Untersuchungen, die zeigen, daß die beiden Prämissen falsch sind, d.h. es hat sich gezeigt, daß eine Erhöhung des Sozialprodukts nicht dazu führt, daß radikale Parteien Stimmen verlieren, und es hat sich auch gezeigt, daß ein Stimmenverlust radikaler Parteien nichts mit dem Ansehen der BRD in anderen Ländern zu tun hat." Gegen dieses Argument würde man folgenden Einwand erheben: Es ist völlig irrelevant, ob die Prämissen richtig oder falsch sind. Wenn behauptet wird, daß die Konklusion aus bestimmten Prämissen logisch folgt, d.h. daß der betreffende Schluß gültig ist, dann ist gemeint: *Falls die Prämissen wahr sind, dann ist auch die Konklusion wahr*. Ob also die Sätze A und B wahr oder falsch sind, ist völlig unerheblich für die Gültigkeit des Schlusses.

Wenn man von diesen Überlegungen ausgeht, dann läßt sich ein Schluß als ein Wenn-dann-Satz formulieren. Demonstrieren wir dies an den Sätzen A bis C. Bezeichnen wir die beiden Prämissen als „P" und die Konklusion als „K". Anstatt zu sagen „Aus P folgt K" können wir auch sagen „Wenn P wahr ist, dann ist K ebenfalls wahr". Da P aus den Sätzen A und B besteht, folgt: „Wenn Satz A *und* Satz B wahr sind, dann ist Satz C wahr." Damit zeigt sich, daß wir bei einer logischen Folgerung einen Wenn-dann-Satz behaupten, dessen Wenn-Komponente aus den Prämissen P und dessen Dann-Komponente aus der Konklusion K besteht.

Wir wollen nun zeigen, wie man auf sehr einfache Weise feststellen kann, ob eine bestimmte Konklusion aus bestimmten Prämissen ableitbar ist. Wiederholen wir zu diesem Zweck noch einmal, unter welchen Bedingungen eine Wenn-dann-Aussage wahr oder falsch ist. Wir bilden zu diesem Zweck noch einmal die Tabelle aus Kapitel VI, Abschnitt 10, ab - dieses Mal verwenden wir aber für den Wenn-dann-Satz das vorher bereits behandelte Symbol $\Rightarrow$. Wie die folgende Tabelle noch einmal zeigt, ist eine Wenn-dann-Aussage nur dann falsch, wenn der erste Teilsatz (d.h. die Wenn-Komponente) wahr und der zweite Teilsatz (d.h. die Dann-Komponente) falsch ist. So ist der Satz „wenn eine Person in Leipzig wohnt, dann wohnt sie auch in der Bundesrepublik" u.a. dann wahr, wenn beide Teilsätze wahr sind. Weiter gilt: Wenn der erste Teilsatz falsch ist, d.h. wenn eine Person nicht in Leipzig wohnt, dann ist der Gesamtsatz wahr, gleichgültig, ob die Dann-Komponente wahr oder falsch ist. Der Gesamtsatz behauptet ja, daß jemand auch dann in der Bundesrepublik wohnt, wenn er nicht in Leipzig (sondern z.B. in Köln) wohnt. Wenn jedoch P wahr und K falsch ist, dann ist der gesamte Satz falsch.

P	Q	$P \Rightarrow K$
wahr	wahr	wahr
wahr	falsch	*falsch*
falsch	wahr	wahr
falsch	falsch	wahr

Wenn wir nun behaupten, daß bei dem Satz „P → K" unter der Voraussetzung der Wahrheit der Prämissen P die Konklusion K nicht falsch sein kann, dann bedeutet dies, daß die genannte Wenn-dann-Aussage überhaupt nicht falsch sein kann. Anders gesagt: Ist ein Schluß von Prämissen P auf eine Konklusion K gültig, dann ist die Aussage „P → K" immer wahr, und zwar unabhängig davon, ob P oder K wahr oder falsch sind; denn der Fall, daß P wahr und K falsch ist, liegt ja bei einem gültigen Schluß nicht vor, und bei allen anderen Wahrheitswerten von P und K ist die Wenn-dann-Aussage wahr. Wenn also ein Schluß von P auf K gültig ist, dann ist der Wenn-dann-Satz „P → K" bei beliebigen Wahrheitswerten der Teilsätze P und K wahr.

Demonstrieren wir dies an unserem vorangegangenen Beispiel. Wir schreiben die Prämissen und die Konklusion als komplexe Aussage, wobei der einfache Pfeil → wieder bedeutet, daß der hinter dem Pfeil stehende Ausdruck aus dem vor dem Pfeil stehenden Ausdruck ableitbar ist:

$$[(S \to R) \cap (R \to A)] \to (S \to A)$$
$$W\ W\ \underline{F}\ \ \underline{F}\ \ W\ F\ F$$

Wenn die Konklusion tatsächlich aus den beiden Prämissen folgt, dann darf der Gesamtsatz nicht falsch sein - bei beliebigen Wahrheitswerten der Teilsätze. Prüfen wir also, ob wir eine Verteilung von Wahrheitswerten finden können, bei der der Gesamtsatz falsch sein kann. Der Gesamtsatz kann nur dann falsch sein, wenn der erste Teilsatz, also der komplexe Und-Satz vor dem einfachen Pfeil →, wahr und die Dann-Komponente hinter dem einfachen Pfeil falsch ist. Schreiben wir entsprechend W (für „wahr") unter das ∩ und F (für „falsch") unter das → der Dann-Komponente. Wenn die Dann-Komponente falsch ist, dann muß - wie wir aus der vorangegangenen Tabelle wissen - S wahr und A falsch sein. Schreiben wir entsprechend unter S und A „W" bzw. „F". Entsprechend sind auch „S" im ersten Teilsatz „(S → R)" wahr und „A" im zweiten Teilsatz „(R → A)" der Wenn-Komponente des Gesamtsatzes falsch. Die Bewertung von „R" ist noch offen. Angenommen, „R" ist falsch. Dann wäre der Satz „(S → R)" falsch. Dadurch würde die Wenn-Komponente des Gesamtsatzes falsch. Der Grund ist, daß die Wenn-Komponente ein Und-Satz ist. Ein Und-Satz ist falsch, wenn mindestens eine Teilkomponente falsch ist. Nehmen wir nun an, „R" sei wahr. In diesem Falle ist der zweite Teilsatz (R → A) falsch. Wiederum ist der Und-Satz falsch. Es gelingt uns also nicht, solche Bewertungen der Teilsätze S, R und A zu finden, die den gesamten Wenn-dann-Satz falsch machen. Dies bedeutet, daß die Konklusion tatsächlich aus den Prämissen logisch folgt. Formulieren wir das Ergebnis unserer Überlegungen noch einmal in allgemeiner Weise:

Ein Schluß von mindestens einer Prämisse P auf mindestens eine Konklusion K ist gültig, wenn, und nur wenn die Wenn-dann-Aussage „P → K" unabhängig von den Wahrheitswerten der Teilsätze P und K immer wahr ist.

Wir haben „P → K" geschrieben, um zu verdeutlichen, daß es sich um eine logische Beziehung zwischen P und K handelt. Die Wahrheitswerte dieser Aussage bei allen möglichen Verteilungen der Wahrheitswerte der Teilsätze - siehe die obige Tabelle - sind dieselben wie bei der Aussage P → K.

Man bezeichnet Wenn-dann-Sätze oft auch als *Implikationen*. Wenn-dann-Sätze, die bei beliebigen Wahrheitswerten der Teilsätze wahr sind, werden oft als *logische oder tautologische Implikationen* bezeichnet. Eine Implikation, bei der dies nicht der Fall ist, heißt *materiale Implikation*. Die Sätze A, B und C sind materiale Implikationen. Der Satz „P → K" ist dagegen eine logische oder tautologische Implikation. Unter einer *Tautologie* versteht man einen Satz, der unabhängig von den Wahrheitswerten der Teilsätze wahr ist. Anstatt von einer Tautologie spricht man auch von einer *logisch wahren Aussage*.

Eine tautologische Implikation ist nur eine von mehreren möglichen Tautologien. So ist der Satz „p ∪ ¬p" (d.h. p oder nicht-p), z.B. „Person a ist männlich oder nicht männlich", zwar eine Tautologie, da er nicht falsch sein kann. Es handelt sich jedoch nicht um eine Implikation. Tautologische Implikationen sind also eine Teilmenge von Tautologien.

Wir haben bisher Sätze kennengelernt, die bei beliebigen Wahrheitswerten der Teilsätze wahr sind. Es gibt jedoch auch Sätze, die bei beliebigen Wahrheitswerten der Teilsätze *falsch* sind. Derartige Sätze heißen *Kontradiktionen* oder auch *logisch falsche Sätze*. Ein einfaches Beispiel für eine Kontradiktion ist der Satz „p ∩ ¬p". Das vorher beschriebene Verfahren kann auch angewendet werden, um festzustellen, ob ein Satz kontradiktorisch ist: Man versucht festzustellen, ob ein Satz bei irgendeiner Verteilung der Wahrheitswerte der Teilsätze *wahr* sein kann. Hat man eine solche Verteilung gefunden, ist die Behauptung widerlegt, daß es sich um eine Kontradiktion handelt.

Wir sahen, daß ein Schluß nur dann als gültig bezeichnet wird, wenn aus wahren Prämissen keine falschen Konklusionen ableitbar sind. Wenn also aus Prämissen eine Konklusion korrekt abgeleitet wurde, dann kann die Konklusion bei Wahrheit der Prämissen nicht falsch sein. Man kann dies auch so ausdrücken: Es findet ein *Wahrheitstransfer von den Prämissen auf die Konklusionen* statt. Bildlich gesprochen: Die Wahrheit der Prämissen wird in den Konklusionen sozusagen aufbewahrt, es findet eine Wahrheitskonservierung statt.

Stellt man nun fest, daß die Konklusionen falsch sind, dann bedeutet dies, daß die Prämissen nicht wahr sein können; denn aus wahren Prämissen können keine falschen Konklusionen folgen. Wenn wir z.B. die Sätze A und B behaupten und den abgeleiteten Satz C empirisch prüfen; wenn sich bei einer solchen Untersuchung zeigt, daß C nicht zutrifft, dann können auch die Prämissen A und B nicht wahr sein. Die Falschheit der Konklusionen schlägt also gewissermaßen auf die Prämissen zurück, d.h. es findet ein *Rücktransfer der Falschheit* statt.

Wenn jedoch die Prämissen falsch sind, dann können die Konklusionen wahr oder auch falsch sein. Ein Beispiel: Aus den beiden falschen Prämissen „Die meisten Bayern sind rothaarig" und „Die meisten Rothaarigen leben in Bayern" läßt sich die wahre Konklusion ableiten „Die meisten Bayern leben in Bayern". Daß aus falschen Prämissen u.a. wahre Konklusionen folgen, zeigt auch die folgende Überlegung. Eine logische Implikation ist wahr bei beliebigen Wahrheitswerten der Teilsätze. Diese Wahrheitswerte können auch so verteilt sein, daß die Prämissen falsch sind und die Konklusion wahr oder auch falsch ist. Wenn also eine Konklusion falsch ist, läßt dies einen Rückschluß auf die Falschheit der Prämissen zu. Ist die Konklusion wahr, ist beides möglich: Die Prämissen können wahr oder auch falsch sein. Diese Überlegungen faßt die folgende Tabelle zusammen.

Konklusionen	Prämissen	
	wahr	falsch
wahr	möglich	möglich
falsch	*unmöglich*	möglich

Jeder Forscher macht von diesen logischen Sachverhalten bei der *Überprüfung von Theorien* Gebrauch. Dabei werden für eine konkrete Situation Folgerungen aus einer Theorie abgeleitet. Solche Folgerungen werden auch manchmal als *Voraussagen* bezeichnet, die aus der Theorie folgen. Dabei handelt es sich aber nicht um Voraussagen in dem Sinne, daß eine Behauptung über das künftige Auftreten eines Explanandums getroffen wird (siehe Kapitel III, Abschnitt 5). Diese Folgerungen werden dann überprüft. Falls sich die Folgerungen bestätigen, gibt es keinen vernünftigen Grund, die Theorie zu verwerfen. Es wäre zwar denkbar, daß die Theorie falsch ist, da auch aus falschen Theorien empirisch richtige Folgerungen abgeleitet werden können. Aber solange wir nur zutreffende Folgerungen ableiten, ist es vernünftig, zunächst davon auszugehen, daß die Theorie zutrifft. Wenn sich allerdings Folgerungen nicht bestätigen, dann kann die Theorie nicht zutreffen, da, wie gesagt, aus einer zutreffenden Theorie keine falschen Konklusionen abgeleitet werden können. Entsprechend wird man die Theorie als widerlegt betrachten. Hier wendet man also den logischen Sachverhalt des Rücktransfers der Falschheit an.

Auch unsere Transformationsregeln der Sprache A haben die Eigenschaft, daß aus wahren Axiomen keine falschen Konklusionen ableitbar sind. Der Leser möge dies selbst überprüfen, indem er entsprechende Argumente konstruiert.

Der Kalkül von Sprache A ist nur ein Beispiel für viele andere bestehende Kalküle, für die ebenfalls die in der vorangegangenen Tabelle dargestellten Beziehungen zutreffen. Diese gelten z.B. für die Differential- und Integralrechnung, für den Aussagenkalkül – der zum Teil in dem hier beschriebenen Kalkül enthalten ist –, für den Prädikatenkalkül usw.

21. Kann die Realität widersprüchlich sein?

Die Begriffe „ableitbar" und „kontradiktorisch" bzw. „widersprüchlich" sind Eigenschaften, die *Sätzen* zukommen. Man kann also nur behaupten, daß *Sätze* voneinander ableitbar sind oder daß *Sätze* widersprüchlich sind. Das heißt z.B., daß aus realen Ereignissen nichts abgeleitet werden kann, daß reale Ereignisse auch nicht widersprüchlich sein können.

Wenn trotzdem häufig davon gesprochen wird, daß reale Ereignisse aus anderen ableitbar sind oder miteinander in Widerspruch stehen, dann werden diese Begriffe in anderer Weise als in der Logik verwendet. Dabei ist die Verwendungsweise dieser Begriffe im sozialwissenschaftlichen Bereich normalerweise unklar oder mehrdeutig. Wenn z.B. davon gesprochen wird, daß in einer Gesellschaft „Widersprüche" bestehen, dann sind nicht Kontradiktionen im logischen Sinne gemeint, sondern irgendwelche Beziehungen zwischen Fakten. Wenn z.B. im marxistischen Schrifttum behauptet wird, daß ein Widerspruch besteht zwischen der Tatsache, daß Produkte von mehreren Personen hergestellt werden, daß sich jedoch nur wenige Personen das Produkt aneignen, dann könnte gemeint sein, daß das gleichzeitige Vorhandensein dieser beiden *Sachverhalte* negativ bewertet wird, d.h. als widersinnig erscheint.

Ein Beispiel für die Verwendung des Begriffs „ableitbar", der nichts mit logischer Ableitbarkeit zu tun hat, ist die folgende Behauptung: „Aus der Tatsache, daß Person a ein Motiv für ihre Tat hatte, läßt sich ableiten, daß a die Tat begangen hat." Zu dieser Behauptung ist zu sagen, daß sich aus einem Motiv nichts ableiten oder folgern läßt, jedenfalls nicht in dem Sinne, wie die Begriffe „ableiten" und „folgern" in der Logik verwendet werden. Es könnte gemeint sein, daß man die Tatsache, daß a ein Motiv hatte, als eine *Bestätigung* der Behauptung betrachtet, daß a eine Straftat begangen hat.

Häufig wird auch behauptet, aus *Begriffen* lasse sich etwas ableiten. Auch dies ist eine nicht korrekte Verwendung des Ausdrucks „ableiten". Um Mißverständnisse zu vermeiden, erscheint es sinnvoll, die genannten Begriffe entweder nur in dem präzisen Sinne der Logik zu verwenden oder genau anzugeben, was mit ihnen gemeint ist.

22. Wann sind Tautologien wünschenswert?

Wenn aus bestimmten Prämissen eine Konklusion abgeleitet wird, dann ist, wie wir sahen, die gesamte Ableitung eine Tautologie. Dies bedeutet, daß der Wenn-dann-Satz, in dessen Wenn-Komponente die Prämissen und in dessen Dann-Komponente die Konklusion steht, logisch wahr (also eine Tautologie) ist. Dies bedeutet jedoch nicht, daß jeweils die Prämissen oder die Konklusion selbst Tautologien sind. Im Rahmen der empirischen Wissenschaften handelt es sich bei den Prämissen und Konklusionen normalerweise *nicht* um logisch wahre Aussagen. Dies verdeutlichen unsere Beispielsätze. Der Schluß von den Sätzen A und B auf den Satz C ist eine Tautologie. Keiner der Sätze A bis C ist jedoch selbst tautologisch.

Wir sagten bereits, daß die Theorien, die im Rahmen von Erfahrungswissenschaften formuliert werden, nicht tautologisch (oder, allgemein gesagt, analytisch wahr) sein sollen. Andererseits ist es jedoch sinnvoll, logische Beziehungen zwischen Sätzen herzustellen. D.h. im einen Falle sind Tautologien zu vermeiden, im anderen jedoch sind sie sinnvoll. Es ist deshalb wichtig zu unterscheiden zwischen der Ableitung (die eine Tautologie oder eine analytisch wahre Aussage ist) und den Sätzen, aus denen eine Ableitung besteht und die nicht tautologisch oder analytisch sein sollen - siehe hierzu unsere Ausführungen über den Informationsgehalt von Aussagen.

23. Analytisch wahre und analytisch falsche Sätze

Wir wollen in diesem Abschnitt genauer beschreiben als in Kapitel VI, Abschnitt 10, was man unter „analytisch" wahren bzw. falschen Sätzen versteht. Wir hatten uns bereits mit Sätzen befaßt, bei denen man aufgrund ihrer formalen Struktur sagen kann, daß sie aus logischen Gründen wahr (oder auch falsch) sind. So hat der Satz „Wenn der Hahn kräht ..." die Form:

(D) Wenn p, dann q oder nicht-q.

Wir brauchen die Bedeutung der Teilsätze gar nicht zu kennen, um sagen zu können, daß der Satz wahr ist. Ein Wenn-dann-Satz kann nur falsch sein, wenn der erste Teilsatz wahr und der zweite Teilsatz falsch ist. Der Teilsatz „q oder nicht-q" kann jedoch nicht falsch sein. Der Grund ist, daß ein Oder-Satz nur dann falsch ist, wenn beide Teilsätze falsch sind. Dies ist aber bei „q oder nicht-q" nicht möglich. Gleichgültig, ob „p" wahr oder falsch ist: Da „q oder nicht-q" immer wahr ist, kann der genannte Wenn-dann-Satz nicht falsch sein.

Es gibt darüber hinaus Sätze, deren Wahrheit oder Falschheit man zwar nicht an ihrer Form erkennen kann, bei denen aber eine Analyse der Bedeutung der Ausdrücke ergibt, daß sie nicht falsch (oder wahr) sein können. Betrachten wir den Satz:

(E) Wenn eine Person ein Akademiker ist, dann hat sie ein Hochschulstudium absolviert.

Analysiert man die Form des Satzes, kann man nicht erkennen, ob er logisch wahr oder falsch ist. Man könnte den Satz so symbolisieren: Wenn A, dann H. Es handelt sich hier deshalb nicht um eine Tautologie in dem Sinne, daß man die Wahrheit oder Falschheit an der Form des Satzes erkennen kann: Im Prinzip kann A wahr und H falsch sein. Trotzdem kann Satz (E) nicht falsch sein, und zwar allein aufgrund der Bedeutung der in dem Satz vorkommenden Begriffe: Wenn jemand ein Akademiker ist, dann *bedeutet* dies, daß er ein Hochschulstudium absolviert hat. Wir können also allein aufgrund der Bedeutung der in dem Satz vorkommenden Ausdrücke entscheiden, daß der Satz wahr ist. Eine Untersuchung der Realität ist nicht erforderlich. Dies gilt auch für den folgenden Satz:

(F) Wenn ein Gegenstand ein soziales System ist, dann besteht er aus Personen, die miteinander interagieren.

Vereinfacht läßt sich der Satz so formulieren: Alle sozialen Systeme bestehen aus Personen, die miteinander interagieren. Auch dieser Satz ist nicht tautologisch: Man kann seine Wahrheit oder Falschheit nicht an der bloßen Form des Satzes erkennen. Der Satz ist jedoch wahr aufgrund der Bedeutung der in ihm vorkommenden Ausdrücke: Der Begriff „soziales System" wird u.a. definiert als eine Menge von Personen, die miteinander interagieren.

Wir können also zwei Gruppen von Sätzen unterscheiden: Sätze, die aufgrund ihrer Form als wahr oder falsch erkannt werden können, und Sätze, die aufgrund der Bedeutung der in ihnen vorkommenden Ausdrücke wahr sind. Beide Klassen von Sätzen bezeichnet man als *analytisch wahre Sätze*. Tautologien heißen Sätze, deren Wahrheit allein durch die Bedeutung der Verknüpfungszeichen, der Klammern und des Negationszeichens ermittelt werden kann - siehe unsere Sprache A. Bei analytisch wahren Sätzen ist dagegen *auch* die Bedeutung anderer Ausdrücke wie z.B. der Prädikate von Bedeutung. Unser Beispielsatz (E) zeigt dies. Bei dem Satz „Herr Schmitz ist groß oder nicht groß" ist nur die Kenntnis der Bedeutung des Verneinungs- und Oder-Zeichens erforderlich, um zu erkennen, daß es sich um eine Tautologie handelt. Die tautologischen Sätze sind also eine Teilmenge der analytisch wahren Sätze.

Wir sagten, daß es auch Sätze gibt, die allein aufgrund der in ihnen vorkommenden Ausdrücke als *falsch* bezeichnet werden können, z.B.:

(G) Es gibt eine Person x, für die gilt: x ist ein Akademiker, und x hat *kein* Hochschulstudium absolviert.

Dieser Satz kann nicht wahr sein, und zwar aufgrund der Bedeutung der in ihm vorkommenden Ausdrücke: Wenn jemand ein Akademiker ist, dann hat er definitionsgemäß ein Hochschulstudium absolviert. Der Satz behauptet also: Es gibt eine Person, die ein Akademiker ist und gleichzeitig kein Akademiker ist.

Neben den kontradiktorischen Sätzen, die allein aufgrund ihrer Form als falsch erkannt werden können - z.B. p und nicht-p -, gibt es also eine weitere Klasse von Sätzen, die immer falsch sind. Die gesamte Klasse heißt *analytisch falsche Sätze*. Die kontradiktorischen Sätze sind also eine Teilmenge der analytisch falschen Sätze.

Es ist oft nicht einfach zu entscheiden, ob Sätze analytisch wahr oder falsch sind. Dies gilt dann, wenn die Bedeutung der in einem Satz verwendeten Ausdrücke unklar ist. Dies mag das folgende Beispiel demonstrieren:

(H) Wenn zwei Personen Zuneigung füreinander empfinden, dann empfinden sie auch Sympathie füreinander.

Man könnte behaupten, der Satz sei nicht analytisch wahr, da die Ausdrücke „Zuneigung füreinander empfinden" und „Sympathie füreinander empfinden" eine unterschiedliche Bedeutung haben. Es erscheint jedoch auch plausibel, daß beide Ausdrücke dasselbe bedeuten. Ohne eine Präzisierung der beiden Ausdrücke läßt sich die Frage, ob es sich um einen analytisch wahren Satz handelt, nicht eindeutig beantworten.[125]

---

[125] Zu der Unterscheidung zwischen analytischen und nicht-analytischen (d.h. synthetischen) Sätzen gibt es eine Kontroverse. Vgl. zur genaueren Charakterisierung von „analytisch wahr" und „analytisch falsch" und zu der Diskussion der Unterscheidung „analytisch - synthetisch" etwa Stegmüller 1969, S. 60-62; 1970, S.181-182, S. 206-211; 1968, S. 291-319. Eine leichter verständliche Darstellung findet man in Savigny 1970, S.103-120, ebenso in Carnap 1969, Abschnitte 27 und 28.

Auch bei dem bekannten Beispiel „Alle Schwäne sind weiß" ist es schwer zu entscheiden, ob die Farbe „weiß" ein Definitionsmerkmal des Begriffs „Schwan" ist oder nicht. Angenommen, jemand behaupte, er habe einen schwarzen Schwan gesehen. Falls „Alle Schwäne sind weiß" wirklich eine empirische Aussage ist, dann ist diese durch die Beobachtung eines schwarzen Schwans widerlegt. Handelt es sich aber bei der genannten Aussage um einen analytisch wahren Satz, dann kann es aus logischen Gründen keinen schwarzen Schwan geben, weil „weiß" ein Definitionsmerkmal von Schwan ist. Entsprechend ist auch ein schwarzer „Schwan" kein Schwan. Die Frage, ob der genannte Satz empirisch oder analytisch ist, kann nur entschieden werden, wenn der Begriff „Schwan" genauer definiert wird.

24. Die Verschleierung logischer Beziehungen durch das verwendete Vokabular

Da man in einer empirisch-theoretischen Wissenschaft analytisch wahre oder falsche Aussagen vermeiden will, ist es wichtig, diese zu erkennen. Dies bedeutet auch, daß es wichtig ist zu erkennen, ob Aussagen, die in verschiedener Weise formuliert sind, dasselbe bedeuten oder ob eine Aussage aus einer anderen ableitbar ist. Wir wollen in diesem Abschnitt zeigen, wie schwierig es oft ist, solche Beziehungen zwischen Aussagen zu erkennen.

Nehmen wir an, eine Theorie T_1 - also eine bestimmte Menge von Axiomen und Theoremen - sei formuliert und wir wollten versuchen, eine andere Theorie T_2 aus T_1 abzuleiten. T_1 bestehe u.a. aus folgendem Axiom:

T_1: Wenn eine Person p einen intensiven Wunsch hat (W) und wenn p glaubt, mittels bestimmter Aktivitäten a diesen Wunsch am besten realisieren zu können (R), dann wird p die Aktivitäten a ausführen (A). *In Symbolen: Wenn W und R, dann A.*

T_2 bestehe ebenfalls aus einem einzigen Axiom und laute:

T_2: Wenn ein Akteur m ein finanzielles Problem hat (F) und wenn er durch eine Unterschlagung dieses Problem am besten lösen zu können glaubt (G), dann wird er eine Unterschlagung begehen (U). *In Symbolen: Wenn F und G, dann U.*[126]

Vergleichen wir die beiden Symbolisierungen miteinander, so ergibt sich, daß zwischen T_1 und T_2 keinerlei logische Beziehungen bestehen. Eine kurze Überlegung zeigt jedoch, daß T_2 aus T_1 ableitbar ist. Wenn wir nämlich die Bedeutung der in T_2 verwendeten Wörter mit der Bedeutung der Wörter in T_1 vergleichen, dann ergibt sich folgendes: Mit dem Prädikat „finanzielles Problem" scheint dasselbe gemeint zu sein wie „den intensiven Wunsch haben, mehr Geld zu besitzen". Ein finanzielles Problem ist also eine bestimmte Art - d.h. eine (echte) Teilklasse - von Wünschen mit hoher Intensität. Weiterhin ist eine Unterschlagung eine bestimmte Art von Aktivitäten. Auch dürften die Ausdrücke „glauben, ein Problem durch eine Aktivität am besten lösen zu können" und „glauben, einen Wunsch durch eine Aktivität am besten realisieren zu können" dasselbe bedeuten. Wir sehen nun, daß die Wenn-Komponente von T_2 eine Spezialisierung der Wenn-Komponente von T_1 ist. Nach einer logischen Regel ist entsprechend T_2 aus T_1 ableitbar.

Vgl. auch von demselben Autor die beiden Aufsätze: „Meaning Postulates" und „Meaning and Synonymy in Natural Languages", in Carnap 1956b, S. 222-229 und S. 233-247. Eine deutsche Fassung des zuletzt genannten Aufsatzes findet sich in Sinnreich 1972, S. 145-163.

[126] Diese beiden Hypothesen sind in stark modifizierter und vereinfachter Weise dem folgenden Aufsatz entnommen: Heyt und Opp 1968. Unser Beispiel bezieht sich auf unseren Versuch, die *Theorie der Veruntreuung* von Donald R. Cressey aus der *Anomietheorie* abzuleiten.

Unser Beispiel illustriert einen Tatbestand, der in den Sozialwissenschaften sehr häufig vorkommt, wenn man Theorien in einen logischen Zusammenhang bringen oder miteinander vergleichen will: die *Verschleierung logischer Beziehungen zwischen Aussagen durch die verwendete Sprache*. Unser Beispiel enthielt verschiedene Wörter für die Bezeichnung von zum Teil gleichen Tatbeständen. Es kommt auch vor, daß gleiche Wörter für verschiedene Tatbestände verwendet werden. So bedeutet etwa das Wort „Integration" sehr Verschiedenes (vgl. hierzu etwa Landecker 1950/51, S. 332-340).

Die Verschleierung logischer Beziehungen zwischen Aussagen durch das verwendete Vokabular ist zuweilen sehr leicht erkennbar. Betrachten wir folgende Sätze:

Alle Menschen sind sterblich.
Jede Person wird einmal von dieser Erde abberufen.
Das Fleisch vergeht.

Obwohl kein einziges Wort in diesen drei Sätzen identisch ist, bedeuten die Sätze doch dasselbe, wie man leicht erkennen kann. Bei unserem vorigen Beispiel war dagegen die Beziehung zwischen den genannten Sätzen weitaus unklarer. In jedem Falle empfiehlt es sich bei dem Vergleich von Aussagen, die verwendeten Ausdrücke genau auf ihre Bedeutung hin zu analysieren.

3. Wozu soll man sozialwissenschaftliche Theorien formalisieren?

Kalküle sind prinzipiell nur dann für eine empirische Wissenschaft nützlich, wenn in diesen die logische Beziehung zwischen Sätzen eine Rolle spielt. Dies ist in einer empirischen Wissenschaft ohne Zweifel der Fall. So werden bei der empirischen Überprüfung von Gesetzesaussagen singuläre Sätze mit allgemeinen Sätzen konfrontiert. Es wird also gefragt, ob dann, wenn ein Gesetz wahr ist, auch ein singulärer Satz wahr sein „müßte". Weiterhin entstehen Probleme der genannten Art beim Vergleich mehrerer Theorien, d.h. bei der Frage, ob mehrere Theorien logisch miteinander vereinbar sind, sich widersprechen oder voneinander ableitbar sind. Diese Fragen illustrieren, daß die Probleme, für deren Lösung Kalküle prinzipiell nützlich sind, in den Sozialwissenschaften eine wichtige Rolle spielen.

Es fragt sich nun, ob man für die Lösung solcher Probleme überhaupt streng formale Vorgehensweisen benötigt. Reicht nicht das Alltagsverständnis aus, um die benötigten logischen Schlüsse zu ziehen? Diese Frage ist bei sehr einfachen Schlüssen zu bejahen. So braucht man keine Kalküle zu kennen, um aus dem Satz „Alle Menschen sind sterblich, und Sokrates ist ein Mensch" den Satz „Sokrates ist sterblich" zu folgern. Sobald aber die Axiome nur ein wenig komplizierter werden, führt das Alltagsverständnis nicht weiter. Der Leser möge dies aufgrund des folgenden Beispiels selbst beurteilen:

A. Wenn der Papst allgemein verbreitete Verhaltensweisen verbietet, kümmert sich niemand um das Verbot, und die Identifikation der Katholiken mit der Kirche geht zurück; auch die Zahl der Kirchenaustritte nimmt zu. Wenn die Zahl der Kirchenaustritte zunimmt, dann verbietet der Papst allgemein verbreitete Verhaltensweisen.

Es dürfte sehr schwierig sein, allein mit Hilfe des Alltagsverständnisses zu entscheiden, ob der folgende Satz aus Satz A logisch ableitbar ist: „Niemand kümmert sich um das päpstliche Verbot allgemein verbreiteter Verhaltensweisen". Ebenso schwierig ist die Entscheidung, ob aus Satz A der folgende Satz folgt: „Niemand kümmert sich um das Verbot, und die Identifikation der Katholiken mit der Kirche geht zurück."

Wenn wir jedoch A formalisieren, läßt sich sehr leicht entscheiden, ob die zuletzt genannten Sätze aus Satz A ableitbar sind. Formalisieren wir die genannten Sätze und ihre Verbindung mittels unseres Kalküls der Sprache A:

p   der Papst verbietet allgemein verbreitete Verhaltensweisen;
q   niemand kümmert sich um das Verbot des Papstes;
r   die Identifikation der Katholiken mit der Kirche geht zurück;
s   die Zahl der Kirchenaustritte steigt.

Satz A lautet nun formal:

(((wenn p, dann (q und r)) und s) und (wenn s, dann p)).

Es läßt sich zeigen, daß sowohl „q" als auch „(q und r)" aus Satz A logisch ableitbar sind.

Befassen wir uns nun mit den Vor- und Nachteilen der Anwendung von Kalkülen in den Sozialwissenschaften. Der *erste Vorteil* der Formalisierung von sozialwissenschaftlichen Theorien besteht darin, daß *Ableitungen leichter werden*. Wir sahen, daß ein Kalkül u.a. aus explizit formulierten Transformationsregeln besteht. Wenn wir nun eine Theorie formalisiert haben und bestimmte Sätze ableiten wollen, dann brauchen wir uns überhaupt nicht mehr um den Inhalt der Theorie zu kümmern, sondern wir brauchen nur die Symbole nach den formulierten „Spielregeln" so lange zu manipulieren, bis das zur Diskussion stehende Problem gelöst ist. Die Erleichterung bei der Ableitung besteht also darin, daß man rein mechanisch mit Zeichen spielt und inhaltliche Überlegungen völlig unberücksichtigt läßt.

Der *zweite Vorteil* einer Formalisierung von Aussagen besteht darin, daß *Ableitungen leichter kontrollierbar werden*. Prüft man logische Beziehungen zwischen Aussagen allein aufgrund des Alltagsverständnisses, dann wird es häufig unterschiedliche Meinungen darüber geben, ob eine Aussage A aus einer anderen Aussage B ableitbar ist oder nicht. Hätte man etwa bei dem zuletzt genannten Beispiel eine Reihe von Personen, die nicht mit der Logik vertraut sind, um eine Meinung darüber gebeten, ob die beiden genannten Sätze aus A ableitbar sind oder nicht, wären die Meinungen wahrscheinlich unterschiedlich gewesen. Wären dagegen Personen, die mit der Logik vertraut sind, um eine solche Entscheidung gebeten worden, wäre diese sicherlich einheitlich ausgefallen, da die Ableitungen nach eindeutigen Regeln - und nicht unter Berufung auf das Gefühl oder auf unmittelbare Evidenz - vorgenommen werden können und da jeder beurteilen kann, ob die Ableitung den Regeln entspricht oder nicht.

Wenn bei formalisierten Theorien Ableitungen besser prüfbar sind als bei nicht formalisierten Theorien, dann ist anzunehmen - und dies ist der *dritte Vorteil* der Formalisierung -, daß *falsche Ableitungen relativ leicht vermieden werden können*. Dies ist aus folgendem Grunde besonders wichtig. Wenn ein Theorem empirisch geprüft wird und sich als falsch erweist, wird man Axiome, aus denen das Theorem abgeleitet wurde, modifizieren oder eliminieren. Der Grund ist, daß - wie wir sahen - bei falschen Theoremen die Axiome niemals wahr sein können. Eine Modifikation oder Eliminierung von Axiomen ist aber nur sinnvoll, wenn die Ableitung logisch richtig ist. Es könnte jedoch der Fall sein, daß das geprüfte Theorem überhaupt nicht aus den Axiomen folgt, so daß bei einer Modifizierung oder Eliminierung von Axiomen unter Umständen eine richtige Theorie zu einer falschen umformuliert wird. Solche Fehler lassen sich vermeiden, wenn Theorien formalisiert sind.

Der *vierte Vorteil* einer Formalisierung ist, daß sie häufig zu *einer Präzisierung der Aussagen der zu formalisierenden Theorie zwingt*: Bei einer Formalisierung muß geklärt werden, (a) aus welchen Variablen (d.h. Prädikaten) die zu präzisierende Aussage besteht, (b) in welcher Beziehung diese Variablen zueinander stehen und schließlich (c) welcher Art von Objekten welche Merkmale zugeschrieben werden.

In vielen Schriften, in denen eine Theorie vorgeschlagen oder diskutiert wird, ist unklar, welche Aussagen die Axiome und welche die Theoreme der Theorie sind. Dies gilt z.B. für die Anomietheorie in der Version von Robert K. Merton (Merton 1957). Eine zentrale These ist, daß in der Unterschicht Kriminalität relativ häufig auftritt, da hier zwar dieselben kulturell definierten Ziele akzeptiert werden wie in der Mittelschicht, jedoch die Mittel zur Realisierung der Ziele gemäß den in der Gesellschaft akzeptierten Normen nur in geringem Maße vorliegen. Von vielen Forschern wird die genannte Schicht-Hypothese als Bestandteil der Anomietheorie angesehen. Demnach ist eine Widerlegung der Schichthypothese gleichzeitig eine Widerlegung der Anomietheorie. Es fragt sich jedoch, ob die Schicht-Hypothese nur ein Theorem ist, das unter der Annahme bestimmter Bedingungen aus der Anomietheorie folgt. Um eine solche Frage zu klären, muß man die Anomietheorie formalisieren. Dabei wird u.a. geklärt, welche der formalisierten Aussagen Axiome und welche Theoreme sind. Ein *fünfter Vorteil* einer Formalisierung ist also, daß sie *zur Klärung der logischen Struktur einer Theorie beiträgt*, d.h. zur Klärung der Frage, was die Axiome und was die Theoreme einer Theorie sind. Dies bedeutet ebenfalls, daß eine Formalisierung die logische Kritik einer Theorie erleichtert. Zunächst können bei einer formalisierten Theorie relativ leicht Widersprüche aufgedeckt werden. Wenn *mehrere* Theorien formalisiert sind, können diese relativ leicht miteinander verglichen werden.

Nehmen wir an, ein Sozialwissenschaftler habe eine Theorie formalisiert. Da, wie wir sahen, durch eine solche Formalisierung Ableitungen erleichtert werden, ist es möglich, daß der Forscher neue Hypothesen, d.h. Theoreme, entdeckt, die vorher unbekannt waren. Diese Hypothesen sind selbstverständlich nur neu in dem Sinne, daß sie den Wissenschaftlern vor der Ableitung unbekannt waren; sie sind dagegen nicht neu im logischen Sinne, da sie ja in der Theorie enthalten sind. Trotzdem ist die Entdeckung neuer Theoreme wissenschaftlich von großer Bedeutung. Die neuen Theoreme könnten z.B. Aussagen sein, die sich empirisch als unzutreffend erweisen. Wird nämlich ein abgeleitetes Theorem empirisch widerlegt, dann ist das Axiomensystem und damit die Theorie falsifiziert. Ein *sechster Vorteil* einer Formalisierung besteht also darin, daß *häufig neue Theoreme aus den Axiomen einer Theorie abgeleitet werden*.

Siebtens führt der Versuch, eine Theorie zu formalisieren, häufig zur *Entdeckung neuer Hypothesen*. Ein Beispiel mag dies illustrieren. In der Sozialpsychologie wurde im Jahre 1956 die mathematische Graphentheorie von Dorwin Cartwright und Frank Harary (1956) zur Formalisierung von Fritz Heiders kognitiver Gleichgewichtstheorie angewendet. Seit dieser Zeit wird die Graphentheorie relativ häufig in den Sozialwissenschaften angewendet mit der Konsequenz, daß eine Reihe von neuen Hypothesen formuliert wurde.[127] Dabei wurden nicht nur neue Hypothesen aus den Formalisierungen gewonnen, die Formalisierungen hatten vielmehr auch eine heuristische Funktion. Dieses Beispiel zeigt u.a., daß eine Formalisierung oft nicht nur eine Übersetzung in eine formale Sprache ist, sondern zu einer *Weiterentwicklung* der formalisierten Theorie führt.

Die Formalisierung einer Theorie kann jedoch für den theoretischen Fortschritt auch *Nachteile* haben. *Erstens* wird zuweilen *durch eine Formalisierung die Unklarheit der Begriffe einer Theorie verschleiert*. Nehmen wir z.B. an, eine Theorie bestehe aus Begriffen wie Werte, System, Gleichgewicht, Überleben und bestimmten Beziehungen zwischen diesen Begriffen. Dies sind äußerst unklare und mehrdeutige Begriffe. Wenn man die Theorie mit diesen Be-

---

[127] Wir denken hier vor allem an die Anwendung im Rahmen der kognitiven Gleichgewichtstheorien. Vgl. hierzu etwa Hummell 1969; Taylor 1970.

griffen formalisiert - man könnte z.B. Sätze mit diesen Begriffen bilden und diese Sätze durch Gleichungen formalisieren -, dann sind die Mängel der Theorie in bezug auf die genannten Begriffe keineswegs behoben. Die Formalisierung könnte nun die Konsequenz haben, daß man aufgrund der formalen Klarheit der Theorie, die allein durch die Formalisierung erreicht werden soll, die genannten Mängel übersieht.

Ein *zweiter Nachteil* ist, daß häufig *durch eine Formalisierung der geringe Informationsgehalt einer Theorie verschleiert wird*. D.h. eine Theorie, die nur einen Bruchteil der anstehenden Probleme löst, aber formalisiert ist, könnte aufgrund ihrer klaren formalen Struktur sehr positiv beurteilt werden. Es ist also zu beachten, daß die klare formale Struktur einer Theorie nicht das einzige Kriterium ist, nach dem ihre Fruchtbarkeit zu beurteilen ist.

Trotz der vielen Vorteile einer Formalisierung sollte folgendes beachtet werden: *Kein Kalkül informiert einen Forscher darüber, welche Theorie seine Probleme am besten löst.* Ob z.B. die Anomietheorie oder die ökonomische Kriminalitätstheorie Kriminalität besser erklären, erfährt man nicht allein durch eine Formalisierung. Bevor man eine Theorie formalisiert, muß man sie erst erfinden. Wenn man die Theorie formalisiert hat, weiß man nicht, inwieweit sie sich in empirischen Untersuchungen bewährt. Falls sie sich nicht bewährt, müssen Entscheidungen der Art getroffen werden, ob und ggf. wie man die Theorie modifiziert oder ob man nach einer neuen Theorie sucht. Alle diese Probleme können nicht nur durch die Mathematik oder Logik gelöst werden. Trotzdem - und dies ist das Resümee dieses Kapitels - sind *Logik und Mathematik wichtige Instrumente für einen Erkenntnisfortschritt in den Sozialwissenschaften.*

VIII. Zur empirischen Prüfung sozialwissenschaftlicher Theorien

Wenn wir mit sozialwissenschaftlichen Theorien reale Sachverhalte erklären oder voraussagen wollen oder wenn sozialwissenschaftliche Theorien für praktisches Handeln angewendet werden sollen, dann reicht es nicht aus, wenn diese Theorien präzise sind, einen hohen Informationsgehalt haben und logisch einwandfrei konstruiert sind. Unsere Theorien sollen auch zutreffen oder zumindest der Wahrheit möglichst nahekommen. Eine völlig falsche Theorie kann noch so präzise sein, ihr empirischer Gehalt kann noch so hoch sein - für die genannten Zwecke ist sie nicht brauchbar. In diesem Kapitel wollen wir uns mit einigen Problemen befassen, die bei der empirischen Prüfung sozialwissenschaftlicher Theorien - d.h. bei dem Versuch, die Wahrheit sozialwissenschaftlicher Theorien zu ermitteln - auftreten.

1. Wie kann man die Wahrheit sozialwissenschaftlicher Aussagen erkennen?

Was bedeutet es, wenn wir sagen, eine Theorie sei „wahr" oder „falsch"? Wenn wir z.B. behaupten „Herr a wohnt in Leipzig", dann ist dieser Satz dann und nur dann wahr, wenn Herr a tatsächlich in Leipzig wohnt. Weiterhin ist z.B. der Satz „Alle Gesellschaften haben ein Inzesttabu" dann und nur dann wahr, wenn tatsächlich alle Gesellschaften ein Inzesttabu haben. Allgemein kann man sagen: *Eine Aussage ist dann und nur dann wahr, wenn das, was sie behauptet, den Tatsachen entspricht.*[128] Eine Aussage, die nicht wahr ist, ist falsch. Wir müßten hier genauer von faktischer - im Gegensatz zu analytischer bzw. logischer - Wahrheit sprechen. Da uns jedoch im folgenden ausschließlich die faktische Wahrheit von Aussagen interessiert, sprechen wir der Einfachheit halber anstatt von „faktischer Wahrheit" nur von „Wahrheit".

Wenn wir die Prädikate „wahr" und „falsch" in der genannten Weise definieren, sind folgende Aussagen möglich:

Ein Satz wird von einem Wissenschaftler für wahr gehalten, in Wirklichkeit ist er jedoch falsch.

Ein Satz wird für falsch gehalten, in Wirklichkeit ist er jedoch wahr.

Ein Satz ist zwar gut bestätigt, er ist jedoch falsch.

Ein Satz ist bisher nicht überprüft worden, er ist jedoch wahr.

Ein Satz hat sich zu einem bestimmten Zeitpunkt bestätigt und zu einem anderen Zeitpunkt nicht bestätigt.

Es ist *nicht* möglich, z.B. zu behaupten:

Ein Satz ist zu einem bestimmten Zeitpunkt wahr und zu einem anderen Zeitpunkt falsch.

---

[1] Diese Definition bezeichnet man als die Korrespondenz-Theorie der Wahrheit. Die grundlegende Arbeit hierzu ist Tarski 1944. „Theorien" der Wahrheit werden vor allem in folgenden Arbeiten Karl R. Poppers diskutiert: 1972; 1966, S. 369-396. Die folgenden Ausführungen sind der Konzeption Poppers sehr stark verpflichtet. Vgl. auch Stegmüller 1968. Einführend siehe vor allem Musgrave 1993.

Aufgrund der genannten Definition von „Wahrheit" und „Falschheit" wissen wir zwar, unter welchen Bedingungen eine Aussage wahr oder falsch ist - nämlich wenn sie bzw. wenn sie nicht mit den Fakten übereinstimmt. Wir besitzen jedoch kein Kriterium, nach dem wir sicher entscheiden können, ob eine gegebene Aussage wahr oder falsch ist. Wenn wir eine Aussage als wahr bezeichnen, wissen wir nicht genau, ob wir uns nicht geirrt haben. Die *Möglichkeit des Irrtums* besteht bei noch so starkem Evidenzgefühl und bei noch so vielen Fakten, die für eine Theorie sprechen, wie wir noch im einzelnen sehen werden. Die Geschichte der Wissenschaften zeigt, daß immer wieder „evidente" oder gut bestätigte Theorien durch andere Theorien ersetzt wurden, die offensichtlich besser mit den Fakten übereinstimmten als die alten Theorien.

Genauso, wie wir uns irren können, wenn wir eine Aussage als wahr bezeichnen, ist es auch möglich, daß wir fälschlicherweise eine Aussage als falsch bezeichnen. D.h. wir können eine Theorie verwerfen, obwohl sie in Wirklichkeit wahr ist. So finden wir in der Wissenschaftsgeschichte auch Beispiele dafür, daß Theorien offensichtlich irrtümlicherweise für falsch gehalten wurden. Die Situation ist also folgende: Wir verstehen zwar den Sinn der Prädikate „wahr" und „falsch", wir kennen jedoch keine Methode, mit der sicher festgestellt werden kann, ob bestimmten Aussagen die Prädikate „wahr" oder „falsch" zukommen oder nicht.

Wenn wir auch keine Methode kennen, die eine endgültige Entscheidung über die Wahrheit oder Falschheit einer Aussage zuläßt, so gibt es doch eine Methode, mit der wir hoffen können, *der Wahrheit näherzukommen*: indem wir nämlich versuchen, Theorien möglichst strenger Kritik zu unterziehen, d.h. Irrtümer zu finden und zu korrigieren. Es ist also anzunehmen, daß diese *Methode der kritischen Prüfung* am ehesten dazu führt, Irrtümer zu finden und zu korrigieren.

Wenn wir sagen „der Wahrheit näherkommen", so impliziert dies, daß es möglich ist, nicht nur zwischen wahr und falsch, sondern zwischen *mehr oder weniger wahr bzw. falsch* zu unterscheiden. Man kann eine Aussage als um so wahrer bezeichnen, je mehr wahre Aussagen in dieser Aussage logisch enthalten sind und je geringer die Zahl der abgeleiteten Aussagen ist, die falsch sind (Popper 1972). Die Unterscheidung zwischen mehr oder weniger wahren Aussagen erscheint auch vom Alltagsverständnis her plausibel. Wenn etwa behauptet wird „Die Züge von Hamburg nach Leipzig haben immer Verspätung", so könnte man darauf erwidern: „Diese Aussage ist nicht (vollständig) wahr, da gestern der Zug um 7.31 Uhr keine Verspätung hatte. Die Behauptung ist jedoch insofern auch nicht (vollständig) falsch, da der gleiche Zug vorgestern tatsächlich Verspätung hatte." Wenn es auch große Schwierigkeiten bereitet, den Begriff der Wahrheitsnähe in präziser Weise zu fassen, so erscheint er uns als *regulative Idee*, d.h. als ein Nahziel, nach dessen Erreichung man streben sollte, fruchtbar zu sein. Der Leser, der sich damit nicht anfreunden kann, mag im folgenden Ausdrücke, die sich auf die „Wahrheitsnähe" beziehen, durch Ausdrücke ersetzen, in denen nur „Wahrheit" vorkommt.

Wenn wir nie mit Bestimmtheit wissen, ob eine Theorie vollständig wahr ist, woher wissen wir dann, daß die Methode der kritischen Prüfung geeignet ist, der Wahrheit immer näher zu kommen? Wir besitzen heute eine Reihe von Theorien - insbesondere in den Naturwissenschaften -, von denen wir glauben, daß sie der Wahrheit sehr nahekommen: Sie können erfolgreich für praktisches Handeln angewendet werden und ergeben richtige Erklärungen und Voraussagen. Weiterhin bestätigen sie sich bei noch so strengen Prüfungen. Dieser Erfolg konnte nur erreicht werden, indem diese Theorien fortlaufend der Kritik unterzogen wurden, d.h. indem Wissenschaftler immer wieder versuchten, diese Theorien zu widerlegen, und indem sie Irrtümer korrigierten. Die Fruchtbarkeit der Methode der kritischen Prüfung zeigt sich also darin, daß sie faktisch zur Formulierung von Theorien führte, von denen wir bei unserem gegenwärtigen Wissensstand annehmen, daß sie nur sehr wenige oder vielleicht sogar überhaupt keine Irrtümer enthalten.

Die Fruchtbarkeit der Methode der kritischen Prüfung zeigt sich vor allem dann, wenn man sie mit alternativen Methoden vergleicht. So könnte man etwa Aussagen dann als wahr deklarieren, wenn sie von Personen bestimmter Art behauptet werden - etwa von Bischöfen. Ebenso wäre es möglich, Aussagen dann als wahr zu bezeichnen, wenn sie Evidenzgefühle auslösen. Es hat sich jedoch immer wieder gezeigt, daß Aussagen sehr häufig nicht mit den Fakten übereinstimmen, wenn sie von Personen mit bestimmten Merkmalen behauptet wurden oder wenn sie evident erschienen.[129]

2. Möglichkeiten der Kritik sozialwissenschaftlicher Theorien

Aus dem bisher Gesagten ergibt sich nur eine relativ uninformative Regel: „Versuche, eine Theorie einer möglichst strengen Kritik zu unterziehen." Im folgenden wollen wir eine Reihe konkreter Möglichkeiten aufzeigen, die angeben, in welcher Weise eine Theorie wirksam kritisiert werden kann.

20. Die Prüfung einer Theorie durch die Konfrontierung mit alternativen Theorien

Nehmen wir an, wir wollten ermitteln, ob eine gegebene Theorie T_1 zutrifft. Eine Möglichkeit wäre herauszufinden, ob diese Theorie nicht mit (mindestens) einer anderen Theorie, die dieselben Sachverhalte erklärt, in einem logischen Widerspruch steht. Dies bedeutet, daß T_1 und die anderen Theorien nicht gleichzeitig wahr sein können (d.h. daß eine Und-Verknüpfung der Theorien einen analytisch falschen Satz ergibt). Es existieren also zwei im strengen Sinne *alternative Theorien*, die logisch widersprüchlich sind. Stellt man fest, daß z.B. zwei Theorien T_1 und T_2 widersprüchlich sind, und daß T_2 besser durch Daten gestützt wird, dann spricht dies zunächst einmal gegen T_1.

Oft stehen jedoch unterschiedliche Theorien, die dieselben Sachverhalte erklären, nicht in einem logischen Widerspruch. Es gibt viele Theorien, die gleiche - oder zumindest zum Teil gleiche - Sachverhalte erklären, jedoch unterschiedliche Ursachen anführen. So erklärt die Theorie der kognitiven Dissonanz teilweise gleiche Phänomene wie die Lerntheorien; die Faktoren, die von den Theorien zur Erklärung angeführt werden, sind jedoch verschieden. Dies gilt auch für die Theorien, die Kriminalität erklären. Soziologische Theorien betonen soziale Faktoren, biologische Theorien biologische Faktoren. Es könnte behauptet werden, daß beide Arten von Faktoren Kriminalität verursachen. So könnte z.B. Gewaltkriminalität sowohl durch soziale Faktoren als auch durch bestimmte biologische Dispositionen bedingt sein.

Illustrieren wir diese beiden Arten von Beziehungen zwischen Theorien an einem Beispiel. Beginnen wir mit zwei Theorien, die nicht widersprüchlich sind.: Eine *soziologische* Theorie der Kriminalität T_s behaupte:

---

[2] Eine Darstellung und Kritik solcher alternativer Methoden und einen Vergleich dieser mit der Methode der kritischen Prüfung, die insbesondere von Karl R. Popper entwickelt wurde, findet man etwa bei Albert 1978, 1991. Vgl. auch Musgrave 1993.

T_s: Wenn, und nur wenn eine Person x bestimmte soziale Merkmale S hat, dann hat sie auch das Merkmal, kriminell (K) zu sein, d.h.: (Wenn, und nur wenn S, dann K).

Eine *biologische* Theorie T_b behaupte, daß bestimmte biologische Merkmale B für die Entstehung von Kriminalität von Bedeutung sind - etwa bestimmte Genstrukturen:

T_b: Wenn, und nur wenn eine Person x bestimmte biologische Merkmale B hat, dann hat sie auch das Merkmal, kriminell (K) zu sein, d.h.: (Wenn, und nur wenn B, dann K).

Sind diese Theorien widersprüchlich, d.h. ist die Behauptung, daß beide Theorien zutreffen, logisch falsch? Ist dies der Fall, dann müßte der folgende Und-Satz aus logischen Gründen falsch sein, d.h. er darf nicht wahr sein können:

(Wenn, und nur wenn S, dann K) *und* (Wenn, und nur wenn B, dann K).

Beide Teilsätze können jedoch gleichzeitig wahr sein. Angenommen, jemand weise das Merkmal K auf. Dies schließt nicht aus, daß er gleichzeitig Merkmal S und B hat. Dies bedeutet, daß beide Teilsätze wahr sein können, d.h. es liegt kein Widerspruch vor.

Betrachten wir nun den Fall widersprüchlicher Theorien. In unserem Beispiel wird ein Vertreter der soziologischen Theorie kaum zugestehen, daß neben den sozialen auch biologische Faktoren Kriminalität bedingen. Er wird vielmehr behaupten, daß soziologische und *nicht* biologische Merkmale eine Ursache der Kriminalität sind. Ähnlich werden Biologen (zumindest für bestimmte Arten der Kriminalität) behaupten, daß biologische und *nicht* soziale Merkmale Determinanten der Kriminalität sind. D.h. die biologische und soziologische Theorie der Kriminalität sind unvereinbar bzw. widersprüchlich. Wir können beide Theorien so formulieren:

T_s: Wenn, und nur wenn eine Person x bestimmte soziale Merkmale S hat, aber *nicht* wenn Sie bestimmte biologische Merkmale B hat, dann hat sie auch das Merkmal, kriminell (K) zu sein, d.h.: (Wenn, und nur wenn S und nicht-B, dann K).

T_b: Wenn, und nur wenn eine Person x bestimmte biologische Merkmale B hat, aber *nicht* wenn sie bestimmte soziale Merkmale S hat, dann hat sie auch das Merkmal, kriminell (K) zu sein, d.h.: (Wenn, und nur wenn B und nicht-S, dann K).

Sind beide Theorien widersprüchlich? Wenn dies der Fall ist, dann müßte der folgende Satz immer falsch sein:

(Wenn, und nur wenn S und nicht-B, dann K) *und* (Wenn, und nur wenn B und nicht-S, dann K).

Mit der im vorigen Kapitel VII, Abschnitt 2, gezeigten Vorgehensweise läßt sich in der Tat zeigen, daß diese komplexe Und-Aussage nicht wahr sein kann. Beide Theorien sind also widersprüchlich.

In den Sozialwissenschaften gibt es zu fast jedem sozialen Sachverhalt unterschiedliche Theorien, die diesen Sachverhalt erklären. Es wird selten klar, ob es sich um alternative Theorien im strengen Sinne, d.h. um widersprüchliche Theorien, oder um Theorien handelt, die lediglich behaupten, daß bestimmte Sachverhalte A, aber auch andere Sachverhalte B als Ursachen für ein Explanandum in Betracht kommen. Wir vermuten, daß die meisten Theorien eher alternative Theorien im strengen Sinne sind.

Oft wird jedoch nicht von den Vertretern einer Theorie ausgeschlossen, daß bestimmte Faktoren, die von einer anderen Theorie als Ursachen behauptet werden, ebenfalls von Bedeutung sind, daß aber die Wirkungen der Faktoren der anderen Theorie geringer sind. So könnten Soziologen zugestehen, daß zuweilen biologische Faktoren von Bedeutung sind, daß diese jedoch nur geringe Wirkungen haben. In diesem Falle müßten die obigen Aussagen so formuliert werden:

T_s: Wenn eine Person x bestimmte soziale Merkmale S und bestimmte biologische Merkmale B hat, dann haben die Merkmale S einen *stärkeren* Effekt auf Kriminalität (K) als die Merkmale B.

T_b: Wenn eine Person x bestimmte soziale Merkmale S und bestimmte biologische Merkmale B hat, dann haben die Merkmale S einen *geringeren* Effekt auf Kriminalität (K) als die Merkmale B.

Die Wirkungen der betreffenden Merkmale könnten mittels statistischer Verfahren - z.B. einer Regressionsanalyse - überprüft werden.

Bisher bewegen wir uns nur auf der Ebene der logischen Analyse. Die bloße logische Analyse der Beziehungen zwischen Theorien läßt noch kein Urteil darüber zu, welche Theorie zutrifft bzw. sich besser bewährt hat. Hierzu müssen empirische Untersuchungen durchgeführt werden - wir werden hierauf noch näher eingehen.

Wir haben uns bisher mit *gegebenen* Theorien befaßt. Dabei stellt jede der alternativen Theorien eine Kritik der anderen Theorie dar. Jede Theorie enthält Folgerungen, die, falls sie sich empirisch bewähren, die andere Theorie widerlegen. Man könnte jedoch auch eine gegebene Theorie in der Weise kritisieren, daß man *neue Theorien erfindet*, aus denen Folgerungen gezogen werden können, die bestehende Theorien in Zweifel ziehen.

Das obige Beispiel illustriert, wie wichtig die *empirische Konfrontierung* von Theorien ist, d.h. die vergleichende empirische Überprüfung von Folgerungen aus mindestens zwei Theorien. Zeigen wir dies etwas genauer. Angenommen, Soziologen nehmen biologische Theorien nicht zur Kenntnis. In ihren Untersuchungen werden sie also biologische Faktoren nicht messen. Entsprechend wird man nur prüfen, ob immer dann, wenn S bzw. nicht-S vorliegt, auch K bzw. nicht-K auftritt. Es wäre nun denkbar, daß S sehr häufig mit B zusammen oder nicht-S mit nicht-B auftritt. Selbst wenn die soziologische Theorie falsch ist, wird man dies nicht bemerken. Weiter wäre es denkbar, daß sich die soziologische Theorie in einigen Situationen nicht besonders gut bewährt. Der Grund mag sein, daß hier die biologischen Faktoren andere Werte als die soziologischen Faktoren haben und somit nicht den von T_s vorausgesagten Effekt haben. Da jedoch die Soziologen die biologische Theorie nicht zur Kenntnis nehmen, werden sie die Falsifizierungen als „Anomalie" abtun und sich zunächst einmal nicht darum kümmern oder vielleicht vergeblich versuchen, ihre Theorie zu modifizieren. Wenn man dagegen systematisch versucht, Theorien mit anderen Theorien zu konfrontieren, wird man solche Testsituationen suchen, in denen die relevanten Faktoren *beider* Theorien unterschiedliche Ausprägungen haben. Damit ist eher die Chance gegeben, Fehler von Theorien zu finden.

Theorien sind nicht nur dann eine gegenseitige kritische Instanz, wenn sie widersprüchlich sind. Eine Theorie T_A („A" steht hier für „allgemein") ist auch dann für die Kritik einer anderen Theorie T_S („S" steht hier für „speziell") von Bedeutung, wenn aus T_A Folgerungen ableitbar sind, die entweder identisch mit Folgerungen aus T_S oder unvereinbar mit Folgerungen aus T_S sind. T_A ist dann eine besonders wichtige kritische Instanz, wenn sich T_A

relativ gut bewährt hat. Lassen sich aus T_A die speziellere T_S oder Folgerungen aus T_S ableiten, dann spricht dies für die Richtigkeit von T_S. Folgt dagegen aus T_A eine Modifikation von T_S, dann spricht dies gegen T_S. Um also eine Theorie T_S einer kritischen Analyse zu unterziehen, könnte man aus dieser Theorie Folgerungen ableiten und diese dann mit den Folgerungen einer allgemeineren Theorie vergleichen.

Demonstrieren wir dies an einem Beispiel. Vereinfacht gesagt, behauptet die Anomietheorie, daß Kriminalität dann entsteht, wenn Personen für die Realisierung ihrer Ziele in der in der Gesellschaft akzeptierten Weise keine Mittel zur Verfügung stehen. Eine andere Theorie behaupte, daß die Kriminalität mit der Schichtzugehörigkeit zusammenhängt, d.h. Personen der Unterschicht begehen häufiger Straftaten als Personen der Mittelschicht. Beide Theorien sind so, wie wir sie formuliert haben, nicht widersprüchlich. Es erscheint jedoch plausibel anzunehmen, daß die Schicht-Hypothese nur dann gilt, wenn in der Unterschicht die von der Anomietheorie als Ursache für Kriminalität behauptete Diskrepanz zwischen Zielen und legitimen Möglichkeiten besteht. Dies ist eine Folgerung aus der Anomietheorie. Ausgehend von der Anomietheorie, die hier die allgemeinere Theorie ist, würden wir also die Schichthypothese in Zweifel ziehen.[130] In ähnlicher Weise werden häufig generelle Theorien - etwa die Wert-Erwartungstheorie - zur Modifizierung spezieller Aussagen angewendet.

Die Suche nach alternativen Theorien für eine Theorie wird man nicht auf den Bereich der Einzelwissenschaft, zu der die Theorie traditionellerweise gehört, beschränken. Wenn man z.B. eine soziologische Theorie mit einer alternativen Theorie konfrontieren will, dann besteht kein Grund, allein solche Theorien für eine Konfrontierung heranzuziehen, die aus dem Gebiet der Soziologie stammen. Es wäre ja möglich, daß es in der Sozialpsychologie oder in der Wirtschaftswissenschaft Theorien gibt, die der betreffenden Theorie widersprechen.

Ebenso besteht kein Grund dafür, alternative Theorien lediglich bestimmten sozialwissenschaftlichen Richtungen bzw. Schulen zu entnehmen. Manche Vertreter dieser Schulen sind der Meinung, sie sollten nur solche Theorien miteinander konfrontieren, die aus derselben Richtung stammen. Dies käme jedoch einer *Immunisierung dieser Theorien gegen Kritik von außen* gleich: Die Diskriminierung anderer Theorien könnte nämlich die Konsequenz haben, daß Irrtümer des eigenen Ansatzes im Dunkeln bleiben; denn die nicht in Betracht gezogenen Theorien könnten einen weitaus höheren Wahrheitsgehalt als die Theorien der „eigenen" Schule haben.[131]

---

[3] Vgl. hierzu im einzelnen Opp und Wippler 1990, Kap. I. Bei dem vorangegangenen Beispiel könnte auch aus der Sicht der Schicht-Hypothese die Anomietheorie in Zweifel gezogen werden: man behauptet, daß eine Diskrepanz zwischen Zielen und legalen Mitteln nur dann zu Kriminalität führt, wenn Personen der Unterschicht angehören. Sicherlich ist dies unplausibel. Wie dem auch sei: Wenn sich aus einer Theorie plausible Bedingungen ergeben, unter denen eine andere Theorie gilt, dann weist dies auf Probleme der betreffenden Theorie hin. Es lohnt sich in einem solchen Falle, empirische Untersuchungen durchzuführen, um zu entscheiden, welche der Theorien zutrifft.

Zum Theorienvergleich gibt es eine umfangreiche Diskussion unter Soziologen. Vgl. hierzu die sehr informative Zusammenfassung von Schmid 2001.

[4] Einer der Hauptvertreter der in der ehemaligen DDR gepflegten marxistischen Soziologie - Erich Hahn - ging sogar so weit, daß er ausdrücklich methodologische Regeln formulierte, die eine Konfrontierung marxistischer Hypothesen mit nicht-marxistischen Hypothesen ausschließen. Vgl. hierzu im einzelnen Opp 1972; Musto 1973; Opp 1974b.

Wir sehen also erstens, daß die Entdeckung oder Konstruktion alternativer Theorien prinzipiell eine Möglichkeit der Kritik von Theorien darstellt. Zweitens werden Wissenschaftler bei der Existenz alternativer Theorien gezwungen, sich weiter mit der Kritik sowohl der vorliegenden als auch der alternativen Theorie zu befassen, da ja eine der Theorien Probleme aufweisen könnte. Somit hat der Versuch, alternative Theorien zu formulieren und diese miteinander zu vergleichen, für den Erkenntnisfortschritt sehr positive Konsequenzen.

21. Die Prüfung einer Theorie durch die Suche nach internen Widersprüchen

Es ist selbstverständlich, daß die Axiome, d.h. die allgemeinsten Aussagen einer Theorie, widerspruchsfrei sein müssen. Ist dies nicht der Fall, können beliebige Aussagen aus ihnen abgeleitet werden (siehe Kapitel VII). Allein schon um dies zu vermeiden, wird man eine Theorie zunächst daraufhin analysieren, ob interne Widersprüche vorliegen.

In den Sozialwissenschaften sind Theorien üblicherweise nicht axiomatisiert und formalisiert. Sie bestehen vielmehr aus einer Menge von Aussagen, die man gemeinsam als eine „Theorie" bezeichnet, weil man diese Aussagen als zusammengehörig betrachtet und vermutlich auch glaubt, daß sie in einem deduktiven Zusammenhang stehen. Dieser Zusammenhang wird aber üblicherweise nicht demonstriert. Dies mag am Beispiel der Theorie der kognitiven Dissonanz (Festinger 1957) illustriert werden. Im ersten Kapitel seines Buches formuliert Festinger einige Aussagen, die dann in späteren Kapiteln auf verschiedene Phänomene angewendet werden. Es ist unklar, wie genau der logische Zusammenhang zwischen den einzelnen Aussagen ist. Vor allen Dingen weiß man nicht genau, ob die berichteten Ergebnisse von Experimenten oder auch nicht-experimentellen Untersuchungen wirklich mit der Theorie vereinbar sind.

Eine Voraussetzung dafür, die Richtigkeit der Theorie beurteilen zu können, bestünde darin zu wissen, inwieweit die einzelnen Aussagen, die als „Theorie" bezeichnet werden - also etwa die Aussagen in dem genannten Buch von Festinger -, wirklich in einem deduktiven Zusammenhang stehen. Dies ermöglicht oder erleichtert es zu prüfen, ob sich einzelne Axiome widersprechen, d.h. ob analytisch falsche Aussagen aus der Theorie ableitbar sind.

Mit der Prüfung einer Theorie auf Widersprüche ist zwar keine Prüfung ihrer Wahrheit erreicht, aber eine logische Bereinigung ist sozusagen der erste Schritt für eine Überprüfung: Erst wenn man weiß, daß eine Theorie nicht widerspruchsvoll ist, informiert sie ja über die Realität. Erst dann kann ermittelt werden, welche Untersuchungsergebnisse die Theorie bestätigen oder widerlegen.

22. Die Prüfung einer Theorie durch die Konfrontierung mit Fakten

Wenn wir feststellen wollen, ob eine Theorie wahr ist, dann ist dies definitionsgemäß nur möglich, wenn wir prüfen, ob sie mit der Realität übereinstimmt. Eine *logische Kritik*, wie wir sie vorher behandelt haben, ist also durch eine *faktische Kritik* zu ergänzen. In welcher Weise können nun Theorien durch eine Konfrontation mit Fakten kritisiert werden? Nehmen wir an, die folgende deterministische Theorie soll empirisch überprüft werden:

T: Für alle Gesellschaften (x) gilt: Wenn die Ungleichheit einer Gesellschaft groß ist (U), dann ist die politische Gewalt groß (G), symbolisch: $(x)(Ux \Rightarrow Gx)$.

Wir nehmen der Einfachheit halber an, daß klar ist, was „große" Ungleichheit und ein „großes" Ausmaß an Gewalt bedeuten. Diese Theorie gilt für *alle* Gesellschaften, also für eine unendliche Menge von Objekten bestimmter Art. Wir könnten nun zuerst eine bestimmte Gesellschaft - etwa die Bundesrepublik (a) - herausgreifen und feststellen, wie groß die Ungleichheit ist. Nehmen wir an, die Ungleichheit sei groß. Entsprechend ist zu erwarten, daß auch das Ausmaß politischer Gewalt groß ist. Formal lautet das Argument, wie wir aus unserer Diskussion der Logik der Erklärung wissen:

Theorie: $(x)(Ux \Rightarrow Gx)$
Anfangsbedingung: Ua
―――――――――――
Explanandum: Ga

Wenn wir festgestellt haben, daß die Anfangsbedingung und das Explanandum für die Bundesrepublik vorliegen, dann entspricht dies genau dem, was die Theorie behauptet. Würde sich dagegen zeigen, daß „nicht-Ga" gilt, d.h. daß das Ausmaß politischer Gewalt gering ist, dann stimmen die Tatsachen nicht mit dem überein, was die Theorie behauptet; denn wenn die Anfangsbedingung gegeben ist, wenn also die Wenn-Komponente wahr ist, dann muß „Ga" ebenfalls wahr sein (die Dann-Komponente darf also nicht falsch sein). Wir können dies so ausdrücken: Die Theorie hat sich *bewährt* oder *bestätigt*. Anders ausgedrückt: Wenn der Satz

(1) Ua und Ga

wahr ist, wird die Theorie bestätigt. Ist jedoch

(2) Ua und nicht-Ga

wahr, dann wird die Theorie *widerlegt*, da ja etwas, was die Theorie behauptet, nicht mit den Tatsachen übereinstimmt.

Charakterisieren wir nun in allgemeiner Weise die Art der Aussagen, die für die Bestätigung oder Widerlegung einer Theorie von Bedeutung sind. Eine singuläre Aussage, die aus der Konjunktion (d.h. einem Und-Satz) von Anfangsbedingungen einer Theorie und der Verneinung des von der Theorie vorausgesagten Explanandums besteht, heißt ein *potentieller Falsifikator* der Theorie. So ist der vorangegangene Satz (2) ein potentieller Falsifikator der erwähnten Theorie.

Eine singuläre Aussage, die aus der Konjunktion von Anfangsbedingungen (oder deren Negation) einer Theorie einerseits und des Explanandums der Theorie (oder dessen Negation) besteht, so daß die Theorie nicht falsch ist, heißt ein *potentieller Konfirmator* der Theorie. Aussage (1) ist also ein potentieller Konfirmator.

Für unsere Theorie lassen sich eine Vielzahl weiterer potentieller Falsifikatoren und Konfirmatoren formulieren. Nehmen wir an, „b" bedeute „Belgien" und „c" beziehe sich auf „USA". Im folgenden sind einige potentielle Konfirmatoren und Falsifikatoren zusammengestellt:

Potentielle Konfirmatoren:	*Potentielle Falsifikatoren:*
(3) Ub und Gb	(6) Ub und nicht-Gb
(4) nicht-Ub und Gb	(7) Uc und nicht-Gc
(5) nicht-Uc und Gc	

Wenn nun Sätze, die potentielle Falsifikatoren oder Konfirmatoren einer Theorie sind, wahr sind, dann widerlegen oder bestätigen sie eine Theorie:

Wenn ein potentieller *Konfirmator* einer Theorie T wahr ist, dann *bestätigt* er die Theorie. Wenn ein potentieller *Falsifikator* von T wahr ist, dann *widerlegt* er die Theorie.

Wenn also z.B. der singuläre Satz (3) wahr ist, d.h. wenn sich herausstellt, daß in Belgien die Ungleichheit und die Gewalt groß sind, dann wird die Theorie bestätigt.

Betrachten wir den Satz: „Die Kriminalitätsrate der USA ist größer als die Kriminalitätsrate der Schweiz." Dieser Satz ist für die Wahrheit der genannten Theorie *irrelevant*, d.h. dieser Satz ist weder ein Konfirmator noch ein Falsifikator für die genannte Theorie.[132]

Man kann *potentielle* Falsifikatoren und Konfirmatoren allein aufgrund dessen, was eine Theorie behauptet, ermitteln. Sie folgen logisch aus einer Theorie. Für eine Theorie kann man also ohne Beobachtung der Realität sagen, welche potentiellen Falsifikatoren und Konfirmatoren sie hat. Aufgrund logischer Analyse allein erfahren wir jedoch nicht, ob die *potentiellen* Konfirmatoren bzw. Falsifikatoren auch *tatsächliche* Konfirmatoren bzw. Falsifikatoren sind. D.h. wir wissen nicht ohne Beobachtung der Realität, ob potentielle Falsifikatoren bzw. Konfirmatoren auch den Tatsachen entsprechen oder nicht. So können wir zwar sagen, daß (3) ein potentieller Konfirmator der erwähnten Theorie ist. Wir müssen jedoch die Realität beobachten, um feststellen zu können, ob (3) auch tatsächlich wahr ist. Man kann diese Überlegungen auch so ausdrücken: Was eine Theorie ausschließt oder erlaubt, wissen wir, wenn wir den Sinn der Theorie verstehen. Ob jedoch das, was die Theorie ausschließt oder erlaubt, auch tatsächlich eintritt oder nicht eintritt, kann man nur durch Beobachtung ermitteln.

Es sei noch einmal darauf hingewiesen, daß die Bestätigung eines potentiellen Konfirmators eine Theorie oder, genauer gesagt, die Axiome einer Theorie nicht als wahr beweisen kann, da aus falschen Axiomen auch wahre Theoreme ableitbar sind. Wir sahen im vorangegangenen Kapitel: Es findet nur ein *Rücktransfer der Falschheit,* nicht der Wahrheit, statt. Wenn also ein Theorem widerlegt wird, hat dies Konsequenzen für die Axiome, d.h. die Falschheit der Theoreme überträgt sich auf die Axiome, nicht jedoch die Wahrheit der Theoreme. Die zutreffenden Theoreme können ja auch aus falschen Axiomen abgeleitet worden sein.

Folgt daraus nicht, daß Überprüfungen einer Theorie, die die Theorie bestätigen, ohne jede Bedeutung für die Theorie sind? Denn anscheinend sagen Bestätigungen einer Theorie ja überhaupt nichts über ihre Richtigkeit aus. Dies besagt aber keineswegs, daß Überprüfungen, die eine Theorie bestätigen, irrelevant sind. Eine strenge Überprüfung stellt ja einen Widerlegungsversuch dar. Wenn dieser Versuch scheitert, dann ist es *vernünftig,* vorläufig von der Richtigkeit der Theorie auszugehen. Wir können noch einen Schritt weitergehen: Je strenger eine Theorie geprüft und nicht widerlegt wurde, desto unwahrscheinlicher ist es, daß eine falsche Theorie alle diese strengen Überprüfungen unbeschadet übersteht. Viele strenge Überprüfungen, die nicht zu einer Widerlegung führten, sprechen für die Vermutung, daß die Theorie die Wirklichkeit korrekt beschreibt. Wir können zwar keineswegs sicher sein, daß unsere Theorie nicht am nächsten Tag durch eine Untersuchung falsifiziert

---

[5] Soweit wir sehen, sind unsere Definitionen von „Bestätigung", „Widerlegung" und „Irrelevanz" konsistent mit Carl G. Hempels „satisfaction criterion of confirmation". Vgl. Hempels Aufsatz: Studies in the Logic of Confirmation, abgedruckt in: Hempel 1965. Wenn auch dieses Kriterium einige nicht wünschenswerte Konsequenzen hat, so dürfte es in den meisten Fällen in der konkreten Forschung brauchbar sein. Vgl. hierzu die Bemerkungen Hempels in dem genannten Buch S. 48-51. Zu den verschiedenen Bestätigungsbegriffen vgl. insbes. Lenzen 1974.

wird. Solange dies jedoch nicht geschieht, sprechen die strengen Überprüfungen dafür, vorläufig von der Richtigkeit der Theorie auszugehen.

Wir haben uns bisher mit *deterministischen* Theorien befaßt. Inwieweit gelten unsere vorangegangenen Überlegungen auch dann, wenn die zu prüfende Theorie *nicht-deterministisch* ist? Angenommen, die genannte Theorie gelte in 80% der Fälle, d.h.:

T': Für alle Gesellschaften gilt: Wenn die Ungleichheit groß ist, dann ist die Wahrscheinlichkeit 0,8, daß auch die Gewalt groß ist.

Wir haben uns in Kapitel III, Abschnitt 20, ausführlich mit der Bedeutung solcher Wahrscheinlichkeitsaussagen befaßt. Danach bedeutet die obige Aussage T', daß von jeder „angemessen großen", beliebigen Menge N von Gesellschaften, in denen die Ungleichheit groß ist, bei 0,8 x N (d.h. p x N) Objekten auch die Gewalt hoch sein müßte. Wenn die Verteilung bei einer Untersuchung von dieser Erwartung abweicht (siehe z.B. die Tabelle in Abschnitt 20), dann ist eine solche Verteilung ein Falsifikator der Theorie.

Oft sind jedoch Theorien zwar nicht-deterministisch, aber keine Wahrscheinlichkeitsaussagen, wie wir in Kapitel III, Abschnitt 21, im einzelnen sahen. Wie werden solche Aussagen geprüft? Illustrieren wir dies am Beispiel der obigen Aussage, die wir in folgender Weise umformulieren:

T'': Für alle Gesellschaften gilt: Je größer ihre Ungleichheit ist, desto größer ist das Ausmaß politischer Gewalt.

Diese Aussage sei so zu verstehen, daß sie nicht-deterministisch ist. D.h. es darf z.B. zwei Gesellschaften a und b geben, für die gilt: bei a ist die Ungleichheit größer als bei b, jedoch ist bei a die Gewalt geringer als bei b. Im Unterschied zu T' wurde T'' als quantitative Hypothese formuliert, d.h. die Variablen „Ungleichheit" und „Gewalt" können beliebig hohe oder niedrige Werte annehmen (und die Abstände zwischen den Werten sind gleich).

Wir haben uns in Kapitel III, Abschnitt 21, ausführlich mit der Bedeutung dieser Art von Aussagen befaßt. Sie werden normalerweise als Gleichungen formalisiert. Die Gleichung für T' lautet - siehe auch Kapitel III, Abschnitt 21:

$$G = a + bU + e.$$

Dabei stehen „G" für „Gewalt" und „U" für „Ungleichheit". Der nicht-deterministische Charakter von T'' kommt durch die Irrtumsvariable („error term") e zum Ausdruck.

Wie werden solche Aussagen falsifiziert? Wie bei allen empirischen Prüfungen einer Hypothese werden empirische Untersuchungen durchgeführt, in denen für eine „hinreichend große" Stichprobe von Einheiten, auf die sich die Aussage bezieht, die Merkmale, über die etwas ausgesagt wird, erhoben werden. Für unser Beispiel würde man für eine Stichprobe von Gesellschaften die Ungleichheit und das Ausmaß politischer Gewalt ermitteln.

Unklar ist, was mit einer „hinreichend großen" Stichprobe gemeint ist. Man könnte darunter in erster Annäherung verstehen, daß eine Stichprobe so groß sein muß, daß die Breite der Werte der Variablen repräsentiert ist. So müßten Gesellschaften mit relativ geringer und relativ großer Ungleichheit und mit relativ großer und geringer Gewalt in der Stichprobe repräsentiert sein.

Angenommen, die Variablen seien gemessen und die Stichprobe sei „hinreichend groß". Sodann werden statistische Verfahren wie die Korrelations- und Regressionsanalyse angewendet, um zu prüfen, inwieweit die Daten mit der Hypothese übereinstimmen. Hierzu wurden in der Statistik detaillierte Regeln entwickelt. So wird man etwa T'' dann verwerfen, wenn etwa der Koeffizient b kaum von null verschieden ist. D.h. ein Untersuchungsergebnis, das zeigt, daß die Korrelation von Gewalt und Ungleichheit von Gesellschaften nahe null ist, wäre ein Falsifikator der Theorie. Oft wird auch die statistische Signifikanz als Kriterium für die Akzeptierung einer Hypothese angewendet. Da aber bei einer Theorie keine Grundgesamtheit definiert ist - eine Theorie bezieht sich auf (mindestens) eine unendliche Menge -, könnte man auch die absolute Größe von Koeffizienten als Kriterium wählen, z.B. einen standardisierten Regressionskoeffizienten von mindestens 0,10. Wird also dieser Koeffizient unterschritten, wird die Theorie als falsifiziert angesehen. Ein solches Untersuchungsergebnis ist also ein Falsifikator einer Theorie.

Oft wird man eine einzige Untersuchung nur als eine schwache Bestätigung einer Theorie ansehen. Man wird weitere Untersuchungen durchführen, um eine Theorie zu prüfen. Dabei wird man eine Reihe von Kriterien anwenden, die im folgenden behandelt werden.

3. Strategien und Probleme der empirischen Prüfung sozialwissenschaftlicher Theorien

Wenn Sozialwissenschaftler das Ziel haben, möglichst wahre Theorien zu konstruieren, dann werden sie, wie wir früher sahen, versuchen, ihre Theorien einer möglichst strengen Kritik zu unterziehen, um Irrtümer zu entdecken und diese dann zu korrigieren. Einige konkrete Möglichkeiten, wie man bei einer solchen Kritik vorgehen kann, hatten wir bereits kennengelernt, nämlich die Konfrontierung einer Theorie mit anderen Theorien (d.h. die externe Kritik einer Theorie) und die Kritik einer Theorie in Form einer Analyse ihrer Widerspruchsfreiheit und ihrer empirischen Gültigkeit (d.h. die interne Kritik einer Theorie). Im folgenden werden wir uns mit einer Reihe detaillierter Strategien für die Prüfung sozialwissenschaftlicher Theorien und mit einigen Problemen, die bei der Prüfung dieser Theorien auftreten, befassen.

30. Der empirische Charakter einer Theorie des Erkenntnisfortschritts

Wenn wir fragen, in welcher Weise wir unsere Theorien mit den Fakten konfrontieren sollen, um Irrtümer zu entdecken, dann bedeutet dies, daß wir nach Bedingungen suchen, bei deren Existenz Irrtümer relativ leicht ermittelt werden. Wir versuchen also, Aussagen der folgenden Art zu formulieren: „Wenn Theorien in der Weise x geprüft werden, dann ist die Wahrscheinlichkeit hoch, der Wahrheit relativ nahe zu kommen." Wir konstruieren also Theorien, deren Dann-Komponente den Begriff „Erkenntnisfortschritt" und deren Wenn-Komponente Bedingungen enthält, die einen möglichst großen Erkenntnisfortschritt bewirken.

Einige Bestandteile einer Theorie des Erkenntnisfortschritts haben wir bereits kennengelernt, nämlich ihre „externe" und „interne" logische Kritik. Entsprechend könnten wir folgende Hypothese formulieren:

Wenn Theorien einer externen und internen logischen Kritik unterzogen werden, dann erreichen wir eher einen Erkenntnisfortschritt, als wenn Theorien nicht dieser Kritik ausgesetzt werden.

Wenn es sich bei Theorien des Erkenntnisfortschritts um empirische Theorien handelt, dann können diese Theorien genau wie andere empirische Theorien falsch sein. D.h. eine Theorie des Erkenntnisfortschritts muß ebenso wie andere Theorien einer strengen Kritik unterzogen werden. Bei einer solchen Kritik wird man insbesondere die Wissenschaftsgeschichte heranziehen. Wenn man davon ausgeht, daß bestimmte Theorien wahrer als andere sind, lassen sich Hypothesen der Art prüfen, unter welchen Bedingungen die wahreren Theorien entstanden sind. Wir können hier nicht im einzelnen auf die Möglichkeiten eingehen, eine Theorie des Erkenntnisfortschritts zu prüfen. Für unseren Zusammenhang ist es wichtig, erstens festzuhalten, daß eine Theorie des Erkenntnisfortschritts eine empirische Theorie ist. Entsprechend wird man diese Theorie ebenso wie jede andere empirische Theorie einer Kritik unterziehen. Zweitens ist zum gegenwärtigen Stand einer solchen Theorie zu sagen, daß sie bisher kaum hinreichend klar formuliert und somit auch nicht ausreichend geprüft ist. Unsere vorangegangenen und folgenden Ausführungen sind deshalb mehr oder weniger plausible Hypothesen, die weiter geprüft werden müßten.

31. Die Suche nach plausiblen Falsifikatoren

Nehmen wir an, eine bestimmte sozialwissenschaftliche Theorie solle empirisch geprüft werden: Ein Soziologe wolle feststellen, ob es zutrifft, daß Personen, die relativ nahe zusammen wohnen, auch relativ häufig miteinander Kontakt haben, d.h. interagieren. Wenn nun der Soziologe daran interessiert ist zu wissen, ob diese Aussage - nennen wir sie 'T' - wahr ist, dann könnte er zunächst nach Situationen suchen, in denen mit einer *Widerlegung* von T zu rechnen ist. Wissenschaftler sind eher geneigt, Konfirmatoren zu suchen[133], und es scheint, daß dies besonders leicht ist. Trotzdem ist die Suche nach Falsifikatoren sinnvoll, um möglichst schnell Fehler zu finden und um nicht Ressourcen in die Bestätigung unbrauchbarer Theorien zu investieren.

Die Suche nach Falsifikatoren könnte zunächst so geschehen, daß der Soziologe eine Reihe ihm vertrauter Situationen Revue passieren läßt und sich überlegt, ob die zu prüfende Theorie hier wohl widerlegt werden würde. In unserem Beispiel könnte der Soziologe folgende Überlegungen anstellen: „In meinem Bekanntenkreis scheint die Aussage T wahr zu sein. Viele Bekannte sprechen relativ häufig mit Personen, die nahe bei ihnen wohnen. Aber in der Siedlung x wohnen einige Schwarze. Hier habe ich beobachtet, daß die mit den Schwarzen eng zusammen wohnenden Weißen kaum mit den Schwarzen sprechen." Der Soziologe wird also vermuten, daß in der Siedlung x die genannte Aussage nicht zutrifft. Er könnte nun weiter überlegen, ob die Aussage für bestimmte *Klassen von Situationen* falsch ist. So könnte vermutet werden, daß T immer dann nicht zutrifft, wenn relativ nahe zusammen wohnende Personen eine unterschiedliche Hautfarbe oder auch eine unterschiedliche Nationalität haben.

Ein Forscher hat also eine Klasse von Situationen gefunden, von denen er *annimmt*, daß sie eine bestimmte Theorie falsifizieren. Dabei hat er gedankliche Operationen („Gedankenexperimente" gehören hierzu), also keine empirischen Untersuchungen unter Verwendung sozialwissenschaftlicher Methoden, durchgeführt: Alltagserfahrungen wurden mit einer Theorie verglichen.

Es handelt sich hier lediglich um *plausible Falsifikatoren*. Es muß aufgrund empirischer Untersuchungen festgestellt werden, ob die Überlegungen des Forschers zutreffen. Es wäre ja möglich, daß es sich bei den „Erfahrungen" einer Person nur um Vorurteile handelt, die sich bei einer Untersuchung mit den Methoden der empirischen Sozialforschung als falsch

---

[6] Dies zeigt die Wissenschaftsgeschichte sehr deutlich. Vgl. etwa Kuhn 1967.

erweisen. Die Überlegungen des Forschers sind jedoch der erste Schritt, um *tatsächliche* Falsifikatoren zu finden.

Weiterhin ist die Suche nach Klassen falsifizierender Situationen als Hinweis für eine möglicherweise erforderliche *Modifizierung der zu prüfenden Theorie* bedeutsam. So könnte der Soziologe überlegen, ob man T nur dann behaupten kann, wenn keine der zusammen wohnenden Personen eine andere Person bezüglich irgendwelcher Merkmale negativ bewertet.

Die systematische, intensive Suche nach plausiblen Falsifikatoren dürfte nicht nur eine wirksame Strategie sein, tatsächliche Falsifikatoren zu finden. Die Anwendung dieser Strategie dürfte auch oft dazu führen, daß man schon vor einem Test eine Theorie modifiziert und somit eine solche Modifikation gleich mit überprüfen kann.

32. Die Prüfung einer Theorie in möglichst vielen verschiedenen Situationen

Eine weitere Möglichkeit, die Falschheit einer Theorie festzustellen, ist, sie möglichst häufig zu prüfen. So ist die Chance größer, eine Theorie zu widerlegen, wenn wir sie an 1000 als wenn wir sie nur an 10 Personen prüfen.

Nehmen wir an, ein Forscher prüfe eine Theorie, indem er immer wieder deutsche Studenten befragt. Es wäre möglich, daß die Theorie zwar für die vom Forscher ausgewählte Art von Personen zutrifft, aber nicht z.B. für Arbeiter. Es reicht also nicht aus, eine Theorie *häufig* zu prüfen, sondern es ist sinnvoll, sie in möglichst vielen *verschiedenen Situationen* mit der Realität zu konfrontieren. Genauer gesagt: Man sollte eine Theorie möglichst häufig bei Objekten, auf die sich die Theorie bezieht, mit möglichst unterschiedlichen Merkmalen überprüfen. So wird man zur Überprüfung der genannten Theorie T Personen mit unterschiedlichem Beruf, mit unterschiedlicher Staatsangehörigkeit, mit unterschiedlichem Alter usw. auswählen. Dabei wird angenommen, daß eine Variation dieser Merkmale eher zur Falsifikation führt, d.h. daß die genannten Merkmale zu den plausiblen Falsifikatoren gehören. Entsprechend wird man nicht Personen mit unterschiedlicher Schuhgröße auswählen.

Wir können also sagen: Je häufiger Theorien geprüft werden *und* je stärker sich die verschiedenen Populationen, die für eine Prüfung verwendet werden, bezüglich relevanter Merkmale unterscheiden, desto eher findet man die Wahrheit oder Falschheit einer Theorie heraus. Man prüfe also Theorien möglichst oft in möglichst verschiedenen Situationen.

33. Der Test von Hintergrundtheorien

Wir sahen früher, daß bei der Überprüfung jeder Theorie andere Theorien als wahr vorausgesetzt werden, wenn über die Annahme oder Ablehnung von potentiellen Konfirmatoren oder Falsifikatoren entschieden wird. Wenn diese anderen Theorien, die wir Hintergrundtheorien nannten, falsch sind, dann werden wir häufig irrtümlicherweise die zu prüfenden Theorien als wahr oder falsch akzeptieren. Um solche Fehler zu vermeiden, ist es erforderlich, daß die in den Sozialwissenschaften verwendeten Hintergrundtheorien möglichst strengen Prüfungen unterzogen werden. Die Studien zu Methoden der empirischen Sozialforschung, z.B. zu den Wirkungen unterschiedlicher Eigenschaften von Interviewern auf das Antwortverhalten von Befragten, gehören zu den Forschungen, mit denen Hintergrundtheorien geprüft werden.

34. Die systematische Auswahl von Testsituationen

Nehmen wir an, folgende Situation sei gegeben. Ein Sozialwissenschaftler habe eine Theorie formuliert und wolle diese empirisch überprüfen. Es sei ihm nicht gelungen, plausible Falsifikatoren zu finden. Weiterhin fallen dem Forscher eine große Zahl von sehr verschiedenen Testsituationen ein, aus denen er einige auswählen will.

Ein Beispiel mag diese Situation illustrieren. Es soll folgende Hypothese geprüft werden: In allen (natürlichen) Sprachen enthalten Wörter mit den Bedeutungen „klein", „unbedeutend", „schwach" und „schnell" Buchstaben, die klanglich dem deutschen „i" gleichen. Ein Forscher, der diese These prüfen will, mag keine Sprache oder auch keine Klasse von Wörtern kennen, von denen er annimmt, daß sie die Hypothese widerlegen. Zur Prüfung dieser Hypothese stehen ihm prinzipiell alle Sprachen zur Verfügung. Wie könnte man in einer solchen Situation vorgehen? Jespersen (1922) hat in mehreren Sprachen eine Vielzahl von Wörtern gefunden, die die genannte Aussage bestätigen. Roger Brown (1958) bemerkt zu den Untersuchungen Jespersens: „These examples are drawn from many sources but it is possible that our expectations select for us the cases that fit. We may be overlooking equally numerous contrary instances." (S. 119). Brown zitiert dann eine Untersuchung von S. Newman, in der der mögliche Mangel der Untersuchung Jespersens nicht vorlag: „Newman systematically compared size words in English ... He drew from Roget's Thesaurus all the words listed under Greatness, Smallness, Size and Littleness." (S. 119)

Welcher Unterschied besteht zwischen der Auswahl der Testsituationen - in diesem Falle der Wörter - in den Untersuchungen von Jespersen und Newman? Jespersen hat keine Maßnahmen ergriffen, durch die verhindert wird, daß in den ausgewählten Testsituationen Konfirmatoren überrepräsentiert sind. Es wäre denkbar, daß Jespersen unbewußt solche Wörter auswählte, durch die die genannte Hypothese bestätigt wird. Dies ist dagegen bei Newman nicht der Fall: Er wählte solche Wörter aus, die bereits von anderen Autoren zusammengestellt wurden. Wenn wir annehmen, daß Newman nicht glaubt, daß die englische Sprache besonders viele Konfirmatoren für die genannte These enthält und daß die Autoren des „Thesaurus" die genannte Hypothese nicht kannten, dann ist nicht anzunehmen, daß die von Newman ausgewählten Testsituationen besonders viele Konfirmatoren enthielten.

Allgemein können wir als *Regel* festhalten: Bei der Auswahl von Testsituationen müssen Maßnahmen ergriffen werden, die dazu führen, daß Konfirmatoren nicht schon aufgrund der Auswahl der Testsituationen überrepräsentiert sind. Eine Möglichkeit hierfür besteht darin, daß aus den möglichen Testsituationen diejenigen, in denen eine Theorie geprüft werden soll, *zufällig* ausgewählt werden. Dies gilt, wie gesagt, wenn keine plausiblen Falsifikatoren vorliegen. Aber selbst wenn solche Situationen gegeben sind, empfiehlt sich immer eine zufällige Auswahl von Testsituationen. Es wäre nämlich denkbar, daß ein Forscher Testsituationen nur als „plausible Falsifikatoren" bezeichnet, in Wirklichkeit aber glaubt, daß bestimmte Hypothesen hier bestätigt werden.

35. Entscheidungsuntersuchungen

In den Sozialwissenschaften existieren normalerweise mindestens zwei Theorien, die ihrer Formulierung nach eine bestimmte Klasse von Tatbeständen erklären. Die wirksamste Möglichkeit festzustellen, welche dieser alternativen Theorien sich am besten bewährt, besteht darin, in *einer einzigen Untersuchung* die alternativen Theorien zu prüfen. Bei solchen *Entscheidungsuntersuchungen* handelt es sich also um empirische Prüfungen von mindestens zwei Theorien, die so angelegt sind, daß eine Entscheidung darüber möglich ist, welche der geprüften Theorien in der Prüfungssituation der anderen überlegen ist.

Entscheidungsuntersuchungen sind aus zwei Gründen isolierten Prüfungen von Theorien vorzuziehen. Erstens ist es ökonomischer, im Rahmen einer einzigen Untersuchung mehrere Theorien zu prüfen, als jede Theorie in einer anderen Untersuchung. Zweitens ist der Vergleich des Bewährungsgrades der verschiedenen Theorien normalerweise bei Entscheidungsuntersuchungen einfacher. Der Grund ist, daß bei isolierten Prüfungen verschiedener Theorien die Untersuchungen relativ viele Unterschiede aufweisen (z.B. in der Anzahl der untersuchten Personen und der Anzahl der kontrollierten Faktoren). In je stärkerem Umfang sich Untersuchungen unterscheiden, um so schwieriger ist es, intersubjektiv einheitlich den Bewährungsgrad von Theorien einzuschätzen, da hierüber keine klaren Kriterien vorliegen.

36. Scheintests: Eine Kritik sozialwissenschaftlicher Praktiken bei der Prüfung von Theorien

Bei den in diesem Abschnitt besprochenen Verfahrensweisen werden Ergebnisse von Untersuchungen als Bestätigung oder Widerlegung einer Theorie angeführt. Bei näherer Analyse zeigt sich jedoch, daß die angeführten Untersuchungen die Theorie weder bestätigen noch widerlegen: Sie sind irrelevant. Solche Untersuchungen wollen wir als *Scheintests* bezeichnen.

360. Verknüpfungshypothesen

Illustrieren wir zunächst den wohl am weitesten verbreiteten Typ von Scheintests an einem einfachen Beispiel. Nehmen wir an, ein Soziologe wolle die Hypothese „Je höher die Anomie in einer Gruppe ist, desto höher ist die Rate abweichenden Verhaltens" empirisch überprüfen. „Anomie" sei als „Normlosigkeit" definiert. Er wolle hierzu die vorliegenden Statistiken von zwei deutschen Städten aus dem Jahre 1974 verwenden. Nehmen wir weiter an, diese Statistiken enthielten alle Arten abweichenden Verhaltens, die im Laufe dieses Jahres jeweils in einer der Städte auftraten. Man finde jedoch darin keine Informationen über den Grad der Anomie. Der Soziologe überlege, wie er den Grad der Anomie feststellen könne. Er wisse, daß in den Statistiken Angaben über die Zahl der Einpersonenhaushalte vorliegen. Es ist anzunehmen - so überlege der Soziologe -, daß die Rate der Einpersonenhaushalte ein guter „Indikator" für die Anomie ist. Es ergebe sich, daß tatsächlich eine Beziehung positiver Art zwischen der Rate der Einpersonenhaushalte und der Rate abweichenden Verhaltens in den untersuchten Städten besteht. Der Soziologe betrachtet dies als eine Bestätigung seiner Hypothese.

Analysieren wir den beschriebenen „Test". Die Ausgangshypothese, die empirisch überprüft werden soll, laute genau:

(1) Wenn die Normlosigkeit bzw. Anomie in einer Gruppe g größer ist als in einer anderen Gruppe h, dann ist auch die Rate abweichenden Verhaltens der Gruppe g größer als der Gruppe h.

Wenn diese Hypothese an zwei Städten - die bestimmte Arten von Gruppen seien - geprüft werden soll, dann müßte man den Grad der Anomie und die Rate abweichenden Verhaltens dieser beiden Städte erheben. Statt dessen wurde die Rate der Einpersonenhaushalte und die Rate abweichenden Verhaltens erhoben. Es ergab sich folgende singuläre Aussage:

(2) Die Rate der Einpersonenhaushalte der Stadt a ist größer als die der Stadt b, und die Rate abweichenden Verhaltens der Stadt a ist größer als die der Stadt b.

Die Überlegung, aufgrund derer der Soziologe glaubt, (2) sei ein Konfirmator für (1), ist, daß die Anzahl der Einpersonenhaushalte ein Indikator für die Anomie ist. Wenn gesagt wird, daß die Rate der Einpersonenhaushalte ein „Indikator" für die Anomie einer Stadt sei, dann ist damit offenbar nicht gemeint, daß der Anomiebegriff Einpersonenhaushalte *bezeichnet*; denn Anomie ist als „Normlosigkeit" definiert. Was dies auch immer genau bedeutet: sicherlich nicht den Tatbestand, ob jemand in einem Ein- oder Mehrpersonenhaushalt lebt. Es ist nämlich denkbar, daß die Normlosigkeit von Personen überhaupt nicht damit zusammenhängt, mit wie vielen Personen sie zusammenleben. Offenbar ist also die Beziehung zwischen Anomie und Rate der Einpersonenhaushalte nicht logischer Art. Es scheint vielmehr, daß eine *empirische Beziehung* zwischen der Anomie und der Zahl der Einpersonenhaushalte angenommen wird:

(3) Wenn die Zahl der Einpersonenhaushalte einer Gruppe g größer ist als die einer Gruppe h, dann ist auch die Anomie von g größer als die von h.

In dieser Aussage wird die Wenn-Komponente der Ausgangshypothese (1) mit einer anderen Klasse von Tatbeständen verknüpft, genauer: Es wird eine gesetzesartige Beziehung zwischen der Wenn-Komponente von (1) und einer anderen Klasse von Tatbeständen postuliert.[134] Nennen wir (3) die *Verknüpfungshypothese*. Mit anderen Worten: „Anzahl der Einpersonenhaushalte" wird aufgrund von (3) als empirischer Indikator für „Normlosigkeit" verwendet (vgl. zu diesem Begriff Kapitel IV, Abschnitt 26). Wenn nun (3) wahr ist, dann reicht es aus, die Rate der Einpersonenhaushalte zu erheben, um auf eine hohe Anomie bzw. Normlosigkeit schließen zu können.

Die beschriebene Vorgehensweise läßt sich allgemein folgendermaßen charakterisieren: Eine *Ausgangshypothese* (1) soll empirisch überprüft werden. Es werden die Designata der Dann-Komponente von (1) erhoben, jedoch nicht die Designata ihrer Wenn-Komponente. Es wird eine *empirische Verknüpfungshypothese* (3) eingeführt, die eine gesetzmäßige Beziehung zwischen der Wenn-Komponente von (1) und mindestens einer anderen Klasse von Sachverhalten postuliert. Diese Verknüpfungshypothese lautet so, daß eine singuläre Aussage mit den Designata der Wenn-Komponente der Verknüpfungshypothese und mit den Designata der Dann-Komponente der Ausgangshypothese einen Konfirmator oder Falsifikator einer Konklusion aus (1) und (3) darstellt.[135]

Gegen die beschriebene Praktik läßt sich nichts einwenden, wenn die Verknüpfungshypothese tatsächlich wahr ist. Genau dies ist jedoch in den überwiegend meisten Fällen, in denen die beschriebene Praktik angewendet wird, fraglich. D.h. es liegen nur selten empirische Studien vor, mit denen die Verknüpfungshypothesen überprüft wurden und in denen sie

---

[7] Es wäre auch möglich, daß (3) singulärer Art ist, d.h. daß nur behauptet wird: In den untersuchten Städten gilt: Wenn die Anzahl der Einpersonenhaushalte relativ hoch ist, dann ist auch die Anomie hoch. Diese singuläre Aussage wird man jedoch wiederum aufgrund eines Gesetzes behaupten, so daß wir der Einfachheit halber davon ausgehen, daß (3) ein Gesetz ist.

[8] Es ist auch möglich, daß Designata der Wenn-Komponente von (1) erhoben werden und daß eine Verknüpfungshypothese zwischen den Designata der *Dann*-Komponente von (1) und anderen Designata eingeführt wird. Auch hierfür trifft unsere folgende Kritik zu. Weiter könnte die Verknüpfungshypothese eine *singuläre Aussage* sein. Auch in diesem Falle gilt unsere folgende Kritik.

sich bewährt haben. In diesen Fällen besteht die Gefahr, daß die Ausgangshypothese irrtümlicherweise als bewährt oder auch als falsifiziert angesehen wird.

Findet man Fälle, bei denen ungeprüfte Verknüpfungshypothesen eingeführt werden, dann ist keine Entscheidung darüber möglich, ob sich die Ausgangshypothese denn nun bewährt hat oder nicht. Die Situation für die zu prüfende Theorie ist also so, als ob der „Test" nicht stattgefunden hätte.

Gehen wir davon aus, eine Verknüpfungshypothese, die in einem Test als wahr angenommen wird, habe sich bei einer Reihe strenger Prüfungen gut bewährt. Wir sahen früher, daß trotz guter Bewährung einer Aussage keine Garantie dafür gegeben ist, daß sie zutrifft. Somit besteht immer die Möglichkeit, daß wir bei der Einführung von Verknüpfungshypothesen eine zu prüfende Theorie irrtümlich als bestätigt oder als widerlegt ansehen. Aus diesem Grunde erscheint es sinnvoll, die Einführung von Verknüpfungshypothesen nach Möglichkeit zu vermeiden.

Wir sahen früher, daß bei der Prüfung einer Theorie Hintergrundtheorien angewendet werden, die falsch sein können. Führt man zusätzlich noch Verknüpfungshypothesen ein, erhöht sich das Risiko einer falschen Entscheidung bezüglich der Bewährung einer Hypothese noch stärker.

Eine Durchsicht der Literatur zeigt nun, daß die hier beschriebene Praktik der Verwendung von Verknüpfungshypothesen stark verbreitet ist. Einige Beispiele mögen dies illustrieren. In sozialpsychologischen Experimenten werden häufig die unabhängigen Variablen - d.h. die Wenn-Komponente der zu prüfenden Hypothesen - aus bestimmten Versuchsanordnungen „gefolgert". So behauptet Festinger (1957) immer wieder, daß bestimmte experimentelle Bedingungen zu Dissonanz führen, ohne daß eine solche Verknüpfungshypothese in irgendeiner Weise als bestätigt anzusehen wäre. Häufig findet man die genannte Praktik auch dann, wenn sozialwissenschaftliche Untersuchungen, die bereits durchgeführt wurden, noch einmal verwendet werden, um bestimmte Aussagen zu überprüfen. Ein Beispiel ist George C. Homans' Buch „Social Behaviour. Its Elementary Forms" (1974). Er führt eine Vielzahl von Untersuchungen - meist sozialpsychologische Experimente - an, von denen er glaubt, daß sie seine Hypothesen stützen. Analysiert man die Ausführungen von Homans, dann zeigt sich folgendes: Die von ihm verwendeten Untersuchungen enthalten normalerweise nicht die Designata, die er zum Test seiner Hypothesen benötigt. Er führt eine Vielzahl von Verknüpfungshypothesen ein, die mehr oder weniger plausibel sein mögen, aber kaum als Gesetzesaussagen bezeichnet werden können. Auch in der Ökonomie werden Verknüpfungshypothesen verwendet, wenn man Nutzen oder auch subjektive Wahrscheinlichkeiten messen will.

Diese Beispiele zeigen erstens, daß vor der Durchführung einer Untersuchung in den Sozialwissenschaften häufig nicht oder nicht genau genug analysiert wird, ob die zu erhebenden Daten überhaupt als Konfirmatoren oder Falsifikatoren in Betracht kommen. Geschähe dies, dann würden vermutlich seltener Verknüpfungshypothesen eingeführt. Zweitens mögen diese Beispiele zeigen, daß eine Vielzahl empirischer Untersuchungen nicht das erreichen, was mit ihnen erreicht werden soll: nämlich eine empirische Kritik von Theorien.

Der zuletzt genannte Tatbestand dürfte die Konsequenz haben, daß häufig Theorien als gut bestätigt oder auch als falsifiziert angesehen werden, obwohl die überwiegend meisten zur Bestätigung angeführten Untersuchungen irrelevant sind. Die Anwendung der genannten Praktik und die Tatsache, daß sie von Sozialwissenschaftlern toleriert wird, dürfte also den Erkenntnisfortschritt insofern hemmen, als notwendige weitere strenge Prüfungen nicht oder selten durchgeführt werden, weil man - wie gesagt - eine Theorie fälschlicherweise als gut bestätigt ansieht. Der Erkenntnisfortschritt wird jedoch auch gehemmt, wenn irrtümlicherweise als falsch betrachtete Theorien in Wirklichkeit einen hohen Wahrheitsgehalt haben. In diesem Falle sucht man nach neuen Theorien, obwohl die vorliegenden den gesuchten Problemlösungen sehr nahe kommen.

361. Die Sisyphos-Strategie

Sisyphos, der der Überlieferung nach Gründer und erster König von Korinth war, muß einen sehr hohen Intelligenzquotienten gehabt haben. Die Götter bestraften ihn dafür: Er mußte in der Unterwelt einen schweren Marmorblock einen Berg hinaufwälzen. Er erreichte jedoch den Gipfel nie, denn „hurtig mit Donnergepolter entrollte der tückische Marmor",[136] wenn Sisyphos den Gipfel noch nicht ganz erreicht hatte.

Wenn auch nicht alle Sozialwissenschaftler einen so hohen Intelligenzquotienten wie Sisyphos haben dürften, so ist die Konsequenz der folgenden Praktik beim Test sozialwissenschaftlicher Theorien ähnlich der Situation, in der Sisyphos sich befand. Diese Praktik, die wir in diesem Abschnitt diskutieren wollen, läßt sich in folgender Weise charakterisieren. In den Sozialwissenschaften liegt eine Reihe von Theorien vor, wie etwa die Bezugsgruppentheorie, die Anomietheorie, die Theorie der kognitiven Dissonanz, die Theorie der Statusinkonsistenz und die Theorie der differentiellen Kontakte. Zu jeder dieser Theorien gibt es eine Vielzahl von Untersuchungen, die die betreffende Theorie überprüfen sollen. Man sollte nun vermuten, daß man zumindest angeben kann, wie viele und welche Untersuchungen eine solche Theorie widerlegen und bestätigen. Leider ist dies jedoch bei vielen Theorien nicht möglich. Es ist häufig noch nicht einmal möglich, eindeutig festzustellen, welche *potentiellen* Konfirmatoren und Falsifikatoren denn eine Theorie genau hat, d.h. welche realen Sachverhalte denn eine Theorie bestätigen oder widerlegen würden. Der Grund hierfür ist, daß viele Theorien in essayistischer Form dargestellt sind, d.h. es ist nicht klar, aus welchen Aussagen sie genau bestehen.

Wir können also die Strategie, die hier angewendet wird, in folgender Weise charakterisieren: Es wird eine Mischung sehr heterogener Aussagen formuliert, wobei es unklar bleibt, welche Tatbestände genau durch welche Bedingungen erklärt werden. Diese Aussagenmenge wird als X-Theorie bezeichnet, wobei für „X" ein Name einzusetzen ist (z.B. „Bezugsgruppen"-Theorie oder „Anomie"-Theorie). Sodann verwendet eine Reihe von Forschern diese Aussagenmenge gewissermaßen als heuristisches Reservoir für Hypothesen, die dann empirisch geprüft werden. Die Forscher formulieren jeweils ihre eigene Version der entsprechenden Theorie und prüfen diese oder Teile davon.

Dieses Problem tritt z.B. bei der Anomietheorie auf. In ihrer am weitesten verbreiteten Fassung wurde sie zuerst von Robert K. Merton (1957), basierend auf Ausführungen von E. Durkheim, formuliert. Diese Fassung und die daran anknüpfenden Arbeiten enthalten eine große Zahl unzusammenhängender Sätze, Klassifikationen und Definitionen: Es ist völlig unklar, wie genau die Anomietheorie lautet.[137] Zu dieser Anomie-„Theorie" gibt es nun eine Vielzahl empirischer Untersuchungen: Cole und Zuckerman (1964) haben in einer 1964

---

[9] Vgl. Homer, Odyssee XI, 598, in der Übersetzung von J. H. Voss, zitiert nach Lamer 1956, S. 717.

[10] Zur Diskussion der Anomietheorie vgl. Heyt und Opp 1968; Opp 1974, Kap. VI; Diekmann und Opp 1979; Passas und Agnew 1997; Williams und McShane 1994, Kap. 6.

erschienenen Arbeit 88 empirische Studien, die die Anomietheorie prüfen sollen, zusammengestellt. Dieses Inventar zeigt deutlich, daß die Verfasser dieser Studien irgendwelche Aussagen überprüfen, von denen sie glauben, daß sie zur Anomietheorie gehören. Diese Aussagen unterscheiden sich sehr stark voneinander: Art und Zahl der sog. unabhängigen und abhängigen Variablen sind verschieden. Selbst wenn mehrere Untersuchungen gleichlautende Aussagen zu prüfen scheinen, sind die Indikatoren, z.B. Interviewfragen zur Messung bestimmter Variablen, oft unterschiedlich, so daß häufig in Wirklichkeit nicht logisch äquivalente Aussagen geprüft werden. Vergleicht man die geprüften Aussagen mit den Ausführungen in den „theoretischen" Arbeiten - etwa mit der Arbeit Mertons -, dann scheint es, daß Aussagen der Anomietheorie, die nach Meinung der „Theoretiker" zentral zu sein scheinen, nicht oder nur in sehr vereinfachter Form geprüft wurden.

Diese Vorgehensweise, die wir die „Sisyphos-Strategie" nennen wollen, führt kaum dazu, daß unser theoretisches Wissen zunimmt: Wir haben eine Ansammlung unzusammenhängender Untersuchungen, und wir wissen nicht, welche Aussagen genau bestätigt sind und welche nicht.

Die Mängel dieser Vorgehensweise werden besonders deutlich, wenn man sich vor Augen führt, welche Konsequenzen die folgende Praktik hätte: Zunächst wird eine Aussagenmenge formuliert, bei der klar ist, welche Tatbestände durch welche Bedingungen erklärt werden sollen und welches die Axiome und welches die abgeleiteten Sätze sind. Bei einem solchen Aussagensystem ist es weitaus leichter zu entscheiden, welcher Satz durch bestimmte Untersuchungen bestätigt oder widerlegt wird und welche Untersuchungen irrelevant sind. Die Konsequenz ist, daß sich unser theoretisches Wissen kumuliert, d.h. daß sich allmählich herausstellt, welche Aussagen mehr oder weniger brauchbar sind. Dies führt wiederum dazu, daß deutlich wird, an welchen Stellen in diesem Aussagensystem Modifikationen erforderlich sind, welche Aussagen sinnvollerweise eliminiert und wo neue Aussagen formuliert werden müssen. Bei dieser Vorgehensweise wäre die Chance eines theoretischen Fortschritts relativ groß.

Die beschriebene Praktik führt also dazu, daß der Sozialwissenschaftler sich häufig in der Situation des Sisyphos befindet: Er arbeitet verzweifelt, um den Gipfel zu erreichen - d.h. brauchbare Theorien zu konstruieren -; er wälzt Marmorblöcke, indem er in der beschriebenen Weise Entwürfe von Theorien konstruiert und Untersuchungen durchführt. Aber er erreicht den Gipfel nicht - eine streng geprüfte, bewährte und informative Theorie. Leider unterscheidet sich jedoch der Sozialwissenschaftler von Sisyphos in der Weise, daß er kein „Donnergepolter" hört, wenn er sich vergeblich bemüht. Somit empfindet er seine Situation auch nicht als Strafe. Glücklicherweise unterscheidet sich der Sozialwissenschaftler jedoch in einer Hinsicht von Sisyphos: Er kann seine Situation verändern. Wie könnte dies geschehen? In der gegenwärtigen Situation wäre es zunächst sinnvoll zu versuchen, die Theorien, zu denen eine Vielzahl von empirischen Untersuchungen vorliegen, zu explizieren. D.h. man müßte versuchen, zunächst einmal explizit die Aussagen zu formulieren, die zu einer Theorie gehören, die entsprechenden Begriffe und Beziehungen zwischen Variablen präzisieren. Sodann wäre eine Axiomatisierung sinnvoll. Das Kriterium für eine solche Explikation ist die theoretische Fruchtbarkeit, d.h. man wird eine Explikation suchen, die verspricht, eine informative und wahre Theorie zu werden. Das Ergebnis dieses ersten Schrittes ist also ein theoretischer Vorschlag. Als nächstes könnte man versuchen, diesen theoretischen Vorschlag mit den vorliegenden Untersuchungen zu konfrontieren. Man stellt also fest, inwieweit die präzisierte Theorie sich aufgrund vorliegender Untersuchungsergebnisse bewährt. Im Lichte dieser Untersuchungen wird es dann vermutlich erforderlich, die vorgeschlagene Präzisierung zu modifizieren. Das Ergebnis könnte man als theoretisch-empirisches Inventar bezeichnen; denn es zeigt einen relativ präzisen theoretischen Vorschlag und seine Beziehung zu vorliegenden empirischen Untersuchungen. Auf der Grundlage eines solchen Inventars ist es dann leichter als vorher aufzuzeigen, wo genau die Probleme einer Theorie liegen. Außerdem besteht die Möglichkeit, die so explizierte Theorie mit anderen Theorien vergleichend empirisch zu überprüfen.

362. Der ökologische Fehlschluß

Eine weitere Art von Scheintest, die in der Literatur ausführlich behandelt wurde und auf den wir deshalb hier nur kurz eingehen wollen, ist der sog. *ökologische Fehlschluß* (vgl. hierzu etwa Hummell 1972, Kap. 4). Es handelt sich darum, daß man von Aussagen über Kollektive auf Aussagen über Individuen „schließt". Angenommen, man hat ermittelt, daß in Stadtvierteln mit einem hohen Arbeiteranteil die Kriminalitätsrate hoch ist. Man könnte nun annehmen, daß sich damit bestätigt, daß Arbeiter im Vergleich zu anderen Personen in hohem Maße kriminell sind. Dies braucht jedoch nicht der Fall zu sein. Es wäre denkbar, daß nicht die Arbeiter, sondern andere Personen kriminell sind. Dies wird bei dem folgenden Beispiel deutlich: Je größer der Anteil von Sozialarbeitern in einem Stadtviertel ist, desto größer ist die Kriminalitätsrate. Hier liegt vermutlich eine Scheinkorrelation vor: In Stadtvierteln mit hoher Kriminalität werden relativ viele Sozialarbeiter eingesetzt. Es ist also zu beachten, daß Aussagen über Kollektive nicht ohne weiteres gleichzusetzen sind mit Aussagen über individuelle Akteure.

37. Wie sicher können wir uns auf Forschungsergebnisse verlassen?

Wenn wir behaupten, eine Theorie habe sich bestätigt oder sei widerlegt worden, dann behaupten wir dies immer, wie wir sahen, *mit Bezug auf bestimmte singuläre Aussagen*, die wir vorläufig als wahr akzeptieren. Die Begriffe „Bestätigung" und „Widerlegung" sind also *zweistellige Prädikate*: Wir sagen „Theorie t wurde durch die singulären Sätze s widerlegt" oder „Theorie T wurde durch die singulären Sätze s bestätigt".

Wenn nun singuläre Aussagen sozusagen die Basis für unsere Beurteilung des Wahrheitsgehalts von Theorien sind, dann hängt die Richtigkeit unseres Urteils davon ab, wie „fest" die Basis ist, d.h. ob die singulären Aussagen auch tatsächlich wahr sind. Wenn wir z.B. die oben genannte Aussage (2) - siehe Abschnitt 22 dieses Kapitels - akzeptieren, dann ist T widerlegt. Wenn in Wirklichkeit (1) zutrifft, dann ist unsere Entscheidung, daß T widerlegt ist, ungerechtfertigt.

Wie sicher können wir sein, daß singuläre Aussagen wahr sind? Es wäre möglich, folgendermaßen zu argumentieren. Wenn man etwas über raum-zeitlich gegebene Objekte behauptet, dann können wir prinzipiell sicher sein, daß solche Behauptungen wahr sind. Wenn etwa ein Soziologe in einem Forschungsbericht schreibt „Person a interagierte mit Person b zum Beobachtungszeitpunkt 20 mal", dann können wir davon ausgehen, daß diese Aussage wahr ist. Bei Gesetzesaussagen dagegen könne man sich selbstverständlich irren, da man ja nicht alle Gegenstände, über die in einer Gesetzesaussage etwas behauptet wird, beobachten kann. Singuläre Tatbestände seien jedoch unmittelbar gegeben, so daß Irrtümer unmöglich seien, abgesehen von einzelnen Fällen, wenn etwa ein Forscher absichtlich die

Realität verfälschen will oder geisteskrank ist. Da aber solche Fälle kaum vorkommen, könne man prinzipiell von der „Unerschütterlichkeit" der Basis ausgehen.

Diese zunächst plausibel erscheinende Argumentation läßt sich erstens durch eine Vielzahl von Beispielen aus der täglichen Forschungspraxis des Sozialwissenschaftlers widerlegen. Greifen wir ein Beispiel heraus. Ein Sozialforscher wolle bei 500 Befragten u.a. ermitteln, ob Katholiken ein geringeres Einkommen als Protestanten haben. In einem Fragebogen werden entsprechende Interviewfragen formuliert, um das Einkommen und die Religionszugehörigkeit zu ermitteln. Das Ergebnis der Befragung sei, daß das durchschnittliche Einkommen der Katholiken geringer als das der Protestanten ist. Dieses Ergebnis ist ein singulärer Satz. Können wir diesen als sichere Basis für die Überprüfung einer Theorie - z.B. „Katholiken haben ein niedrigeres Einkommen als Protestanten" - annehmen? Wir wissen, daß Befragte häufig ihr Einkommen nicht genau angeben. Es wäre möglich, daß ein Befragter aus der Unterschicht einem Interviewer, der aus der Mittelschicht kommt, ein zu hohes Einkommen nennt, weil er gegenüber dem Interviewer als Angehöriger der Mittelschicht gelten möchte. Weiterhin wäre es möglich, daß ein Befragter aus der Mittelschicht einem Interviewer aus der Unterschicht ein zu niedriges Einkommen angibt, um den Interviewer nicht zu frustrieren. Es wäre auch denkbar, daß Befragte eine falsche Religionszugehörigkeit angeben, weil sie in der Vergangenheit häufig von anderen Personen diskriminiert wurden, die ihre Religionszugehörigkeit kannten, und weil sie fürchten, daß sich auch der Interviewer negativ äußert. Außerdem wäre es denkbar, daß der Interviewer die Fragen nach dem Einkommen und der Religionszugehörigkeit überhaupt nicht gestellt hat, da er negative Reaktionen des Befragten befürchtet, und daß der Interviewer die entsprechenden Fragen nach seinem „Eindruck" vom Befragten selbst beantwortet hat. Schließlich könnte der Interviewer bei der Ausfüllung des Fragebogens Fehler machen. Das genannte Ergebnis der Untersuchung könnte weiterhin fehlerhaft sein, weil bei der Übertragung der Befragungsergebnisse in eine Datei Fehler unterlaufen sind, weil bei der Auswertung der Daten durch einen Computer ein fehlerhaftes Statistik-Programm verwendet wurde, oder weil der Forscher die Ergebnisse falsch vom Bildschirm abgeschrieben hat.

Das beschriebene Beispiel demonstriert, wie viele Fehler bei der Erhebung von Daten und bei deren Auswertung auftreten können. Eine Vielzahl von Untersuchungen über die Wirkungen von Interviewerverhalten, der Art der Frageformulierung u.ä. auf die Antworten des Befragten - Untersuchungen, die in Lehrbüchern über das Interview im einzelnen dargestellt sind - zeigen, daß man keineswegs sicher sein kann, daß singuläre Sätze, die durch (mündliche oder schriftliche) Befragung gewonnen wurden, wahr sind.

Sozialwissenschaftler verwenden häufig zur Prüfung ihrer Hypothesen *offizielle Statistiken*. Diese basieren in den meisten Fällen ebenfalls auf verbalen Auskünften bestimmter Personen, so daß hier bezüglich der Wahrheitsgarantie dasselbe gilt wie bei Interviews. Auch die Androhung scharfer gesetzlicher Strafen bei unwahren Auskünften garantiert nicht, daß richtige Auskünfte gegeben werden. Hier sei etwa an die „Auskünfte" von Angeklagten erinnert. Es ist bekannt, wie fehlerhaft die offizielle Kriminalstatistik ist: Viele Delikte werden nicht bemerkt oder nicht angezeigt oder die Täter werden nicht gefaßt.

Nicht einmal singuläre Aussagen, die aufgrund von *Beobachtungen* gewonnen wurden, können ohne weiteres als wahr angenommen werden. Dies zeigt sich vor allem bei einer Vielzahl von Untersuchungen zur Wahrnehmungspsychologie und zur Methode der Beobachtung.¹³⁸ So wirkt etwa ein gegebener Kreis, um den relativ große Kreise gezeichnet sind, kleiner als ein Kreis gleicher Größe, um den relativ kleine Kreise gezeichnet wurden.

Wir haben uns bisher nur mit einer Reihe von Beispielen befaßt, die zeigen, daß die These von der Unerschütterlichkeit der empirischen Basis nicht haltbar ist. Es gibt jedoch auch *Theorien*, aus denen folgt, daß unter bestimmten Bedingungen Tatbestände falsch wahrgenommen oder - wissentlich oder unwissentlich - falsch berichtet werden. So könnte man etwa aufgrund der Theorie der kognitiven Dissonanz voraussagen, daß der Innenminister eines Landes, der den Einsatz „seiner" Polizei bei einer Demonstration beobachtet, unter bestimmten Bedingungen polizeiliche Übergriffe nicht wahrnimmt.

Eine weitere Möglichkeit, die These von der festen Basis zu widerlegen, ist folgende: *Wenn ein Wissenschaftler eine singuläre Aussage akzeptiert oder nicht akzeptiert, wendet er dabei immer implizit oder explizit bestimmte Gesetzesaussagen oder gesetzesartige Aussagen an, und er geht davon aus, daß bestimmte Anfangsbedingungen vorliegen.* Wenn man nun akzeptiert, daß wir uns zumindest bezüglich der Wahrheit von Gesetzesaussagen täuschen können - was wohl kaum bestritten werden dürfte -, dann folgt, daß wir uns auch in der Wahrheit von singulären Aussagen irren können; denn die angewendeten Gesetze können falsch sein (siehe auch Lakatos 1970) und somit auch die abgeleiteten singulären Aussagen.

Demonstrieren wir nun an einem Beispiel, in welcher Weise bei der Annahme oder Ablehnung von singulären Sätzen Gesetze angewendet werden. Verwenden wir hierzu den folgenden Satz:

Befragter a hat ein monatliches Einkommen von 1200 DM.

Nehmen wir an, ein Soziologe kontrolliere einen Fragebogen, in dem a angegeben hat, er habe ein Einkommen von 1200 DM und sei katholisch. Der Soziologe überlege nun, ob der Befragte zutreffend geantwortet hat. Dabei könnte der Forscher z.B. versuchen herauszufinden, ob der Interviewer, der das Interview mit a geführt hat, aus derselben, aus einer höheren oder aus einer niedrigeren sozialen Schicht als der Befragte a stammt. Gehört der Interviewer derselben Schicht wie der Befragte an, wird der Soziologe zunächst keinen Zweifel haben, daß das angegebene Einkommen stimmt. Warum wird der Soziologe dies annehmen? Offenbar hat er eine Theorie angewendet, die lauten könnte:

T_1: Wenn ein Befragter von einem Interviewer, der einer höheren (niedrigeren) sozialen Schicht als der Befragte angehört, befragt wird, dann wird der Befragte ein zu hohes (zu niedriges) Einkommen angeben. Wenn dagegen Befragter und Interviewer aus derselben sozialen Schicht stammen, wird der Befragte sein Einkommen korrekt angeben.

Nehmen wir weiter an, der Soziologe erfahre, daß die folgende Anfangsbedingung vorliegt:

A_1: Der Interviewer und der Befragte stammen aus derselben sozialen Schicht.

In diesem Falle hat der Soziologe zunächst keine Veranlassung, an der Wahrheit der genannten singulären Aussage zu zweifeln. Der Soziologe hat also eine Theorie T_1 angewendet und die zugehörige Anfangsbedingung ermittelt. Entsprechend muß das Explanandum vorliegen. Es handelt sich bei der Theorie also um eine Hintergrundtheorie. Weiterhin geht der Soziologe davon aus, daß bestimmte Anfangsbedingungen vorliegen.

---

¹¹ Vgl. hierzu insbesondere auch Bohnen 1972 und Musgrave 1993.

Der Leser mag selbst einige Beispiele durchspielen, die zeigen, daß *allgemein* bei der Beurteilung der Wahrheit singulärer Aussagen, d.h. potentieller Konfirmatoren oder Falsifikatoren, Hintergrundtheorien angewendet werden, daß von dem Vorliegen bestimmter Anfangsbedingungen ausgegangen wird, daß die betreffenden singulären Aussagen jeweils das Explanandum sind. Selbst bei einfachen Beobachtungen - etwa beim Zählen einer Menschenmenge - wendet ein Forscher Gesetze an und stellt Anfangsbedingungen fest. So wird angenommen, daß unter bestimmten Bedingungen Wahrnehmungen der Realität besser entsprechen (etwa bei Helligkeit) als unter anderen Bedingungen. Weiter stellt der Forscher fest, ob die entsprechenden Anfangsbedingungen vorliegen.

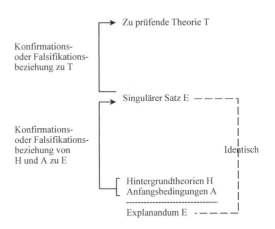

Abbildung 1: Die Prüfung von Theorien und singulären Aussagen

Wir haben versucht, die Rolle von Hintergrundtheorien und Anfangsbedingungen bei der Prüfung von Theorien in einem Diagramm zu verdeutlichen. Abbildung 1 zeigt, daß ein singulärer Satz E, d.h. ein Konfirmator oder Falsifikator, erstens zur Bestätigung oder Widerlegung einer zu prüfenden Theorie T bedeutsam ist, daß zum anderen aber seine Wahrheit auf der Grundlage von Hintergrundtheorien und bestimmten Anfangsbedingungen beurteilt wird.

Unsere Beispiele demonstrieren, daß bei der Prüfung einer Theorie die angewendete Hintergrundtheorie zumindest nicht immer gleichzeitig überprüft wird. Das Explanandum der Hintergrundtheorie wurde ja nicht empirisch ermittelt, vielmehr wurde aus den Hintergrundtheorien und den entsprechenden Anfangsbedingungen das Vorliegen des Explanandums erschlossen. Es wird also davon ausgegangen, daß die Hintergrundtheorie und die singulären Sätze, die die Anfangsbedingungen beschreiben, zutreffen. Selbstverständlich ist eine solche Annahme nur vorläufig und somit jederzeit revidierbar.

Unsere Überlegungen zeigen also, daß nicht nur sozialwissenschaftliche Theorien, sondern auch singuläre Aussagen falsch sein können. Wir können uns nicht nur irren, wenn wir *allgemeine* Aussagen formulieren, sondern auch dann, wenn wir behaupten, daß singuläre Aussagen wahr sind. Es gibt also keine feste Basis, von der wir bei der Beurteilung von Theorien ausgehen können.[139]

Wenn wir nun für die Kritik von Theorien singuläre Aussagen benötigen, wenn jedoch diese wiederum bezüglich ihrer Wahrheit unsicher sind: Wie können wir unter diesen Bedingungen überhaupt eine Theorie auf ihre Wahrheit hin überprüfen? Die einzige Möglichkeit scheint zu sein, über die Wahrheit oder Falschheit einer singulären Aussage eine vorläufige

---

[12] Diese These wurde schon relativ früh von Popper vertreten. Vgl. Popper 1971, insbes. Kap. V; vgl. auch Hempel 1952.

Entscheidung auf der Grundlage einer kritischen Prüfung der singulären Aussage zu treffen. So wird man bei dem vorangegangenen Beispiel fragen, inwieweit sich die angewendeten Hintergrundtheorien bewährt haben oder ob Gründe für die Vermutung bestehen, daß wir uns über das Vorhandensein von Anfangsbedingungen getäuscht haben. Wenn wir keine Gründe haben, an der Richtigkeit einer singulären Aussage zu zweifeln, ist es vernünftig, sie als eine *vorläufige Basis* zu akzeptieren. Sollte sich später zeigen, daß diese Annahme falsch war - etwa wenn angewendete Hintergrundtheorien sich als fragwürdig erweisen -, wird man die singulären Aussagen revidieren.

Wir sehen also, daß bei der Akzeptierung oder Ablehnung von singulären Aussagen eine *Entscheidung* getroffen wird, die vorläufig ist. Diese Entscheidung ist keineswegs willkürlich, sondern sie wird getroffen, nachdem Argumente geprüft wurden, die für oder gegen die Entscheidung sprechen.

Diese Vorgehensweise wird kaum diejenigen befriedigen, die ein Verlangen nach „sicheren Grundlagen" haben. Wenn wir jedoch das Ziel haben, immer wahrere Theorien zu konstruieren, dürfte kaum eine andere Vorgehensweise als die Methode der kritischen Prüfung - die insbesondere von Karl R. Popper entwickelt wurde - sinnvoll sein. Verschließt man die Augen vor möglichen Irrtümern, muß man als eine Konsequenz die Dogmatisierung von Aussagen in Kauf nehmen: Es entstehen Lehrmeinungen oder wissenschaftliche Schulen, d.h. Aussagensysteme, die gegen Kritik immunisiert sind und somit den Erkenntnisfortschritt hemmen.

4. Entscheidungen nach der Prüfung von Theorien: Bewahrung, Modifizierung oder Eliminierung der geprüften Theorie

Nehmen wir an, eine Theorie werde widerlegt. Man könnte nun sagen, daß wir keine falschen Theorien in einer Wissenschaft dulden wollen und daß es somit sinnvoll ist, die Theorie zu *eliminieren*. Die Theorie soll also in die Geschichte einer Wissenschaft verwiesen und von den Einzelwissenschaftlern nicht weiter diskutiert werden.

Ist eine solche radikale Strategie sinnvoll? Gehen wir zunächst davon aus, daß *keine alternative Theorie existiert*. Wenn nun eine Theorie widerlegt wird, dann ist es nicht ausgeschlossen, daß der Wahrheitsgehalt der Theorie trotzdem sehr groß ist, d.h. daß relativ viele wahre Aussagen aus der Theorie ableitbar sind. Wenn dies der Fall ist, könnte die Theorie möglicherweise bei nur geringen Veränderungen wahr werden. Wir würden also bei einer Eliminierung die Chance vergeben, die Menge unserer wahren theoretischen Aussagen durch nur geringe Veränderungen dieser Aussagen zu erhöhen. Man wird somit zunächst versuchen, Veränderungen an der Theorie vorzunehmen.

Wenn sich die Theorie wenigstens in einigen Fällen bestätigt, wird man sie noch aus einem anderen Grunde nicht eliminieren. Selbst wenn eine Theorie teilweise falsch ist, haben wir doch wenigstens ein geringes Wissen über die Realität. Eine Eliminierung der Theorie würde die Konsequenz haben, daß wir dieses geringe Wissen auch noch preisgeben. Es ist besser, wenig zu wissen, als überhaupt nichts zu wissen. Wir können also sagen:

1. Wenn eine Theorie durch fast alle Untersuchungen widerlegt wird, wenn keine alternative Theorie existiert und wenn Modifizierungsversuche nicht erfolgreich waren, wird man eine Theorie eliminieren.

Nehmen wir nun an, zu einer Theorie T_1 existiert eine *alternative Theorie* T_2, die in etwa denselben Informationsgehalt hat wie T_1. Bei empirischen Untersuchungen habe sich T_1

immer bewährt, für T_2 gebe es dagegen einige Untersuchungen, die die Theorie widerlegen. T_1 scheint also einen weitaus höheren Wahrheitsgehalt und keinen höheren Falschheitsgehalt als T_2 zu haben. In dieser Situation erscheint es sinnvoll, T_2 zu eliminieren; denn erstens informiert uns T_2 genauso gut (oder schlecht) wie T_1. Da jedoch zweitens T_1 weitaus häufiger richtige Voraussagen als T_2 liefert, besteht kein Grund, T_2 weiter zu diskutieren.

Es wäre möglich, daß sich T_1 nicht in allen Tests bewährt, sondern z.B. nur in 80% der durchgeführten Untersuchungen. Selbst in diesem Falle wird man T_1 bewahren und T_2 eliminieren, da T_1 - obwohl sie vermutlich nicht *ganz* richtig ist - doch in ihrem Wahrheitsgehalt T_2 klar überlegen und in ihrem Falschheitsgehalt T_2 nicht unterlegen sein dürfte.

Die Entscheidung, widerlegte Theorien nicht ohne weiteres zu eliminieren, mag auf den ersten Blick nicht sinnvoll erscheinen. Neben unseren vorangegangenen Überlegungen dürfte sie durch das folgende Beispiel plausibel werden. Man wird ein Auto, das nicht mehr voll funktionsfähig ist, nicht ohne weiteres verschrotten. Ein Auto mag zwar zuweilen versagen. Trotzdem mag es für den Autobesitzer nützlicher sein, das Auto zu behalten als völlig ohne Auto auszukommen. Erst wenn das Auto völlig funktionsunfähig ist und wenn man vergeblich versucht hat, seine Funktionsfähigkeit wiederherzustellen, wird man es „eliminieren". Wenn jedoch ein anderes Auto zur Verfügung steht, das dem vorhandenen Auto *relativ* klar überlegen ist, wird man das alte Auto nicht mehr benutzen. Die angewendete Strategie könnte man also allgemein so formulieren: Man wird eine Problemlösung nur dann verwerfen, wenn sie trotz Verbesserungsversuchen völlig unbrauchbar erscheint oder wenn eine eindeutig bessere Problemlösung vorhanden ist.

Wir sagten, daß T_2 nur dann eliminiert werden sollte, wenn sie T_1 *deutlich* unterlegen ist. D.h. solange nicht klar ist, welche Theorie welcher anderen Theorie überlegen ist, wird man vorerst beide Theorien beibehalten und versuchen, durch weitere Tests den „Abstand" der beiden Theorien bezüglich ihres Wahrheitsgehalts zu vergrößern. Dies ist aus folgendem Grunde sinnvoll. Es könnte sich herausstellen, daß einige Konfirmatoren von T_1 in Wirklichkeit Falsifikatoren sind, weil Fehler bei den singulären Aussagen aufgetreten sind. Weiterhin könnten bei neuen Tests Situationen gefunden werden, in denen T_1 sehr häufig widerlegt wird, und zwar häufiger als T_2, so daß T_2 in Wirklichkeit T_1 überlegen ist. Hätten wir T_2 eliminiert, dann wäre die schlechtere Theorie beibehalten worden. Somit ist es sinnvoll, Theorien nur dann zu eliminieren, wenn die alternativen Theorien eindeutig besser sind. Wir können sagen:

2. Wenn zu T_1 eine alternative Theorie T_a existiert, wenn der Informationsgehalt von T_1 und T_a in etwa gleich ist, wenn T_1 bezüglich ihres (vermutlichen) Wahrheitsgehalts T_a klar überlegen und bezüglich ihres (vermutlichen) Falschheitsgehalts T_a klar unterlegen ist, d.h. wenn T_1 eindeutig wahrer als T_a sein dürfte, dann soll man T_a eliminieren.

Unsere Ausführungen zeigen, daß die Eliminierung einer Theorie eine *Entscheidung* ist, bei der wir uns irren können, die also prinzipiell revidierbar ist. Die Fehlerquellen liegen vor allem darin, daß zusätzliche Falsifikatoren oder Konfirmatoren für eine Theorie entdeckt werden können. Deshalb ist es - wie gesagt - sinnvoll, eine solche Entscheidung erst nach möglichst vielen, strengen Tests zu treffen.

Es sei bereits hier betont, daß diese Regeln - wie auch die folgenden Regeln - keineswegs neu konzipierte Theorien, die noch nicht strengen Tests unterworfen wurden, von vornherein aus dem Wettbewerb ausschalten oder in irgendeiner Weise benachteiligen. In der genannten Regel 2 heißt es ausdrücklich, daß der unterschiedliche Wahrheits- bzw.

Falschheitsgehalt bei gleichem Informationsgehalt für die Eliminierung einer Theorie relevant ist. Der Wahrheits- oder Falschheitsgehalt einer neuen Theorie muß zunächst durch empirische Untersuchungen festgestellt werden. Solange sie nicht geprüft wurde, sind die Regeln nicht anwendbar. Eine neue Theorie wird also in keiner Weise als Eindringling in ein etabliertes wissenschaftliches System betrachtet.

Nehmen wir an, *zwei alternative Theorien hätten einen unterschiedlichen Informationsgehalt*. So könnte T_1 eine Beziehung zwischen Selbstmordhäufigkeit und Wahlbeteiligung für *Städte* behaupten, während T_2 besagt, daß diese Beziehung für *alle Kollektive* gilt, wobei Städte eine (echte) Teilklasse von Kollektiven seien. Der Gehalt von T_2 sei entsprechend höher als der von T_1. Wenn im allgemeinen ein hoher Informationsgehalt erreicht werden soll, dann wird man prinzipiell eine Theorie einer anderen Theorie vorziehen, wenn der Informationsgehalt der ersten Theorie höher als der der zweiten Theorie ist. Wenn zusätzlich der Wahrheitsgehalt von T_2 größer als der von T_1 ist (und der Falschheitsgehalt von T_2 nicht größer als der von T_1 ist, was wir im folgenden annehmen), wird uns dies noch in der Entscheidung bestärken, T_1 zu eliminieren. Wir werden sogar geneigt sein, T_1 bereits bei einer relativ geringen Unterlegenheit bezüglich ihres Wahrheitsgehalts zu eliminieren, wenn der Gehalt von T_2 extrem höher als der von T_1 ist.

Wie entscheiden wir aber, wenn der Wahrheitsgehalt von T_1 größer als der von T_2 ist, wenn dagegen der Informationsgehalt von T_1 niedriger als der von T_2 ist? Die Entscheidung wird von dem Grad abhängen, in dem sich der Wahrheitsgehalt und der Informationsgehalt zweier Theorien voneinander unterscheiden. Wir wollen Regel 2 in folgender Weise allgemeiner formulieren:

3. Wenn zu T_1 eine alternative Theorie T_2 existiert und wenn der Wahrheitsgehalt von T_1 und T_2 nicht null ist, gilt: Je höher der Wahrheitsgehalt von T_1 im Verhältnis zu dem von T_2 ist, je geringer der Falschheitsgehalt von T_1 im Verhältnis zu dem von T_2 ist, und je höher der Informationsgehalt von T_1 im Verhältnis zu dem von T_2 ist, desto eher wird man T_2 eliminieren.

Diese Regel erlaubt in einer Reihe von Fällen keine eindeutige Entscheidung für oder gegen die Eliminierung einer Theorie. Sie sagt uns z.B. nicht, wie verschieden genau der Informationsgehalt und der Wahrheits- bzw. Falschheitsgehalt zweier Theorien sein muß, damit wir die eine Theorie eliminieren sollen. Nehmen wir etwa an, T_1 habe sich etwas besser bewährt als T_2, der Informationsgehalt von T_2 ist aber höher als der von T_1. Sollen wir T_1 oder T_2 eliminieren oder weder T_1 noch T_2? In anderen Fällen dagegen erlaubt die Regel klare Entscheidungen, etwa wenn sowohl der Wahrheitsgehalt als auch der Informationsgehalt von T_1 deutlich höher als der Wahrheitsgehalt und der Informationsgehalt von T_2 sind.

Es fragt sich, ob eine Präzisierung der Regel sinnvoll ist. Wir sagten früher, daß in den Sozialwissenschaften sehr häufig der Informationsgehalt von Aussagen nur als mehr oder weniger unterschiedlich bezeichnet werden kann, d.h. nicht in Form von exakten Maßen angegeben werden kann. Weiterhin wiesen wir darauf hin, daß wir uns bei der Feststellung des Wahrheitsgehalts von Theorien irren können. Somit erscheint es kaum sinnvoll, durch komplizierte Maße die nicht entscheidbaren Fälle zu eliminieren. Man wird vielmehr in der früher beschriebenen Weise vorgehen, indem man den „Abstand" von T_1 und T_2 zu vergrößern versucht. D.h. man wird beide Theorien weiteren, strengen Prüfungen unterwerfen und versuchen, ihren Informationsgehalt zu verbessern.

Unter welchen Bedingungen sollte eine Theorie, die widerlegt wurde, *modifiziert* werden? Gehen wir wiederum davon aus, daß zu *einer Theorie T_1 keine alternative Theorie existiert* und daß T_1 widerlegt ist. In diesem Falle werden wir zunächst versuchen, T_1 zu modifizieren. Wir sagten früher, daß aus bestimmten Gründen eine Eliminierung nicht sinnvoll ist. Eine unveränderte Bewahrung der Theorie ist jedoch auch nicht zweckmäßig, da wir ja möglichst wahre Theorien besitzen wollen. Wir können also sagen:

4. Wenn T_1 widerlegt wird und wenn zu T_1 keine alternative Theorie existiert, dann wird man T_1 modifizieren, so daß sich der Wahrheitsgehalt und der Informationsgehalt von T_1 möglichst stark erhöhen und sich der Falschheitsgehalt vermindert.

Nehmen wir an, zu *einer Theorie T_1 existiere eine alternative Theorie T_a*. Weiterhin seien der Wahrheits- und der Informationsgehalt der beiden Theorien nicht so verschieden, daß man eine der beiden Theorien eliminieren will. In dieser Situation erscheint es sinnvoll, den Informations- und den Wahrheitsgehalt *beider* Theorien durch Modifikation so lange zu erhöhen, bis die eine Theorie eliminiert werden kann. Warum wird man versuchen, *beide* Theorien zu modifizieren? Es wäre möglich, daß die falschere Theorie durch nur geringe Modifikationen der wahreren Theorie sowohl bezüglich ihres Wahrheits- als auch ihres Informationsgehalts überlegen wird. Würde man sich also z.B. nur mit der Modifikation der wahren Theorie befassen, würden wir auf eine Möglichkeit, unser Wissen zu erweitern - nämlich durch eine Modifikation der falscheren Theorie - verzichten. Wir können also folgende Regel formulieren:

5. Wenn zu T_1 eine alternative Theorie T_a existiert, wenn der Wahrheitsgehalt von T_1 und T_a nicht null ist, wenn der Wahrheits- und Informationsgehalt beider Theorien nicht so verschieden ist, daß eine der beiden Theorien eliminiert werden sollte, dann sollte versucht werden, den Informations- und den Wahrheitsgehalt beider Theorien durch Modifikationen so lange zu verändern, bis eine der beiden Theorien eliminiert werden kann.

Wenn eine Theorie modifiziert wurde, dann muß der Wahrheits- bzw. Falschheitsgehalt erneut empirisch überprüft werden. Man könnte sich ja bei der Modifikation geirrt haben.

Wir hatten uns bisher nur mit der Modifizierung von Theorien bezüglich zweier Kriterien befaßt: Informationsgehalt und Wahrheits- bzw. Falschheitsgehalt. Wir sahen jedoch früher, daß Theorien nicht nur wahr sein und einen hohen Informationsgehalt haben sollen, sondern daß die Begriffe einer Theorie und die Beziehungen zwischen den Begriffen (d.h. die Struktur der Theorie) auch präzise und eindeutig sein sollen. Wir haben bisher implizit angenommen, daß Theorien, die auf ihren Wahrheitsgehalt geprüft werden, so präzise und eindeutig formuliert sind, daß ihre möglicherweise vorhandene unterschiedliche Präzision und Eindeutigkeit kein Argument für die Eliminierung einer der zur Diskussion stehenden Theorie ist. Sollte dies nicht der Fall sein, ist es zunächst sinnvoll, alle zu diskutierenden Theorien möglichst präzise und eindeutig zu formulieren. Erst dann kann bei allen oder zumindest den meisten singulären Sätzen entschieden werden, ob sie zu den potentiellen Falsifikatoren oder Konfirmatoren gehören. Diese Entscheidung ist, wie wir sahen, wiederum die Voraussetzung für die Ermittlung des Wahrheits- und Falschheitsgehalts von Theorien.

IX. Wie kritisiert man eine sozialwissenschaftliche Theorie?

Es ist immer wieder erstaunlich, wie hilflos Studenten und, man mag es nicht glauben, Kollegen sind, wenn sie aufgefordert werden, eine sozialwissenschaftliche Theorie einer Kritik zu unterziehen. Der Leser, der dieses Buch bis hierher gelesen hat, müßte eigentlich über ein kritisches Instrumentarium, d.h. über Kriterien verfügen, die zur Kritik von Theorien angewendet werden können. Wir wollen im folgenden diese Kriterien sozusagen in Form eines Kochbuches zusammenfassen. Da die folgende Diskussion weitgehend auf Sachverhalte zurückgreift, die bereits früher behandelt wurden, können wir uns entsprechend kurz fassen.[140]

Die Kritik von Theorien besteht aus zwei Schritten. Der erste Schritt ist rein *kognitiver Art*: Man stellt fest, inwieweit eine oder mehrere Theorien bestimmte Merkmale aufweisen. So läßt sich ermitteln, inwieweit die Begriffe einer Theorie klar sind. Der zweite Schritt besteht in einer *Bewertung*: Wenn eine Theorie bestimmte Merkmale aufweist - z.B. in bestimmter Hinsicht unklar ist -, dann könnte man dies negativ bewerten.

Beide Schritte müssen streng getrennt werden. Beim ersten Schritt läßt sich relativ leicht Übereinstimmung erzielen. Inwieweit z.B. eine Theorie klar oder informativ ist oder inwieweit sie durch bestimmte Untersuchungen bestätigt ist, läßt sich intersubjektiv relativ leicht feststellen. Welche Kriterien jedoch mehr oder weniger akzeptabel sind, wird vermutlich eher umstritten sein. So könnten Sozialwissenschaftler darin übereinstimmen, daß eine bestimmte Theorie sehr unklar ist, sich jedoch in der Bewertung dieses Sachverhaltes unterscheiden. Ein qualitativ orientierter Sozialwissenschaftler oder ein Anhänger der soziologischen Systemtheorie mag in der Unklarheit keineswegs einen Makel sehen.

Die im folgenden dargestellten Merkmale von Theorien können also zum einen angewendet werden, um Theorien zu beschreiben. Wir sehen diese Merkmale jedoch als Kriterien an, also als Merkmale, die Theorien aufweisen *sollen*.

1. Die Klarheit von Theorien

Die Möglichkeit, eine Theorie zu kritisieren, ist um so größer, je klarer und eindeutiger die Theorie ist. Da die Kritisierbarkeit von Theorien eine notwendige Bedingung für den wissenschaftlichen Fortschritt ist, und da wissenschaftlicher Fortschritt erzielt werden soll, ist es zweckmäßig, Theorien möglichst klar und eindeutig zu formulieren. Die Klarheit einer Theorie bezieht sich auf zwei unterschiedliche Sachverhalte.

10. Die Klarheit der Struktur von Theorien

Wir sahen, daß es zum einen unklar sein kann, welchen Objekten welche Merkmale zugeschrieben werden und in welcher Beziehung die Merkmale zueinander stehen. Wenn man eine Theorie diskutieren will, sollte man zunächst prüfen, welches die Merkmale bzw. Variablen sind, aus denen die Theorie besteht, und auf welche Einheiten (z.B. Kollektive oder Individuen) sich die Theorie bezieht. Zweitens sollte man prüfen, ob die Theorie ausdrücklich als Wenn-dann- bzw. Je-desto-Satz formuliert wurde. Wir wollen dies so ausdrücken: Die *Struktur der Theorie* sollte klar sein.

---

[140] Dieses Kapitel basiert auf Kapitel I von Opp 1974. Dort werden die im folgenden behandelten Kriterien detaillierter beschrieben.

So selbstverständlich diese Regel klingt, so selten wird sie doch in den Sozialwissenschaften befolgt. Der folgende Text ist typisch für die Art essayistischer Darstellungen, wie man sie z.B. in der Soziologie und der Politikwissenschaft findet:

In industrialisierten Gesellschaften ist die Verstädterung relativ groß. Hohe Anonymität in den zwischenmenschlichen Beziehungen ist ebenfalls typisch. Die Höhe der Kriminalität kann in einer solchen Situation nicht unbeeinflußt bleiben.

Es scheint, daß in diesen Aussagen Bedingungen für das Auftreten von Kriminalität genannt werden. Wie lauten diese Bedingungen? Ist es die Industrialisierung, die zu Verstädterung, Anonymität und Kriminalität führt? Oder führt die Industrialisierung zu Verstädterung, diese zu anonymen Beziehungen und alle diese Variablen zu Kriminalität? Diese Fragen sind aufgrund des obigen Textes nicht zu beantworten. Weiter ist unklar, welcher Art die Beziehungen sind: Führt Industrialisierung oder einer der anderen Faktoren zu hoher oder niedriger Kriminalität?

11. Die Klarheit und Eindeutigkeit von Begriffen

Es ist möglich, daß die Struktur einer Theorie klar ist, daß jedoch die Begriffe unklar oder mehrdeutig sind. Zur Erinnerung - vgl. Kapitel IV: Eine mehr oder weniger große „Präzision" bedeutet, daß man relativ häufig entscheiden kann, ob bestimmte Ereignisse von einem Begriff bezeichnet werden oder nicht. „Eindeutigkeit" besagt, daß relativ häufig gleiche Sachverhalte einem Begriff zugeordnet werden.

Betrachten wir folgende „Theorie": „Je größer die Willensschwäche ist, desto größer ist die Desorganisation und das dissoziale Verhalten; hohe Desorganisation führt zu hohem dissozialen Verhalten." Es ist klar, welchen Objekten welche Merkmale zugeschrieben werden - die Objekte sind individuelle Akteure. Die Beziehungen zwischen den Variablen bzw. Merkmalen sind ebenfalls klar. Die Begriffe selbst sind jedoch äußerst unklar. Versteht man z.B. unter „dissozialem Verhalten" jegliche Art von Kritik? Verhält sich z.B. jemand „dissozial", wenn er Höflichkeitsregeln verletzt?

In dem vorigen Beispiel sind die Begriffe, die *Merkmale* beschreiben, unklar. Es ist jedoch auch möglich, daß Begriffe, die sich auf den *Objektbereich* beziehen, unklar sind. So könnte eine Theorie für Gesellschaften formuliert sein. Es gibt viele Arten von Kollektiven, bei denen nicht klar ist, ob es sich um Gesellschaften handelt oder nicht.

Manche Begriffe sind zwar relativ präzise, sie werden aber *mehrdeutig* verwendet. So könnte es Soziologen geben, die den Begriff „Gruppe" im Sinne von Kategorien von Personen verwenden. Gruppen wären z.B. Studenten, Frauen, Abgeordnete und Dichter. Andere Soziologen könnten nur dann von Gruppen sprechen, wenn bei einer Personenmenge jede Person mit einer anderen Person direkt Kontakt hat.

2. Der Informationsgehalt von Theorien

Wir sahen in Kapitel VI, daß es sinnvoll ist, Theorien mit möglichst hohem Informationsgehalt zu formulieren. Wir sahen auch, daß es oft schwierig ist, bei einer konkreten Theorie den Informationsgehalt zu ermitteln. Für die praktische Kritik von Theorien sollte auf zwei Eigenschaften geachtet werden, die im folgenden kurz behandelt werden sollen. Zum einen ist der Informationsgehalt einer Theorie relativ groß, wenn die Theorie *relativ viele spezifische Sachverhalte erklären kann*. Wir betrachten also zunächst die Dann-Komponente einer

Theorie. Zum anderen ist der Informationsgehalt einer Theorie relativ groß, wenn der *Anwendungsbereich einer Theorie relativ groß ist*. In diesem Falle befassen wir uns mit der Wenn-Komponente einer Theorie. Schließlich ist für die Beurteilung des Informationsgehaltes die *Art der Beziehungen zwischen der Wenn- und Dann-Komponente* von Bedeutung. Im folgenden wollen wir diese Kriterien etwas genauer behandeln.

20. Die Menge und die Detailliertheit der erklärten Sachverhalte

Betrachten wir folgende einfache Theorie: „Bei steigenden Möglichkeiten für die Begehung von Delikten steigt die Kriminalität." Die Theorie kann eine relativ große Menge von Sachverhalten erklären, z.B. Eigentumsdelikte jeglicher Art, alle Arten von Gewaltdelikten, Wirtschaftskriminalität und Mord. Die Menge der erklärten Sachverhalte ist also relativ groß. Trotzdem ist die Theorie relativ uninformativ: Sie informiert uns nicht darüber, welche *Art* von Delikten bei steigenden Möglichkeiten ausgeführt wird. Angenommen, die Möglichkeiten für Delikte steigen, wenn die Schulen eines Bundeslandes Ferien haben. Wir können dann erwarten, daß die Kriminalität steigt, allerdings wissen wir nicht, ob die Eigentumskriminalität, die Gewaltdelikte oder irgendeine andere Art der Kriminalität steigt.

Modifizieren wir die genannte Hypothese in folgender Weise: „Wenn die Möglichkeiten für die Begehung eines Deliktes steigen, dann wird dieses Delikt häufiger ausgeführt." Diese Theorie erklärt die gleiche Menge von Sachverhalten wie die vorher genannte Theorie. Allerdings ist die zuletzt genannte Theorie informativer, da sie erklärt, welche Phänomene aus der Menge der erklärten Sachverhalte unter bestimmten Bedingungen auftreten. Wenn wir also eine Veränderung der Möglichkeiten für die Begehung von Delikten beobachten, können wir nun auch voraussagen, welche Arten von Delikten häufiger ausgeführt werden. Wenn z.B. die Schulferien beginnen, dann sind viele Wohnungen unbewacht, d.h. die Möglichkeiten für die Begehung von Wohnungseinbrüchen steigen. Entsprechend können wir voraussagen, daß Wohnungseinbrüche, aber z.B. nicht Morde oder Vergewaltigungen, steigen. D.h. die Theorie erklärt relativ genau die Art von Phänomenen, die auftreten.

Wenn entsprechend eine konkrete Theorie bezüglich ihres Informationsgehaltes zu beurteilen ist, ist zu prüfen: (1) Wie umfassend ist die Menge der erklärten Sachverhalte? (2) Wie genau kann erklärt werden, welche Sachverhalte aus der Menge der erklärten Sachverhalte auftreten? Bei der Kritik einer Theorie sollte auch aufgezeigt werden, welche Menge von Sachverhalten *nicht* erklärt wird - in unserem Beispiel kann konformes Verhalten nicht erklärt werden.

21. Der Anwendungsbereich einer Theorie

Grundsätzlich gilt: Je größer der Anwendungsbereich einer Theorie ist, desto informativer ist sie. Anders gesagt: Der Umfang der Wenn-Komponente einer Theorie sollte möglichst groß sein.

Was folgt daraus? Theorien, die sich nicht auf irgendwelche Orte oder Zeitpunkte beziehen, haben einen relativ großen Anwendungsbereich und sind entsprechend relativ informativ. Dies gilt auch für Theorien, die sich nicht auf bestimmte Gruppen von Personen oder Kollektive beziehen, sondern auf Personen oder Kollektive generell. So ist eine Theorie über Kleingruppen oder über Jugendliche bezüglich ihres Gehaltes relativ beschränkt. Weiter ist eine Theorie in ihrem Anwendungsbereich beschränkt, wenn sie nur unter bestimmten

Bedingungen gilt. Ein Beispiel sind Theorien, die nur gelten, wenn keine Statusunterschiede zwischen Personen bestehen oder wenn es sich um Industriegesellschaften handelt.

22. Die Art der Beziehungen zwischen Wenn- und Dann-Komponente: Die Angabe von Funktionen und die Vermeidung von Tautologien und Kontradiktionen

Die meisten Theorien sind lediglich Wenn-dann- oder Je-desto-Sätze, ohne daß im einzelnen die Art der Beziehung angegeben wird. Wir sahen, daß der Gehalt einer Je-desto-Aussage erhöht werden kann, wenn eine mathematische Funktion angegeben wird. So könnte man den Gehalt einer Je-desto-Aussage erhöhen, indem man zumindest die Art der Funktion angibt. Meist wird man dabei zunächst einmal von linearen Funktionen ausgehen.

Bisher haben wir angenommen, daß Theorien überhaupt empirischen Gehalt haben. Theorien dagegen, die tautologisch oder analytisch wahr sind, haben, wie wir in Kapitel VII sahen, keinen empirischen Gehalt. Der Grund ist, daß bei Tautologien oder analytisch wahren Sätzen allein die Analyse der verwendeten Ausdrücke ausreicht, um zu ermitteln, ob die Aussagen wahr sind.

Wir sahen, daß es oft schwierig ist festzustellen, ob eine Theorie analytisch wahr ist. Betrachten wir ein Beispiel: Je weniger eine Person ihre Triebe beherrscht, desto eher wird sie kriminell. Zunächst sieht diese Aussage wie eine Theorie aus, mit der Kriminalität erklärt werden kann. Es wäre nun denkbar, daß die Nicht-Beherrschung der Triebe einer Person als Kriminalität *definiert* wird. Ob diese Aussage analytisch wahr ist, muß eine Analyse der Schriften ergeben, in denen derartige Aussagen vorkommen. Es ist also sinnvoll, bei jeder Theorie zu prüfen, ob sie analytisch wahr bzw. tautologisch ist.

Weiter sollte geprüft werden, ob Theorien widersprüchlich sind. Wie wir in Kapitel VII sahen, informieren auch Kontradiktionen (bzw. analytisch falsche Aussagen) nicht darüber, was denn nun genau der Fall ist.

23. Der praktische Informationsgehalt von Theorien

Wenn Sozialwissenschaftler einen Beitrag zur Lösung praktischer Probleme leisten wollen, dann ist es wichtig, daß Theorien, wie wir in Kapitel XI im einzelnen sehen werden, einen praktischen Gehalt haben. D.h. die Wenn-Komponente muß sich auf Sachverhalte beziehen, die der Praktiker unmittelbar verändern kann.

In den Sozialwissenschaften gibt es unterschiedliche Meinungen darüber, ob die Ergebnisse der Sozialwissenschaften praktisch wirksam sein sollen. Sozialwissenschaftler, die dies verneinen, werden den praktischen Informationsgehalt nicht als Kriterium für die Beurteilung von Theorien akzeptieren. Will man allerdings Maßnahme- und Wertprobleme einer Lösung näherbringen, müssen Theorien einen praktischen Informationsgehalt haben.

3. Der Bewährungsgrad von Theorien

Es gibt vermutlich kaum Sozialwissenschaftler, die der Meinung sind, daß Theorien nicht mit der Realität übereinzustimmen brauchen. Entsprechend wird man bei der Kritik von Theorien prüfen, inwieweit sie strengen empirischen Prüfungen unterzogen wurden und inwieweit sie sich dabei bewährt haben. Einzelheiten darüber, was mit „Strenge" einer Prüfung gemeint ist und warum der Bewährungsgrad und nicht die Wahrheit einer Theorie als Kriterien verwendet werden, wurden in Kapitel VIII behandelt.

Bei der Beurteilung von Theorien hinsichtlich ihrer empirischen Gültigkeit sollte man nicht nur empirische Untersuchungen heranziehen. Es wäre ja denkbar, daß zwar empirische Prüfungen vorliegen, daß diese jedoch in Situationen durchgeführt wurden, in denen sich Theorien vermutlich bewähren. Es ist deshalb immer wichtig, daß man prüft, ob es *plausible Falsifikatoren* geben könnte, d.h. Situationen, in denen die Theorie vermutlich falsifiziert wird. Bei der Kritik einer Theorie sollte man also immer versuchen, sich Arten von Situationen vorzustellen, in denen die Theorie vermutlich nicht gilt. Dies gilt erst recht, wenn für eine Theorie noch keine Untersuchungen vorliegen.

4. Zusammenfassung

Eine möglichst strenge Kritik von Theorien ist für den wissenschaftlichen Fortschritt unerläßlich. Für den einzelnen Wissenschaftler ist jedoch die Kritik von Theorien, die er bevorzugt, und insbesondere die Kritik seiner eigenen Theorien unangenehm. Entsprechend versuchen Wissenschaftler oft, Theorien unwiderlegbar zu machen. Dabei scheint es ihnen häufig zu gelingen, damit auch noch Anerkennung zu gewinnen. So schreibt Shearing (1973, S. 33, Übersetzung von mir):

„Ein kursorischer Blick auf die Entwicklung der soziologischen Theorie sollte jedem unabhängigen Beobachter deutlich machen, daß ein Theoretiker, der soziologischen Ruhm ernten will, sicherstellen muß, daß seine Theorien im wesentlichen unprüfbar sind."

Wie formuliert man eine Theorie, die unprüfbar ist? Die vorangegangenen Ausführungen in diesem Kapitel und in den anderen Kapiteln dieses Buches können angewendet werden, um die Kritik von Theorien unmöglich zu machen oder zumindest zu erschweren. In Lehrveranstaltungen zur Wissenschaftstheorie stelle ich zuweilen die Aufgabe, eine sozialwissenschaftliche Theorie - z.B. die Anomietheorie - so umzuformulieren, daß sie unwiderlegbar wird und daß es möglichst schwierig wird, dies zu erkennen. Um dies zu bewerkstelligen, muß man die Begriffe möglichst unklar lassen, die Struktur der Theorie bestenfalls andeuten, und die Wenn- und Dann-Komponente so formulieren, daß die Theorie analytisch wahr (oder falsch) wird - und zwar so, daß der analytische Charakter der Theorie nicht erkennbar ist.[141]

Der Leser, der selbst einmal versucht hat, unwiderlegbare Theorien zu formulieren, wird vermutlich besonders leicht die Mängel vorliegender sozialwissenschaftlicher Theorien erkennen. Auch die folgende Zusammenfassung der Kriterien soll es erleichtern, Theorien zu kritisieren.

1. Die Struktur von Theorien sollte klar sein, d.h. Theorien sollten so formuliert sein, daß klar ist, welchen Objekten welche Merkmale zugeschrieben werden und welche Variablen in welcher Beziehung zueinander stehen.

2. Die Begriffe von Theorien sollten präzise und eindeutig sein.

3. Die Dann-Komponente einer Theorie sollte möglichst umfassend sein, und es sollten möglichst spezifische Sachverhalte, die unter die Dann-Komponente fallen, erklärt werden können.

4. Theorien sollten für einen möglichst umfassenden Objektbereich formuliert sein. Weiterhin sollte ihre Wenn-Komponente möglichst umfassend sein.

---

[141] Auch in der Literatur findet man ironisch gemeinte Anleitungen, Theorien unwiderlegbar zu machen. Vgl. den genannten Aufsatz von Shearing 1973 und insbesondere auch Tietzel 1988.

5. Die Art der Beziehung zwischen den Merkmalen bzw. Variablen einer Theorie sollte möglichst genau angegeben werden.

6. Theorien sollten praktisch informativ sein: Die Wenn-Komponente sollte sich auf Sachverhalte beziehen, die der Praktiker unmittelbar verändern kann.

7. Theorien sollten nicht analytisch wahr oder falsch sein.

8. Theorien sollten möglichst streng geprüft werden und sich dabei möglichst gut bewähren.

X. Werte in der Wissenschaft: Das Wertfreiheitspostulat

Eines der am intensivsten diskutierten methodologischen Probleme der Sozialwissenschaften ist das sog. Wertfreiheitspostulat. Es gehört zu den wenigen methodologischen Postulaten, das auch heute noch Emotionen auslöst. Entsprechend gibt es hierzu eine nicht mehr zu überblickende Literatur.[142]

Zwei Positionen werden vertreten: Die eine Position tritt strikt für das Postulat der Wertfreiheit ein. Der wohl prominenteste Vertreter dieser Position ist Max Weber. Auch Vertreter des Kritischen Rationalismus sind Anhänger dieses Postulates, also etwa Karl R. Popper und Hans Albert. Eine strikte Ablehnung des Postulates findet man insbesondere bei Marxisten, aber auch bei Vertretern der sog. kritischen Theorie. Auch viele interpretative oder phänomenologisch orientierte Soziologen lehnen das Wertfreiheitspostulat ab.

Will man das Wertfreiheitspostulat diskutieren, dann sollte man in drei Schritten vorgehen. *Erstens* ist zu klären, was eigentlich genau gemeint ist, wenn die „Wertfreiheit" der Wissenschaft gefordert wird. Wenn diese Frage geklärt ist, dann sollten *zweitens* die einzelnen Argumente für und gegen das Wertfreiheitspostulat aufgeführt und, wenn nötig, expliziert, d.h. so klar formuliert werden, daß sie diskutiert werden können. Der *dritte* Schritt müßte dann darin bestehen, die einzelnen Argumente auf ihre Haltbarkeit hin zu überprüfen. Damit ist unsere Vorgehensweise in diesem Kapitel beschrieben.

1. Wie lautet das Wertfreiheitspostulat?

Bevor wir uns mit dem Wertfreiheitspostulat befassen, ist festzulegen, was unter einem *Werturteil* zu verstehen ist. Die Vertreter des Wertfreiheitspostulates bezeichnen damit Äußerungen der Art, daß etwas der Fall sein soll oder muß bzw. nicht der Fall sein soll oder darf. Wenn man etwa fordert, daß rechts- und linksradikale Aktionen verboten werden sollen, daß der Zuzug von Ausländern in bestimmter Weise eingeschränkt werden muß oder daß Abtreibung bis zum dritten Monat nicht bestraft werden darf, dann handelt es sich hier um Werte oder Werturteile.

Entscheidungen dagegen sind nicht identisch mit Werturteilen. Wenn etwa ein Wissenschaftler entscheidet, aufgrund empirischer Forschungsergebnisse eine Theorie zunächst als wahr zu akzeptieren, dann äußert er definitionsgemäß kein Werturteil. Es wird ja z.B. nicht gesagt, daß etwas der Fall sein soll oder muß. Es ist zwar möglich, auch ein Werturteil als eine Entscheidung zu bezeichnen. So könnte man sagen, daß jemand, der äußert, Abtreibung müsse bis zum dritten Monat straffrei sein, die Entscheidung getroffen hat, das Werturteil „Abtreibung soll bis zum dritten Monat straffrei bleiben" sei gültig oder er habe entschieden, das Werturteil zu akzeptieren. Dies ist ein eigenartiger Sprachgebrauch und es besteht keine Notwendigkeit, eine solche Terminologie einzuführen. Als „Entscheidungen" bezeichnet man normalerweise nicht die Äußerung von Werturteilen. Wenn man z.B. sagt, man habe sich entschieden, nach New York in Urlaub zu fahren, seine Wohnung zu streichen oder ein Weihnachtsgeschenk zu kaufen, dann äußert man keine Wertungen, sondern Handlungsabsichten. Wenn man jedoch Werturteile als Entscheidungen betrachten will, dann ist es sinnvoll, zwi-

---

[142] Eine Reihe von Aufsätzen mit unterschiedlichen Positionen findet sich in dem Band von Albert und Topitsch 1971. Vgl. weiter Albert 1956, 1960, 1963. Informativ sind auch von Ferber (1965) und Keuth (1989). Die marxistische Position wird z.B. dargestellt bei Hahn 1968 und Kiss 1971. Zur Position der sog. kritischen Theorie siehe insbes. die Beiträge zum sog. Positivismusstreit, z.B. in Adorno, Albert u.a. 1969.

schen moralischen und sonstigen Entscheidungen zu unterscheiden. Der Grund ist, daß nur die moralischen Entscheidungen, also Werturteile, Gegenstand des Wertfreiheitspostulates sind; denn kein vernünftiger Mensch wird fordern, daß Wissenschaft in irgendeiner Weise ohne Entscheidungen auskommen kann oder soll. Der Streit geht vielmehr um Werte im genannten Sinne.

Auch die Charakterisierung einer Person oder eines Gegenstandes durch eine Eigenschaft ist kein Werturteil. Wenn ich z.B. äußere „Fritz Schulte ist 25 Jahre alt", dann wird damit in keiner Weise etwas bewertet in dem genannten Sinne, daß etwas der Fall sein soll oder muß.

Wenden wir uns nun dem Wertfreiheitspostulat zu. Um dieses verstehen zu können, wollen wir beschreiben, wie Wissenschaftler bei der Lösung ihrer Probleme vorgehen. Abbildung 1 faßt unsere Überlegungen zusammen. Die Tätigkeit des Wissenschaftlers beginnt normalerweise mit der *Problemwahl*. Diese bestimmt die Art der objektsprachlichen, d.h. wissenschaftlichen Aussagen, die der Wissenschaftler formuliert. Wenn ein Wissenschaftler z.B. entscheidet, Kriminalität erklären zu wollen, dann wird er Aussagen formulieren, in denen zumindest eine abhängige Variable Kriminalität ist und in denen Bedingungen enthalten sind, die nach Meinung des Wissenschaftlers zu Kriminalität führen.

Abbildung 1: Die Rolle von Werten in der Wissenschaft

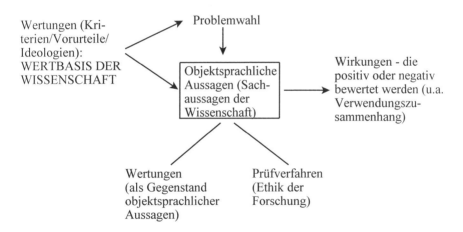

Die Problemwahl ist eine Entscheidung, aber keine Wertung. Wenn ich z.B. entscheide, mich mit Methodologie zu befassen, dann bedeutet dies, daß ich beabsichtige, bestimmte Handlungen auszuführen. Es bedeutet aber keine Äußerung der Art, daß man irgendetwas tun soll oder darf.

Wenn die Problemwahl selbst auch keine Wertung ist, so gehören Werte doch zu den *Ursachen* der Problemwahl. So könnte sich jemand mit Kriminalität befassen, weil er Kriminalität als moralisch verwerflich empfindet und dazu beitragen möchte, die Kriminalität wirksam zu bekämpfen.

Weiter haben Werte eine Wirkung darauf, ob man bestimmte wissenschaftliche Aussagen *akzeptiert*. Es gibt z.B. Personen, die der Meinung sind, daß eine harte Bestrafung von Gesetzesbrechern moralisch abzulehnen ist. Weiter akzeptieren solche Personen oft auch die empirische Hypothese, daß Strafen nicht abschreckend wirken. Es ist plausibel anzunehmen, daß die genannte moralische Wertung auch zur Akzeptierung der genannten empirischen Aussage führt: Es ist vermutlich mit psychischen Spannungen (d.h. Dissonanz) verbunden, wenn man einerseits Strafen moralisch verurteilt, andererseits aber glaubt, daß Strafen abschreckend wirken. Dieses Beispiel illustriert, daß „Ideologien" oder akzeptierte Werte auch dazu führen, daß man bestimmte wissenschaftliche Theorien mehr oder weniger stark glaubt. Diese Werte sind sozusagen die *Wertbasis* sowohl für die Art der Aussagen, die man formuliert, als auch für die Aussagen, die man für richtig hält oder zu verbreiten sucht.

Wenn auch die Äußerung oder Akzeptierung objektsprachlicher Aussagen von Werten *beeinflußt* wird, so bedeutet dies keineswegs, daß Werte in objektsprachlichen Aussagen in irgendeinem Sinne *enthalten* sind oder in diese Aussagen *eingehen*. Wenn auch Werte Ursachen für die Art von wissenschaftlichen Aussagen sind, die ein Forscher äußert, handelt es sich bei den wissenschaftlichen Aussagen selbst trotzdem nicht um Werte, sondern um Sachaussagen, die sich auf die Realität beziehen. Wenn also eine Behauptung A durch einen Wert B verursacht wird, dann heißt das nicht, daß die Behauptung nun ein Wert wird.

Werte spielen weiter eine Rolle als *Gegenstand wissenschaftlicher Aussagen*. Sozialwissenschaftler versuchen z.B. zu ermitteln, ob die Bewohner der Bundesrepublik es für richtig halten, daß für bestimmte Delikte die Todesstrafe eingeführt wird. Wenn Wissenschaftler Werte oder auch den Wertewandel von Personen beschreiben oder auch erklären, dann äußern sie damit selbst keineswegs Werturteile. Wenn ich z.B. äußere, daß ein bestimmter Prozentsatz der Bürger eines Landes der Meinung ist, die Todesstrafe solle für die Ermordung von Kindern eingeführt werden, dann äußere ich selbst damit keineswegs ein Werturteil.

Auch die *Überprüfung von Aussagen* wird durch Werte beeinflußt. Bei der Wahl der Prüfungssituationen wird sich der Forscher an Werte gebunden fühlen. So wird ein Sozialwissenschaftler, der öffentliche Reaktionen auf Gewalt erforschen will, nicht selbst solche Gewalthandlungen ausführen oder bei der Beobachtung von Gewalthandlungen diese geschehen lassen.

Wenn Wissenschaftler bestimmte Theorien überprüft haben und veröffentlichen, dann könnte dies bestimmte *Wirkungen haben, die moralisch verwerflich sind* - etwa aus der Sicht der Bevölkerung. Angenommen, Wissenschaftler haben ermittelt, daß die Todesstrafe abschreckend wirkt. Dies könnte dazu führen, daß Politiker bestimmte Werturteile ändern: Sie könnten zu der Meinung kommen, daß die Todesstrafe nun moralisch akzeptabel wird. Diese Meinung könnte sich auch bei der Bevölkerung durchsetzen. Dies könnte die Wirkung haben, daß die Todesstrafe wieder eingeführt wird - eine aus der Sicht vieler Personen unerwünschte Wirkung.

Der Marxismus ist ein Beispiel dafür, daß ein als wissenschaftlich deklariertes Aussagensystem Wirkungen hatte (und hat), die viele als moralisch verheerend betrachten. Marx hat in seinen Schriften nicht für Terrorismus und auch nicht für die Errichtung diktatorischer Regime plädiert. Trotzdem berufen sich linke Terroristen und Diktaturen auf das Werk von Marx. Offensichtlich hat also das Marx'sche Werk empirisch zur Entstehung terroristischer Handlungen und diktatorischer Regime beigetragen. Ideologien haben eben oft Effekte, die in deren Aussagen nicht explizit enthalten sind und auch von den Schöpfern der Ideologien nicht beabsichtigt sind. Als weiteres Beispiel hierfür sei an die Analysen des Protestantismus von Max Weber erinnert, der gezeigt hat, daß der „Geist des Kapitalismus" u.a. durch eine bestimmte Weltanschauung - die protestantische Ethik - sozusagen psychologisch mit erzeugt wurde.

Diese Überlegungen zeigen, daß Werte oder Werturteile bei der Tätigkeit des Wissenschaftlers in verschiedener Weise Eingang finden: als Wertbasis, als Gegenstand wissenschaftlicher Aussagen, als Regeln bei der Prüfung von Aussagen und als Wirkungen wissenschaftlicher Aussagen. Es ist zu vermuten, daß gegen diese Charakterisierung der Verbindung von Wissenschaft und Werten kaum ein Wissenschaftler Einwände erheben wird - weder ein Vertreter noch ein Gegner des Wertfreiheitspostulates. Wie aber lautet dann das Wertfreiheitspostulat? Man kann es so formulieren:

Wertfreiheitspostulat: Ein Wissenschaftler soll deutlich machen, welche seiner Äußerungen Wertungen und welche seiner Äußerungen objektsprachliche, d.h. Sachaussagen, sind.

Erläutern wir dieses Postulat an einem Beispiel. Angenommen, folgender Text sei von einem Wissenschaftler verfaßt worden:

„Da eine Erhöhung der Strafen für terroristische Handlungen moralisch verwerflich ist, erübrigt sich die Frage, ob zusätzliche Strafen abschreckend wirken - was im übrigen, wie die Forschung gezeigt hat, nicht der Fall ist. Wenn solche Forschungen dennoch von der Deutschen Forschungsgemeinschaft gefördert werden, dann ist dies strikt abzulehnen, da dadurch andere Forscher dazu angeregt werden, ebenfalls Projekte zu beantragen, die eigentlich nicht gefördert werden sollten."

Bei welchen dieser Aussagen handelt es sich um Sachaussagen, bei welchen um Werturteile? Zunächst wird in einem Nebensatz behauptet, daß Strafen nicht abschreckend wirken („... zusätzliche Strafen abschreckend wirken - was im übrigen, wie die Forschung gezeigt hat, nicht der Fall ist"). Im letzten Satz wird behauptet, daß die Förderung von Forschungen über die Abschreckungswirkung von Strafen andere Forscher dazu anregt, die Förderung bestimmter Projekte, die inhaltlich nicht näher beschrieben werden, zu beantragen. Diese Aussagen können also richtig oder falsch sein. Bei den übrigen Aussagen handelt es sich um Wertungen. So ist der Forscher der Meinung, daß eine Erhöhung der Strafen für terroristische Handlungen moralisch zu verwerfen ist - ein klares Werturteil. Allerdings ist dieses Werturteil nicht als eine persönliche Stellungnahme formuliert, sondern wird genau so ausgedrückt wie das Ergebnis einer wissenschaftlichen Untersuchung („... moralisch zu verwerfen ist..."). In Wirklichkeit sind jedoch derartige Werturteile immer persönliche Stellungnahmen, wenn sie auch oft als Sachaussagen getarnt sind. Vertreter des Wertfreiheitspostulates würden den dargestellten Text deshalb kritisieren, weil der Wissenschaftler nicht deutlich macht, was seine persönlichen Stellungnahmen und was die Ergebnisse seiner Wissenschaft sind.

Der skeptische Leser wird fragen: Warum sollte ein Wissenschaftler dies deutlich machen? Im folgenden wollen wir die wichtigsten Argumente für und gegen das Wertfreiheitspostulat darstellen und diskutieren.

2. Argumente für das Wertfreiheitspostulat

Man kann zwei Gruppen von Argumenten unterscheiden. Es wird erstens behauptet, daß eine Vermischung von Werten und Sachaussagen *überflüssig* ist. Zweitens wird gesagt, daß eine Vermischung *nicht sinnvoll* ist. Betrachten wir diese Argumente im einzelnen.

Argument 1: Eine Vermischung von Werturteilen und Sachaussagen ist für die Erreichung der Ziele einer empirischen Wissenschaft und für die Anwendung von Wissenschaft für praktisches Handeln überflüssig.

Wir sahen, daß die Ziele einer empirischen Wissenschaft in der Beschreibung, Erklärung und Voraussage bestimmter realer Phänomene bestehen. Zur Erreichung dieser Ziele ist eine Vermischung von Werturteilen nicht erforderlich. Wenn man z.B. Kriminalität erklären will, dann benötigt man hierzu eine genaue Beschreibung des Explanandums, es müssen Gesetzesaussagen herangezogen und die entsprechenden Anfangsbedingungen erhoben werden - siehe hierzu Kapitel III. Wenn der Leser sich dieses Kapitel noch einmal anschaut, dann wird er sehen, daß Werturteile bei einer Erklärung nicht auftreten und auch überflüssig sind. Wenn in den Theorien, die herangezogen werden, Werturteile und Sachaussagen vermischt sind, dann muß man die Sachaussagen zuerst - meist mühsam - herausarbeiten, um eine Erklärung formulieren zu können. Eine Vermischung von Sachaussagen und Werurteilen ist also nicht nur überflüssig, sie ist auch störend in dem Sinne, daß man Zeit aufwenden muß, um die Sachaussagen herauszufiltern, da man nur diese benötigt.

Da man bei Voraussagen genau so wie bei Erklärungen vorgeht, gilt das im vorigen Absatz Gesagte auch für Prognosen. Es gilt auch für Beschreibungen. Wenn man z.B. Informationen über die Einkommensverteilungen in Entwicklungsländern sucht, dann benötigt man hierzu keine Wertungen.

Auch für die Anwendung wissenschaftlicher Aussagen für praktisches Handeln ist die Vermischung von Wert- und Sachaussagen überflüssig. Dies wird noch genauer im nächsten Kapitel behandelt, wenn wir uns mit Maßnahmeproblemen und Wertproblemen befassen. Hier müssen einige kurze Bemerkungen genügen. Angenommen, der Oberbürgermeister einer Stadt wolle ein *Maßnahmeproblem* lösen, d.h. er wolle wissen, wie man bestimmte Ziele - z.B. die Verminderung der Kriminalität - erreichen kann. Solche Empfehlungen für Maßnahmen haben folgende Form: „*Wenn* bestimmte Sachverhalte verändert werden (d.h. Maßnahmen ergriffen werden), *dann* wird die Kriminalität zurückgehen oder in bestimmtem Maße zurückgehen." Der Praktiker benötigt zur Lösung solcher Maßnahmeprobleme Sachaussagen. Eine Vermischung von Sachaussagen und Wertungen des Wissenschaftlers würde dem Praktiker wenig nützen. Er würde die Sachaussagen sozusagen freilegen müssen, um sein Problem lösen zu können.

Angenommen, ein Wissenschaftler werde gebeten, einen Beitrag zu einem *Wertproblem* zu leisten, z.B. zu der Frage, ob die Todesstrafe eingeführt werden solle. Auch hierzu wird ein Wissenschaftler einen Beitrag am besten ohne eine Vermischung von Wert- und Sachaussagen leisten können. Der Wissenschaftler könnte z.B. Daten anführen, die Informationen über die Anzahl von Fehlurteilen in Strafprozessen enthalten. Weiter könnte er Daten darüber anführen, inwieweit die Todesstrafe abschreckt und wie die Bevölkerung über die Todesstrafe denkt. Wenn man diese Sachaussagen für eine Entscheidung, ob die Todesstrafe eingeführt werden soll, für wichtig hält, dann ist eine Vermischung von Wert- und Sachaussagen überflüssig. Ein Praktiker wird wissen wollen, welche Aussagen eines Wissenschaftlers seine persönlichen moralischen Anschauungen und was Ergebnisse empirischer Untersuchungen sind.

Bisher könnte man sagen: Die Vermischung von Sach- und Wertaussagen mag zwar überflüssig und auch zuweilen unbequem sein, sie ist jedoch nicht so schädlich, daß man Vermischung strikt verbieten müßte. Ein zweites Argument lautet jedoch:

Argument 2: Eine Trennung von Sach- und Wertaussagen ist sinnvoll, weil beide Arten von Aussagen in unterschiedlicher Weise diskutiert werden.

Bei Sachaussagen steht z.B. zur Diskussion, inwieweit sie die Wirklichkeit korrekt abbilden. Um dies zu prüfen, wird man empirische Untersuchungen durchführen. Werturteile können aber nicht wahr oder falsch sein. So kann der Satz „rechts- und linksradikale Parteien sollen verboten werden" nicht wahr oder falsch sein, sondern - in einem noch zu präzisierenden Sinne - gelten oder nicht gelten. Für die Geltung eines Werturteils wie „für Mord muß die Todesstrafe eingeführt werden" wird man keine empirische Untersuchung anführen können wie für die Wahrheit des Satzes „Strafen wirken abschreckend". Wir werden uns später noch mit der Möglichkeit befassen, Werturteile zu diskutieren. Hier ist nur folgendes wichtig: Die Art der Argumente, die für die Akzeptierung eines Werturteils und für die Akzeptierung einer Sachaussage von Bedeutung sind, unterscheiden sich. Will man also empirische und wertende Aussagen diskutieren, dann ist dies nur möglich, wenn man beide Arten von Aussagen trennt.

Ein drittes Argument für die Trennung von Sach- und Werturteilen geht von der Rolle des Wissenschaftlers in der Öffentlichkeit aus. Wenn dieser sich zu Problemen äußert, dann wird die Öffentlichkeit glauben, daß seine Äußerungen durch die Ergebnisse seiner Wissenschaft gestützt werden. Dies kann aber nicht für Werturteile der Fall sein. Es wäre z.B. falsch zu behaupten, daß Ergebnisse irgendeiner Wissenschaft nahelegen, man solle die Todesstrafe einführen oder auch nicht einführen. Der Forscher kann lediglich zu bestimmten empirischen Aussagen, die im Zusammenhang mit einer moralischen Forderung behauptet werden, Ergebnisse seiner Wissenschaft berichten. Wenn ein Wissenschaftler Sach- und Werturteile nicht trennt, erweckt er den Eindruck, daß auch seine persönlichen Stellungnahmen von den Ergebnissen seiner Wissenschaft gedeckt werden. Man kann also als drittes Argument für das Wertfreiheitspostulat anführen:

Argument 3: Bei einer Vermischung von Wert- und Sachaussagen erweckt ein Wissenschaftler den unrichtigen Eindruck, daß auch seine persönlichen Stellungnahmen von den Ergebnissen der Wissenschaft gestützt werden.

Um diesen unrichtigen Eindruck zu vermeiden, wird ein Wissenschaftler bei öffentlichen Äußerungen deutlich machen, welche seiner Äußerungen seine persönlichen Meinungen sind und welche Äußerungen durch Ergebnisse seiner Wissenschaft gestützt werden.

3. Argumente gegen das Wertfreiheitspostulat

Das Wertfreiheitspostulat bricht sozusagen zusammen, wenn es richtig ist, daß Werturteile und Sachaussagen gar nicht getrennt werden können. Dies behaupten die folgenden Argumente 1 und 2:

Argument 1: Eine Trennung von Wert- und Sachaussagen ist überhaupt nicht möglich, weil Begriffe wertgeladen sind.

Wenn z.B. jemand Begriffe wie Kriminalität, Abschreckung, Rechts- und Linksradikalismus, Gleichgewicht oder Stabilität erwähnt, dann drückt er hiermit Wertungen aus. Im allgemeinen Sprachgebrauch ist z.B. Kriminalität etwas Negatives, Stabilität etwas Gutes. Solche Begriffe werden in den Sozialwissenschaften verwendet. Entsprechend wertet jeder Sozialwissenschaftler, der einen Satz mit diesen Ausdrücken ausspricht. Es ist also gar nicht möglich, in der wissenschaftlichen Argumentation Sachaussagen und Werturteile zu trennen, beide sind untrennbar miteinander verbunden.

Es ist richtig, daß eine Person, die in der Alltagssprache Begriffe wie Kriminalität und Stabilität verwendet, eine Wertung zum Ausdruck bringt. Allerdings enthalten solche Ausdrücke nicht *nur* eine Wertung, sie beziehen sich vielmehr *auch* auf reale Tatbestände. Man kann dies auch so ausdrücken: Wörter haben sowohl eine *konnotative* (d.h. wertende) als auch eine *denotative* (d.h. beschreibende) Bedeutung. So bezieht sich der Ausdruck „Kriminalität" u.a. auf eine bestimmte Art von Handlungen; „Stabilität" bringt zum Ausdruck, daß es relativ wenige Veränderungen gibt. Bei manchen Wörtern überwiegt die konnotative (wenn man z.B. eine Person als „Schwein" bezeichnet), bei anderen die denotative Bedeutung (z.B. bei dem Ausdruck „Verkehrsampel").

Ist also das genannte Argument zutreffend? Diese Frage wäre nur dann zu bejahen, wenn man die konnotative Komponente bei der Argumentation nicht ausschalten könnte. Genau dies ist aber möglich: Wenn ich mich mit Kriminalität befasse, dann kann ich festlegen bzw. entscheiden, daß ich mich nur mit der denotativen Bedeutung befasse und die konnotative Bedeutung außer acht lasse. Genau so gehen Wissenschaftler vor. Wenn z.B. Physiker den Begriff „Kraft" verwenden, wird niemand daran denken, daß damit etwas Positives im Sinne von Muskelkraft gemeint ist. Wenn sich Soziologen mit Kriminalität oder Scheidung befassen, dann gilt die Konvention, daß man sich nur mit der denotativen Bedeutung dieser Begriffe befaßt, also nur mit den empirischen Sachverhalten, die durch „Kriminalität" und „Scheidung" bezeichnet werden. Das genannte Argument ist also unzutreffend.

Argument 2: Eine Trennung von Wert- und Sachaussagen ist überhaupt nicht möglich, weil viele Aussagen beides sein können.

Angenommen, ein Deutscher kommt mit einem amerikanischen Freund in ein Restaurant in den USA und der Freund sagt: „Dort drüben ist, wie in den meisten Restaurants in den USA, ein Bereich, in dem Rauchen verboten ist." Äußert der Freund hier das Werturteil: „Hier darf man nicht rauchen", oder informiert er lediglich darüber, daß hier ein Rauchverbot besteht? Bei der Aussage „hier ist Rauchen verboten" kann man nicht unterscheiden, ob es sich um ein Werturteil oder um eine Sachaussage handelt. Trifft Argument 2 also zu? Keineswegs. Die Tatsache, daß es unklare Aussagen wie „hier ist Rauchen verboten" gibt, bedeutet keineswegs, daß man nicht eine Klärung herbeiführen kann. Man könnte z.B. den Freund fragen: „Forderst Du mich auf, hier nicht zu rauchen oder willst Du mich lediglich darüber informieren, daß der Restaurantbesitzer das Rauchen verboten hat?" Diese Frage zeigt, daß prinzipiell Sachaussagen und Werturteile unterscheidbar sind.

Es wird zuweilen behauptet, daß der Wissenschaftler genau so wie jeder andere Mensch das Recht hat, sich wertend zu äußern. Das Wertfreiheitspostulat verbiete dies jedoch. Wissenschaftler dürfen sich entsprechend nicht politisch betätigen und auch keine politischen Ämter übernehmen. Dies, so könnte man behaupten, schränke die Handlungsmöglichkeiten eines Wissenschaftlers in unerträglicher Weise ein. D.h.:

Argument 3: Die Akzeptierung des Wertfreiheitspostulates hat die politische Enthaltsamkeit von Wissenschaftlern zur Folge.

Zur Beurteilung dieser Behauptung schaue sich der Leser noch einmal den Wortlaut des Wertfreiheitspostulates an. Folgt aus ihm wirklich, daß Wissenschaftler sich nicht wertend äußern dürfen? Keineswegs. Es wird lediglich gefordert, daß Wissenschaftler Werturteile und Sachaussagen trennen sollen. Es wird nichts über die politische Enthaltsamkeit eines Wissenschaftlers gesagt. Max Weber - der prominenteste Vertreter des Wertfreiheitspostulates - war im übrigen selbst politisch tätig.

Ein anderes Argument behauptet, daß dem Mißbrauch von Wissenschaft ein Riegel vorgeschoben werden könnte, wenn Sachaussagen von vornherein wertende Äußerungen enthielten, d.h.:

Argument 4: Ohne die Vermischung von Werten und Sachaussagen sind Theorien für beliebige Zwecke verwertbar.

Betrachten wir eine lerntheoretische Aussage, die behauptet, daß Verhalten, das relativ stark belohnt wird, auch häufig ausgeführt wird. Diese Theorie kann man anwenden, um Kinder so zu erziehen, daß sie sich nach den herrschenden Moralvorstellungen richten. Dies wird dann gelingen, wenn man systematisch Verhalten, das den herrschenden Moralvorstellungen entspricht, belohnt. Man kann aber auch Kinder zu erfolgreichen Taschendieben erziehen. Um einen solchen Mißbrauch sozialwissenschaftlicher Theorien zu verhindern, so könnte man argumentieren, muß in der Theorie deutlich gemacht werden, für welche Verhaltensweisen die Lerntheorie angewendet werden darf. Nehmen wir einmal an, Bücher über Lerntheorie enthielten lange Ausführungen über moralisch richtiges Verhalten. Nehmen wir weiter an, jemand suche eine Technologie, um seine Kinder zu erfolgreichen Kriminellen zu erziehen. Würden ihn die moralischen Belehrungen der Lerntheoretiker daran hindern, die lerntheoretischen Hypothesen für seine - moralisch verwerflichen - Zwecke anzuwenden? Keineswegs! Man braucht ja nur die moralischen Belehrungen zu ignorieren, indem man aus dem Text diejenigen empirischen Aussagen heraussucht, die darüber informieren, unter welchen Bedingungen Verhalten verändert wird. Diese Aussagen können dann angewendet werden, um *irgendwelche* Verhaltensweisen zu verändern. Wie man auch immer Werte in einer Theorie verankert: Man kann dadurch nicht verhindern, daß eine Theorie für moralisch verwerfliche Ziele angewendet wird. Will man dies verhindern, dann ist dies nur durch Schaffung gesellschaftlicher Institutionen möglich, die etwa durch Kontrollen den Mißbrauch von Theorien verhindern.

Viele Wissenschaftler wünschen, daß ihre Ergebnisse praktisch wirksam werden. Eine Trennung von Sachaussagen und Werten würde zu einer „trockenen" Wissenschaft führen und niemanden mehr interessieren - so könnte argumentiert werden, d.h.:

Argument 5: Eine scharfe Trennung von Wert- und Sachaussagen macht wissenschaftliche Ergebnisse wirkungslos.

„Wirkungslos" könnte hier heißen, daß die Ziele dessen, der eine Sachaussage äußert, nicht erreicht werden. Uns sind keine Untersuchungen bekannt, in denen dies gezeigt wird. Es lassen sich aber eine Vielzahl von Beispielen anführen, die Argument 5 widerlegen. Angenommen, es wird berichtet, daß sowohl aktives als auch passives Rauchen krebsfördernd ist. Ist eine solche Aussage wirksamer, d.h. führt sie eher dazu, daß weniger Personen rauchen, wenn der Autor eines Artikels diese Aussage mit moralischen Wertungen der Art vermischt, daß es verwerflich sei, zu rauchen und abhängig zu sein? Ein anderes Beispiel: Sachliche Berichte über Hinrichtungen dürften eher oder zumindest in gleichem Maße eine negative Einstellung zur Todesstrafe hervorrufen als eine Vermischung solcher Berichte mit moralisierenden Äußerungen. Es ist also zu bezweifeln, daß eine Vermischung von Wertungen und Sachaussagen wissenschaftliche Ergebnisse wirkungsvoller macht. Wenn ein Wissenschaftler seine

Wertungen verbreiten will, dann kann er das gemäß dem Wertfreiheitspostulat ja immer tun - wenn er deutlich macht, daß es Wertungen sind.

Argument 5 erscheint weiterhin fraglich, wenn man akzeptiert, daß eine Trennung von Wert- und Sachaussagen prinzipiell aus den früher genannten Gründen sinnvoll ist. Eine Akzeptierung von Argument 5 würde dann bedeuten, daß der Zweck die Mittel heiligt: Man hält zwar eine Trennung von Sach- und Wertaussagen prinzipiell für sinnvoll, aber wenn man durch eine Vermischung bestimmte Ziele erreichen kann, dann verstößt man gegen das Wertfreiheitspostulat.

Betrachten wir ein weiteres Argument. Viele Sozialwissenschaftler sehen es als eine ihrer zentralen Aufgaben an, die Funktionsweise und Probleme moderner Gesellschaften kritisch zu analysieren. Eine „kritische" Analyse bedeutet, so könnte behauptet werden, daß man einen moralischen Standpunkt einnehmen muß: Man muß deutlich machen, welche gesellschaftliche Entwicklung oder auch welcher gesellschaftliche Zustand welche Gefahren in sich birgt und welche Entwicklungen moralisch wünschenswert sind, d.h.:

Argument 6: Eine kritische Analyse der Funktionsweise moderner Gesellschaften ist ohne eine Vermischung von Wert- und Sachaussagen gar nicht möglich.[143]

Dieses Argument wird oft auch so formuliert: Eine wertfreie Wissenschaft hat eine *konservative Funktion*: Sie bildet nur die gegebenen Verhältnisse ab, ohne sie in Frage stellen zu können. Wir wollen dagegen behaupten, daß genau die entgegengesetzte These zutrifft. Ein Beispiel mag dies erläutern: Benötigt man zur kritischen Analyse der Funktionsweise des Kapitalismus eine Vermischung von Sachaussagen und Werten? Zur Beantwortung dieser Frage ist zunächst zu klären, was eine „kritische" Analyse bedeutet. Hiermit dürfte gemeint sein, daß man die Wirkungen bestimmter institutioneller Regelungen (Privateigentum, Vertragsfreiheit, Wettbewerb, staatliche Garantie von Verträgen und Verfolgung von Verletzungen der „Spielregeln" u.ä.) analysiert. Fragen sind z.B.: Inwieweit führt eine kapitalistische Ordnung - im Vergleich z.B. zu einer Planwirtschaft - zu Ungleichheit, zu materiellem Wohlstand, zu subjektivem Wohlbefinden, zu kulturellen und technischen Innovationen? Wie werden diese Wirkungen beeinflußt durch eine mehr oder weniger umfangreiche staatliche Regulierung? Diese Fragen lassen sich ohne jegliche moralische Wertungen analysieren. Inwieweit z.B. eine kapitalistische Ordnung zu materiellem Wohlstand führt, wäre durch empirische Untersuchungen - etwa durch einen Vergleich kapitalistischer und nicht-kapitalistischer Gesellschaften - zu entscheiden. Es ist nicht zu sehen, inwieweit die persönlichen Stellungnahmen „kritischer" Wissenschaftler einen Beitrag zu solchen Analysen leisten könnten.

Inwieweit eine Vermischung von Werten und Sachaussagen für eine kritische Gesellschaftsanalyse eher schädlich ist, läßt sich am Beispiel des marxistischen Ansatzes besonders deutlich machen. Hier wird eine Vermischung moralischer Wertungen mit Sachaussagen u.a. dadurch erreicht, daß man die konnotative Bedeutung von Begriffen, d.h. ihre moralische Besetzung, ausdrücklich als wünschenswert ansieht. So haben Begriffe wie Kapitalismus, Ausbeutung, Widerspruch, Privateigentum eine starke negative Bedeutung. Ein Marxist lernt diese moralischen Wertungen zusammen mit der denotativen Bedeutung. Er ist nicht in der Lage, beides voneinander zu trennen. Eine solche Vermischung schafft eine emotionale Bindung an bestimmte gesellschaftliche Zustände, und auch an die Aussagen, die mit diesen Begriffen gebildet werden. Es ist klar, daß etwas, das moralisch wünschenswert ist, keine moralisch uner-

---

[143] Dieses Argument dürfte der Position von Marxisten und Vertretern der sog. kritischen Theorie entsprechen.

wünschten Konsequenzen haben darf. So darf die Abschaffung von Privateigentum (also die Abschaffung von etwas moralisch Verwerflichem) moralisch nur wünschenswerte Konsequenzen haben wie etwa die Steigerung materieller Wohlfahrt und subjektiven Wohlbefindens. Für einen Vertreter eines solchen Ansatzes dürfte es unerträglich sein, daß etwas, das er moralisch hoch bewertet, negative Konsequenzen hat. So wird man es nicht akzeptieren können, daß weitgehende Gleichheit die Anreize für produktives Arbeiten vermindert. Bei einem solchen Ansatz sind neutrale empirische Untersuchungen nicht mehr möglich. Man pflegt vielmehr „Ungläubige" zu bekämpfen. Wenn man den Marxismus als den sozialwissenschaftlichen Ansatz par excellence betrachtet, der Wertungen und Sachaussagen vermischt, dann zeigt sich mehr als deutlich, daß eine detaillierte sachliche Analyse der Funktionsweise von Gesellschaften mit einem solchen Ansatz nicht möglich ist.

4. Resümee

Der Leser, der bisher nicht darüber informiert war, wie das Wertfreiheitspostulat lautet und der unseren Überlegungen gefolgt ist, wird vermutlich überrascht sein, warum über dieses Postulat so viel gestritten wird. Die Forderung, daß der Wissenschaftler deutlich machen soll, was die Ergebnisse seines Faches und was seine persönlichen Stellungnahmen, d.h. Werturteile, sind, ist eigentlich ganz einleuchtend und nicht das viele Papier wert, das zu diesem Postulat beschrieben worden ist. Wie unsere Ausführungen gezeigt haben, sind sich die Vertreter des Wertfreiheitspostulates dessen bewußt, daß Werte in vielfältiger Weise die Entscheidungen der Wissenschaftler beeinflussen. Dies überrascht viele Kritiker des Wertfreiheitspostulates: Man denkt oft, Vertreter dieses Postulates fordern, daß die Wissenschaft von Werten in jeder Hinsicht völlig freigehalten werden soll. Ein so utopisches Postulat wird vermutlich kein vernünftiger Mensch vertreten. Weiter zeigen unsere Überlegungen, daß die Argumente dafür, Sachaussagen und Werturteile zu vermischen, wenig überzeugen.

XI. Sozialwissenschaften und soziale Praxis

Viele Sozialwissenschaftler sehen es als ein wichtiges Ziel ihrer Disziplin an, daß ihre Ergebnisse praktisch wirksam werden können. Wir wollen zwei Arten der praktischen Wirksamkeit unterscheiden. Man wird Ergebnisse der Sozialwissenschaften zum einen dann als praktisch wirksam betrachten, wenn sie zur *Aufklärung* der Menschen beitragen. Damit ist gemeint, daß Ergebnisse der Sozialwissenschaften falsche Informationen korrigieren und darauf basierende Einstellungen verändern. So zeigten sozialwissenschaftliche Forschungen, daß die Ursachen für Verbrechen in hohem Maße soziale Tatbestände wie z.B. illegale Gelegenheiten und nicht z.B. biologische Faktoren sind. Eine Vielzahl sozialwissenschaftlicher Ergebnisse haben im genannten Sinne aufklärerisch gewirkt.

Hier soll vor allem eine zweite Art praktischer Wirksamkeit der Sozialwissenschaften im Mittelpunkt stehen: Es geht um die Lösung praktischer Probleme, und zwar um *Maßnahmeprobleme* und *Wertprobleme*.[144]

1. Maßnahmeprobleme und Wertprobleme

Eine Vielzahl von Problemen, mit denen Politiker, Unternehmer usw., aber auch jeder Bürger in Alltagssituationen konfrontiert sind, lassen sich durch folgende Frage charakterisieren:

(a) Was *kann* man tun, um bestimmte Ziele (oder im Grenzfall ein einziges Ziel) zu erreichen?

Dieses Problem tritt z.B. auf, wenn man in möglichst kurzer Zeit von seiner Wohnung zur Arbeit kommen will: Erreicht man dies am ehesten mit der Straßenbahn, dem eigenen Auto, dem Fahrrad oder zu Fuß? Wenn eine politische Partei einen Gesetzesvorschlag ausarbeiten will mit dem Ziel, den Anstieg der Kriminalität zu vermindern, dann steht u.a. zur Debatte, welche Mittel zur Erreichung dieses Ziels am ehesten geeignet sind.

Angenommen, es gibt mindestens eine Möglichkeit, ein Ziel zu erreichen. In diesem Fall entsteht ein moralisches Problem oder, wie wir sagen wollen, ein *Wertproblem*:

(b1) *Soll* oder *darf* man eine bestimmte Maßnahme zur Erreichung bestimmter Ziele ergreifen?

(b2) *Soll* oder *darf* man ein bestimmtes Ziel erreichen?

Nur bei Frage (a) wollen wir von einem *Maßnahmeproblem* sprechen. Es geht hier, wie wir noch genauer sehen werden, um eine empirische Frage der Art, welche Sachverhalte welche Wirkungen haben. Bei den Fragen (b1) und (b2) geht es um *Wertprobleme*, die u.a. im Rahmen von Maßnahmeproblemen auftreten. Ein Praktiker, der ein Maßnahmeproblem lösen will, ist also gleichzeitig auch immer mit einem der genannten Wertprobleme konfrontiert - oder er

---

[144] Eine intensive methodologische Diskussion über die Logik der Anwendung von Sozialwissenschaften fand Ende der sechziger bis Mitte der siebziger Jahre statt. Zur Position des kritischen Rationalismus vgl. insbesondere die Arbeiten von Hans Albert. Er hat zum einen einen Beitrag zur Klärung einer Vielzahl methodologischer Fragen der Anwendung von Sozialwissenschaften geleistet und sich zum anderen mit einer Reihe alternativer Positionen auseinandergesetzt, z.B. mit den Positionen von Gerhard Weisser, Klaus Lompe und den Kontrahenten im Positivismusstreit. Vgl. z.B. Albert 1956, 1960, 1963, 1968, 1969, 1978. Zur Position der sog. kritischen Theorie vgl. Adorno, Albert u.a. 1969.

zieht von vornherein nur solche Maßnahmen und Ziele in Betracht, die im Rahmen der herrschenden moralischen Regeln liegen. So wird ein Praktiker nicht in Betracht ziehen, ob man Jugendkriminalität durch die Einführung der Prügelstrafe vermindern kann.

Nicht alle Wertprobleme treten gemeinsam mit Maßnahmeproblemen auf. Man könnte z.B. einfach wissen wollen, ob ein bestimmtes Verhalten - z.B. Kriege führen oder lügen - moralisch verwerflich ist oder nicht.

Maßnahmeprobleme und Wertprobleme müssen - genau so wie Werturteile und Sachaussagen - streng voneinander unterschieden werden, da sie in verschiedener Weise gelöst werden. Ob z.B. die Einführung der Todesstrafe zu einer Verminderung von Verbrechen führt oder nicht, kann man durch empirische Untersuchungen entscheiden. Für die Beantwortung der Frage, ob die Todesstrafe - selbst wenn sie wirksam ist - moralisch akzeptiert werden kann, sind empirische Untersuchungen allein nicht ausreichend oder vielleicht sogar überhaupt nicht von Bedeutung, wie wir noch sehen werden.

2. Die Lösung von Maßnahmeproblemen

Wir wollen im folgenden zunächst die Struktur von Maßnahmeproblemen etwas genauer beschreiben. Sodann werden wir die Vorgehensweise bei der Lösung von Maßnahmeproblemen darstellen und eine Reihe von Problemen behandeln, die dabei auftreten.

20. Die Struktur von Maßnahmeproblemen

Gehen wir von einem Beispiel aus. Der Bürgermeister einer Stadt wolle die Kriminalität der Jugendlichen in der Stadt vermindern. Er ziehe nur eine einzige Maßnahme in Betracht, die im Bereich seiner Möglichkeiten als Bürgermeister realisierbar ist: eine Intensivierung der Berufsausbildung in dem Sinne, daß Ausbildungsplätze in der Industrie subventioniert und daß bestimmte Fortbildungskurse eingerichtet werden. Dieses Beispiel zeigt folgendes: Wenn man ein Maßnahmeproblem lösen will, dann wird man wissen wollen:

Welche Veränderungen welcher Sachverhalte (z.B. Verbesserung der Berufsausbildung) führen dazu, daß sich andere Sachverhalte (z.B. Kriminalität) ebenfalls in bestimmter Weise verändern?

Hier wird also danach gefragt, welche Ursachen bestimmte Wirkungen haben. Bei einem Maßnahmeproblem sind die Maßnahmen die Ursachen, während die Wirkungen die Ziele sind.

Die Ursachen bzw. Maßnahmen unterliegen, wie wir sahen, einer Bewertung (siehe die obige Frage b1). Dasselbe gilt für die Wirkungen (siehe die obige Frage b2). Diese Verbindung läßt sich durch Abbildung 1 verdeutlichen. Ein Maßnahmeproblem besteht demnach aus zwei Komponenten: erstens aus einer technologischen oder, gleichbedeutend, empirischen Komponente. Die Frage ist hier, ob die Maßnahme effektiv ist. Zweitens besteht ein Maßnahmeproblem aus einer evaluativen Komponente: Der Praktiker muß sich mit der moralischen Bewertung der Maßnahmen und der Ziele befassen. Hier besteht also ein Wertproblem - siehe hierzu weiter unten.

21. Die Vorgehensweise bei der Lösung von Maßnahmeproblemen

Wir sahen, daß bei Maßnahmeproblemen u.a. gefragt wird, ob bestimmte Ursachen bestimmte Wirkungen haben. Es handelt sich also um *singuläre Ursachenbehauptungen*. In unserem Beispiel könnte der Bürgermeister z.B. behaupten: Eine Intensivierung der Berufsausbildung vermindert die Kriminalität.

Wir sahen früher, daß Argumente für die Richtigkeit solcher Ursachenbehauptungen nur sozialwissenschaftliche Theorien sein können. Der Leser sei auf Kapitel III verwiesen, in dem die Vorgehensweise bei einer Erklärung im einzelnen beschrieben wird. Das in diesem Zusammenhang wichtige Ergebnis der dortigen Analysen ist, daß sozialwissenschaftliche Theorien generell darüber informieren, welche Bedingungen zum Auftreten bestimmter Sachverhalte führen. In unserem Beispiel wäre zu fragen, woher man weiß, daß eine Intensivierung der Berufsausbildung zur Verminderung der Kriminalität führt. Ein Praktiker wird bei einer solchen Frage normalerweise auf die bisherige „Erfahrung" verweisen. Solche Äußerungen lassen sich so verstehen, daß sich bisher eine Theorie der Art, daß eine Intensivierung der Berufsausbildung die Kriminalität vermindert hat, bestätigte. Ein derartiger genereller Hinweis ist aber nicht ausreichend. Man wird vielmehr wissen wollen, welche Art von Erfahrung für die genannte Theorie angeführt werden kann: Wurden z.B. straffällige Personen mit und ohne Berufsausbildung befragt und ggf. wie viele Personen? Wie wurden dabei die Berufsausbildung und die Kriminalität ermittelt? Wieviele der befragten Personen mit und ohne Berufsausbildung wurden später in welchem Ausmaß kriminell?

Abbildung 1: Ein Beispiel für die praktische Anwendung einer Theorie

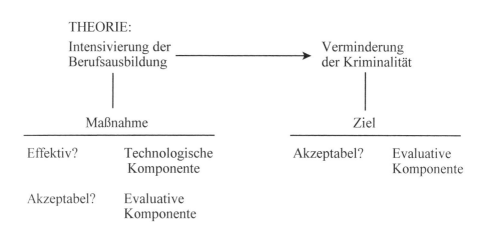

Da Theorien als Argumente für die Geltung singulärer Ursachenbehauptungen in Betracht kommen, wäre in unserem Beispiel zu fragen, welche Theorie anwendbar ist. Eine Möglichkeit ist, die Wert-Erwartungstheorie oder eine andere Version der Theorie rationalen Handelns heranzuziehen. Aus dieser folgt, daß Personen ein Verhalten um so eher ausführen, je mehr Vorteile sie durch dieses Verhalten zu haben glauben. Entsprechend könnte argumentiert werden, daß eine Berufsausbildung die wahrgenommenen Möglichkeiten erhöht, durch legale Arbeit Ziele wie ein bestimmtes Einkommen zu erreichen. Halten wir fest: Die Vorgehensweise bei der Lösung der technologischen Komponente eines Maßnahmeproblems entspricht der Vorgehensweise bei einer Erklärung. Man kann dies auch so ausdrücken: Will man sozialwissenschaftliche Theorien praktisch anwenden, dann ist lediglich eine *technologische Transfor-*

mation erforderlich. D.h. zu fragen ist: (1) Gibt es eine Theorie, die die Sachverhalte erklären kann, die zu verändern sind? Dies sind die Ziele, die identisch sind mit den Explananda. (2) Welche Veränderung von Anfangsbedingungen, d.h. welche Maßnahmen, könnten die Ziele erreichen?[145]

22. Das Kriterium des praktischen Informationsgehalts

Wir haben uns in Kapitel III mit einer Reihe von Kriterien für adäquate Erklärungen befaßt. Diese Merkmale müssen ebenfalls erfüllt sein, wenn Maßnahmeprobleme in adäquater Weise gelöst werden sollen. Darüber hinaus müssen die bei der Lösung von Maßnahmeproblemen angewendeten Theorien ein weiteres Merkmal haben, das wir anhand unseres Beispiels erläutern wollen. Angenommen, unser Bürgermeister will sich generell mit den Ursachen der Kriminalität befassen, bevor er konkrete Maßnahmen zu ihrer Verminderung ergreift. Er befragt einen Psychologen. Dieser sage ihm, Kriminalität entstehe im Erwachsenenalter dann, wenn sich Personen während ihrer frühen Kindheit zu früh oder zu spät von den Eltern lösen. Angenommen, diese Theorie treffe zu. Unser Bürgermeister wird zwar beeindruckt sein, die genannte Theorie gibt ihm jedoch keine Informationen darüber, welche Maßnahmen er ergreifen kann, um die gegenwärtige Kriminalität zu bekämpfen.

Unser Beispiel illustriert, daß Theorien nur dann für die Lösung von Maßnahmeproblemen brauchbar sind, wenn sie als Ursachen solche Sachverhalte bezeichnen, die aus der Sicht eines Praktikers veränderbar sind. Wir wollen dies so ausdrücken: Theorien sind in um so höherem Maße für die Lösung von Maßnahmeproblemen anwendbar, je größer ihr *praktischer Informationsgehalt* ist.[146]

Betrachten wir ein weiteres Beispiel. Eine in der Kriminalsoziologie intensiv diskutierte Theorie ist die Anomietheorie. Sie besagt, daß die Ziele, Normen und die legalen und illegalen Möglichkeiten für die Realisierung der Ziele der Akteure von Bedeutung sind. Diese Theorie gibt unserem Bürgermeister keine Informationen darüber, wie er Ziele und Normen verändern kann. „Legale" bzw. „illegale Möglichkeiten" sind jedoch Sachverhalte, die er identifizieren und verändern kann. So könnte er durch Subventionen von Sicherheitsvorkehrungen in Häusern, durch intensivere Verfolgung von Hehlern etc. die illegalen Möglichkeiten vermindern. Weiter könnte er die legalen Möglichkeiten erhöhen - etwa durch die bereits genannte Intensivierung der Berufsausbildung.

23. Verfügen die Sozialwissenschaften über praktisch brauchbare Theorien?

Oft wird gesagt, daß die Sozialwissenschaften gegenwärtig nicht über Theorien verfügen, die zur Lösung von Maßnahmeproblemen beitragen können. Eine solche Behauptung ist ohne Zweifel falsch. In vielen speziellen Bereichen verfügen wir über hinreichend bestätigte Aussagen darüber, welche Sachverhalte wie verändert werden können. Die bereits genannte Anomietheorie gehört hierzu. Eine praktisch brauchbare generelle Theorie ist die bereits mehrfach genannte Theorie rationalen Handelns. Die grundlegende Idee ist einfach: Erwünschtes Verhalten wird vermehrt auftreten, wenn mehr Vorteile hierfür und mehr Nachteile für un-

---

[145] Eine Reihe konkreter Regeln über die Vorgehensweise bei der praktischen Anwendung sozialwissenschaftlicher Theorien enthält Opp 1967.

[146] Es soll hier nicht versucht werden, den *Grad* des praktischen Informationsgehalts zu präzisieren. In erster Annäherung könnte man darunter die Anzahl der Variablen einer Theorie verstehen, die aus der Sicht eines Praktikers veränderbar sind.

erwünschtes Verhalten bereitgestellt werden. Diese Aussage hat sich in einer Vielzahl von Situationen bewährt. Es ist deshalb zu erwarten, daß sie auch für die Lösung von Maßnahmeproblemen wirksame Lösungen bietet. Außerdem ist die Theorie praktisch informativ: Normalerweise sind Praktiker in der Lage, Vorteile oder Nachteile für Verhaltensweisen anzubieten.

24. Probleme bei der Lösung von Maßnahmeproblemen: Institutionelle Beschränkungen, die Klarheit der Ziele und Zielkonflikte

Sozialwissenschaftler, die sich mit der Lösung praktischer Probleme befassen, werden häufig mit drei Problemen konfrontiert, die in diesem Abschnitt behandelt werden. Selbst wenn man weiß, wie ein praktisches Problem gelöst werden kann, ist eine effektive Lösung oft nicht möglich, weil institutionelle Beschränkungen vorliegen. Weiter werden praktische Problemlösungen durch unklare Ziele und durch Zielkonflikte erschwert.

240. Institutionelle Beschränkungen bei der Lösung praktischer Probleme

Politiker reden oft von der Unregierbarkeit eines Landes oder einer Stadt. Bewährungshelfer sind nicht in der Lage, Maßnahmen zu ergreifen, um die Rückfälligkeit eines Probanden zu verhindern. Lehrer sind hilflos, wenn Schüler im Unterricht nicht mitarbeiten oder den Unterricht stören. Sind dies nicht Hinweise darauf, daß die vorliegenden Theorien nicht taugen?

Wenn ein Maßnahmeproblem nicht lösbar ist, dann braucht dies keineswegs an unzureichenden Theorien zu liegen. Eine wichtige Ursache für Probleme bei der Lösung von Maßnahmeproblemen liegt in *institutionellen Beschränkungen*, die bestimmte, effektive Lösungen unmöglich machen. Selbst wenn man z.B. wüßte, daß die wachsende organisierte Kriminalität durch weitergehende Kompetenzen der Polizei verhindert werden könnte - etwa durch die Möglichkeit, Hausdurchsuchungen ohne richterlichen Durchsuchungsbefehl durchführen zu können -, wäre dies aufgrund der gegenwärtigen Rechtslage nicht möglich. Auch Bewährungshelfer und Lehrer haben nur beschränkte Möglichkeiten der Einflußnahme auf ihre Probanden bzw. Schüler. Bestimmte, vielleicht wirksame Maßnahmen sind nicht durchführbar. Genau dies ist die Ursache dafür, daß viele Maßnahmeprobleme nicht lösbar sind.

241. Unklare Ziele

In Programmen politischer Parteien findet man eine Vielzahl von Zielen, die erreicht werden sollen, z.B. mehr Emanzipation, Gleichheit, soziale Gerechtigkeit oder mehr Lebensqualität. Ein Lehrer könnte sich z.B. vornehmen, das soziale Verhalten der Schüler zu fördern oder anti-soziales Verhalten zu vermindern.

Es handelt sich hier um relativ vage Ziele. Dies gilt z.B. für „Emanzipation". Wenn man „emanzipiert" präzisiert als „frei sein von Zwängen", ist auch nicht viel gewonnen: Was ist mit Zwängen gemeint? Liegt z.B. ein Zwang vor, wenn von einem Lehrer erwartet wird, daß er seine Unterrichtsstunden gut vorbereitet und pünktlich zum Unterricht erscheint? Oder ist nur dann von Zwängen zu sprechen, wenn bestimmte Erwartungen als unangenehm oder illegitim empfunden werden oder wenn Erwartungen nicht vertraglich vereinbart oder gesetzlich verankert sind?

Welche Probleme entstehen für die Anwendung sozialwissenschaftlicher Theorien, wenn die zu erreichenden Ziele unklar sind? Ein erstes Problem ist die Auswahl der anzuwendenden Theorie. Da die Ziele die Explananda sind, ist es bei unklaren Explananda oft nicht oder nur schwer zu entscheiden, welche Theorie herangezogen werden kann. Wenn z.B. nicht klar ist, ob „Emanzipation" ein Verhalten oder eine Einstellung ist, weiß man nicht, ob man eine Theorie, die soziales Handeln erklärt, oder eine Theorie, die Einstellungsänderungen erklärt, heranziehen soll.

Ein zweites Problem bei unklaren Zielen besteht darin, daß man nicht weiß, was man genau verändern soll. Wenn man z.B. davon ausgeht, daß ein Verhalten dadurch reduziert werden kann, daß für das entsprechende Verhalten die Kosten erhöht werden, dann ist es sinnvoll, genau zu wissen, welches Verhalten verändert werden soll. Sonst verändert man vielleicht Verhalten, das man eigentlich nicht verändern will.

Könnte es Fälle geben, bei denen das Ziel zwar unklar formuliert ist, bei denen aber keine Anwendungsprobleme sozialwissenschaftlicher Theorien entstehen? Angenommen, das Ziel sei die Verminderung abweichenden Verhaltens in Schulklassen. Man gehe davon aus, daß dieses Verhalten relativ selten vorkommt. Es ist zwar nicht klar, was genau „abweichendes Verhalten" bedeutet, aber man weiß, daß es relativ selten vorkommt. Eine Theorie laute, daß bei einem Ansteigen von Interaktionen von „Abweichlern" und „Konformen" die „Abweichler" das Verhalten der „Konformen" übernehmen, wenn die „Konformen" in der Gruppe in der Überzahl sind. In diesem Falle könnte man Maßnahmen ergreifen, um allgemein die Interaktionen zwischen Schülern zu erhöhen. Solche Maßnahmen könnten in der Veranstaltung gemeinsamer Reisen, von sportlichen Wettkämpfen und von Parties bestehen. In diesem Falle ist es also nicht erforderlich, genau zu wissen, was das praktische Ziel ist, um Maßnahmen empfehlen zu können. Allerdings könnte man vermutlich Aufwand sparen, wenn man nur Interaktionen zwischen den Abweichlern und den Konformen, und nicht zwischen allen Schülern fördert. Im Prinzip ist es also möglich, auch bei unklaren Zielen sozialwissenschaftliche Theorien anzuwenden. Vermutlich kommen jedoch solche Fälle relativ selten vor.

Was kann ein Sozialwissenschaftler tun, wenn die zu erreichenden Ziele unklar formuliert sind? Zunächst könnte er sich einige Möglichkeiten überlegen, wie die zu erreichenden Ziele präzisiert werden könnten. Dabei wird er seine Präzisierungsvorschläge bereits im Hinblick auf bestimmte Theorien oder im Hinblick auf eine Theorie formulieren, die angewendet werden könnten bzw. könnte. Vorliegende Theorien werden also die Präzisierungsbemühungen steuern. Allerdings wird der Sozialwissenschaftler dabei überlegen, ob sein Präzisierungsvorschlag den Zielen des Praktikers entsprechen könnte. Ein erster Grund dafür, daß der Sozialwissenschaftler sich zunächst selbst bemüht, die Ziele im Hinblick auf bestimmte Theorien zu präzisieren, besteht darin, daß er dann sogleich abschätzen kann, ob das betreffende Problem mittels sozialwissenschaftlicher Theorien lösbar ist. Ein zweiter Grund dafür, daß der Sozialwissenschaftler zunächst selbst versucht, Präzisierungen zu überlegen, ist darin zu sehen, daß der Sozialwissenschaftler in der Explikation von unklaren Begriffen meist geübter ist als ein Praktiker.

Der nächste Schritt ist dann, daß der Sozialwissenschaftler mit dem Praktiker seine Präzisierungsvorschläge diskutiert. Das Ergebnis einer solchen Diskussion wird eine Präzisierung der Ziele sein. Sollte sich dieses Ergebnis von den erarbeiteten Vorschlägen des Praktikers unterscheiden, wäre als nächstes erneut nach anwendbaren Theorien zu suchen. Sodann müßten die möglichen Maßnahmen mit dem Praktiker besprochen werden.

242. Zielkonflikte

Zielkonflikte liegen vor, wenn mindestens zwei Ziele realisiert werden sollen, für die gilt: Je stärker ein Ziel realisiert wird, in desto geringerem Maße wird das andere Ziel realisiert.[147] Angenommen, ein Ziel bestehe darin, daß alle Erwerbstätigen der Bundesrepublik ein gleiches Einkommen beziehen - was als Ausdruck sozialer Gerechtigkeit gesehen werde. Gleichzeitig werde angestrebt, die wirtschaftliche Leistungsfähigkeit der Bundesrepublik zu erhöhen. Dies bedeutet, daß die Produktivität der Volkswirtschaft, z.B. das erwirtschaftete Sozialprodukt pro Kopf der Bevölkerung, steigt. Wir wissen, daß man hohe Einkommensgleichheit und hohe Produktivität nicht gleichzeitig erreichen kann. Zumindest ab einem bestimmten Ausmaß der Einkommensgleichheit wird man mit einem Rückgang der Produktivität rechnen müssen, wenn man die Gleichheit weiter erhöht. Der Grund ist, daß bei hoher Gleichheit der Einkommen die Leistungsanreize zurückgehen. Ein anderes Beispiel: Wenn man den Schutz des Bürgers vor polizeilichen Maßnahmen immer weiter erhöht, wird man zumindest ab einem bestimmten Ausmaß bürgerlicher Freiheit nicht gleichzeitig die Kriminalität vermindern können.

Was kann ein Sozialwissenschaftler einem Praktiker raten, wenn die Realisierung eines Ziels dazu führt, daß ein anderes Ziel in geringerem Maße realisiert wird? Eine Möglichkeit besteht darin zu empfehlen, den gegenwärtigen Zustand nicht zu verändern. Vielleicht ist die gegenwärtige Situation aus der Sicht des Praktikers wünschenswerter als eine Veränderung, bei der die Erreichung eines wichtigen Ziels reduziert wird, wenn ein anderes, vielleicht weniger wichtiges Ziel realisiert wird.

Zweitens könnten Prioritäten gesetzt werden: So könnte entschieden werden, daß die Erreichung von Gleichheit wichtiger ist als die Erreichung von Effizienz. Man verzichtet also auf eine Zunahme der Effizienz, und erhöht die Gleichheit. Oder umgekehrt: Effizienz wird als wichtiger betrachtet als Gleichheit.

Schließlich wäre zu überlegen, ob ein Optimum erreicht werden kann. Damit ist gemeint, daß man nach einer solchen Kombination der Ziele sucht, die allen anderen Kombinationen vorgezogen wird.

Welche Lösung man im Einzelfall auch immer finden oder vorziehen wird: Für den Sozialwissenschaftler, der sich um die Anwendung seiner Theorien für die Lösung von Maßnahmeproblemen kümmert, ist es wichtig zu prüfen, inwieweit Zielkonflikte vorliegen. Sonst könnte es vorkommen, daß eine Empfehlung von Praktikern realisiert wird, die dann unerwartete und unerwünschte Folgen hat - d.h. die Realisierung bestimmter, akzeptierter Ziele wird vermindert.

25. Die Rolle des Sozialwissenschaftlers bei der Lösung von Maßnahmeproblemen: Technokrat oder moralische Instanz?

Wir sahen bereits bei der Diskussion des Wertfreiheitspostulates, daß dieses keineswegs fordert, der Sozialwissenschaftler müsse sich bei der Lösung von Maßnahmeproblemen jeglicher Wertungen enthalten. Das Wertfreiheitspostulat fordert lediglich, daß der Sozialwissenschaftler deutlich machen soll, welche seiner Aussagen Werte und welche empirische Aussagen oder technologische Transformationen wissenschaftlicher Theorien sind.

Wenn nun ein Sozialwissenschaftler bestimmte Ziele nicht akzeptiert, dann wird er dies einem Auftraggeber deutlich machen und versuchen, einen Kompromiß zu finden, oder er wird eine entsprechende Beratung ablehnen. Dasselbe gilt für Maßnahmen. Wenn z.B. eine Erhöhung von Strafen von einem Sozialwissenschaftler für unmoralisch gehalten wird, dann

---

[147] Für mehr als zwei Ziele liegen Zielkonflikte dann vor, wenn bei der Realisierung eines der Ziele die Realisierung der anderen Ziele vermindert wird.

wird er diese Meinung auch äußern und evtl. nicht an der Prüfung der Wirksamkeit von Strafen mitarbeiten. Er wird aber deutlich machen, daß es sich hier um sein Werturteil und nicht um eine empirische Aussage handelt.

Es mag bisher der Eindruck entstanden sein, daß die Akzeptierung eines Werturteils völlig willkürlich ist. Dies ist jedoch keineswegs der Fall. Wir werden später Möglichkeiten behandeln, wie Werturteile diskutiert werden können.

26. Die Evaluation von Maßnahmen

Oft sind sozialwissenschaftliche Theorien nicht so präzise, daß von vornherein klar ist, welche Faktoren eine Wirkung auf die Erreichung eines Zieles hatten. So weiß man zwar, daß bei einer Erhöhung der Kosten für eine Handlung im allgemeinen diese Handlung seltener ausgeführt wird. Wie hoch die Kosten aber sein müssen, damit eine Handlung seltener ausgeführt wird oder in erwünschtem Ausmaß seltener ausgeführt wird, wissen wir nicht. Weiter sind oft mehrere Faktoren für die Erreichung eines Ziels bedeutsam. Dabei muß nicht immer die Maßnahme, die ergriffen wurde, zur Erreichung des Ziels geführt haben: Andere Faktoren könnten sich zusammen mit der Maßnahme geändert und die Zielerreichung verursacht haben.

Dies sei an einem Beispiel illustriert. Angenommen, wir stellen fest, daß nach einer Benzinpreiserhöhung, die aufgrund einer Steuererhöhung zustandekam, tatsächlich der Benzinverbrauch zurückgegangen ist. Diese Wirkung sei beabsichtigt gewesen. War dies eine Wirkung der Benzinpreiserhöhung? Es wäre denkbar, daß die Preiserhöhung zu gering war, um einen Effekt zu haben und daß der geringere Verbrauch durch andere Faktoren bedingt war. Vielleicht sind die Preise der Bundesbahn in dem betreffenden Zeitabschnitt relativ stark gesunken, so daß Personen vom Auto auf die Schiene umgestiegen sind. Vielleicht war auch der Winter relativ mild, so daß weniger Benzin verbraucht wurde.

Ein Maßnahmeproblem kann also nicht schon dann als gelöst angesehen werden, wenn die Maßnahme ergriffen wurde und wenn dann die gewünschte Wirkung eintrat. Ein Maßnahmeproblem kann erst dann - vorläufig - als gelöst angesehen werden, wenn gezeigt werden kann, daß die Maßnahme auch wirksam war. Um dies zu prüfen, können empirische Untersuchungen durchgeführt werden.[148]

3. Die Lösung von Wertproblemen: Wie diskutiert man Werte?

Wir sahen, daß bei der Lösung von Maßnahmeproblemen zwei Arten von Wertproblemen entstehen: Das erste betrifft die Frage, ob bestimmte Ziele realisiert werden sollen (oder dürfen). Bei dem zweiten Problem geht es darum, ob bestimmte Maßnahmen ergriffen werden sollen (oder dürfen). Darüber hinaus treten Wertprobleme unabhängig von Maßnahmeproblemen auf. So könnte jemand einfach daran interessiert sein zu wissen, wie ein bestimmtes Handeln oder ein bestimmter sozialer Zustand moralisch zu bewerten ist. Wenn allerdings Praktiker moralische Fragen diskutieren, dann geht es meist um ein Maßnahmeproblem. Wenn z.B. Politiker die Todesstrafe diskutieren, dann ist dies für ein bestimmtes Maßnahmeproblem von Bedeutung: Kann oder darf die Todesstrafe eingesetzt werden, um die Zahl der Verbrechen - oder die Zahl bestimmter Verbrechen - zu reduzieren? Im folgenden wird gezeigt, wie Sozialwissenschaftler einen Beitrag zur Lösung von Wertproblemen leisten können.

---

[148] Es gibt eine umfangreiche Literatur darüber, wie man den Erfolg von Maßnahmen oder Maßnahmebündeln, d.h. von Programmen, prüft bzw. evaluiert. Vgl. z.B. Rossi und Freeman 1993.

Es ist in diesem Rahmen nicht möglich zu diskutieren, inwieweit Werturteile begründet werden können. Hierzu sei auf die Literatur zur Metaethik verwiesen.[149] Die Position, die hier vertreten wird, ist, daß eine Letztbegründung von Werten nicht möglich ist. Es ist jedoch möglich, Werte zu diskutieren, d.h. Argumente anzuführen, die für und gegen die Akzeptierung von Werturteilen sprechen. Wie Werte diskutiert werden können, wird im folgenden gezeigt. Diese Vorgehensweise wird, wie wir sehen werden, allgemein angewendet, wenn dies auch meist nicht bewußt geschieht. Der Leser mag unsere Argumentation anhand der Abbildung 2 verfolgen.

Abbildung 2: Die Vorgehensweise bei der Diskussion von Werten

30. Die Vorgehensweise bei der Diskussion von Werten

Welchen Beitrag kann ein Sozialwissenschaftler zur Lösung von Wertproblemen leisten? Wir wollen die Antwort auf diese Frage zunächst an einem Beispiel illustrieren. Studenten haben einmal gefordert, daß generell Prüfungen in den Universitäten abgeschafft werden sollen. Angenommen, ein Gegner und ein Befürworter der Forderung nach der Abschaffung von Prüfungen diskutieren miteinander. Der folgende Dialog sei ein Ausschnitt aus dieser Diskussion:

Befürworter: Es ist bekannt, daß Prüfungen Angst auslösen. Dies ist für die Betroffenen äußerst unangenehm.

Gegner: Na und? Es gibt viele unangenehme Dinge im Leben. Es ist kein Argument für die Abschaffung von Prüfungen, daß diese unangenehm sind. Später werden Studenten häufig ähnlichen Situationen ausgesetzt, in denen sie etwas leisten müssen und bei denen von ihrer Leistung einiges abhängt, z.B. bei einem Bewerbungsgespräch. Studenten müssen solchen Situationen bereits in der Universität möglichst häufig ausgesetzt werden, damit sie sich daran gewöhnen und die Angst abbauen.

---

[149] Einen Überblick über zentrale Positionen findet man bei Albert 1961; Birnbacher und Hoerster 1976; Grewendorf und Meggle 1974. Vgl. auch Albert und Topitsch 1971. Eine gute Darstellung der verschiedenen moralphilosophischen Strömungen findet man bei Raphael 1994.

Befürworter: Ich gehe von dem moralischen Prinzip aus, daß grundsätzlich Streß und Angst zu vermeiden sind. Wenn Studenten nach ihrem Studium solchen Situationen ausgesetzt sind, dann ist dies moralisch zu verurteilen. Außerdem lehne ich Situationen wie die einer Prüfung grundsätzlich ab, da sie entwürdigend sind.

Gegner: Dieses Prinzip kann ich überhaupt nicht akzeptieren. Es gibt aber ein schlagendes Argument *für* Prüfungen: Sie sind Leistungsanreize. Ohne Prüfungen würden die Studenten weitaus weniger arbeiten. Es ist unsere Aufgabe, den Studenten möglichst viel Wissen und umfassende intellektuelle Fähigkeiten zu vermitteln. Allein hierfür sind Prüfungen erforderlich. Außerdem: Die ganze Diskussion ist müßig: Kein Politiker wird sich bereit erklären, für die Abschaffung von Prüfungen einzutreten.

Befürworter: Dagegen müssen wir etwas tun. Für die Abschaffung von Prüfungen spricht im übrigen, daß die meisten Studenten für die Abschaffung sind! Schließlich spricht gegen Prüfungen, daß sie eine Art Herrschaftsausübung sind und daß Herrschaftsausübung grundsätzlich abzulehnen ist.

Betrachten wir die Art dieser Auseinandersetzung. Zunächst einmal werden für und gegen Werturteile *Argumente* angeführt. Welcher Art sind diese Argumente? Die vielleicht wichtigste Art von Argumenten wollen wir als *Wirkungsargumente* bezeichnen. Es handelt sich um empirische Behauptungen über die Wirkungen, die die Realisierung eines Wertes hat. Beispiele sind die Behauptungen, daß Prüfungen Angst auslösen, daß die Wiederholung von Prüfungen Angst in Prüfungssituationen und in ähnlichen Situationen vermindert und daß Prüfungen dazu führen, daß Studenten mehr Zeit zum Lernen aufwenden als wenn Prüfungen abgeschafft werden. Es wird hier jedesmal behauptet, daß die Realisierung eines Wertes (Abschaffung oder auch Nicht-Abschaffung von Prüfungen) bestimmte Wirkungen hat.

Welche Rolle spielen Wirkungsargumente für die Akzeptierung von Werten? Der Gegner der Abschaffung von Prüfungen antwortet auf das Wirkungsargument, Prüfungen lösten Angst aus: Na und? Die Antwort des Befürworters ist der Hinweis auf ein moralisches Prinzip: Angst ist moralisch abzulehnen. Dieses Beispiel illustriert, warum Wirkungsargumente für die Diskussion von Werten von Bedeutung sind: Man sucht solche Wirkungen, die man moralisch positiv oder negativ bewertet. Es handelt sich hier um *Werturteile zweiter Ordnung* - wir können auch von „sekundären" Werturteilen bzw. Bewertungen sprechen. Das Werturteil erster Ordnung oder die primäre Bewertung ist das zur Diskussion stehende Werturteil, z.B. daß Prüfungen abgeschafft werden sollen. Bei den Bewertungen zweiter Ordnung werden die behaupteten Wirkungen, die auftreten, wenn ein Werturteil realisiert wird, positiv oder negativ ausgezeichnet. In der obigen Diskussion wird nicht nur eine negative sekundäre Bewertung der Angst, sondern auch eine positive sekundäre Bewertung des Abbaus von Angst und der Erhöhung von Leistungsanreizen eingeführt.

Es gibt eine weitere Art von Werturteilen zweiter Ordnung. Der Befürworter der Abschaffung von Prüfungen führte ein allgemeines moralisches Werturteil an: „Herrschaftsausübung ist moralisch abzulehnen." Da, so das Argument, Prüfungen eine Art von Herrschaftsausübung sind, folgt, daß sie mit dem genannten Prinzip unvereinbar sind. Es wird also behauptet, daß das zu diskutierende Werturteil selbst gegen ein allgemeineres Werturteil verstößt, das akzeptiert wird. Man könnte auch versuchen, allgemeine Werturteile anzuführen, aus denen ein zu diskutierendes Werturteil folgt. In diesem Falle würde also ein allgemeineres Werturteil als Argument *für* das zu diskutierende Werturteil sprechen.

Die beschriebene Auseinandersetzung enthält weitere Arten von Argumenten. Der Gegner der Abschaffung von Prüfungen behauptet, daß kein Politiker daran denkt, für eine Abschaffung einzutreten. Hier handelt es sich um eine *Realisierbarkeitsbehauptung*, genauer: um die empirische Behauptung, daß ein Werturteil nicht realisiert werden kann. Probleme der Realisierbarkeit bestehen immer bei Zielkonflikten: Wenn man z.B. den Schutz des Bürgers vor staatlichen Eingriffen über ein gewisses Maß erhöht, dann ist die Verminderung der Kriminalität nicht möglich.

Die Behauptung, ein Werturteil sei nicht realisierbar, wird oft als ein Argument gegen ein Werturteil angeführt. Warum? Vermutlich wird hier wieder eine Bewertung zweiter Ordnung eingeführt, die besagt: Werturteile sind dann moralisch nicht akzeptabel, wenn sie nicht realisierbar sind.

Schließlich weist der Befürworter der Abschaffung von Prüfungen darauf hin, daß die Studenten die Abschaffung wünschen. Es wird also darauf hingewiesen, daß ein Bedarf für oder eine Nachfrage nach der Realisierung eines Wertes besteht. Entsprechend könnte man auch als Argument für ein Werturteil anführen, daß Personen bestimmte Wirkungen wünschen. So könnte man behaupten: Studenten wünschen es nicht, Leistungsanreizen ausgesetzt zu sein. Wir bezeichnen Argumente der Art, daß bestimmte Personen die Realisierung von Werten oder bestimmte Wirkungen von Werten, wenn sie realisiert werden, wünschen oder auch nicht wünschen, als *Bedarfsargumente*.

Warum sind Bedarfsargumente von Interesse? Die Antwort lautet wieder: Es gibt eine Bewertung zweiter Ordnung, die fordert, daß Bedürfnisse von Menschen beachtet oder realisiert werden sollen. Dies wird man aber nicht unter allen Bedingungen fordern. So akzeptieren viele Personen die Forderung nach Einführung der Todesstrafe selbst dann nicht, wenn sie von der Mehrheit der Bevölkerung befürwortet wird. Bedarfsargumente sind also nicht unumstritten.

Die obige Diskussion über Prüfungen könnte noch weitergeführt werden. So wäre es möglich, die sekundären Bewertungen in derselben Weise wie die primären Bewertungen zu diskutieren. Eine sekundäre Bewertung bezog sich darauf, daß Prüfungen Angst auslösen. Dies wird als moralisch fragwürdig betrachtet. Man könnte fragen: Ist dieses Werturteil akzeptabel, d.h. dürfen Personen Situationen ausgesetzt werden, die Angst erzeugen? Wieder könnte man Wirkungsargumente anführen - man könnte hier von Wirkungsargumenten zweiter Ordnung sprechen. Weiter könnten Bewertungsargumente dritter Ordnung, Realisierbarkeitsargumente zweiter und Bedarfsargumente dritter Ordnung behauptet werden.

Praktisch wird eine solche Diskussion jedoch aus verschiedenen Gründen abgebrochen. Es gibt zeitliche Restriktionen - man will eine Entscheidung innerhalb eines bestimmten Zeitraumes treffen. Eine Diskussion wird weiter dann abgebrochen, wenn zwischen den beteiligten Personen Einigkeit besteht. Schließlich wird eine Diskussion oft dann abgebrochen, wenn die beteiligten Personen aufgrund der stattgefundenen Diskussion glauben, daß eine Einigung nicht erreichbar ist. Dies kann wiederum verschiedene Gründe haben. Zum einen könnten die Bewertungen zweiter, dritter etc. Ordnung so verschieden sein, daß eine Einigung nicht zu erwarten ist. Es kommt weiter vor, daß bezüglich der empirischen Behauptungen (Wirkungsargumente, Bedarfsargumente, Realisierbarkeitsargumente) Uneinigkeit besteht. Schließlich könnte sowohl bezüglich der Bewertungen als auch bezüglich der empirischen Argumente Uneinigkeit bestehen.

31. Scheinargumente

Angenommen, der Justizminister eines Landes argumentiere, es widerspreche der Würde des Menschen, wenn ein Strafgefangener in einer Zelle untergebracht ist, die weniger als 3 x 3 Quadratmeter groß ist. Aus dem Postulat „die Würde des Menschen darf nicht angetastet werden" folgt also das Werturteil „Gefangene dürfen nicht in einer Zelle von weniger als 3 x 3 Quadratmeter leben". Diese Art der Argumentation kennen wir aus dem vorigen Abschnitt: Es wird ein allgemeines Werturteil angeführt, aus dem das zu diskutierende Werturteil folgt.

Das zuletzt genannte Werturteil weist jedoch ein besonderes Problem auf. Der Leser wird sich vielleicht schon gefragt haben, was es mit der Würde des Menschen zu tun hat, wenn jemand in einem Zimmer bestimmter Größe lebt. Das Problem besteht also darin, daß nicht gezeigt wird bzw. daß nicht klar ist, ob aus dem allgemeinen Werturteil tatsächlich das spezielle Werturteil folgt. Es scheint, daß das allgemeine Werturteil so unklar formuliert ist, daß bei einer Vielzahl konkreter Normen (d.h. Werturteile) nicht klar ist, ob sie aus der generellen Norm folgen oder nicht folgen. Solche Werturteile, die relativ unklar sind, heißen *normative Leerformeln*.[150]

Oft werden solche Leerformeln benutzt, um bestimmte konkrete Handlungen oder Werturteile zu rechtfertigen oder auch abzulehnen. So könnte man das genannte Postulat für viele weitere Handlungen oder Werturteile benutzen. Der Kultusminister mag z.B. äußern, die Prügelstrafe bei Schülern, die Kündigung von Angestellten und die Versetzung eines Beamten widersprechen der Würde des Menschen. Weitere Beispiele enthält das Grundgesetz. Wenn die dortigen Postulate klar wären, brauchte man nicht einen speziellen Gerichtshof, nämlich das Bundesverfassungsgericht, das „feststellt", ob konkrete rechtliche Regelungen oder staatliche Aktivitäten mit dem Grundgesetz vereinbar sind oder nicht. Faktisch handelt es sich hier um eine (nicht vom Volk gewählte) Gesetzgebungsinstanz, die festlegt, was mit den vagen Werturteilen des Grundgesetzes vereinbar ist oder auch nicht vereinbar ist.

Wenn allgemeine, äußerst vage Werturteile zur Stützung oder Ablehnung spezieller Werturteile angeführt werden, dann handelt es sich um *Scheinargumente*: Es wird ein Argument geäußert, das in Wirklichkeit irrelevant ist. In diesem Falle ist das allgemeine Werturteil so unklar, daß nicht behauptet werden kann, das spezielle Werturteil stehe in irgendeiner logischen Beziehung zu dem allgemeinen Werturteil.

Derartige Scheinargumente sind trotzdem häufig wirksam, da in Diskussionen oft nicht erkannt wird, daß das allgemeine Werturteil wegen seiner Unklarheit keinerlei Bedeutung für das spezielle Werturteil hat. Oft sind die allgemeinen Werturteile Leerformeln, die in einem bedeutsam klingenden, unverständlichen Jargon vorgebracht werden, so daß man glaubt, es würden tiefe und wahre Gedanken geäußert.

Ein weiteres, verbreitetes Scheinargument ist der *naturalistische Fehlschluß*. Betrachten wir ein Beispiel. In einer Rundfunksendung äußerte sich Oskar Negt, Soziologieprofessor an der Universität Hannover, sinngemäß wie folgt:

> Durch die Aktivität der Gewerkschaften ist die Arbeitszeit verkürzt worden. Ein immer größerer Teil des Lebens spielt sich also außerhalb von Betrieben ab. Deshalb muß die Gewerkschaft ihr Engagement in viel stärkerem Maße auf den außerbetrieblichen Bereich richten.

---

[150] Als „Leerformeln" werden zuweilen auch relativ unklare Begriffe bezeichnet. Zum Begriff der Leerformeln und auch zu deren Verwendung vgl. im einzelnen Degenkolbe 1965; Topitsch 1958, 1960; Schmid 1972.

Was ist an dieser Argumentation problematisch? Es geht um ein Werturteil, das wir so formulieren wollen:

> Die Gewerkschaft muß ihr Engagement in stärkerem Maße auf den außerbetrieblichen Bereich richten.

Warum? Negt verweist darauf, daß sich durch die Verkürzung der Arbeitszeit ein immer größerer Teil des Lebens außerhalb von Betrieben abspielt. Es handelt sich hier um einen empirischen Sachverhalt. Was hat dieser empirische Sachverhalt mit dem genannten Werturteil zu tun? Das Wort „deshalb" in dem obigen Argument bedeutet, daß der empirische Satz das Werturteil in irgendeinem Sinne stützt. Es handelt sich jedoch nicht um ein Argument der vorher besprochenen Art: Negt behauptet weder ein Wirkungsargument noch ein Bedarfs- oder Realisierbarkeitsargument, und auch kein Werturteil zweiter Ordnung. Was also bedeutet das Wort „deshalb"? Es könnte gemeint sein, daß das Werturteil aus dem vor dem „deshalb" erwähnten empirischen Satz logisch folgt. D.h. aus der Tatsache, daß sich die Freizeit vermehrt hat, folgt, daß die Gewerkschaften sich stärker im Freizeitbereich engagieren sollen. Wenn dies ein logischer Schluß ist, dann fragt es sich, nach welchen Regeln dieser Schluß vorgenommen wurde. Negt nennt eine solche Regel nicht. Das Besondere an einem solchen Schluß ist, daß die Prämisse eine empirische Aussage und die Konklusion eine normative Aussage, also ein Werturteil ist. Solche Schlüsse sind nun logisch ungültig. D.h. es ist nicht möglich, aus einer empirischen Aussage eine normative Aussage zu folgern. Geschieht dies doch, wie in unserem Beispiel, dann handelt es sich um einen sog. *naturalistischen Fehlschluß* (vgl. hierzu insbesondere Hoerster 1969). Will man eine normative Aussage aus anderen Aussagen ableiten, dann benötigt man hierzu mindestens eine weitere normative Aussage. So läßt sich die genannte normative Aussage ableiten, wenn man zusätzlich eine normative Aussage einführt. Das im folgenden aufgeschriebene Argument zeigt dies.

Der naturalistische Fehlschluß ist ein Scheinargument, das in praktischen Diskussionen oft vorkommt. So hat man versucht, bestimmte grundlegende Menschenrechte aus der Natur des Menschen zu rechtfertigen. Auch im Marxismus findet man naturalistische Fehlschlüsse. So wird gesagt, es sei ein gesellschaftlicher Widerspruch, daß auf der einen Seite Güter gemeinsam produziert werden, daß aber auf der anderen Seite sich einzelne Personen (die Unternehmer) diese Produkte aneignen. Hieraus wird „geschlossen", daß die Eigentumsverhältnisse geändert werden müssen: Das Privateigentum an Produktionsmitteln muß abgeschafft werden.[151]

Werturteil: Die Gewerkschaft muß ihr Engagement proportional dem Verhältnis der Arbeits- und Freizeit verteilen.

Empirische Aussage 1: Das Verhältnis der Arbeits- und Freizeit hat sich zugunsten der Freizeit verändert.

Empirische Aussage 2: Das Engagement der Gewerkschaft im Arbeits- und Freizeitbereich hat sich nicht verändert.

Abgeleitetes Werturteil: Die Gewerkschaft muß ihr Engagement in stärkerem Maße auf den außerbetrieblichen (d.h. Freizeit-)Bereich richten.

---

[151] Vgl. im einzelnen die Argumentation bei Friedrich Engels, Die Geschichte des Sozialismus von der Utopie zur Wissenschaft, z.B. in: Fetscher 1966.

Oft ist es nicht einfach festzustellen, ob es sich bei Argumenten um einen naturalistischen Fehlschluß handelt oder nicht. Betrachten wir folgendes Argument, das von Thomas Kuhn stammt:

> Wenn man eine Theorie darüber hat, wie Wissenschaftler arbeiten, d.h. wie faktisch Wissenschaft funktioniert, dann müssen sich daraus natürlich auch Konsequenzen dafür ergeben, wie sich die Wissenschaftler verhalten sollen, wenn ihr Unternehmen gedeihen soll.

Ist dies ein naturalistischer Fehlschluß? Zunächst scheint es so, daß Kuhn aus empirischen Aussagen über die Funktionsweise erfolgreicher Wissenschaft bestimmte Forderungen über das Verhalten von Wissenschaftlern ableiten will. Der letzte Teilsatz führt jedoch eine normative Prämisse ein: „wenn ihr Unternehmen gedeihen soll". Vielleicht handelt es sich aber bei dem ganzen Argument gar nicht um ein normatives Argument, sondern nur um eine Effektivitätsaussage: Wenn man weiß, wie eine erfolgreiche Wissenschaft funktioniert, wenn man das Ziel hat, erfolgreiche Wissenschaft zu betreiben, dann läßt sich aus der Beobachtung erfolgreicher Wissenschaftler ersehen, was man tun kann, wenn man erfolgreiche Wissenschaft betreiben will.

Obwohl es sich bei naturalistischen Fehlschlüssen, wie gesagt, um Scheinargumente handelt, sind solche Fehlschlüsse oft gesellschaftlich wirksam. Der Marxismus ist hierfür ein Beispiel. Es handelt sich trotzdem um Fehlschlüsse, die entsprechend für die Entscheidung über die Akzeptierung oder Zurückweisung von Werturteilen unerheblich sind.

32. Einige Regeln zur Lösung von Wertproblemen

Wenn sich Sozialwissenschaftler mit der Lösung von Wertproblemen befassen, dann ist es zunächst sinnvoll, den Stand der Argumentation, in die der Sozialwissenschaftler eintritt, zu klären. Es wird also davon ausgegangen, daß zu einem Wertproblem immer schon bestimmte Argumente existieren. Meist sind die Argumente jedoch nicht so klar formuliert, daß sie diskutiert werden können. Die erste Regel lautet also:

Regel 1: Der Sozialwissenschaftler sollte die bereits stattgefundene Diskussion rekonstruieren.

Dies bedeutet, daß folgende fünf Fragen beantwortet werden:

(1) Wie genau lautet das zu diskutierende Werturteil?

Wir weisen hier auf unsere Ausführungen über die Unklarheit von Zielen hin. Diese Ausführungen gelten generell auch für die Unklarheit von Werten.

(2) Wie genau lauten die Wirkungsargumente?

Betrachtet man Diskussionen von Werturteilen wie z.B. die Frage, ob bei der Abtreibung eine Fristenlösung akzeptabel ist, dann ist oft nicht klar, was genau die abhängigen Variablen, d.h. die behaupteten Wirkungen sind. Oft sind die verwendeten Wirkungsargumente komplizierter als in unseren Beispielen. Dort haben wir lediglich den zu realisierenden Wert als eine unabhängige Variable verwendet. Oft wird jedoch davon ausgegangen, daß die Realisierung eines Wertes unter bestimmten Bedingungen unterschiedliche Wirkungen hat. Wirkungsargumente sind also zuweilen komplizierte Variablenzusammenhänge. Um diese diskutieren zu können, müssen sie zunächst präzisiert werden.

(3) Wie genau lauten die Bedarfsargumente?

D.h. von welchen Gruppen von Personen wird behauptet, daß sie bestimmte Wünsche haben?

(4) Wie genau lauten die Bewertungen zweiter Ordnung?

Oft werden die verwendeten Werturteile nur angedeutet. Es dürfte z.B. schwierig sein, die Werturteile zu rekonstruieren, die für die Realisierung von relativ hoher Einkommensgleichheit angeführt werden. Wenn z.B. eine stärkere Angleichung der Einkommen dadurch gerechtfertigt wird, daß die gegenwärtige Verteilung „sozial ungerecht" ist, dann wäre zu fragen, was genau mit „sozial ungerecht" gemeint ist.

(5) Sind die empirischen Argumente zutreffend?

Bei den Wirkungsargumenten werden normalerweise *singuläre Ursachenbehauptungen* angeführt. Mit welchen Theorien sind diese Behauptungen vereinbar? Die gleiche Frage wird man stellen, wenn man sich mit der Gültigkeit von Realisierbarkeitsbehauptungen befaßt. Schließlich ist zu fragen, welche empirische Evidenz für Bedarfsargumente besteht.

Falls die Diskussion sich auf mehrere Ebenen von Wirkungsargumenten bezieht, sind dieselben Fragen für Bewertungen dritter Ordnung, Wirkungsargumente zweiter Ordnung etc. zu stellen.

Angenommen, der Stand der Diskussion wurde rekonstruiert. Der nächste Schritt könnte darin bestehen, daß der Sozialwissenschaftler selbst versucht, neue Argumente zu finden - also Wirkungsargumente, Realisierbarkeitsargumente, Bedarfsargumente, Bewertungen zweiter Ordnung, die die Akteure bisher übersehen haben. Wie sollte er hier vorgehen? Um Argumente zu finden, die die Praktiker als wichtig ansehen, sollte der Sozialwissenschaftler die *Annahmebedingungen der Werturteile* versuchen herauszufinden. D.h. er sollte ermitteln, unter welchen Bedingungen Praktiker ein bestimmtes Werturteil akzeptieren oder zurückweisen. So könnte man fragen: Unter welchen Bedingungen wird unser Befürworter der Abschaffung von Prüfungen sein Werturteil revidieren? Vielleicht würde er sagen:

„Angenommen, es würde sich zeigen, daß die Prüfungsangst von den Studierenden zwar als unangenehm empfunden wird, jedoch als Training für andere ähnliche Situationen für notwendig gehalten wird. In diesem Falle würde ich die Abschaffung von Prüfungen nicht mehr vertreten."

Die Annahmebedingung für das Werturteil „Prüfungen sollten beibehalten werden" ist also der empirische Tatbestand, daß bestimmte Personen Prüfungen als notwendig betrachten.

Kennt der Sozialwissenschaftler die Annahmebedingungen von Werturteilen, kann er sich darauf konzentrieren zu prüfen, ob die entsprechenden Bedingungen zutreffen oder nicht. Weiter kann er - ausgehend von den Annahmebedingungen - weitere Argumente finden und, falls er dies für notwendig erachtet, zusätzliche Argumente suchen. Entsprechend könnten wir zwei Regeln formulieren:

Regel 2: Der Sozialwissenschaftler sollte versuchen zu ermitteln, unter welchen Bedingungen Werturteile akzeptiert oder abgelehnt werden, d.h. die *Annahmebedingungen* sollen ermittelt werden.

Regel 3: Der Sozialwissenschaftler sollte prüfen, ob es zusätzliche Argumente zu dem zu diskutierenden Werturteil gibt.

Hierzu könnte der Sozialwissenschaftler vorliegende theoretische Aussagen bzw. empirische Untersuchungen heranziehen, die vermutlich zu Ideen über neue Argumente führen.

In unserer fiktiven Debatte wird argumentiert, daß es mit der Würde des Menschen unvereinbar ist, wenn jemand im Rahmen eines Examens an einer Universität geprüft wird. Wir sahen bereits, daß es sich bei dem Postulat „Die Würde des Menschen darf nicht angetastet werden" um eine Leerformel handelt und damit um ein Scheinargument. Ein Sozialwissenschaftler wird vermutlich bei der Lösung von Wertproblemen häufig solchen Scheinargumenten begegnen. Er könnte versuchen, solche Scheinargumente explizit zu formulieren und auch bei öffentlichen Äußerungen zur Sprache bringen.

Regel 4: Der Sozialwissenschaftler sollte prüfen, ob bei der Diskussion eines Werturteils Scheinargumente verwendet werden.

4. Vorgeordnete Probleme

Wir haben zwei Arten praktischer Probleme unterschieden: Maßnahme- und Wertprobleme. Praktiker sind jedoch oft an der Lösung anderer Probleme interessiert. Diese sollen im folgenden kurz diskutiert werden. Wir bezeichnen solche Probleme als „vorgeordnet", da sie normalerweise der erste Schritt für die Lösung bestimmter Maßnahme- oder Wertprobleme sind.

Beschreibungsprobleme. Es geht oft darum, daß bestimmte singuläre Sachverhalte ermittelt werden sollen, z.B.: Wie hoch ist die Kriminalitätsrate in einer Gemeinde? Wie viele Bürger einer Gemeinde wünschen ein neues Schwimmbad? Solche Beschreibungsprobleme werden normalerweise beantwortet, um Maßnahme- oder Wertprobleme zu lösen. So will man die Kriminalitätsrate ermitteln, um zu sehen, inwieweit eine bestimmtes Ziel, nämlich eine relativ niedrige Kriminalitätsrate, erreicht ist. Bei der Frage nach den Wünschen der Bürger könnte es sich darum handeln, Daten für ein Bedarfsargument zu sammeln.

Erklärungsprobleme. Warum stieg die Kriminalitätsrate in der Gemeinde? Vermutlich wird ein Praktiker diese Frage beantworten wollen, um Maßnahmen für die Verminderung der Kriminalität zu ergreifen. Vielleicht ergibt sich auch, daß die Veränderung der Kriminalitätsrate durch bestimmte Sachverhalte - etwa Verminderung des Budgets für Sicherheit - bedingt wurde. In diesem Falle wäre die Lösung des Erklärungsproblems als ein Wirkungsargument verwendbar.

Prognoseprobleme. Wird die Kriminalitätsrate steigen? Vermutlich wird das Ziel bei der Beantwortung dieser Frage sein, Maßnahmen zu ergreifen, um ein Ansteigen der Kriminalität zu verhindern. Vielleicht handelt es sich auch um eine Frage im Rahmen eines Wirkungsargumentes für ein Wertproblem.

Wir sehen, daß Praktiker und Wissenschaftler oft an denselben Problemen interessiert sind. Praktiker werden Lösungen dieser Probleme jedoch für die Lösung von Maßnahme- und Wertproblemen verwenden.

5. Inwieweit sind die Sozialwissenschaften für die Lösung praktischer Probleme überhaupt geeignet?

Es wird sicherlich Sozialwissenschaftler geben, die der Meinung sind, daß die Sozialwissenschaften noch nicht reif sind, um Praktikern bei der Lösung ihrer Probleme zu helfen. Wir glauben, daß diese Meinung falsch ist.

Es kann kein Zweifel daran bestehen, daß die Sozialwissenschaften für die *Ermittlung von Sachverhalten* brauchbare Instrumente besitzen: Wir meinen die Methoden der empirischen

Sozialforschung. Ohne die Hilfe von Sozialwissenschaftlern bleibt Praktikern nichts anderes übrig, als über die Häufigkeit oder Verbreitung konkreter Sachverhalte - Kriminalität, politische und andere Einstellungen etc. - zu spekulieren.

Umstrittener ist, inwieweit die Sozialwissenschaften über brauchbare Theorien verfügen. Hier ist zunächst darauf hinzuweisen, daß es für spezielle Bereiche - etwa zur Erklärung von Kriminalität - relativ gut bestätigte Theorien gibt. Was allgemeine Theorien betrifft, ist die Theorie rationalen Handelns gegenwärtig die brauchbarste sozialwissenschaftliche Theorie, die soziales Handeln generell erklären kann und die sich relativ gut bewährt hat.[152]

Für die Beurteilung der Brauchbarkeit sozialwissenschaftlicher Theorien ist von Bedeutung, inwieweit die Hypothesen von Praktikern sozialwissenschaftlichen Hypothesen überlegen sind. Normalerweise verweisen Praktiker auf ihre „Lebenserfahrung". Das Problem ist, daß unklar ist, wie diese Lebenserfahrung gewonnen wurde. Wenn also bestätigte sozialwissenschaftliche Theorien vorliegen, dann sind diese der Lebenserfahrung von Praktikern vorzuziehen, falls sich beide widersprechen.

Sicherlich wird es vorkommen, daß für bestimmte praktische Probleme keine brauchbaren sozialwissenschaftlichen Theorien vorliegen. In diesem Falle bleibt nichts anderes übrig, als sich auf die Alltagserfahrungen der Praktiker zu verlassen oder am besten neue sozialwissenschaftliche Theorien zu entwickeln und empirisch zu prüfen, die dann später angewendet werden können.

Wir sahen früher, daß selbst bei brauchbaren sozialwissenschaftlichen Theorien Voraussagen mit einer Vielzahl von Problemen behaftet sind. Soweit also für die Lösung von Maßnahme- und Wertproblemen Voraussagen erforderlich sind, sollte der Sozialwissenschaftler zurückhaltend sein.

6. Die „interpretative" Alternative

Ein zentrales Argument unserer bisherigen Überlegungen war, daß bei der Lösung von Maßnahme- und Wertproblemen Theorien erforderlich sind. Diese Position ist für Vertreter einer interpretativen oder hermeneutisch orientierten Sozialwissenschaft anscheinend nicht akzeptabel. Wie genau gehen diese Wissenschaftler vor? U. Beck und W. Bonß (1989) vertreten einen solchen Ansatz und grenzen ihn von dem Ansatz der „empirisch-analytischen Soziologie" (S. 13) ab. Drei Fragen sind von Interesse: Welches sind die Schwächen des „empirisch-analytischen" Ansatzes? Wie genau lautet der von Beck und Bonß vertretene alternative, „bessere" Ansatz? Welche Argumente sprechen für und gegen den einen oder anderen Ansatz? Wir wollen auf diese Fragen kurz eingehen.

Bei der Kritik des von Beck und Bonß abgelehnten Ansatzes erstaunt zunächst, daß Beck und Bonß dem Leser ein Zerrbild dieses Ansatzes vermitteln, ohne sich auch nur in einem einzigen Zitat auf die Hauptvertreter dieses Ansatzes zu beziehen. So wird diesem Ansatz u.a. unterstellt, er gehe von folgender These aus: „Wissenschaft ist allen anderen Wissensformen überlegen" (S. 12). Welcher Vertreter des Kritischen Rationalismus vertritt diese These? Aus unseren vorangegangenen Ausführungen geht lediglich hervor, daß es vernünftig ist anzunehmen, daß wissenschaftliche Hypothesen dann, wenn sie streng geprüft wurden und sich dabei bewährt haben, anderen, alternativen Hypothesen überlegen sind. Ist diese Annahme unvernünftig? Auf die zentrale These, daß Gesetzesaussagen sowohl bei der Lösung von Maßnahmeproblemen als auch bei der Lösung von Wertproblemen sinnvollerweise angewendet wer-

---

[152] Vgl. zu dieser Theorie die Literaturhinweise in Kapitel III, Abschnitt 26, Anmerkung 30.

den können, gehen die Autoren nicht ein. Eines ihrer Argumente gegen den hier vertretenen Ansatz ist, daß in der beschriebenen Weise in der Praxis Probleme nicht gelöst werden, ohne dies allerdings im einzelnen belegen. Aber selbst wenn diese These zutrifft, dann spricht dies überhaupt nicht gegen die Fruchtbarkeit des hier vertretenen Ansatzes. Es wäre ja denkbar, daß die systematische Anwendung der hier vertretenen Vorgehensweise bei der Lösung praktischer Probleme zu weit brauchbareren Ergebnissen führt als andere, in der Praxis verwendete Arten von Problemlösungen. Die beiden Autoren bieten also weder eine auch nur ansatzweise zutreffende Darstellung, geschweige denn eine detaillierte Kritik des von ihnen abgelehnten Ansatzes.

Dies schließt aber nicht aus, daß sie selbst vielleicht eine brauchbare Alternative vertreten. Diese wird u.a. wie folgt zusammengefaßt (S. 11):

„Die Art der Verwendung wiederum vollzieht sich nicht maschinell-technisch, sondern immer und notwendig in Form von langen, meist örtlich, zeitlich und sozial versetzten Interpretationsprozessen, im Wechsel zwischen Sprachformen, in einer aktiven, die Ergebnisse im Horizont praktischer Erwartungen und Erfahrungen über viele Instanzen und längere Zeiträume neu deutenden und nach eigenen Regeln herstellenden „Umgangsform". Verwendung ist also nicht „Anwendung", sondern ein aktives *Mit-* und *Neu*produzieren der Ergebnisse, die gerade dadurch den Charakter von „Ergebnissen" verlieren und im Handlungs-, Sprach-, Erwartungs- und Wertkontext des jeweiligen Praxiszusammenhangs nach immanenten Regeln in ihrer praktischen Relevanz überhaupt erst geschaffen werden."

Klar ist, daß die Lösung praktischer Probleme nicht darin besteht, Gesetzesaussagen oder empirische Forschungsergebnisse anzuwenden.[153] Wie aber geht man genau vor, wenn man die Sozialwissenschaften „anwenden" will in Form eines Deutungs- oder Interpretationsprozesses? Angenommen, der Leser sei von unseren vorangegangenen Ausführungen wenig überzeugt und suche eine Alternative. Er habe Sympathien mit einem hermeneutischen Ansatz und möchte diesen zur Lösung praktischer Probleme anwenden. Welche konkreten Hinweise können ihm die Ausführungen der beiden Autoren geben? Soll der Leser dem vorangegangenen Zitat entnehmen, daß er keinerlei Theorien oder empirische Forschungsergebnisse in den „Interpretationsprozeß" einbringen soll? Wenn Praktiker einen Wissenschaftler bei der Lösung eines Problems hinzuziehen, dann erwarten sie von ihm, daß er die Ergebnisse seiner Disziplin anwendet. Wie konkret soll der Leser vorgehen, wenn z.B. Maßnahmen zur Kriminalitätsbekämpfung anstehen? Wird er keine Theorie oder Forschungsergebnisse anwenden, wenn die Erhöhung der Strafen zur Debatte steht? Wenn dies alles nicht geschehen soll: Wozu sollten dann Praktiker überhaupt Sozialwissenschaftler für eine Problemlösung hinzuziehen? Es wäre wünschenswert, wenn die interpretative Alternative zu der hier skizzierten Vorgehensweise einmal so weit geklärt wird, daß man sie überhaupt diskutieren kann.

7. Aufklärung oder Sozialtechnologie?

Angenommen, wir besitzen gut bewährte sozialwissenschaftliche Theorien, die es erlauben, eine Vielzahl von praktischen Problemen einer Lösung näherzubringen. Wir hätten dann zwar

---

[153] Dies wird noch einmal deutlich auf S. 25-26 gesagt: „Verwenden im Fall der Sozialwissenschaft heißt: lesen, miteinander sprechen, aufschreiben, publizieren, unterschlagen, argumentieren, erklären, zurückweisen, zur Kenntnis nehmen, vergessen, sich zu eigen machen."

- so könnte argumentiert werden - ein verwendbares technologisches Wissen. Auf der Strecke bleibt jedoch ein grundlegendes Ziel, das viele Sozialwissenschaftler für zentral halten: Aufklärung. Es scheint also ein Zielkonflikt zu bestehen: Entweder entwickeln wir eine Sozialwissenschaft, die eine gute Sozialtechnologie ergibt, oder wir entwickeln eine Sozialwissenschaft, deren Leistung in der Aufklärung der Menschen liegt.

Bevor man diese Frage diskutiert, ist es sinnvoll zu präzisieren, was genau unter „Aufklärung" zu verstehen ist. Sicherlich gehört hierzu die Korrektur von Vorurteilen, d.h. die empirische Überprüfung von Alltagstheorien und ggf. deren Korrektur. Zweitens gehört aber zur Aufklärung auch die Einsicht in Zusammenhänge, über die keine oder nur sehr rudimentäre Alltagstheorien existieren. Hierzu gehört die Erklärung der Funktionsweise moderner kapitalistischer oder auch kommunistischer Gesellschaften. So werden Anhänger von Karl Marx seinen Überlegungen einen hohen Aufklärungswert zusprechen, weil er Einsichten in die Funktionsweise von kapitalistischen Gesellschaften vermittelt hat - wenn auch viele dieser Einsichten, etwa über die Wirkungen von Privat- und Kollektiveigentum, heute als widerlegt gelten. Schließlich könnte man von „Aufklärung" auch dann sprechen, wenn man zeigen kann, daß bestimmte Maßnahmen oder die Realisierung bestimmter Werte unerwartete und unerwünschte (oder erwünschte) Wirkungen hat.

Wenn man Aufklärung in dieser Weise versteht, dann ist die Konsequenz: Ein gut entwickeltes Instrumentarium der empirischen Sozialforschung und zutreffende, informative sozialwissenschaftliche Theorien leisten beides: eine gute Sozialtechnologie *und* eine wirksame Aufklärung. Das, was vorher als „Aufklärung" bezeichnet wurde, besteht zum einen aus deskriptiven (d.h. singulären) Sätzen, z.B. Alltagsvorstellungen über Ausländer, Kriminelle etc. Wie kann man die Richtigkeit solcher Vorstellungen überprüfen, ohne über zuverlässige Methoden der empirischen Sozialforschung zu verfügen?

Wenn gesellschaftliche „Aufklärung" aus der Einsicht in gesellschaftliche Zusammenhänge besteht, dann benötigt man gut geprüfte theoretische Aussagen. Wie will man z.B. die Wirkungen von Privat- und Kollektiveigentum ermitteln, wenn man nicht gut geprüfte Theorien anwendet? Die Ideen von Karl Marx über die Wirkungen von Privateigentum und Kollektiveigentum waren grundfalsch, weil eben die von ihm stillschweigend angewendeten Thesen über das Verhalten von Menschen falsch waren. Dies zeigt: „Aufklärung" im zuletzt genannten Sinne setzt gut bewährte und informative Theorien voraus. Eine entwickelte empirisch-theoretische Sozialwissenschaft leistet also wirksame Sozialtechnologie und Aufklärung.

Literaturverzeichnis

Theodore **Abel**, The Operation Called Verstehen, in: Hans Albert, Hrsg., Theorie und Realität. Ausgewählte Aufsätze zur Wissenschaftslehre der Sozialwissenschaften, Tübingen 1964, S. 177-188.

Peter **Achinstein**, Law and Explanation. An Essay in the Philosophy of Science, Oxford 1971.

Robert **Ackermann**, Nondeductive Inference, New York 1966.

Theodor W. **Adorno**, Hans Albert u.a., Der Positivismusstreit in der deutschen Soziologie, Neuwied und Berlin 1969.

Joseph **Agassi**, Epistemology as an Aid to Science: Comments on Dr. Buchdahl's Paper, in: The British Journal for the Philosophy of Science 1959, Bd. 10, S. 135-146.

Hans **Albert**, Das Werturteilsproblem im Lichte der logischen Analyse, in: Zeitschrift für die gesamte Staatswissenschaft 1956, Bd. 112, S. 410-439.

Hans **Albert**, Wissenschaft und Politik. Zum Problem der Anwendung einer wertfreien Sozialwissenschaft, in: Ernst Topitsch, Hrsg., Probleme der Wissenschaftstheorie. Festschrift für Viktor Kraft, Wien 1960, S. 201-232.

Hans **Albert**, Ethik und Metaethik. Das Dilemma der analytischen Moralphilosophie, in: Archiv für Philosophie 1961, Bd. 11, S. 28-63, wieder abgedruckt in: H. Albert und E. Topitsch, Hrsg., Werturteilsstreit, Darmstadt 1971, S. 472-517.

Hans **Albert**, Probleme der Theorienbildung. Entwicklung, Struktur und Anwendung sozialwissenschaftlicher Theorien, in: Hans Albert, Hrsg., Theorie und Realität. Ausgewählte Aufsätze zur Wissenschaftslehre der Sozialwissenschaften, Tübingen 1964, S. 3-72.

Hans **Albert**, Wertfreiheit als methodisches Prinzip. Zur Frage der Notwendigkeit einer normativen Sozialwissenschaft, in: Erwin von Beckerath, Herbert Giersch, Hrsg., Probleme der normativen Ökonomik und der wirtschaftspolitischen Beratung, Berlin 1963, S. 32-63, wieder abgedruckt in: Ernst Topitsch, Hrsg., Logik der Sozialwissenschaften, Köln und Berlin 1965, S. 183-110.

Hans **Albert**, Theorie und Prognose in den Sozialwissenschaften, in: Schweizerische Zeitschrift für Volkswirtschaft und Statistik 1957, Bd. 93, S. 60-73, wieder abgedruckt in: Ernst Topitsch, Hrsg., Logik der Sozialwissenschaften, Köln und Berlin 1965, S. 126-143.

Hans **Albert**, Sozialwissenschaft und politische Praxis. Bemerkungen zu Lompes Analyse des Problems der wissenschaftlichen Beratung der Politik, in: Archiv für Rechts- und Sozialphilosophie 1968, Bd. LIV, S. 247-277.

Hans **Albert**, Der Mythos der totalen Vernunft. Dialektische Ansprüche im Lichte undialektischer Kritik, in: Theodor W. Adorno, Hans Albert u.a., Der Positivismusstreit in der deutschen Soziologie, Neuwied und Berlin 1969, S. 197-199.

Hans **Albert**, Normative Sozialwissenschaft und politische Rationalität, in: Archiv für Rechts- und Sozialphilosophie 1969b, Bd. LIV, S. 567-582.

Hans **Albert**, Traktat über rationale Praxis, Tübingen 1978.

Hans **Albert**, Traktat über kritische Vernunft, 5. Aufl. Tübingen 1991.

Hans **Albert**, Kritik der reinen Hermeneutik, Tübingen 1994.

Hans **Albert** und Ernst Topitsch, Hrsg., Werturteilsstreit, Darmstadt 1971.

Max **Albert**, „Unrealistische Annahmen" und empirische Prüfung. Methodologische Probleme der Ökonomie am Beispiel der Außenhandelstheorie, in: Zeitschrift für Wirtschafts- und Sozialwissenschaften 1996, Bd. 116, S. 451-486.

Layman E. **Allen**, Wff'n Proof. The Game of Modern Logic, New Haven, Conn., 1962.

Harry **Alpert**, Operational Definitions in Sociology, in: American Sociological Review 1938, Bd. 3, S. 855-861.

Bo **Anderson**, Some Notes on Operationism and the Concept of Validity, in: Acta Sociologica 1957, Bd. 2, S. 202-213.

Jean-Louis **Arni**, Die Kontroverse um die Realitätsnähe der Annahmen in der Oekonomie, Grüsch 1989.

Solomon E. **Asch**, Effects of Group Pressure upon the Modification and Distortion of Judgements, in: Dorwin Cartwright, Alvin Zander, Hrsg., Group Dynamics. Research and Theory, 2. Aufl. 1960, S. 189-201.

Ulrich **Beck** und Wolfgang Bonß, Verwissenschaftlichung ohne Aufklärung? Zum Strukturwandel von Sozialwissenschaft und Praxis, in: U. Beck und W. Bonß, Hrsg., Weder Sozialtechnologie noch Aufklärung? Analysen zur Verwendung sozialwissenschaftlichen Wissens, Frankfurt 1989, S. 7-45.

Emile **Benoit-Smullyan**, Status, Status Types, and Status Interrelations, in: American Sociological Review 1944, Bd. 9, S. 151-161.

Bernard **Berelson**, Gary A. Steiner, Human Behavior. An Inventory of Scientific Findings, New York, Chicago und Burlingame 1964.

Jan **Berg**, Remarks on Empirical Semantics, in: Inquiry 1968, Bd. 11, S. 227-243.

Gustav **Bergmann**, Kenneth W. Spence, Operationism and Theory in Psychology, in: Psychological Review 1941, Bd. 48, S. 1-14.

Gustav **Bergmann**, Philosophy of Science, Madison und London 1957.

Gustav **Bergmann**, Sinn und Unsinn des Operationalismus, in: Ernst Topitsch, Hrsg., Logik der Sozialwissenschaften, Köln und Berlin 1965, S. 104-112 (der Aufsatz erschien zuerst 1954).

Dieter **Birnbacher** und Norbert Hoerster, Hrsg., Texte zur Ethik, München 1976.

Max **Black**, Vagueness. An Exercise in Logical Analysis, in: Philosophy of Science 1937, Bd. 4, S. 427-455.

Mark **Blaug**, The Methodology of Economics, 2. Aufl. Cambridge 1992.

Alfred **Bohnen**, Zur Kritik des modernen Empirismus. Beobachtungssprache, Beobachtungstatsachen und Theorien, in: Hans Albert, Hrsg., Theorie und Realität, 2. Aufl. Tübingen 1972, S. 171-190.

Alfred **Bohnen**, Individualismus und Gesellschaftstheorie. Eine Betrachtung zu zwei rivalisierenden soziologischen Erkenntnisprogrammen, Tübingen 1975.

Alfred **Bohnen**, Handlungsprinzipien oder Systemgesetze, Tübingen 2000.

May **Brodbeck**, Models, Meaning, and Theory, in: L. Gross, Hrsg., Symposium on Sociological Theory, New York, Evanston und London 1959, S. 373-403.

Roger **Brown**, Words and Things. An Introduction to Language. New York 1958.

Roger C. **Buck**, Reflexive Predictions, in: Philosophy of Science 1963, Bd. 30, S. 359-369.

Rudolf **Carnap**, Testability and Meaning, in: Philosophy of Science 1936, Bd. 3, S. 419-471.

Rudolf **Carnap**, Meaning and Synonymy in Natural Languages, abgedruckt in: Meaning and Necessity, 2. Aufl. Chicago und London 1956, S 233-247.

Rudolf **Carnap**, Meaning and Necessity, 2. Aufl. Chicago und London 1956b.

Rudolf **Carnap**, Einführung in die symbolische Logik, 2. Aufl. Wien 1960.

Rudolf **Carnap**, Logical Foundations of Probability, 2. Aufl. London 1962.

Rudolf **Carnap**, Einführung in die Philosophie der Naturwissenschaft, München 1969.

Rudolf **Carnap** und Wolfgang Stegmüller, Induktive Logik und Wahrscheinlichkeit, Wien 1958.

Dorwin **Cartwright** und Frank Harary, Structural Balance: A Generalization of Heider's Theory, in: Psychological Review 1956, Bd. 63, S. 277-293.

Stephen **Cole** und Harriet Zuckerman, Inventory of Empirical and Theoretical Studies of Anomie, in: Marshall B. Clinard, Hrsg., Anomie and Deviant Behavior. A Discussion and Critique, Glencoe, Ill., 1964, S. 243-311.

James S. **Coleman**, Introduction to Mathematical Sociology, New York und London 1964.

James S. **Coleman**, Foundations of Social Theory, Cambridge, Mass., and London 1990 (liegt auch in deutscher Übersetzung vor).

James S. **Coleman**, Elihu Katz, Herbert Menzel, Medical Innovation. A Diffusion Study, Indianapolis, New York und Kansas City 1966, S. 422-440.

Ralf **Dahrendorf**, Homo Sociologicus, 10. Aufl. Opladen 1971.

Kingsley **Davis** und Wilbert E. Moore, Some Principles of Stratification, in: American Sociological Review 1945, Bd. 10.

Gert **Degenkolbe**, Über logische Struktur und gesellschaftliche Funktionen von Leerformeln, in: Kölner Zeitschrift für Soziologie und Sozialpsychologie 1965, Bd. 17, S. 327-338.

Andreas **Diekmann** und Karl-Dieter Opp, Anomie und Prozesse der Kriminalitätsentwicklung, in: Zeitschrift für Soziologie 1979, Bd. 30, S. 330-343.

Stuart Carter **Dodd**, Operational Definitions Operationally Defined, in: American Journal of Sociology 1942/43, Bd. 48, S. 482-489.

Patrick **Doreian**, Mathematics and the Study of Social Relations, London 1970.

Émile **Durkheim**, Le suicide, Paris 1897.

David **Easton**, A Systems Analysis of Political Life, New York, London und Sydney 1965.

Friedrich **Engels**, Die Geschichte des Sozialismus von der Utopie zur Wissenschaft (zuerst 1882), in: Iring Fetscher, Hrsg., Karl Marx - Friedrich Engels. Studienausgabe in 4 Bänden, Band I, Frankfurt 1966, S. 145-182.

Hartmut **Esser**, Soziale Differenzierung als ungeplante Folge absichtsvollen Handelns: Der Fall der ethnischen Segmentation, in: Zeitschrift für Soziologie 1985, Bd. 14, S. 435-449.

Hartmut **Esser**, Alltagshandeln und Verstehen, Tübingen 1991.

Hartmut **Esser**, Soziologie. Allgemeine Grundlagen, Frankfurt 1993.

Wilhelm K. **Essler**, Induktive Logik. Grundlagen und Voraussetzungen, Freiburg und München 1970.

Wilhelm K. **Essler**, Wissenschaftstheorie I. Definition und Reduktion, München 1970b.

Wilhelm K. **Essler**, Wissenschaftstheorie III. Wahrscheinlichkeit und Induktion, Freiburg und München 1973.

Herbert **Feigl**, Operationism and Scientific Method, in: Psychological Review 1945, Bd. 52, S. 250-259.

Herbert **Feigl**, May Brodbeck, Hrsg., Readings in the Philosophy of Science, New York 1953.

Herbert **Feigl**, Wilfried Sellars, Hrsg., Readings in Philosophical Analysis, New York 1949.

Christian von **Ferber**, Der Werturteilsstreit 1909/1959, in: Ernst Topitsch, Hrsg., Logik der Sozialwissenschaften, Köln und Berlin 1965.

Leon **Festinger**, A Theory of Cognitive Dissonance, Stanford: Stanford University Press 1957.

Paul K. **Feyerabend**, Über konservative Züge in den Wissenschaften, insbesondere in der Quantentheorie, und ihre Beseitigung, in: Gerhard Szczesny, Hrsg., Club Voltaire 1, Jahrbuch für kritische Aufklärung, 2. Aufl. München 1964, S. 280-294.

J.A. **Fodor**, J.J. Katz, Hrsg., The Structure of Language. Readings in the Philosophy of Language, Englewood Cliffs, N.J., 1964.

Bruno S. **Frey**, Ökonomie ist Sozialwissenschaft. Die Anwendung der Ökonomie auf neue Gebiete. München 1990.

Bruno S. **Frey** und Reiner Eichenberger, Anomalies in Political Economy, in: Public Choice. 1991, Bd. 68, S. 71-89.

Bruno S. **Frey**, Economics as a Science of Human Behaviour. Towards a New Social Science Paradigm, Boston 1999 (Neue Version von Frey 1990).

Milton **Friedman**, The Methodology of Positive Economics, in: Friedman, Essays in Positive Economics, Chicago 1953, S. 3-43.

Volker **Gadenne**, Theorie und Erfahrung in der psychologischen Forschung, Tübingen 1984.

Barney **Glaser**, Anselm Strauss, Discovery of Substantive Theory. A Basic Strategy Underlying Qualitative Research, in: American Behavioral Scientist 1965, Bd. 8, Heft 6, S. 5-12.

Barney **Glaser**, Anselm Strauss, The Discovery of Grounded Theory. Strategies for Qualitative Research, Chicago 1967.

Nelson **Goodman**, The Structure of Appearance, 2. Aufl. Indianapolis 1966.

Nelson **Goodman**, Fact, Fiction, Forecast, 3. Aufl. Indianapolis, New York und Kansas City 1973.

Kurt **Grelling** und Paul Oppenheim, Der Gestaltbegriff im Lichte der neuen Logik, in: Erkenntnis 1937/38, S. 211-225 und S. 357-359.

Günther **Grewendorf** und Georg Meggle, Hrsg., Seminar: Sprache und Ethik. Zur Entwicklung der Metaethik, Frankfurt 1974.

Norbert **Groeben**, Hans Westmeyer, Kriterien psychologischer Forschung, München 1975.

Adolf **Grünbaum**, Historical Determinism, Social Activism, and Predictions in the Social Sciences, in: The British Journal for the Philosophy of Science 1956, Bd. 7, S. 236-240.

Louis **Guttmann**, The Problem of Attitude and Opinion Measurement, in: Samuel A. Stouffer u.a., Measurement and Prediction, New York 1950, S. 46-59.

Jürgen **Habermas**, Analytische Wissenschaftstheorie und Dialektik. Ein Nachtrag zur Kontroverse zwischen Popper und Adorno, abgedruckt in: Theodor W. Adorno, Hans Albert u.a., Der Positivismusstreit in der deutschen Soziologie, Neuwied und Berlin 1969, S. 155-192.

Jürgen **Habermas**, Zur Logik der Sozialwissenschaften, Frankfurt 1970.

Erich **Hahn**, Historischer Materialismus und marxistische Soziologie, Berlin-Ost 1968.

Joseph F. **Hanna**, An Explication of „Explication", in: Philosophy of Science 1968, Bd. 35, S. 28-44.

Heinz **Heckhausen**, Motivation und Handeln, 2. Auflage Berlin 1989.

Christof **Helberger**, Marxismus als Methode. Wissenschaftstheoretische Untersuchungen zur Methode der marxistischen politischen Ökonomie, Frankfurt 1974.

Carl G. **Hempel**, Some Theses on Empirical Certainty, in: The Review of Metaphysics 1952, Bd. 5, S. 621-622.

Carl G. **Hempel**, Fundamentals of Concept Formation in Empirical Science, Chicago 1952 (deutsch 1974).

Carl G. **Hempel**, Typologische Methoden in den Sozialwissenschaften, in: Ernst Topitsch, Hrsg., Logik der Sozialwissenschaften, Köln und Berlin 1965, S. 85-104.

Carl G. **Hempel**, Aspects of Scientific Explanation, New York und London 1965 (b) (liegt auch in deutscher Übersetzung vor).

Carl G. **Hempel**, The Logic of Functional Analysis, in: Carl G. Hempel, Aspects of Scientific Explanation, New York und London 1965c.

Carl G. **Hempel**, Paul Oppenheim, Der Typusbegriff im Lichte der neuen Logik, Leiden 1936.

Carl G. **Hempel** und Paul Oppenheim, Studies in the Logic of Explanation, in: Philosophy of Science 1948, Bd. 15, S. 135-175.

Carl G. **Hempel**, Aspekte wissenschaftlicher Erklärung, Berlin 1977 (Übersetzung eines Teils von Hempel 1965).

Friso D. **Heyt**, Karl-Dieter Opp, Zur Integration von Theorie und Forschung in der Soziologie abweichenden Verhaltens. Eine Integrationsstrategie und ihre Anwendung auf die Anomietheorie, in: Mens en Maatschappij 1968, Bd. 43, S. 72-99.

Herbert **Hochberg**, Dispositional Properties, in: Philosophy of Science 1967, Bd. 34, S. 1-17.

Norbert **Hoerster**, Zum Problem der Ableitung eines Sollens aus einem Sein in der analytischen Moralphilosophie, in: Archiv für Rechts- und Sozialphilosophie 1969, Bd. 55, S. 11-37.

Peter R. **Hofstätter**, Gruppendynamik. Kritik der Massenpsychologie, Reinbek 1957.

George C. **Homans**, Theorie der menschlichen Gruppe, Köln und Opladen 1960.

George C. **Homans**, Social Behaviour. Its Elementary Forms, London 1961 (neue Auflage 1974; das Buch liegt auch in deutscher Übersetzung vor).

Hans J. **Hummell**, Psychologische Ansätze zu einer Theorie sozialen Verhaltens, in: René König, Hrsg., Handbuch der empirischen Sozialforschung, Bd. 2, Stuttgart 1969, S. 1157-1277.

Hans J. **Hummell**, Probleme der Mehrebenenanalyse, Stuttgart 1972.

Hans J. **Hummell** und Karl-Dieter Opp, Die Reduzierbarkeit von Soziologie auf Psychologie. Eine These, ihr Test und ihre theoretische Bedeutung, Braunschweig 1971.

Mary R. **Jackman**, Robert W. Jackman, An Interpretation of the Relation between Objective and Subjective Social Status, in: American Sociological Review 1973, Bd. 38, S. 569-582.

Dorothea **Jansen**, Einführung in die Netzwerkanalyse, Opladen 1999.

Otto **Jespersen**, Language. Its Nature, Development, and Origin, London 1922.

John G. **Kemeny**, J. Laurie Snell, Gerald L. Thompson, Introduction to Finite Mathematics, 2. Aufl., Englewood Cliffs, N.J. 1966.

Herbert **Keuth**, Wissenschaft und Werturteil. Zu Werturteilsdiskussion und Positivismusstreit, Tübingen 1989.

John W. **Kinch**, A Formalized Theory of the Self-Concept, abgedruckt in: Jerome G. Manis, Bernhard N. Meltzer, Symbolic Interaction. A Reader in Social Psychology, 2. Aufl. Boston 1972, S. 245-252.

Gebhard **Kirchgässner**, Homo Oeconomicus. Das ökonomische Modell individuellen Verhaltens und seine Anwendung in den Wirtschafts- und Sozialwissenschaften, Tübingen 1991, 2. Auflage 2000.

Gabor **Kiss**, Marxismus als Soziologie, Reinbek 1971.

Dudley **Knowles**, Hrsg., Explanation and Its Limits, Cambridge 1990.

Henrik **Kreutz**, Der prognostische Wert von subjektiven Erwartungen, Zielen und Plänen, in: Angewandte Sozialforschung 1969, Heft 3/4, S. 206-247.

Thomas S. **Kuhn**, Die Struktur wissenschaftlicher Revolutionen, Frankfurt 1967.

Volker **Kunz**, Theorie rationalen Handelns. Konzepte und Anwendungsprobleme, Opladen: Leske + Budrich 1997.

Franz von **Kutschera**, Alfred Breitkopf, Einführung in die moderne Logik, München 1971.

Franz von **Kutschera**, Wissenschaftstheorie I. Grundzüge der allgemeinen Methodologie der empirischen Wissenschaften, München 1972.

Franz von **Kutschera**, Einführung in die Logik der Normen, Werte und Entscheidungen, München 1973.

Franz von **Kutschera**, Alfred Breitkopf, Einführung in die moderne Logik, Freiburg und München 1971.

Imre **Lakatos**, Hrsg., The Problem of Inductive Logic, Amsterdam 1968.

Imre **Lakatos**, Falsification and the Methodology of Scientific Research Programmes, in: Imre Lakatos, Alan Musgrave, Hrsg., Criticism and the Growth of Knowledge, Cambridge 1970, S. 91-196.

Hans **Lamer**, Hrsg., Wörterbuch der Antike, 4. Aufl. Stuttgart 1956.

Werner S. **Landecker**, Types of Integration and Their Measurement, in: American Journal of Sociology 1950/51, Bd. 56, S. 332-340.

Paul F. **Lazarsfeld**, Qualitative Measurement in the Social Sciences, in: Daniel Lerner, Harald D. Lasswell, Hrsg., The Policy Sciences. Recent Developments in Scope and Method, Stanford 1951, S. 155-192.

Paul **Lazarsfeld**, Problems in Methodology, in: Robert K. Merton, Leonard Broom, Leonard S. Cottrell jun., Hrsg., Sociology Today. Problems and Prospects, New York 1959.

Paul F. **Lazarsfeld** und Herbert Menzel, On the Relation between Individual and Collective Properties, in: Amitai Etzioni, Hrsg., Complex Organizations. A Sociological Reader, New York 1961, S. 421-440.

Paul F. **Lazarsfeld**, Morris Rosenberg, Hrsg., The Language of Social Research, Glencoe, Ill., 1955.

Gerhard **Lenski**, Status Crystallization: A Non-Vertical Dimension of Social Status, in: American Sociological Review 1954, Bd. 19, 5. 405-413.

Wolfgang **Lenzen**, Theorien der Bestätigung wissenschaftlicher Hypothesen, Stuttgart und Bad Cannstatt 1974.

Isaac **Levy**, Gambling with the Truth, New York 1967.

Mark Irving **Lichbach**, Deterrence or Escalation? The Puzzle of Aggregate Studies of Repression and Dissent, in: Journal of Conflict Resolution, Bd. 31, S. 266-297.

Christa **Lindner-Braun**, Soziologie des Selbstmords, Opladen 1990.

Daniel **Little**, Varieties of Social Explanation. An Introduction to the Philosophy of Social Science. Boulder 1991.

George A. **Lundberg**, Operational Definitions in the Social Sciences, in: American Journal of Sociology 1941/42, Bd. 47, S. 727-743.

Edward H. **Madden**, Definition and Reduction, in: Philosophy of Science 1961, Bd. 38, S. 390-405.

Andrzej **Malewski**, Der empirische Gehalt der Theorie des historischen Materialismus, in: Kölner Zeitschrift für Soziologie und Sozialpsychologie 1959, Bd. 11, S. 281-305.

Klaus **Manhart**, Strukturalistische Theorienkonzeption in den Sozialwissenschaften. Das Beispiel der Theorie vom transitiven Graphen, in: Zeitschrift für Soziologie 1994, Bd. 23, S. 11-28.

Gerald **Marwell** und Pamela Oliver, The Critical Mass in Collective Action, Cambridge 1993.

Tom **Mayer**, Analytical Marxism, Thousand Oaks 1994.

Renate **Mayntz**, Soziologie der Organisation, Reinbek 1974.

David C. **McClelland**, The Achieving Society, Princeton, N.J., 1961.

Richard B. **McKenzie**, Gordon Tullock, The New World of Economics, Homewood, Ill., 1978.

Richard B. **McKenzie**, und Gordon Tullock, Homo Oeconomicus. Ökonomische Dimensionen des Alltags, Frankfurt am Main 1984. (Deutsche Übersetzung von McKenzie und Tullock 1978.)

Robert K. **Merton**, Social Theory and Social Structure, 2. Aufl. Glencoe, Ill., 1957.

Charles W. **Morris**, Foundations of the Theory of Signs, Chicago 1938 (International Encyclopedia of Unified Science, Bd. 1, Heft 2).

Edward N. **Muller**, Income Inequality, Regime Repressiveness, and Political Violence, in: American Sociological Review 1985, Bd. 50. S. 47-61.

Richard **Münch**, Gesellschaftstheorie und Ideologiekritik, Hamburg 1973.

Alan **Musgrave**, 'Unreal Assumptions' in Economic Theory: The F-Twist Untwisted, in: Kyklos 1981, Bd. 34, S. 377-387.

Alan **Musgrave**, Alltagswissen, Wissenschaft und Skeptizismus, Tübingen 1993.

Stefan A. **Musto**, Marxistische Soziologie - Dogmatik oder Sozialtechnologie? Reflexionen zu Karl-Dieter Opps Aufsatz "Dogmatische Tendenzen in der marxistischen Soziologie", in: Soziale Welt 1973, Bd. 24, S 334-345.

Ernest **Nagel**, The Structure of Science, London 1961.

Ernest **Nagel**, Assumptions in Economic Theory, in: American Economic Review 1963, Papers and Proceedings 52, S. 211-219.

Ernest **Nagel**, Über die Aussage „Das Ganze ist mehr als die Summe seiner Teile", in: Ernst Topitsch, Hrsg., Logik der Sozialwissenschaften, Köln und Berlin 1965, S. 225-235.

Bernhard **Nauck**, Intergenerational Relationships in Families from Turkey and Germany, in: European Journal of Sociology 1989, Bd. 5, S. 251-274.

Douglass C. **North**, Robert Paul Thomas, The Rise of the Western World, A New Economic History, Cambridge 1973.

Douglass C. **North**, Structure and Change in Economic History, New York 1981.

Anthony **Oberschall**, Loosely Structured Collective Conflict: A Theory and an Application, in: Research in Social Movements, Conflicts and Change, Bd. 3, 1980, S. 45-68.

Mancur **Olson**, The Logic of Collective Action, Cambridge 1965 (liegt auch in deutscher Übersetzung vor).

Karl-Dieter **Opp**, Zur Anwendung sozialwissenschaftlicher Theorien für praktisches Handeln, in: Zeitschrift für die gesamte Staatswissenschaft 1967, Bd 123, S. 393-418.

Karl-Dieter **Opp**, Dogmatische Tendenzen in der marxistischen Soziologie, in: Soziale Welt 1972, Bd. 23, S. 374-382.

Karl-Dieter **Opp**, Abweichendes Verhalten und Gesellschaftsstruktur, Neuwied 1974.

Karl-Dieter **Opp**, Marxistische und nichtmarxistische Soziologie: Konkurrierende oder nicht vergleichbare Alternativen?, in: Soziale Welt 1974b, Bd. 25, 5. 258-264.

Karl-Dieter **Opp**, Methodologie der Sozialwissenschaften. Einführung in Probleme ihrer Theorienbildung, 2. Aufl. Reinbek 1976.

Karl-Dieter **Opp**, Individualistische Sozialwissenschaft. Arbeitsweise und Probleme individualistisch und kollektivistisch orientierter Sozialwissenschaften, Stuttgart 1979.

Karl-Dieter **Opp**, Die Entstehung sozialer Normen. Ein Integrationsversuch soziologischer, sozialpsychologischer und ökonomischer Erklärungen, Tübingen 1983.

Karl-Dieter **Opp**, The Individualistic Research Program in Sociology, in: Centripetal Forces in the Sciences, volume II, New York 1988, S. 208-235.

Karl-Dieter **Opp**, Micro-Macro Transitions in Rational Choice Explanations, in: Analyse und Kritik 1992, Bd. 14, S. 143-151.

Karl-Dieter **Opp**, Peter Voß, Christiane Gern, Die volkseigene Revolution, Stuttgart 1993.

Karl-Dieter **Opp**, Repression and Revolutionary Action. East Germany in 1989, in: Rationality and Society 1994, Bd. 6, S. 101-138.

Karl-Dieter **Opp**, Why Do People Vote? The Cognitive Illusion Proposition and Its Test, in: Kyklos 2001, Bd. 54, S. 355-378.

Arthur **Pap**, Reduction Sentences and Open Concepts, in: Methodos 1953, Bd. 5, S. 3-28.

Franz Urban **Pappi**, Hrsg., Methoden der Netzwerkanalyse, München 1987.

Nikos **Passas** und Robert Agnew, The Future of Anomie Theory, Boston 1997.

Rüdiger **Peuckert**, Zur Generalisierbarkeit experimenteller Ergebnisse. Die Erforschung konformen Verhaltens als Beispiel, in: Soziale Welt 1973, Bd.24, S. 394-408.

Rüdiger **Peuckert**, Zum Erkenntniswert empirischer Generalisierungen. Geburtenfolge und konformes Verhalten, in: Zeitschrift für Soziologie 1974, Bd. 3, S. 189-199.

Karl R. **Popper**, The Poverty of Historicism, 2. Aufl. London 1960 (liegt auch in deutscher Übersetzung vor).

Karl R. **Popper**, Die Zielsetzung der Erfahrungswissenschaft, in: Hans Albert, Hrsg., Theorie und Realität. Ausgewählte Aufsätze zur Wissenschaftslehre der Sozialwissenschaften, Tübingen 1964, S. 73-86.

Karl R. **Popper**, Three Views Concerning Human Knowledge, in: Conjectures and Refutations, 2. Aufl. London 1965, S. 97 - 119.

Karl R. **Popper**, Was ist Dialektik?, in: Ernst Topitsch, Hrsg., Logik der Sozialwissenschaften, Köln und Berlin 1965b, S. 262-288.

Karl R. **Popper**, The Open Society and Its Enemies, Bd. 2, 5. Aufl. London 1966.

Karl R. **Popper**, Logik der Forschung, 4. Aufl. 1971.

Karl R. **Popper**, Truth, Rationality, and the Growth of Scientific Knowledge, in: Karl R. Popper, Conjectures and Refutations. The Growth of Scientific Knowledge, 4. Aufl. London 1972, S. 215-250.

Karl R. **Popper**, Objective Knowledge. An Evolutionary Approach, Oxford 1973.

Willard Van Orman **Quine**, Word and Object, Cambridge, Mass., 1960.

Willard Van Orman **Quine**, From a Logical Point of View, 2. Aufl. 1961.

Bernd-Thomas **Ramb**, Manfred Tietzel, Hrsg., Ökonomische Verhaltenstheorie, München 1993.

Werner **Raub** und Thomas Voss, Individuelles Handeln und gesellschaftliche Folgen. Das individualistische Programm in den Sozialwissenschaften. Neuwied 1981.

W. S. **Robinson**, The Logical Structure of Analytic Induction, in: American Sociological Review 1951, Bd. S. 812-818.

John **Roemer**, Analytical Foundations of Marxian Economic Theory, Cambridge 1981.

Peter H. **Rossi**, Howard E. Freeman, Evaluation. A Systematic Approach, 5. Aufl. 1993.

Bertrand **Russell**, Vagueness, in: The Australasian Journal of Psychology and Philosophy 1923, Bd. 1, S. 84-92.

Eike von **Savigny**, Analytische Philosophie, Freiburg und München 1970.

Eike von **Savigny**, Grundkurs im wissenschaftlichen Definieren, 2. Aufl. München 1971.

Eike von **Savigny**, Grundkurs im logischen Schließen. Übungen zum Selbststudium, München 1976.

Karl **Schick**, Aussagenlogik. Eine leicht verständliche Einführung in elementare Probleme der modernen Logik, 2. Aufl. Freiburg, Basel und Wien 1974.

Moritz **Schlick**, Über den Begriff der Ganzheit, in: Ernst Topitsch, Hrsg., Logik der Sozialwissenschaften, Köln und Berlin 1965.

Calvin F. **Schmid**, Verbrechensmorphologie einer Großstadt, in Fritz Sack, René König, Hrsg., Kriminalsoziologie, Frankfurt 1968, S. 121-153 (zuerst in: American Sociological Review 1960, Bd. 25, S. 527-542).

Michael **Schmid**, Leerformeln und Ideologiekritik, Tübingen 1972.

Michael **Schmid**, Theorienvergleich in den Sozialwissenschaften, in : Ethik und Sozialwissenschaften 2001, Jg. 12, S. 481-494.

Leo F. **Schnore**, Community, in: Neil J. Smelser, Hrsg., Sociology. An Introduction, New York, London und Sydney 1967.

John **Scott**, Social Network Analysis. A Handbook, London 1991.

Melvin **Seeman**, On Alienation, in: American Sociological Review 1959, Bd. 24, S. 783-791.

Helmut **Seiffert**, Einführung in die Wissenschaftstheorie 2, München 1971.

Clifford D. **Shearing**, How to Make Theories Untestable: A Guide to Theorists, in: American Sociologist 1973, Bd. 8, S.33-37.

Muzafer **Sherif**, The Psychology of Social Norms, New York 1936.

Claire **Selltiz**, Marie Jahoda, Morton Deutsch, Stuart W. Cook, Research Methods in Social Relations, 2. Aufl. New York 1959.

Herbert A. **Simon**, Bandwagon and Underdog Effects of Election Predictions, in: Public Opinion Quarterly 1954, Bd 18, S. 245-253.

Johannes **Sinnreich**, Hrsg., Zur Philosophie der idealen Sprache, München 1972.

Burrhus Frederic **Skinner**, Are Theories of Learning Necessary?, in: Psychological Review 1950, Bd. 57, S. 193-216.

Helmut F. **Spinner**, Modelle und Experimente, in: Erwin Grochla, Hrsg., Handwörterbuch der Organisation, Stuttgart 1969, S. 1000-1010.

Wolfgang **Stegmüller**, Hauptströmungen der Gegenwartsphilosophie, 3. Aufl. Stuttgart 1966.

Wolfgang **Stegmüller**, Das Wahrheitsproblem und die Idee der Semantik, 2. unv. Aufl., Wien und New York 1968 (zuerst 1957).

Wolfgang **Stegmüller**, Probleme und Resultate der Wissenschaftstheorie und Analytischen Philosophie. Band I, Berlin, Heidelberg und New York 1969.

Wolfgang **Stegmüller**, Metaphysik, Skepsis, Wissenschaft, 2. Aufl. Berlin, Heidelberg und New York 1969b.

Wolfgang **Stegmüller**, Probleme und Resultate der Wissenschaftstheorie und Analytischen Philosophie, Bd. II, Berlin, Heidelberg und New York 1970.

Wolfgang **Stegmüller**, Das Problem der Induktion: Humes Herausforderung und moderne Antworten, in: Hans Lenk, Hrsg., Neue Aspekte der Wissenschaftstheorie, Braunschweig 1971, S. 13-74.

Wolfgang **Stegmüller**, Probleme und Resultate der Wissenschaftstheorie und Analytischen Philosophie, Bd. IV, Berlin, Heidelberg und New York 1973, 1. Halbband.

Wolfgang **Stegmüller**, Probleme und Resultate der Wissenschaftstheorie und Analytischen Philosophie, Bd. II, 2. Halbband, Berlin, Heidelberg und New York 1973b.

Wolfgang **Stegmüller**, Hauptströmungen der Gegenwartsphilosophie, Band II, Stuttgart 1975.

Heinz **Steinert**, Die Prognose kriminellen Verhaltens, in: Angewandte Sozialforschung 1969, Heft 3/4, S. 228-247.

Arthur L. **Stinchcombe**, Constructing Social Theories, New York 1968.

Patrick **Suppes**, Introduction to Logic, Toronto, Princeton und London 1957.

Patrick **Suppes**, A Comparison of the Meaning and Uses of Models in Mathematics and the Empirical Sciences, in: Synthese 1960, Bd. 12, S. 287-301.

Richard G. **Swinburne**, Vagueness, Inexactness, and Imprecision, in: The British Journal for the Philosophy of Science 1969, Bd. 19, S. 281-299.

Alfred **Tarski**, The Semantic Conception of Truth and the Foundations of Semantics, in: Philosophy and Phenomenological Research 1944, Bd. IV, S. 341-376.

Howard F. **Taylor**, Balance in Small Groups, New York 1970.

Manfred **Tietzel**, Eine Anleitung, empirische Hypothesen unwiderlegbar zu machen, S. 3-23 in: K.-D. Freimann, A. E. Ott, Hrsg., Theorie und Empirie in der Wirtschaftsforschung, Tübingen 1988.

Ernst **Topitsch**, Vom Ursprung und Ende der Metaphysik, Wien 1958.

Ernst **Topitsch**, Über Leerformeln. Zur Pragmatik des Sprachgebrauchs in Philosophie und politischer Theorie, in: Ernst Topitsch, Hrsg., Probleme der Wissenschaftstheorie. Festschrift für Viktor Kraft, Wien 1960.

Ernst **Topitsch**, Hrsg., Logik der Sozialwissenschaften, Köln und Berlin 1965.

Ernst **Topitsch**, Sozialphilosophie zwischen Ideologie und Wissenschaft, 2. Aufl. Neuwied und Berlin 1967.

Ralph H. **Turner**, The Quest for Universals in Sociological Research, in: American Sociological Review 1953, Bd. 18, S. 604-611.

Wout **Ultee**, The Practice of Sociology and the Abandonment of Content as a Regulative Idea, in: Zeitschrift für Soziologie 1975, Bd. 4, S. 132-145.

Peter **Urban**, Zur wissenschaftstheoretischen Problematik zeitraumüberwindender Prognosen, Köln 1973.

Viktor **Vanberg**, Die zwei Soziologien, Tübingen 1975.

Hermann **Vetter**, Wahrscheinlichkeit und logischer Spielraum. Eine Untersuchung zur induktiven Logik, Tübingen 1967.

Thomas **Voss** und Martin Abraham, Rational Choice Theory in Sociology: A Survey, S. 50-83 in: S. R. Quah und A. Sales, Hrsg., The International Handbook of Sociology, London 2000.

Friedrich **Waismann**, Verifiability, in: Logic and Language, Bd. 1, Oxford 1952, S. 117-143, deutsch in: Rüdiger Bubner, Hrsg. Sprache und Analyse. Texte zur englischen Philosophie der Gegenwart, Göttingen 1968, S. 154-169.

Erich **Weede**, Some New Evidence on Correlates of Political Violence: Income Inequality, Regime Repressiveness, and Economic Development, in: European Sociological Review, Bd. 3, S. 97-108.

Erich **Weede**, Mensch und Gesellschaft. Soziologie aus der Perspektive des methodologischen Individualismus, Tübingen 1992.

Johannes **Weyer**, Hrsg., Soziale Netzwerke: Konzepte und Methoden der sozialwissenschaftlichen Netzwerkforschung, München 2000.

Gerald James **Whitrow**, The Study of the Philosophy of Science, in: The British Journal for the Philosophy of Science 1956, Bd. 7, S. 189-205.

Jürgen **Wild**, Probleme der theoretischen Deduktion von Prognosen, in: Zeitschrift für die gesamte Staatswissenschaft 1969, Bd. 126, S. 553-575.

Frank P. **Williams** III und Marilyn D. McShane, Criminological Theory, Englewood Cliffs 1994.

Fred **Wilson**, Definition and Discovery (1), in: The British Journal for the Philosophy of Science 1967, Bd. 18, S. 287-303, Teil II in derselben Zeitschrift 1968, Bd. 19, S. 43-56.

Peter **Winch**, Die Idee der Sozialwissenschaft und ihr Verhältnis zur Philosophie, Frankfurt 1966.

Reinhard **Wippler**, Die Entstehung oligarchischer Strukturen in demokratisch verfaßten Organisationen, in: Günter Büschges und Werner Raub, Hrsg., Soziale Bedingungen - Individuelles Handeln - Soziale Konsequenzen, Frankfurt 1985, S. 23-48.

Ulf **Wuggenig**, Eine strukturelle Theorie der Statusinkonsistenz, in: Karl-Dieter Opp, Reinhard Wippler, Hrsg., Empirischer Theorienvergleich, Opladen 1990, S. 37-70.

Hans L. **Zetterberg**, On Theory and Verification in Sociology, 3. Aufl. Totowa, N J., 1965.

Rolf **Ziegler**, Kommunikationsstruktur und Leistung sozialer Systeme, Meisenheim am Glan 1968.

Ekkart **Zimmermann**, Fragen zur Theorie der Statusinkonsistenz: Auf dem Wege zu einer Neuorientierung, in: Zeitschrift für Soziologie 1973, Bd. 2, S. 83-100.

Über den Autor

Karl-Dieter Opp, geboren 1937 in Köln, studierte - nach dem Abitur und einer kaufmännischen Industrielehre - seit 1959 Volks-, Betriebswirtschaftslehre, Wirtschaftspädagogik und Soziologie an der Universität zu Köln. Nach dem Examen 1963 als Diplomhandelslehrer war er bis 1967 wissenschaftlicher Assistent am Forschungsinstitut für Soziologie der Universität zu Köln bei René König. Dort erfolgte 1967 die Promotion mit einer Arbeit über die Ökologie von Kinder- und Jugenddelinquenz. 1967 wechselte er als wissenschaftlicher Assistent an das Seminar für Soziologie der Universität Erlangen-Nürnberg (Nürnberg) zu Karl Gustav Specht. 1970 habilitierte er sich dort mit der Schrift „Soziales Handeln, Rollen und soziale Systeme. Ein Erklärungsversuch sozialen Verhaltens" für das Fach „Soziologie". Von 1971 bis 1993 war er ord. Professor für Soziologie an der Universität Hamburg. Seit 1993 ist er ord. Professor für Soziologie an der Universität Leipzig. 1976/1977 war er „Fellow" am Netherlands Institute for Advanced Study (NIAS) in Wassenaar (Niederlande). 1991/1992 hatte er die Theodor Heuss Professur an der New School for Social Research in New York inne. 1996/97 war er „Visiting Scholar" an der Russell Sage Foundation in New York City. Er hatte verschiedene Gastprofessuren inne und ist im Beirat bzw. „Advisory board" mehrerer Zeitschriften. Er war von 1989 bis 2001 Mitglied des Allbus-Ausschusses des Zentrums für Umfragen und Methoden (Mannheim) und von 1994 bis 1998 Präsident des „Research Committee" „Rational Choice" der International Sociological Association.

Wichtigste Veröffentlichungen: *Bücher:* U.a. Soziales Handeln, Rollen und soziale Systeme (1970), Die Reduzierbarkeit von Soziologie auf Psychologie (1971, mit H.-J. Hummell), Ideologie und Fakten in der Rechtsprechung (1971, mit R. Peuckert), Verhaltenstheoretische Soziologie (1972), Kritik der Soziologie (1973, mit H.-J. Hummell), Soziales Verhalten und soziale Systeme (1973, mit H.-J. Hummell), Abweichendes Verhalten und Gesellschaftsstruktur (1974), Soziologie der Wirtschaftskriminalität (1975), Einführung in die Mehrvariablenanalyse (1976, mit P. Schmidt), Methodologie der Sozialwissenschaften (1. Aufl 1970), Theorie sozialer Krisen (1978), Strafvollzug und Resozialisierung (1979, mit Ko-Autoren), Individualistische Sozialwissenschaft (1979), Die Entstehung sozialer Normen (1983), Soziale Probleme und Protestverhalten (1984, mit Ko-Autoren), The Rationality of Political Protest (1989), Der Tschernobyl-Effekt (1990, mit W. Roehl), Empirischer Theorienvergleich (1990, hrsgg. mit R. Wippler), Social Institutions (1990, hrsgg. mit M. Hechter und R. Wippler), Die volkseigene Revolution (1993, mit P. Voß und C. Gern, Englisch 1995), Social Norms (2001, hrsgg. mit M. Hechter).

Zeitschriftenaufsätze zur soziologischen Theorie, Methodologie der Sozialwissenschaften, Soziologie des abweichenden Verhaltens, Politischen Soziologie u.a. in den Zeitschriften American Sociological Review, Social Forces, American Political Science Review, Journal of Politics, American Journal of Political Science, Rationality and Society, Kyklos, Journal of Theoretical and Institutional Economics, Kölner Zeitschrift für Soziologie und Sozialpsychologie, Zeitschrift für Soziologie, Analyse und Kritik, Soziale Welt, Forschungsjournal Soziale Bewegungen.

Index

A

Abel, Theodore 67, 69, 73, 75, 139
Ableitbarkeitsbeziehung 39
Ableitung 172, 173
Abraham, Martin 90
Achinstein, Peter 37
Ackermann, Robert 56
Adäquatheitsbedingungen für Erklärungen 49
Adorno, Theodor W. 222, 232
Agassi, Joseph 17
Agnew, Robert 206
Albert, Hans 31, 37, 39, 66, 89, 114, 191, 222, 232, 240
Albert, Max 90
Allen, Layman E. 177
Allgemeinheit und Informationsgehalt 148
Allsätze 38
Alpert, Harry 122
Alternative Theorien 191
Analytisch falsche Sätze 145, 183
Analytisch wahre Sätze 144, 165, 183
Anderson, Bo 131
Anfangsbedingungen 47
Annahmen 91
Anomietheorie 184, 187, 193, 206, 220, 235
Anreize, moralische 41
--, soziale 41
Antagonistische Interessen 167
Antezedensbedingungen 47
Anwendung von Sozialwissenschaften 232
Apelt, Marion 14
Argument 173, 241
Argumentausdrücke 20, 22
Arni, Jean-Louis 90
Asch, Solomon E. 160, 161
Aufklärung 18, 232, 249
Ausbeutung 230
Aussage, allgemeine 148
Aussageformen 22
Aussagen - siehe Sätze 19
Aussagenkalkül 145, 171
Autokinetisches Phänomen 159
Axiomatisches System 173
Axiomatisierung 173
Axiome 173

B

Badewanne (bei Mikro-Makro-Erklärungen) 93
Beck, Ulrich 248
Becker, Boris 50
Bedarfsargumente 242
Bedeutung 66, 106
--, denotative 228
--, konnotative 228
Bedeutungsanalysen 112, 113, 120, 136
Begriff 106
Begriffe, Eindeutigkeit 131, 133, 217
--, Klarheit 217
--, Präzision 131, 133, 217
--, theoretische Fruchtbarkeit 135
Begriffsbildung 106
Begriffsexplikation 113
Begriffssysteme 136
Begriffsumfang - siehe Extension
Benoit-Smullyan, Emile 157
Beobachtungen 209
Berelson, Bernard 152
Berger, Roland 88
Bergmann, Gustav 39, 107, 110, 118, 122
Beschreibungsprobleme 247
Bestätigung einer Theorie 196, 208
Bestätigungsrelation 56
Birnbacher, Dieter 240
Birkner, Elisabeth 13
Black, Max 133
Blaug, Mark 90
Bloch, J. 45
Blumer, Herbert 122
Bohnen, Alfred 31, 90
Bonß, Wolfgang 248
Breitkopf, Alfred 20, 118, 174
Breuel, Birgit 88
Brodbeck, May 39, 174, 176
Brückenannahmen 93, 99
--, analytische 93
--, empirische 93
--, Realismus 100
Buck, Roger C. 84
Bundesverfassungsgericht 243

C

Carnap, Rudolf 56, 115, 116, 139, 174, 177, 183
Cartwright, Dorwin 187
Cohen, Morris R. 174
Cole, Stephen 206
Coleman, James S. 31, 61, 90, 93, 152
Computersimulationen 100
Cook, Stuart W. 122
Cressey, Donald R. 184

D

Dahrendorf, Ralf 108, 111
Dann-Komponente 32
--, Informationsgehalt 147
Davis, Kingsley 143
Deduktionstheorem 96
Deduktive Erklärung 46
Deduktiver Schluß 169
Deduktives System 173
Definiendum 108
Definiens 108
--, Unklarheit 112
Definition 106, 108
--, operationale 128
--, Zweckmäßigkeit 109, 135
Definitionen durch Beispiele 112
Definitionen, explizite 110, 117

--, komplexe 119
--, operationale 122
Definitionshierarchie 111
Definitorische Zirkel 111
Degenkolbe, Gert 132, 243
Denotative Bedeutung 132, 228, 229
Designata 106
Deskriptive Sätze 32
Desto-Komponente 33
Deterministische Aussagen 152
Deterministische Gesetzesaussage 39, 52
Deutsch, Morton 122
Dialektik 146
Diekmann, Andreas 206
Dilthey, Wilhelm 66
Dispositionsbegriffe 114, 118, 136
Dissonanz 26
Dodd, Stuart Carter 122
Dogmatisierung 134
Doreian, Patrick 30
Durkheim, Émile 47, 142, 163, 206

E

Easton, David 165
Effektivitätsaussage 245
Eigenschaft - siehe Merkmale
Eindeutigkeit von Begriffen 133, 217
Eindeutigkeit, Grade 133
Einstellige Merkmale 22
Einstellige Prädikate 22
Emanzipation 236
Empirisch-analytischer Ansatz 248
Empirische Konfrontierung von Theorien 193
Engels, Friedrich 44, 244
Entfremdung 139
Entscheidungen 222
Entscheidungsuntersuchungen 202
Entstehungszusammenhang 130
Erfahrung 234
Erkenntnisfortschritt 15

Erklären und Verstehen 66
Erklärung 46
-- mit probabilistischen Gesetzen 56
--, Adäquatheitsbedingungen 49
--, hypothetische 101
--, induktiv-statistische 57
--, induktive 57
--, Tiefe 97, 98
--, wie-es-möglich-war-daß 101
Erklärungen mit impliziten Gesetzen 63
Erklärungen, ad hoc 61
--, leerformelhafte 65
--, partielle 64
--, Tiefe 97
--, unvollkommene 65
Erklärungskraft 144
Erklärungsmodell, deduktives 46
--, induktives 52
Erklärungspostulat 104
Erklärungsprobleme 247
Erklärungsskizze 72
Erklärungsthese 104
Erziehungswissenschaft 10
Es-gibt-Sätze 32
Esser, Hartmut 31, 45, 90, 97
Essler, Wilhelm K. 56, 108
Ethnologie 10
Evaluation von Maßnahmen 239
Evidenzgefühle 50, 190
Existenzaussagen, generelle 164
Existenzsätze, raum-zeitlich begrenzte 32
Experimente 159
Explanandum 47
Explanandum-Satz 47
Explanandum-Tatbestände 47
Explanans 47
Explikandum 139
--, Modifikation 141
Explikat, 139
Explikation 105, 138
--, Adäquatheit 139
--, Kriterien 141

Expo 2000 88
Extension 27, 30
Extrapolationen 88

F

Faktische Kritik von Theorien 195
Faktorenanalyse, exploratorische 125
--, konfirmatorische 125
Falsifikation 196
Falsifikator 196, 210
--, plausibler 200, 220
--, potentieller 196
--, tatsächlicher 197, 200
Falsifizierung, pragmatische 165
Fehlschluß, naturalistischer 243
Feigl, Herbert 122, 174
Ferber, Christian von 222
Festinger, Leon 195
Fetscher, Iring 45, 244
Feyerabend, Paul K. 16
Folgerung 172
Formale Sprache 174
Formale Struktur 176
Formalisierung 176, 185, 188
--, Vor- und Nachteile 186
Forschungsprogramm, strukturell-individualistisches 74, 90, 103
Freeman, Howard E. 239
Frey, Bruno S. 31, 90
Friedman, Milton 100
Frosch, Alexandra 13
Frustrations-Aggressionstheorie 32
Funktion 35, 40
Funktionalismus 167
Funktionen 154, 155, 219

G

Gadenne, Volker 37, 127
Gedankenexperimente 200
Gehalt - siehe Informationsgehalt
Gehalt, empirischer 144
Gehaltserweiternder Schluß 168

Geltungsbereich eines Satzes 150
Gern, Christiane 31, 41, 97, 98, 99
Geschichtswissenschaft 10
Gesellschaften, Funktionsweise 230
--, kritische Analyse 230
Gesellschaftliche Praxis 18
Gesetze 36-39, 47, 70, 99, 113, 116, 121, 141
--, alternative 59
--, deterministische 39
--, nicht-deterministische 39, 52
--, statistische 53
Gesetzesartige Aussage 38
Gestalt 140
Gewalt 40
Glaser, Barney 168
Gleichungen 35
Goodman, Nelson 37, 140
Gorbatschow, Michail 98, 99
Grade der Eindeutigkeit 133
Grade der Präzision 133
Graf, Steffi 50
Grelling, Kurt 140
Grewendorf, Günther 240
Groeben, Norbert 37
Grünbaum, Adolf 84
Grundgesetz 243
Gruppe 27, 28
Gruppengröße 97
Gültigkeit eines Schlusses 178
Gültigkeit operationaler Definitionen 131
Guttmann, Louis 131

H

Habermas, Jürgen 31, 66, 152
Hahn, Erich 152, 194, 222
Handlungen 24
Handlungsmotive 73, 103
Handlungstheorie, allgemeine 74
Hanna, Joseph F. 141
Harary, Frank 187
Heckathorn, Douglas 97
Heckhausen, Heinz 72
Heider, Fritz 187
Helberger, Christof 65, 114
Hempel, Carl G. 15, 36, 37, 46, 49, 51, 56, 57, 64, 65, 77, 108, 112, 114, 115, 122, 139, 151, 167, 174, 197
Hempel-Oppenheim Schema 46
Hermeneutik 66
Herrschaftsstrukturen 29
Heuristische Bedeutung von Nominaldefinitionen 131
Heyt, Friso D. 184
Hilfshypothesen 127
Hintergrundtheorie 210
Hochberg, Herbert 39, 115
Hoerster, Norbert 240, 244
Hofstätter, Peter R. 159, 161
Homans, George C. 27, 108, 109
Hummell, Hans J. 28, 30, 93, 105, 187, 207
Hypothese 39

I

Idealtyp 139
Ideologien 114
Immunisierung 194
Implikationen 179
--, logische 179
--, materiale 179
--, tautologische 179
Indikatorbegriffe 125
Indikatoren 122, 123
--, analytische 125
--, empirische 125, 204
Individuenkonstanten 20, 32
Individuenvariablen 22
Induktion 57, 168
Induktionsproblem 56
Induktiv-statistische Erklärung 57
Induktive Erklärung 52, 57
--, Mehrdeutigkeit 57
Induktive Wahrscheinlichkeit 57
Induktiver Schluß 57
Informationsgehalt 144
-- allgemeiner Sätze 148

-- deterministischer Aussagen 152
-- nicht-deterministischer Aussagen 152
-- spezieller Sätze 148
-- und Allgemeinheit 148
-- von Je-desto-Aussagen 153
-- von Theorien 217
--, Diagnose 150
--, praktischer 219
Institutionelle Beschränkungen 236
Interaktion 27
Internalisierung 68
Interpretandum 67
Interpretation 66, 138, 176
-- einer Korrelation 62
-- von Daten 61
--, Adäquatheit 138
--, partielle 176
--, vollständige 176
Interpretative Sozialwissenschaft 248
Interpretative Soziologie 45, 66, 222
Intervenierende Variablen 44
Interviews, Zuverlässigkeit 208
Intuition 50
Isomorphe Sprachsysteme 177

J

Jackman, Mary R. 45
Jahoda, Marie 122
Jansen, Dorothea 30
Je-desto-Aussagen, Informationsgehalt 153
Je-desto-Sätze 32
Je-Komponente 33
Jespersen, Otto 202
Jobst, Solveyg 13

K

Kalkül 170, 174
--, Deutung 176
--, Interpretation 176
Kann-Sätze 165
Kapitalismus 224, 230
Katz, Elihu 61
Kausaldiagramme 43

Kemeny, John G. 30
Keuth, Herbert 222
Kirchgässner, Gebhard 31, 90
Kiss, Gabor 222
Klasseninteresse 167
Klassiker der Sozialwissen-
	schaften 142
Knowles, Dudley 46
Koexistenzgesetze 81
Kognitive Dissonanz, Theorie
	der 191, 195
Kognitive Elemente 24, 26
Kognitive Gleichgewichts-
	theorien 24, 26, 71,
	187
Kollektive 24-26
--, Merkmale 28
Kollektives Handeln 97
Kollektivgut-Anreize 41
Kollektivgüter 41, 97
Kombinationsregeln 170, 175
Kommunikationsmöglichkei-
	ten 134
Komplexe Aussagen 35
Komplexität von Modellen
	100
Konditionale Sätze 48
Konfirmator 196, 210
--, potentieller 196
--, tatsächlicher 197
Konfrontierung von Theorien
	191
Konjunktion 196
Konklusion 173
Konnotative Bedeutung 132,
	228
Kontextmerkmale 26
Kontradiktionen 145, 180,
	183, 219
Korrespondenz-Theorie der
	Wahrheit 189
Korrespondenzregeln 106
Kreutz, Henrik 82
Kriminologie 10
Kritische Gesellschaftsanalyse
	230
Kritische Theorie 152, 222,
	230, 232
Kritischer Rationalismus 12,
	71, 222, 232, 248

Kuhn, Thomas S. 245
Kulturanthropologie 10
Kunz, Volker 31, 90
Kutschera, Franz von 19, 20,
	56, 118, 174

L
Lakatos, Imre 56, 209
Landecker, Werner S. 185
Lazarsfeld, Paul F. 26, 65,
	123
Lebenserfahrung 50
Leerformeln 132, 243
--, normative 243
Leistungsmotivation 158
Lenski, Gerhard 157
Lenzen, Wolfgang 197
Lerntheorie 32, 71, 135, 191,
	229
Letztbegründung von Werten
	240
Levy, Isaac 56
Lichbach, Mark Irving 92
Lindner-Braun, Christa 59
Lipset, Seymour Martin 43
Little, Daniel 46, 90
Logik 100, 170, 177
--, Aussagenkalkül 171
Logische Implikation 172,
	179
Logische Kritik von Theorien
	195
Logischer Schluß 177
Lompe, Klaus 232
Luhmann, Niklas 152, 167
Lundberg, George A. 122

M
Macy, Michael 97
Madden, Edward H. 115
Makrohypothese 92
Malewski, Andrzej 44, 45,
	142
Manhart, Klaus 37
Marwell, Gerald 97
Marx, Karl 44, 45, 142, 224,
	250
Marxismus 44, 114, 142,
	167, 181, 194, 222,

	224, 230, 231, 244,
	250
Marxistische Sozialwissen-
	schaft 44
Marxistische Soziologie 194
Maßnahmen, Evaluation 239
Maßnahmeprobleme 18, 226,
	232
--, Probleme bei der Lösung
	236
--, Rolle des Sozialwissen-
	schaftlers 238, 239
--, Struktur 233
Mathematik 170
Matrix 25
Matrixalgebra 30
Matrizen 30
Mayer, Tom 45
Mayntz, Renate 119
McClelland, David C. 124
McKenzie, Richard B. 31, 90
Mechanismen 98
Meggle, Georg 240
Mehrdeutigkeit induktiver
	Erklärungen 57
Menschenrechte 244
Menzel, Herbert 26, 61
--, mehrstellig 23
Merkmale 19, 27
-- von Kollektiven 28
--, einstellige 21, 22
--, mehrstellige 22, 23
--, zweistellige 21
Merton, Robert K. 83, 111,
	162, 163, 187, 206
Metasprache 163, 175
Methode der kritischen Prü-
	fung 190
Methode des Verstehens 66
Methodologie 15
Mikrohypothesen 92
Milgram, Stanley 161
Mill, John Stuart 46
Modellannahmen, Realistik 99
Modellbildung 90
-- und Hermeneutik 102
-- und qualitative Soziologie
	102
Modelle 90, 176
--, Arten 101

--, Erklärungskraft 95
--, komplexe 100
--, Realismus 100
--, Test 101
Modifizierung von Theorien 200
Moore, Wilbert E. 143
Moralische Anreize 41
Muller, Edward N. 92
Münch, Richard 44, 45, 142
Musgrave, Alan 90, 189, 191
Musto, Stefan A. 194

N

Nagel, Ernest 31, 37, 46, 85, 90, 167, 174
Natur des Menschen 244
Naturalistischer Fehlschluß 243
Naturwissenschaften 16
Nauck, Bernhard 97
Negt, Oskar 243, 244
Netzwerkanalyse 25, 30
Nicht-deterministische Aussagen 152
Nicht-deterministische Gesetzesaussage 39, 52
Nicht-deterministische Theorien 197
Nichtsinguläre Sätze 32
Nominaldefinition 108, 114, 127, 137
--, Zweckmäßigkeit 109
Nomologische Aussage 37
Normative Aussagen 114
Normative Leerformeln 243
North, Douglass C. 102
Nutzen, Messung 205
Nutzenmaximierung 103

O

Oberschall, Anthony 90
Objekte 19
--, Arten 24
Objektsprache 163, 175
Ökologischer Fehlschluß 207
Ökonomie 205
Oligarchische Strukturen 97
Oliver, Pamela 97
Olson, Mancur 97

Operationale Definition 122, 128
--, Gültigkeit 131
Operationalisierung 122
--, analytische 125
--, empirische 125
--, partielle 130
Operationalismus 122
Opp, Karl-Dieter 26, 28, 30, 31, 36, 41, 43, 57, 65, 82, 86, 90, 93, 97, 98, 99, 101, 105, 111, 114, 117, 118, 134, 137, 139, 144, 148, 150, 153, 165, 184, 194, 216
Oppenheim, Paul 46, 49, 51, 140, 151
Orientierungshypothesen 162, 166

P

Pap, Arthur 115
Pappi, Franz Urban 30
Park, Robert E. 112
Parsons, Talcott 136, 167
Passas, Nikos 206
Personen, Beziehungen zwischen 25
Peuckert, Rüdiger 63, 83, 160
Phänomenologische Soziologie 66
Politikwissenschaft 10
Politische Wissenschaft 46
Popper, Karl R. 37, 53, 56, 86, 87, 89, 114, 118, 144, 146, 166, 189, 190, 191, 211, 222
Positivismusstreit 222
Postulate 173
Potentieller Falsifikator 196
Potentieller Konfirmator 196
Prädikate 20, 22, 27
--, zweistellige 22
Prädikatzeichen 20
Praktische Probleme, Eignung der Sozialwissenschaften 247
--, interpretativer Ansatz 248
Praktische Ziele 104

Praktischer Informationsgehalt 235
Prämissen 173
Präzision von Begriffen 131, 133, 217
Präzision, Grade 133
Prioritäten bei der Zielrealisierung 238
Privateigentum 230
-- an Produktionsmitteln 244
Probabilistische Aussagen 53
Problem der sozialen Ordnung 102
Problemlösungskapazität 151
Problemwahl 223
Prognose 46, 76, 181
--, bedingte 87
--, Eigendynamik 83
--, eingeschränkte 87
--, erfolgreiche 78
--, Praktiken 88
--, Probleme 81
--, sich selbst erfüllende 83
--, sich selbst widerlegende 84
--, Struktur 76
--, unbedingte 80, 87
--, uneingeschränkte 86
Prognosehierarchie 81
Prognoseprobleme 247
Prophetien 83
Protestantische Ethik 224
Protestantismus 224
Prüfung, Methode der kritischen 190
Psychologie 10
„Public Choice"-Ansatz 46, 90

Q

Qualitative Sozialwissenschaft 44, 102
Qualitative Soziologie 66
Qualitativer Ansatz 216
Quine, Willard Van Orman 110

R

Ramb, Bernd-Thomas 31, 90
Randbedingungen 47

„Rational Choice"-Ansatz 31,
    74, 90
„Rational Choice"-Theorie
    43, 46, 150
Rationality and Society 105
Raub, Werner 90
Realdefinitionen 113
Realisierbarkeit von Werten
    242
Realisierbarkeitsbehauptung
    242
Reduktionssatz 115
--, nicht-deterministischer 118
Reflexive Argumente 166
Region der Unbestimmtheit
    139
Regreß, unendlicher 80, 126
Regressionsanalyse 40, 193
Rekonstruktionsthese 104,
    105
Relation 23, 106, 176
--, eineindeutige 176
Repression 40
Revolution in der DDR 50, 98
Revolutionen 31, 41, 97, 104
--, osteuropäische 87
Robinson, W. S. 168
Roemer, John 45
Rossi, Peter H. 239
Rücktransfer der Falschheit
    180
Russell, Bertrand 133

S

Sachen 24
Sätze 19, 22
--, allgemeine 148
--, Allsätze 38
--, analytisch falsche 37, 145,
    182, 183
--, analytisch wahre 37, 165,
    182, 183
--, deskriptive 32
--, deterministische 52
--, Form 22
--, Geltungsbereich 150
--, Je-desto-Sätze 33
--, Kann-Sätze 165
--, komplexe 35
--, kontradiktorische 145

--, logisch falsche 180
--, logisch wahre 180
--, nichtsinguläre 32
--, normative 19, 114
--, probabilistische 53
--, raum-zeitliche
    Relativierung 162
--, singuläre 32, 46, 162
--, spezielle 148
--, statistische 53
--, Struktur 22
--, tautologische 145
--, Wenn-dann-Sätze 32
Satzformeln 22
Savigny, Eike von 20, 108,
    118, 183
Scheinargumente 243
Scheintests 202
Schichthypothese der Krimi-
    nalität 194
Schichtung, soziale 143
Schichtungstheorie, funktiona-
    listische 17, 143
Schick, Karl 20
Schlick, Moritz 31
Schluß, gehaltserweiternder
    168
--, Gültigkeit 178
--, deduktiver 169
--, gehaltserweiternder 168
--, wahrheitskonservierender
    168
Schlußsatz 173
Schmid, Calvin F. 63
Schmid, Michael 114, 132,
    157, 194, 243
Schmidt, C. 45
Schnore, Leo F. 112
Schurz, Gerhard 46
Schütz, Alfred 45, 66
Scott, John 30
Seeman, Melvin 139
Seiffert, Helmut 66
Selbstmord 59
Sellars, Wilfried 122
Selltiz, Claire 122
Semantische Regeln 106, 175,
    176
Shanas, Ethel 122
Shearing, Clifford D. 220

Sherif, Muzafer 159
Simon, Herbert A. 85
Singuläre Aussagen 99
Singuläre Sätze 32
Singuläre Ursachenbehaup-
    tung 64, 70, 74, 99,
    233, 246
Singulärer Satz 46
Sinn 66
--, subjektiv gemeinter 103
Sinnreich, Johannes 184
Skalen, sozialwissenschaftli-
    che 114
Skinner, Burrhus Frederic
    135
Snell, J. Laurie 30
Soziale Anreize 41
Soziale Differenzierung 97
Soziale Ordnung 102
Soziale Praxis 232
Soziale Strukturen 30
Sozialpsychologie 159
Sozialpsychologische Experi-
    mente 205
Sozialtechnologie 249
Sozialwissenschaft, marxisti-
    sche 44
--, qualitative 44
Sozialwissenschaften 10, 19,
    32, 36
--, Reife 247
Sozialwissenschaftliche Theo-
    rien 248
Soziologie 10
--, interpretative 45
Spence, Kenneth W. 122
Spinner, Helmut F. 176
Sprache, formale 174
--, künstliche 170
Statistik 193
Statistiken, offizielle 209
Statistische Aussagen 53
Statistische Wahrscheinlich-
    keit 53
Statusinkonsistenz 157
Stegmüller, Wolfgang 15, 19,
    36, 37, 46, 52, 56,
    65, 77, 108, 115,
    139, 168, 183, 189
Steiner, Gary A. 152

Steinert, Heinz 82
Stinchcombe, Arthur L. 45
Strategien der Theorienbildung 136
Strauss, Anselm 168
Struktur 29
-- von Theorien 216
Strukturalistische Theorienauffassung 37
Strukturell-individualistischer Erklärungsansatz 74, 92
Strukturell-individualistisches Forschungsprogramm 74, 90, 103
Strukturelle Identität von Erklärung und Prognose 77
Strukturen, soziale 30
Substituierbarkeit von Explikat und Explikandum 140
Sukzessionsgesetze 81
Suppes, Patrick 96, 110, 176
Swinburne, Richard G. 132
Symbolisierung 176
Syntaktisches System 174
Synthetische Sätze 183
Systemtheorie 17, 152, 216

T

Tarski, Alfred 189
Tausendfüßler-Argument 15
Tautologie 145, 179, 182, 183, 219
Tautologische Implikation 179
Taylor, Howard F. 187
Technologische Transformation von Theorien 234
Testsituationen, Auswahl 201
Theorem 173
Theorie 10, 36, 39, 144
--, der kognitiven Dissonanz 191, 195
--, kollektiven Handelns 97
--, rationalen Handelns 43, 60, 90, 102, 150, 234, 235, 248
Theorien 10, 36, 39, 70, 144
--, allgemeine 248

--, alternative 191, 192, 212
--, Anwendungsbereich 218
--, Bestätigung 196, 208
--, Beurteilung 216
--, Bewahrung 211
--, Bewährung 196, 219
--, Bewährungsgrad 219
--, Detailliertheit der Dann-Komponente 218
--, Eliminierung 211
--, empirische Konfrontierung 193
--, externe Kritik 199
--, faktische Kritik 195
--, Falsifikation 196
--, formale Struktur 176
--, Formalisierung 185, 188
--, Immunisierung 194
--, implizite 89
--, Informationsgehalt 217
--, interne Kritik 199
--, Klarheit 216
--, Klarheit der Struktur 216
--, Konfrontierung 191
--, Kritik 191, 216
--, logische Kritik 195
--, Modifikation 211, 214
--, nicht-deterministische 197
--, Scheintests 202
--, sozialwissenschaftliche 206, 248
--, spezielle 248
--, Struktur 216
--, Überprüfung 180, 189
--, Wahrheit 189
--, Widerlegung 196, 208
--, widersprüchliche 191, 195
Theorienauffassung, strukturalistische 37
Theorienbildung, Strategien 136
Theorienvergleich 194
Thomas, Robert Paul 102
Thompson, Gerald L. 30
Tiefe einer Erklärung 98
Tietzel, Manfred 31, 90, 220
Topitsch, Ernst 83, 114, 132, 222, 240, 243
Totalität 31

Transformationsregeln 170, 175
Tullock, Gordon 31, 90
Turner, Ralph H. 168
Typologien 136

U

Überprüfung von Theorien 180
Ultee, Wout 157
Ungleichheit 40
Uninterpretierter Kalkül 174
Unklarheit von Zielen 236
Unvollständigkeitsproblem 50, 74
Urban, Peter 80
Ursachenbehauptungen, singuläre 233, 246

V

Vanberg, Viktor 90
Variablen, intervenierende 44
--, latente 125
Verknüpfungshypothesen 203
Verstehen 46, 50, 66
Vetter, Hermann 56
Völkerkunde 10
Vollständige Beschreibung 133
Vorgeordnete Probleme 247
Vorhersage - siehe Prognose
Voß, Peter 31, 41, 97, 98, 99
Voss, Thomas 90

W

Wahrheit 189
--, Grade 190
Wahrheitsnähe 190
Wahrheitstheorien 189
Wahrheitstransfer 180
Wahrscheinlichkeit 53
--, Explikation des Begriffs 54
--, induktive 57
--, statistische 53
Wahrscheinlichkeitsaussagen 40
Waismann, Friedrich 133

Weber, Max 66, 136, 142, 222, 224, 229
Wechselwirkungen 45
Weede, Erich 31, 90, 92
Weisser, Gerhard 232
Wenn-dann-Sätze 32
Wenn-Komponente 32
--, Informationsgehalt 147
Werner, Christian 13
Wert-Erwartungstheorie 32, 72, 74, 234
Wertbasis 224
Werte 222
--, Diskussion von Werten 240
--, Letztbegründung 240
Wertewandel 224
Wertfreiheit und Konservatismus 230
Wertfreiheitspostulat 222, 225
--, Argumente für das 225
--, Argumente gegen das 227
Wertprobleme 18, 226, 232, 233
--, Lösung 239
--, Regeln zur Lösung 245
Werturteil 222
Werturteile zweiter Ordnung 241
Werturteile, Annahmebedingungen 246
Wesen 113
Wesensbestimmungen 113
Westmeyer, Hans 37
Weyer, Johannes 30
Whitrow, Gerald James 17
Widerlegung einer Theorie 200, 208
Widerspruch 181, 191, 195, 230, 244
Wild, Jürgen 80
Wilson, Fred 115
Wimbledon 50
Winch, Peter 66
Wippler, Reinhard 194
Wirkungsargumente 241
--, zweiter Ordnung 242
Wirtschaftswissenschaft 10, 46
Wissensbestände 50, 103

Wissenschaftstheorie 10
Wuggenig, Ulf 157

Z

Zeichen 106, 170, 171, 175
--, definierte 171
--, deskriptive 107
--, Grundzeichen 171
--, logische 107
Zetterberg, Hans L. 39, 43, 131
Ziegler, Rolf 160
Ziele
--, Präzisierung 237
--, Prioritäten 238
--, unklare 236
Zielkonflikt zwischen Aufklärung und Sozialtechnologie 250
Zielkonflikte 237, 242
Zimmermann, Ekkart 157
Zirkel, definitorische 111
Zuckerman, Harriet 206
Zweckmäßigkeit einer Definition 135
zweistellige Prädikate 22

Neu im Programm Soziologie

Thomas Kühn
Berufsbiografie und Familiengründung
Biografiegestaltung junger Erwachsener nach Abschluss der Berufsausbildung
2004. 330 S. mit 16 Abb. und 43 Tab. Br. EUR 29,90
ISBN 3-531-14157-0

Das Buch diskutiert den Start in den Beruf und die oftmals parallel ablaufende Familiengründung und zeigt die besonderen Schwierigkeiten auf.

Kurt Mühler, Karl-Dieter Opp, unter Mitarb. von Jan Skrobanek und Christian Werner
Region und Nation
Zu den Ursachen und Wirkungen regionaler und überregionaler Identifikation
2004. 288 S. Br. EUR 32,90
ISBN 3-8100-4105-X

Wie entstehen räumliche Identifikationen? Welche Auswirkungen haben sie auf andere Einstellungen und Verhalten? Das Buch bietet auf diese Fragen neue Antworten und überprüft sie mit einer eigenen empirischen Untersuchung.

Michael Schmid
Rationales Handeln und soziale Prozesse
Beiträge zur soziologischen Theoriebildung
2004. 432 S. Geb. EUR 49,90
ISBN 3-531-14081-7

Der Band dokumentiert die Reichweite der rationalistischen Handlungstheorie und deren Bedeutung für ein heuristisch fruchtbares soziologisches Erklärungsprogramm, das die überkommene Teilung in Mikro- und Makroanalyse überwindet.

Erhältlich im Buchhandel oder beim Verlag.
Änderungen vorbehalten. Stand: Juli 2004.

www.vs-verlag.de

Abraham-Lincoln-Straße 46
65189 Wiesbaden
Tel. 0611.7878-722
Fax 0611.7878-400